The Influence of
Sea Power
upon History, 1660—1783

海权论

［美］马汉◎著　　宋毅◎译

华中科技大学出版社
http://press.hust.edu.cn
中国·武汉

图书在版编目(CIP)数据

海权论/(美)马汉 著;宋毅译.—武汉:华中科技大学出版社,2015.3 (2025.2重印)
(战争论丛书)
ISBN 978-7-5680-0779-5

Ⅰ.①海… Ⅱ.①马… ②宋… Ⅲ.①制海权—研究 Ⅳ.①E815

中国版本图书馆CIP数据核字(2015)第066872号

海权论　　　　　　　　　　　　　　　　　　　　　[美]马汉　著　宋毅　译
Haiquan Lun

策划编辑:晋璧东
责任编辑:沈剑锋　康　艳
封面设计:金刚创意
责任校对:刘　竣
责任监印:朱　玢
出版发行:华中科技大学出版社(中国·武汉)　　电话:(027)81321913
　　　　　武汉市东湖新技术开发区华工科技园　　邮编:430223
印　　刷:湖北新华印务有限公司
开　　本:880mm×1230mm　1/32
印　　张:16.75
字　　数:362千字
版　　次:2025年2月第1版第15次印刷
定　　价:42.00元

本书若有印装质量问题,请向出版社营销中心调换
全国免费服务热线:400-6679-118　　竭诚为您服务
版权所有　侵权必究

我们的战争观：不好战！不畏战！决战必胜！
——写在战争论丛书出版之际

马克思曾说，战争是推动人类文明前行的火车头。他形象地指出了，战争机器如同推土机一般，碾过历史的血肉之躯，于荆棘中开疆拓土，前行的轨道上沾满血腥。生命在战争面前是那么地脆弱。残忍，是战争诞生以来形成的秉性。战争同暴力几乎就是一对同义词，暴力是战争的本质属性，也是马克思主义的战争观。即使进入现代战争模式之中，诸如贸易战、金融战、外交战、黑客战、网络战、病毒战、舆论战等，战争的本质仍然是残酷的，充满暴力的。所以，我们认为，所谓的"武器仁慈化""战争非暴力化""战争泛化"等观点是不妥当的。因为，当前形势下，战争将无时不在，无处不在。身为中华民族的一分子，必须时刻对各种战争形态保持高度警惕，因为战争的根本法则，依然是保存自己、消灭敌人！

正因为战争的本质是残忍的，同时它又是人类历史发展进程中的常态现象，所以，对于战争的看法，自古以来就分为多种复杂的看法。比如,西方军事理论家克劳塞维茨在《战争论》中写道:战争是强迫敌人服从我们意志的一种暴力行为。德意志帝国铁血宰相俾斯麦认为,其所处的时代的重大问题不是靠演说和决议所能解决的,这些问题只有靠铁和血才能解决。战争理论家伯恩哈迪认为,战争是人类生活中一种具有头等重要意义的生物法则,它是人类社会中不可缺少的起调节作用的东西。无疑,这几位西方军事大师,对战争都是笑脸相迎的。

与其相反的,是反对战争的人们。比如,古罗马时代的军事家、历史学家李维认为,对那些需要战争的人来说,战争是正义的;对那些失去一切希望的人来说,战争是合理的。曾经以炮舰政策横行世界、身经百战、建立起日不落帝国的英国,却对于战争有着这样的民间谚语:战争一开始,地狱便打开。而作为东方文明古国,中国经历了无数次的烽火狼烟,更深刻地体会到战争的血腥与残酷,所以,我们的老祖宗谆谆教导中华儿女:"师之所处,荆棘生焉。大军之后,必有凶年""夫兵犹火也,不戢将自焚""皇帝动刀枪,百姓遭了殃"。2015年11月7日习近平主席在新加坡国立大学的演讲更是鲜明地指出:"中国自古倡导'强不执弱,富不侮贫',深知'国虽大,好战必亡'的道理。"

我们认为,天下虽安,但忘战必危;虽然冷战结束了,但战争的硝烟一刻未熄。我们必须要有备才能无患。围绕"战争",我们需要明白如下几个道理:

战争的首要目的是和平。战争只是一种手段,战争的最高境界就是"不战而屈人之兵"。对于一次战役(战斗)来说,战争的目的是消灭敌人、保存自己。而从整体的、纵向的角度来说,战争除了在历史上扮演着王朝更替的催化剂、助产士这类角色之外，推动人类社会发展进步的战争，归根结底其目的应该是和平。正如亚里士多德所说，战争的目的必须是和平。这样的战争才是正义的。然而，存在着繁杂利益纠葛的人类社会要想取得和平并不是简单、无代价的，因为"你想和平，就要准备战争"（韦格蒂乌斯）、"只有胜利者，才能用战争去换取和平"（萨卢提乌斯）。对于我们中国来说，构建强大的、现代化的军队是维护世界和平的重要战略支撑力量。

战争需要理性对待：不好战。正由于战争是洪水猛兽，因此需要高超的驾驭能力。只有驾驭得好，才能避免引火自焚。在能够避免战争爆发的情况下，应尽一切努力化解矛盾与纠纷。所谓"上兵者伐谋""不战而屈人之兵"。在具体的战场（战役）指挥中，总司令最重要的品质是头脑冷静，尤其是在国际风云变幻莫测的复杂背景下，如何理性地对待战争，如何理性地在战争与和平之间做出选择，考验着每一个中国人的智慧。总之，当我们被愤怒"操纵"的时候，当我们希望通过战争这一手段，快刀斩乱麻地解决麻烦与纠纷的时候，我们需要对战争持有一颗理性、冷静的心，并记住：叫喊战争的人是魔鬼的参谋；狂热者的脑袋里没有理智的地盘。我们更要懂得著名诗人贺拉斯的一句反战名言背后的意味：所有的母亲都憎恨战争！而历史已经反复告诉世界：中国人不好战！

战争需要一种勇气：不畏战。无论是冷兵器时代还是高科技战争时代，战争都是残忍的，需要付出的是生命的代价。因此，战争机器不能轻易启动。不过，不好战不代表完全拒绝战争、排斥战争、畏惧战争。在世界丛林的游戏法则中，一个民族一个国家，要想生存发展，保持必要的用于自卫的强大武装力量是必要的,更是必须的。1840年鸦片战争以来,西方以炮舰政策强加在中华民族头上的羞辱与屠杀的历史教训告诉我们,只有自身强大、手握撒手锏,才能避免被杀戮、羞辱的命运。民族、国家的尊严,是构建在必要的武力基础上的,尤其是当关系到我们的国家主权和民族尊严、关系到我们的核心利益时,战争是必须的。历史事实已经多次郑重地告诉世界:中国人不好战,更不畏战!

战争需要一种理智:英勇善战。人们若想取得战争的胜利,就必须认识战争的客观规律,将其抽象为战略战术,在客观条件许可范围内,运用从客观中抽象出来的战略战术指导战争,战争是智者的博弈。毛主席说:"指导战争的人们不能超越客观条件许可的限度期求战争的胜利,然而可以而且必须在客观条件的限度之内,能动地争取战争的胜利""指挥员在战争的大海中游泳,他们不使自己沉没,而要使自己决定地有步骤地到达彼岸。指导战争的规律,就是战争的游泳术。"

战争需要一种凝聚力:忠于祖国。作战需要彼此配合,在战场上尤其是在特殊的环境下,危险会来自四面八方。所以,只有铸造一种团结一致、统一对外的团队精神,才能帮助每一个作战中的人防范、消除时刻出现的危险。无数的事实已经证明,每一支英勇善战的部队,每一支特种作战部队,要想克敌制胜,必须是铁板一块!法军统帅拿破仑说过,统一指挥是战争的第一要事,也是产生凝聚力不可缺少的要素。那么,凝聚力来自哪里?对于中国军人来说,首先来自听党指挥、忠于祖国、忠于人民这一神圣的最高宗旨,来自共同的保家卫国的誓言,来自全心全意为人民服务的社会主义核心价值观,来自不怕苦不怕累不怕牺牲、做忠诚可靠的人民子弟兵的信念。其次,凝聚力来自科学合理、统一规范的军队制度化建设,来自平时官兵一致、爱兵如子、相亲友爱的军内关系。最后,凝聚力也来自绝对服从、铁的纪律。

战争需要一种自信:会打必胜。战争是一种你死我活的搏斗,所以,保存自己、消灭敌人是战场上的最高法则。对于军人来说,拥有坚韧的必胜的自信心,是一种高贵的品质。当然,自信不是自负,那种不顾实际情况、盲目草率的军事行动,只能归为冒险盲动主义。坚定的必胜信念来自知己知彼、百战不殆。军人的自信心,既要求军队的指挥官养成信赖自己的习惯,即使在最危急的时候,也要相信自己的勇敢与毅力,也要求普通士兵具备想当将军的优秀品质。

战争需要学习。对于中国军人来说,无论是古今中外的战争实例、战争历史、军事著作、谋略经典、军事名家,还是当代他国的军队建设成就、最新武器装备成果,都需要我们秉持古为今用、洋为中用、兼容并包、取长补短的谦虚谨慎、认真仔细的态度,去学习其经验,汲取其教训,最终在掌握精髓、创造创新中超越,并将其转化为自己的真实本领。毛主席曾经教导中国军人,没有文化的军队是愚蠢的。诸如战争论丛书里的蒋百里《国防论》、克劳塞维茨《战争论》、马汉《海权论》《海军战略论》、杜黑《空权论》、若米尼《战争艺术概论》、雷纳图斯《兵法简述》、米切尔《空中国防论》、鲁登道夫《总体战》等,都是我们学习的优秀精神食粮。当然,作为将来要上战场的军人,不仅要重视学习军事理论,更要在平时的摸爬滚打中铸就高素质的作战能力。平时流汗,才能避免战时流血。因此,西谚有云,你有一天将遭遇的灾祸是你某一段时间疏懒的报应。军人需要的就是一种学习、学习、再学习,坚持、坚持、再坚持的韧劲。

战争需要研究。战争既是一门艺术,也是一门科学。作为艺术,战争需要驾驭它的人必须具备高超的领导力与决断力;作为一门科学,需要我们认真对待,通过去伪存真、去粗取精、由表及里、深入浅出地找出其中蕴含的最简单、最明晰、最管用的规律来,以指导实际中的军事行动。通过学习、研究,尤其是打开自己的视野之后,我们会发觉自己的不足之处,从而通过跨越式发展,尽快补足短板,以提升我们的实际战斗力。这套战争论丛书值得我们花费力气熟读一番、好好研究。

战争需要实践。通过对古今中外军事著作、战争实例、战争历史的学习研究,我们所获得的只是理论上的东西。理论知识的作用只有运用于实践,才能知道它的真实价值。正如毛主席强调的,一切学习的目的全在于运用。所以,对于军人来说,除了学习研究古今中外的军事历史、战例与理论之外,更需要通过实战来检验我们手中到底掌握了多少的战争真理与有用的军事方法。一切的战争规划与理论,全在于实际的执行力与效力。因此, 想得好是聪明,计划得好更聪明,做得好是最聪明又是最好的。而从国家的角度来说,日常的国防军队建设均在于服务于实战、为实战做准备。俗话说得好,未雨绸缪,养兵千日用兵一时。战争机器不是摆设,更不能是花架子,必须接受实战的检验。另外,战争中蕴含的谋略、道理,也可以作为其他领域决策、管理的参考。

战争需要谋略。伟大的革命导师列宁曾经鲜明地指出,没有不用军事计谋的战争。我国明代文学家、谋略家冯梦龙强调,兵在精而不在多,将在谋而不在勇。正因为如此,古今中外诞生了大批研习战争谋略的大师名家。可以说,蒋百里《国防论》、弗龙蒂努斯《谋略》、杜黑《空权论》、克劳塞维茨《战争论》、若米尼《战争艺术概论》、雷纳图斯《兵法简述》、米切尔《空中国防论》、鲁登道夫《总体战》、马汉《海权论》和《海军战略论》,每一本军事经典都是战争智慧的结晶。作为军人,一定要时刻铭记:永远别以为敌人比你愚蠢!轻视对手的后果是严重的。正确的态度就是毛主席所说的,战略上藐视敌人,战术上重视敌人。拿破仑有句话说得好,世上只有两种力量:利剑和思想。从长而论,利剑总是败在思想手下。

战争需要发展。人类的历史长河是永远向前发展的。从最初的刀耕火种,到自然的田园农业文明,再到欧洲十七八世纪的工业革命,再到十九世纪、二十世纪的电气革命,直到二十一世纪的信息化革命。每一次的生产力跃升都推动着经济的巨大发展,而与武器装备直接相关的生产力的质的进化,更是推动着战争形态的惊天变革。所以,军人必须远比其他人更为敏感地关注世界形势的变化以及涌现出的最新的社会现象与科技成果,使自己具备察天观地、与时俱进的本领,不落伍于时代,才能决胜于千里之外,才能履行好保家卫国的职责。我们认为,与时俱进有两个标准:一是随着时代的发展而发展,二是无论时代怎么发展始终抓住最简单最管用的精髓。军事艺术是一种执行命令的艺术,一切复杂的计谋都应当抛弃掉。简单明了,是执行好军事行动的首要条件。

战争需要实力。战争归根结底是实力的较量,从来都是敌对双方军事、政治、经济、科技、文化、外交等多种因素的综合较量,而不单纯取决于某一种因素。所以,对于我们的国家,需要通过"发展"这一硬道理,来全方位提升我们的经济发展水平和科技质量,全面地加强我们国家的综合实力,为战争提供强大的国家保障力。对于我们的百姓,需要通过各种措施加强国防意识与国家安全意识教育,培育国民的军事素养,建设强大的民兵预备役部队,要藏兵于民。对于我们的军人,广大士兵要通过艰苦的学习、训练,加强自身的单兵作战能力与团队合作作战能力,以及军兵种协同作战能力。对于指挥官,则需要进一步提升自己的军事指挥素质。震惊欧洲的拿破仑说过:一头狮子带领的一群羊,远远胜过一只羊带领的一群狮子。我们的军队需要培育出一批批的狮子老虎,这才是名副其实的威武之师!

谈了这么多与战争有关的话题,那么,新时期的中国军人,还要做些什么呢?首先就是,要牢牢抓住军队政治工作这一生命线。我军自成立以来即高度重视政治工作。1929年12月28日—29日,中国工农红军第四军第九次党代表大会在福建上杭县古田村通过的《中国共产党红军第四军第九次代表大会决议案》(即著名的古田会议决议案),明确指出,红军是"一个执行革命的政治任务的武装集团",必须服从党的领导,自觉担负起宣传、组织、武装群众等任务。古田会议划清了红军与旧式军队的界限,解决了无产阶级革命军队建设的根本性问题。2014年10月30日,新时期的全军政治工作会议在福建上杭县古田召开,习近平主席出席会议并发表重要讲话,提出把理想信念、党性原则、战斗力标准、政治工作威信在全军牢固立起来;抓好铸牢军魂、高中级干部管理、作风建设和反腐败斗争、战斗精神培育、政治工作创新发展"五方面"工作;加强军事文化建设,从难、从严、从实战要求出发"摔打"部队，培养广大官兵大无畏的英雄气概和英勇顽强的战斗作风，着力培养有灵魂、有本事、有血性、有品德的新一代革命化的"四有"军人。中国军人，任何时候都要牢记"听党指挥、忠于祖国与人民"这一最高宗旨，争当让党和人民放心满意的优秀军人。

其次，要积极做好军事斗争的准备。西方"战神"克劳塞维茨强调，作战的基本原理是，切勿完全处于被动地位。对于一支军队来说，只有时刻以与时俱进、未雨绸缪的精神抓好军事斗争准备，才能避免被动、才能有备而无患。只有时刻准备好，才能令出即行、迅速把握战机，避免陷入被动挨打的泥潭。

再次，紧紧围绕战斗力做文章。衡量一支军队的好坏，关键就看能否打胜仗。拿破仑曾预言，中国是一头睡狮，一旦醒来将震撼世界。但是，没有利爪的狮子只能是摆设。能打胜仗是衡量军队质量的根本标准。没有战斗力，其他都是空谈。

最后，要进一步加强贯彻落实"科技强军""质量建军"战略，进一步高度重视兵民结合的人民战争的战略战术研究与运用，始终牢记并掌握"军民团结如一人，试看天下谁能敌"这一法宝。

在新时期，面对日趋复杂的国际环境，军人的天生敏感性告诉我们——这个世界并不太平。因此，作为中华人民共和国的柱石，中国人民解放军需要进一步地紧紧抓住中国的特殊国情，做好强军的一切工作，需要进一步地牢牢抓住决定战争胜负的各方面的关键性因素，从要害处着手，全面加强军队的改革与建设。如此，才能确保我们这座保家卫国的钢铁长城永不倒塌！

回首过去，我们对战争充满敬畏。我们不轻言战争，我们不惧怕战争，我们只为战争做好准备。业绩造就伟人，战功成就军人。辉煌的中国革命史证明中国人民解放军是一支听党指挥、能打胜仗、作风优良的人民武装力量。

中国军人的勤奋和荣誉，足以鼓舞千秋万代的中国青年。

祝愿一切热爱军事、关心国防、热爱和平的读者朋友，能从包含中外著名军事经典的这套战争论丛书中汲取有益的养分，从无到有、由小到大、从弱到强地培育自己的国防军事素养，形成自己的国防观、战争观，以求在将来或许会发生的某个特殊的时刻履行自己保家卫国的神圣职责。

战争论丛书编委会
2015年10月

前言
PREFACE

　　我撰写这本书的目的很明确，就是认真研究欧洲和美洲通史，尤其是海权对欧洲和美洲历史发展产生的影响。历史学家往往对海上情况知之甚少，他们对海洋既缺乏专门的兴趣，又不具备这方面的专业知识，因此往往会忽视海权对重大事件的深远影响。他们有时对海权发展的总趋势还比较了解，可对独特时间的海权作用没有特别的认识。一般我们比较容易知道，对海洋的使用与操控，无论是过去还是现在都已经成为世界历史发展的一种重要因素。但是，能够找出并且能够说明海权在一段特定时期的确切意义，却是比较困难的。然而，除非我们能做到这一点，否则只泛泛承认海权的重要性，那这一概念将仍是模糊不清的，也没有实际意义。因为这种承认，不是像本来就该做的那样，即基于搜集一些特定时期的特殊事例，通过分析来明确地说明海权的作用。

　　我们可以举两位英国作家轻视海权对重大事件的影响作为例证。这两个例子看上去让人很费解，因为与其他国家相比，英国的强大更多地应归功于海洋。英国作家阿诺德在他所著的《罗马史》中写道："历史上已经出现过两次，独具个性的天才人物与一个大国的各种资源和组织机构对抗，但每次都是大国获胜。一次是汉尼拔[1]与古罗马对抗了17年；另一次是拿破仑与英国对抗了16年。汉尼拔的斗争在扎马结束；拿破仑的斗争在滑铁卢告终。"另一位英国作家爱德华·克里西爵士在引用《罗马史》时补充道："需要指出，对两场战争中的相似点，几乎都没有进行足够而详尽的研究。这就是最后打败强大迦太基的罗马将军西庇阿[2]和最后彻底击败法国皇帝的英国将军威灵顿异常相似。他们都担任非常重要的战区指挥官多年，但他们都远离战争的主要战场。他们各自最重要的戎马生涯都在同一个国家——西班牙度过。正是在西班牙，西庇阿同威灵顿一样，在反对主要的对手和征服者本人之前，连续不断地遭遇和打败了他们几乎所有的部将。西庇阿和威灵顿都在使他们的同胞遭受一系列败北之后，重新对军队恢复了信心，他们两人都是在完全彻底地打败了选定的敌军指挥官和选定的有战斗经验的敌军后，才结束了一场长期而艰苦的战争。"

上述两位英国作家都没有提到那种更惊人的巧合，即在这两次战争中，胜利者都掌握了制海权。罗马人控制了水路，迫使汉尼拔不得不经过高卢[3]进行危险的长途行军。行军途中，老兵减员过半，从而使从罗讷河向西班牙派兵的老西庇阿[4]，既能够截击汉

---

〔1〕汉尼拔，迦太基军事统帅。
〔2〕西庇阿（公元前236—前183），古罗马统帅。西庇阿家族先后有多人参与罗马政治，这位一般被称为大西庇阿。
〔3〕高卢，历史地名，领土覆盖今意大利北部及法国、比利时、荷兰等国领域，共和国时代成为古罗马一部分。
〔4〕大西庇阿之父，古罗马的两位执政官之一，后来在西班牙战败被杀。

尼拔的交通线，又能够返回本土，并且在特雷比亚对付入侵者。整个战争期间，古罗马军团不受干扰，精神抖擞地经水路在汉尼拔的基地西班牙和意大利之间往来。在梅陶鲁斯河的决定性战役中，相对来说，古罗马人的部队处于内线位置，面临被哈斯德鲁巴尔和汉尼拔的军队两面绞杀的危险。但是由于汉尼拔的姐夫哈斯德鲁巴尔不能从海上，而只能经高卢从陆路运送援兵，最终让罗马军团取得了这次战役的胜利。后来，在决定战争胜负的时刻，迦太基的两支大军被狭长的意大利分开，其中一支被两位罗马将军的联合行动歼灭。

另一方面，海军史学家们很少考虑通史与他们自己研究的海军史这个特定课题之间的联系，通常只把他们自己局限在编撰海军的简单编年史料上。与英国人相比，法国人不是这样，有天赋而有教养的法国人能够比较认真地调查产生不同寻常的结果的原因，以及各种事件之间的相互关系。

然而，就我本人所知，还不曾有一部著作讲授过我们这里探讨的这种特定课题，即评价海权对历史发展和对国家繁荣、兴旺的影响。至于其他一些论述各国战争、政治、社会和经济状况的历史，也只是偶尔顺带地提到一些海上事件。撰写本书的目的在于，把海上利益放在最突出的位置，但是，又不使它们与整体历史中的具有因果关系的周围环境脱离，并且试图说明周围环境又是怎样影响海上利益，而海上利益又是怎样改变周围环境的。

这本书所涉及的历史时期，是有独具特色的帆船时代，从1660年开始，到美国独立战争结束的1783年为止。虽然在这本书里以一系列海上事件为基础的通史的连贯性不是很明显，但是这本书已经尽力提供一个准确、清晰的梗概。作为一名热爱自己本职工作的海军军官,我在撰写本书时毫不犹豫、毫无拘束地离题论述了海军政策、海军战略和海军战术问题,而我尽量避免使用海军技术术语。希望本书所提出的这些简单问题,将会引起非专业读者的兴趣。

阿尔弗雷德·塞耶·马汉
1889年12月

目 录
CONTENTS

绪论 ··· 1
第一章 ·· 27
第二章 ·· 93
第三章 ··· 147
第四章 ··· 183
第五章 ··· 213
第六章 ··· 247
第七章 ··· 271
第八章 ··· 299
第九章 ··· 341
第十章 ··· 359
第十一章 ·· 393
第十二章 ·· 409
第十三章 ·· 453
第十四章 ·· 485

绪 论

海权的历史，虽然不全是，但主要是叙述国家与国家之间的斗争、竞争，最后常常会导致战争的暴力行为的历史。早在指导海上贸易的发展和兴旺的正确原理被发现之前，人们便清楚地知道海上贸易对各国综合实力的影响。一个国家为了确保本国人民能够获得更多的海上贸易利益，会实行一些手段，或是在平时立法实施垄断，或是制定一些禁令来限制外国贸易，而当这些办法都失败时，就用暴力来消灭外国贸易。一方面，所有国家都有这样的掠夺欲，就算无法全部占有，至少也要大部分占有贸易利益和产生争取占领那些尚未明确势力范围的远方贸易区域的想法，这些利益冲突所激起的愤怒情绪往往导致战争。另一方面，由其他原因引起的战争，其过程与结果也与能否获得制海权相关。因此，海权的历史，从广义来说，涉及所有使一个民族依靠海洋或利用海洋强大起来的事情，但是海权的历史主要是一部军事史。因此，在下面的章节，虽然不全是，但主要会叙述有关这方面的情况。

一些伟大的军事领导人曾告诫过，研究过去的军事历史，对纠正我们的思想、对于巧妙地从事未来的战争是必不可少的。拿破仑是一位很有抱负的军事家，他在所研究的战役中列举了亚历山大、汉尼拔和恺撒实施的战役。但是，这些人还不知道黑火药。于是在专业作家中似乎产生了默契，即虽然战争的许多条件，从一个世纪到另一个世纪随着武器的发展发生了变化，但在历史学中有一些正确的学说被保留了下来，现在继续存在，成为普遍适用的学说，而且可以上升为基本原则。同样的理由，尽管过去半个世纪（19世纪），由于科学进步和采用蒸汽作为动力，海军武器发生了很大的变化，但是我们将会看到，研究过去的海战史，通过它来说明海战的基本原则，将是很有教益的。

像我们这样甄别性地研究帆船时代的历史和海战经验，有双重必要性。因为，这种研究能提供现在进行运用和评价所需要的教训。另外，到目前为止，蒸汽舰队海军的历史还较短，尚未形成明确的学说。对于帆船，我们已经有了许多实践经验，而对蒸汽舰船，实际上我们还没有任何经验。因此，有关未来海战的理论几乎全部都是推论。尽管我们曾试图通过详细研究蒸汽舰队与历史悠久的靠桨航行的单层甲板桨帆战船舰队之间的相似点，使这些理论具有比较坚实、可靠的基础，但是未来的海战在还没有完全经过验证之前，海战的理论一定不能过多地依赖蒸汽舰船与桨帆战船之间的这种相似点，尽管这种相似绝不只是表面的。蒸汽舰船和单层甲板桨帆战船的共同特点是，它们都具有可以向任何方向航行的能力。可是动力又使这些不同级别的蒸汽舰船同帆船有了根本的区别：帆船有风时只能向有限的几个方向航行，无风时必然寸步难行。但是人们既要懂得观察事物的相似点，同时也应善于观察事物的不同方面。因为当人们的注意力集中于所发现的相似点时——这是精神追求的一种最愉快的事——容易对新发现的相似物中的不同之处觉得厌烦，因此便会忽视或拒绝承认这种不同点。单层甲板桨帆战船和蒸汽舰船，虽然构造不同，并且都具有上面已经提到的那些性能，但是它们至少又有两点是不同的，因此我们要从单层甲板桨帆战船的历史中给蒸汽战舰提供有关经验时，必须牢记它们的相似点和不同点，否则就会做出错误的判断。首先，单层甲板桨帆战船的动力，使用时必然会迅速衰减，因为人的体力不能长期维持这种消耗。结果是虽然单层甲板桨帆战船可以进行战术运动，但是时间有限。[1] 其次，单层甲板桨帆战船时期的攻击武器不仅射程短，而且战斗几乎全部都是短兵相接。单层甲板桨帆战船的这两个条件必然导致交战双方进行短距离的快速突击。当然，并不排除双方在进行短兵相接之前，企图巧妙地对敌舰实施包抄或迂回。根据这种快速突击和混战特点，当代海军中出现了一种很盛行的、比较一致的，甚至很著名的意见，认为现代海军武器发展的必然结果就是海战必将进行一种大混战，在这种混战中，正如其历史所表明的那样，会很难分辨敌友。不管怎样证明这种意见的价值，都绝不能单凭单层甲板桨帆战船和蒸汽舰船在船艏都装配有撞角，以及都可以随时直接驶向敌人的事实作为这种意见的历史根据，而不顾单层甲板桨帆战船和蒸汽舰船之间的区别。因为到目前为止，这种意见

---

〔1〕因此，伯罗奔尼撒战争期间，叙拉古（今意大利西西里岛的锡拉库萨）的赫莫克拉提斯主张，勇敢地阻击进攻叙拉古的雅典远征军（公元前413年）和坚守在敌进攻线侧翼的策略。他说："因为他们前进的速度一定会慢下来，所以我们有无数次机会去进攻他们；如果他们的战船倾巢而出，并一起迅速地向我们袭来，他们必须拼命地划桨，而当他们精疲力竭时，我们可以进攻他们。"

还只是一种推断，所以最好经过实战检验，待这种战法的优劣进一步明朗化，才可以做出最后评判。即使这种战法获得肯定的判断，人们也会提出不同的见解——两支实力不相上下的舰队之间进行混战，战术和技术就无足轻重了。在现代，海军装备有复杂的、威力巨大的武器，实施混战不是最佳选择。如果一位舰队司令具有较强的自信心，舰队战术实施得较好，他的舰长们也都很出色，他必然不愿意与同等兵力的敌人展开一场混战。因为在混战中，上述这些有利条件将不能充分利用，而运气将起最重要的作用，并且等于把他的舰队看作是一伙过去从没有在一起活动的舰艇凑成的乌合之众。[1]至于什么时候适合混战，什么时候不适合，历史上已经有很多的教训。

历史上的单层甲板桨帆战船只有一点非常类似于现在的蒸汽舰船，而在其他方面却有许多不同之处。但是因为这些不同之处并不是一目了然，所以很少受到重视。帆船就正相反，其显著的特点正是它与现代蒸汽舰船的不同点，所以帆船和蒸汽舰船的相同之处，尽管存在，也容易看到，但由于不那么一目了然，不大能够引起人们的注意。与蒸汽舰船相比，帆船要依赖风的这种严重弱点，加深了它们的不同。除去这一点，利用帆船作战时，其战术运用方面的经验还是很有教益的。鉴于单层甲板桨帆战船不会因为无风而丧失战斗能力，因此在我们这个时代，它的战术运

---

[1] 作者必须捍卫自己的观点，以免被认为似乎提倡复杂的战术运动而造成无意义的争论。他深信一支舰队为取得决定性的结果必须接近敌人，但是不能等到取得了某些有利条件之后再去交战。这种有利条件一般是通过机动来获得的，所以训练有素和管理得当的舰队是能取得这些有利条件的。事实上，无结果的战斗是由于轻率地短兵相接和最没有勇气的烦琐战术造成的。

用比帆船更受到人们的青睐。但事实是帆船取代了单层甲板桨帆战船，并且在使用蒸汽舰船之前，一直是最好的舰船。帆船具有能从很远的地方攻击敌人的能力，而且这种机动不管需要实施多长时间都不会使人员精疲力竭，这样就可以使大部分船员操纵武器投入进攻，而无须耗费精力去划桨。这些正是帆船和蒸汽舰船的相同之处。如果从战术角度考虑，这些能力至少与单层甲板桨帆战船在无风或顶风运动时的能力一样重要。

人们在寻找相同之处时，不仅有一种容易忽视不同点的倾向，而且还会根据自己的想象把相同点夸大。可以这样考虑，我们指出了帆船有穿透力较强、射程较远的远程舰炮和射程较近但破坏力更大的臼炮时，也指出了现代蒸汽舰船有射程较远的炮塔式舰炮和鱼雷。鱼雷只是在有限的距离内，通过猛力打击对敌舰造成损坏，而舰炮与过去一样，目的是穿透敌舰甲板。虽然这些只是从战术角度去考虑的，但是它们必然会影响舰队司令和舰长们的计划。这种相似是实际的，并没有牵强附会。帆船和蒸汽舰船都可以与敌舰实施舰对舰的直接交锋，帆船通过强行登上敌舰将其俘获，蒸汽舰船能通过撞击将其击沉。但对于二者来说，要完成这种任务困难很大，为了有效地完成这种任务，必须使舰船航行到战场的一个特定位置上，而枪弹却不是这样，它可以从广阔海域，在许多攻击点上射击。

依据风向而定的两艘帆船或两支舰队的相对位置，涉及最重要的战术问题，并且可能是那个时代的海军将领们最关心的问题。从表面看，似乎在现在的条件下，这对蒸汽舰船无关紧要，因此，这方面的历史教训也就没有什么价值了。但如能比较仔细地考虑一下下风和上风"相对位置"[1]的显著特点，抓住它们的主要特征，而不去考虑其他的枝节，就会证明这种看法是错误的。舰艇占据上风位置的显著优点是能自由决定战斗还是撤退，随后又能在选择攻击方法时形成有利的进攻态势。但是这种优势又会带来某些弊端。例如，往往会打乱战斗队形，会暴露在敌舰的纵射炮火之下，并使进攻方的部分或全部侧舷舰炮失去作用。这些都是在向敌人逼近时常出现的情况。占据下风位的舰艇或舰队无法进攻，如果不想撤退，战斗只能限于防御，而且只能按照敌人的意图接战。若能镇定自若，不仅能较容易地保持战斗队形，而且可在敌舰无法还击的时候，持续不断地对其实施舰炮攻击，这样就能减少上述不利条件带来的影响。从历史的角度来看，这些有利的和不利的特点，在所有各个时代的进攻和防御作战中都极其相似，也具有可比性。进攻方为接近和消灭敌人，要担一些风险和一些损失；防御方一直是这样，不愿意冒险前进，严格保持良好的战斗队形，并且还可以利用进攻方暴露的破绽。透过一些细节可以清楚地看出上风和下风之间的根本区别。英国人常常喜欢占领上风位置，因为英国人的一贯政策是主动攻击和消灭他们的敌人，而法国人通常习惯于占领下风位置，因为这样做常常使他们在敌人逼近时，能够削弱敌人的战斗力，并且可以避免决定性的遭遇战，从而保存自己舰队的实力。法国人几乎总

---

[1]这是说一艘舰占据了上风位置，或能利用风的"有利条件"。风能使这艘舰驶向它的对手，而不允许对手直接驶向它。风从一方径直吹向另一方的情况极罕见，但是，在这个方向的两边仍然有很大的范围适用"上风"这个名词。如果把处于下风的舰作为圆心，有将近3/8的区域，处于能而且仍然可保持一定程度上风优势的范围。下风与上风是相对的。

是一贯地让海军服从于其他军事考虑，他们不愿意把钱花在海军身上，并且力求节省海军开支，使其保持防御态势，将舰队的作用限制在击退敌人的攻击上。为贯彻这种方针，只要敌人是为了展示武力，而不是进行作战，法国人就会欣然娴熟应用下风战法。但是，当英国海军的罗德尼将军不但为了进攻，而且企图利用上风，在敌战线的某一部分大量集中兵力时，他谨慎的对手、法军舰队司令戴吉尚便改变了战术。罗德尼与戴吉尚三次交锋，第一次法军处于下风，但当戴吉尚意识到罗德尼的谋划后，便开始顺风移动，不去进攻，而是撤退，除非条件对他有利时，他才去进攻。现在采取攻势或撤退，不再依赖于风力，而是取决于舰队是否具有较快的速度。在一支舰队里，这种速度不仅依赖单舰行动的速度，还依赖各舰战术行动的统一。从今以后，速度最快的舰队将能够占据有利位置。

因此，我们从帆船和单层甲板桨帆战船的历史中寻找有用的经验，不像许多人想象的那样是一种徒劳的期望。帆船和单层甲板桨帆战船与现代舰艇有部分类似，也有部分截然不同。这些不同让我们不能引用其作战经验或作战模式，来当作仿效的战术先例。但一条原则与一个先例的作用不同，原则的作用大于先例。一个先例可能本来就是错误的，或者由于条件的变化，并不能照搬；从事物的本质可以归纳一些准则，尽管条件多变，运用方式不同，但准则不变。按照这些准则战斗，必然会取得胜利。战争的确有这样一些原则，它们是通过研究过去多次战争的胜利和失败而确立的，是永远不变的。条件和武器都会有改变，但为了妥善地应付各种状况或使用武器，就必须遵循那些永恒的历史教导，在战场上采取正确的战术，或者正确地实施大规模作战，即采取正确的战略措施。

但是，在包括整个战场的这些大规模作战中，以及可能涉及地球大部分地方的海上竞争中，历史经验具有比较明显和经久的作用，因为许多条件是较长时期不变的。战场可能大些或小些，困难可能明显或不明显，敌对两军会有强有弱，必要的调动有难有易，但是所有这些只是规模和程度的不同，不是本质上的不同。随着蛮荒地带被现代文明开发，随着通信手段倍增，道路开拓，河流上架起了桥梁，食物来源不断增加，作战行动也随之变得更容易、更迅速、更广泛，但是作战行动所必须遵循的原则仍然没有变。当用马车运送部队代替徒步行军时，当火车代替马车时，增加了作战距离，或者也可以说缩短了作战时间，但是诸如决定应当集中兵力的地点、需要运动的方向、要进攻敌阵的哪一部分，以及保护交通线等原则都没有变。在海上也是这样，从提心吊胆地由一个港口缓慢地航行到另一个港口的单层甲板桨帆战船，发展到可以大胆地航行到天涯海角的帆船，又从帆船发展到我们现在的蒸汽舰船，海军作战的范围扩大了，速度变快了，但海军作战的原则，却不用改变。因此，之前引用的2300年前赫莫克拉提斯的讲话中所蕴含的战略思想，其中的一些原则和当时一样，现在也适用。在交战双方的陆军或舰队进入"接触"之前（用"接触"这个词可能比其他的词更好，它指出了战术和战略之间的界限），有很多事情需要决策，其中包含了整个作战计划。这些计划包括了海军在作战中的职能；海军的真正目标；海军应当集中的某一地点或某些地点；修建燃料和各种补给的仓库；保持这些仓库与本国基地之间的交通畅通；还包括研究作为一种决定性或辅助性的作战行动——破坏贸易的军事价值，以及破坏贸易最有效的方法——采用分散巡航或者是采用重兵把守商船必经的一些重要交通枢纽。所有这些都属于战略问题，而有关这方面的问题历史上已经有很多记载。最近在英国海军界展开了一次有意义的讨论，主要内容是比较英国两位有名的海军将领，豪勋爵和圣文森特伯爵杰维斯，在同法国作战时，部署英国海军采用的方针功过。这个问题完全属于战略问题，而不是历史问题，这也是当前极其重要的问题。海军部署所依据的原则，现在和当时一样没有变。杰维斯的方针挽救了英国，使其免遭入侵，而纳尔逊将军和他的同僚把英国直接引入了特拉法尔加角海战。

所以，在海军战略方面，过去一些有价值的学说，其重要性仍然没有减弱。这些重要学说不仅可以用来阐释原则，而且在条件相对未变的情况下还可以用来作为先例。当从战略角度考虑需要使舰队在某一地点投入战斗时，从战术的角度来看，不一定十分正确。人类在不断进步，武器也在不断地变化；随着武器的变化，必然引起作战方式的不断变化，即部队或舰队在战场上的运用和部署发生变化。于是在与海上事件有许多关联的部门中出现了一种倾向，认为研究过去的经验没有什么用处，并且认为这是浪费时间。尽管出现这种看法是很自然的，但是它们不仅完全看不见那些让各国把舰队部署于海上的、决定舰队活动范围的、已经改变的，而且会继续改变世界范围的广泛的战略要素，甚至对战术的看法也是狭隘和片面的。过去一些战斗的成功或失败，取决于作战人员战斗时能否贯彻作战原则。因此海军若仔细地研究这些战斗成功或失败的原因，不仅会发现而且逐渐领会这些原则，还会不断地把这些原则运用到使用舰艇和武器的战术中去。他还会看到战术的变化不仅发生于武器变化之后，而且还会因为武器的变化而变化。因为武器的改进大都是因为少数人努力而达成的，武器和战术的两次变化间隔时间会相当长。改变战术原则必须战胜保守阶层的惯性思维，而这种惯性思维非常顽固。只有真正承认每种变化，认真研究新舰或新武器的威力和局限性，继而采用适应于它们的特点的战术，才能够纠正这种惯性思维。历史已经表明，希望军人们都努力这样做是徒劳的。但是如果有人能承认这种变化，那对于作战将大有裨益，因为即使获得的是教训，本身也是很有价值的。

因此，我们现在可以接受一位法国战术家莫罗盖的见解，他在125年前这样写道："海军战术是建立在各种条件基础上的，引起这些条件变化的第一个原因是武器，武器是可以发生变化的；武器的变化反过来必然引起舰艇构造的变化，舰艇操作方法的变化，最后引起舰队部署和舰队指挥的变化。"他进一步阐述，"海军战术不是一门以永远不变的原则为基础的科学"，海军战术更易于受到批评。更确切地说，这些战术原则的运用要依据武器的变化而变化。战略原则的运用也会不时发生变化，但这种变化是很小的，因此承认战略的基本原则较容易。上面的阐述对于我们从历史事件中找到一些说明这个题目的例证来说是十分重要的。

1798年的尼罗河之战，英国舰队不仅彻底击败法国舰队，而且对摧毁法国与拿破仑在埃及的部队之间的交通线发挥了决定性的作用。在这次战斗中，英国舰队司令纳尔逊为战术树立了光辉的典范，它被誉为"备战时期和战斗进行期间结合很好的艺术"。当时进行的特定的战术配合取决于一种现在已经不存在的条件，即一支锚泊舰队的下风舰船，在舰队的上风舰船被摧毁之前，无法去支援它们，但是构成这种战术配合的一些原则，即选择敌队最不易得到支援的部分，用优势兵力去攻击它，这些都还不曾过时。英国舰队司令杰维斯在圣文森特角海战中，用15艘战舰战胜了27艘敌舰，尽管这次敌人不是在锚泊，而是在航行途中，但他也是按照上述那些原则战斗的。然而，人们有时对各种稍纵即逝的情况的印象，似乎比对处理这些情况的永恒性的原则的印象更深。相反，对纳尔逊的胜利在战争进程中起到战略作用的一些原则，人们不仅较容易认识到，而且已经看出这些原则也适用于我们这个时代。法国在埃及冒险行动的成败，取决于它的海军能否保持其与法国本土之间的交通畅通。尼罗河之战的胜利使英国摧毁了唯一能保证交通安全畅通的法国舰队，并决定了法国最终失败的命运。人们不仅很快发现这种打击是按照打击敌交通线的原则进行的，而且还会看到这种原则现在也是正确的，并且无论是在单层甲板桨帆战船时代，还是在帆船时代或蒸汽舰船时代，也一样是正确的。

　　但是，现在有一种轻视过去的错误看法，认为那些都是过时的东西，加之人们生来的惰性，甚至无视海军历史中蕴藏的那些长期有效的战略教训。例如，有多少人不是把特拉法尔加角海战，把纳尔逊获得的荣誉及其天赋才能看成是一件异常伟大的孤立事件呢？有多少人向他们自己提出这个战略问题，即"舰队是怎样恰好在那时那刻到达的呢"？又有多少人认识到特拉法尔加角海战是持续一年多的伟大战略戏剧的最后一幕呢？在这场戏剧中，历史上从未有过的两位最伟大的军事指挥官，拿破仑和纳尔逊在相互较量。在特拉法尔加角海战中的失败者不是法国舰队司令维尔纳夫，而是拿破仑；获胜的不是纳尔逊，而是被挽救的英国。为什么呢？因为拿破仑的联合行动失败了，而纳尔逊的直觉和能动性使英国舰队继续不断地追踪敌人，并使其在决定性时刻赶到战场。特拉法尔加角海战的战术，尽管细节还有待论述，但其主要特点符合战争原则，并且英国人的大胆行动已被当时的紧急情况和海战的结果证明是完全正确的。但是英国人在备战阶段的效率、实施过程中的行动能力和干劲，以及战前几个月英国指挥官的思维方法和观察方法等方面的一些主要经验都是战略经验，并且至今仍然很重要。

在以上两场战役中，战争都取得了合乎规律的、决定性的结果。现在可以引用第三个战例，在这个战例中，因为没有取得上两次战斗中所取得的那种确定的结果，所以对应该做些什么更容易展开讨论。在美国独立战争中，法国和西班牙于1779年结成同盟反对英国。联合舰队三次出现在英吉利海峡，其中一次风帆战舰总数竟达66艘，英国舰队由于在数量上处于明显的劣势，不得不躲在港内。当时西班牙的主要目的是收复直布罗陀和牙买加，为了进攻直布罗陀这个几乎坚不可摧的要塞，法西同盟从海上和陆上投入了巨大的兵力。可是这些攻击都是无效的，因此就可以提出这样一个问题——一个纯属海军战略问题，即法国和西班牙用控制英吉利海峡、攻击英国港口的舰队，破坏贸易和入侵本土来威胁英国，是否会比竭尽全力直接攻击英帝国这个远距离的、非常坚固的前哨基地更有把握呢？长期没有遭到入侵的英国人对入侵恐惧万分，如果突然使英国人动摇了对舰队的充分信任，也会在相当大程度上使他们丧胆。不管最后结果如何，这个问题作为一个战略要点是合乎情理的。然而当时的一位法国军官提出了另一种方式，他主张直接大举进攻西印度群岛的一个可以用来与直布罗陀交换的岛。英国人不可能放弃控制地中海的要塞，去换取其他任何海外领地，但英国人可能为挽救其家园和首都放弃这个要塞。拿破仑曾经宣称他要在维斯瓦河畔[1]重新夺回本地治里[2]那样的地方。如果他能够控制英吉利海峡，像联合舰队于1779年曾短期控制它那样，对他通过威胁英国海岸占领直布罗陀那样的地方还会产生怀疑吗？

为了更好地牢记历史能够为我们提供战略研究的素材，同时通过史实来说明战争原则这一事实，再举两个例子，这两个战例发生的时间，比本书所涉及的起始的时间还早。一个是东西方两强之间在地中海进行的两次大较量期间，其中一次使闻名世界的大英帝国处于危急之中。人们可能会提出，这两次大较量中，敌对舰队怎么碰巧都在相距这样近的亚克兴和勒班陀相遇呢？这纯粹是一种巧合吗？或者是由于已经重复出现和可能再一次出现的情况吗？[3]如果是后者，研究出这种情况发生的缘故是值得的，因为如果再次出现一个像土耳其那样的东方强国，它们的战略问题将是类似的。目前看来，海权的中心确实主要是在英国和法国，并且以压倒之势存在于西方。但如果出现某种机会，俄国除控制它现在已经控制的黑海低地外，又占领了地中海的入口处，那么，目前影响海权的战略条件将会完全改变。现在，如果西方一致起来反对东方，英国和法国会立刻停止对抗，像1854年那

---

〔1〕维斯瓦河，为波兰境内河流。

〔2〕本地治里，今印度东南部联邦政府直辖区。18世纪英法两国曾多次争夺此地。

〔3〕1827年土耳其和西方强国之间的纳瓦里诺之战也在这附近进行。

样，它们一起到黎凡特地区[1]去，或像1878年一样，英国单独前去。一旦出现这种变化，东方会像从前两次一样，在半路上与西方遭遇。

在世界历史中一段非常引人注目、非常重要的时期里，人们还没有认识到海权在战略上所具有的重要性和影响。现在我们还找不到足够的材料，能详细研究海权对第二次布匿战争[2]的影响；但是就目前所遗留的一些迹象已经可以断言，海权在布匿战争中是一种决定性的因素。对于这一点，我们还不能只依据所掌握的一直流传下来的特定事实，进行一种正确判断。因为像往常一样，这一时期海军的活动情况被忽略了。为了从很少的迹象中，依据对于一些著名历史事件的可能了解，得出一些正确的推论，有必要去熟悉全部海军史的详细情况。无论怎样有效控制海洋，都不意味着敌人的单舰或小型分舰队不能溜出港口，不能经常横渡汪洋大海，不能骚扰、袭击一条漫长海岸线上的未设防点，不能进入被封锁的港口。相反，历史已经表明，无论双方海军实力相差多么悬殊，较弱的一方在某种程度上总是可能逃避这种封锁和控制。所以战争第四年，古罗马军在坎尼惨败后，迦太基海军将领哈米尔卡成功使4000名士兵和一群战象在意大利南部登陆；第七年，哈米尔卡又突然避开了位于叙拉古外海的古罗马舰队，再次出现在当时汉尼拔控制的塔兰托；汉尼拔也多次向迦太基派遣船只传递公文，甚至最后汉尼拔率领残余部队又安全地

---

〔1〕黎凡特地区指地中海东部沿岸诸国和岛屿，广义包括自希腊经土耳其、叙利亚、黎巴嫩、巴勒斯坦至埃及的地中海沿岸地区。狭义只包括上述地区中的亚洲部分地区。

〔2〕布匿战争是古罗马与迦太基争夺地中海西部霸权的战争，共三次。

撤回非洲，而这一切与古罗马舰队全面控制海洋或控制关键海域并不矛盾。但所有这一切都不能证明迦太基政府可能不断给予汉尼拔支援。实际上，汉尼拔并没有得到这种支援，但上述这些事实自然会给我们造成迦太基政府已经支援汉尼拔的印象。所以有必要通过仔细调查已经明确的事实，来证实古罗马海上优势对战争进程产生了决定性影响的这种说法。只有这样，才能对海权影响战争的性质和程度做出正确的评估。

蒙森[1]说，战争开始时，古罗马人控制了海洋。不管是哪一种原因或哪几种原因，原本不是海洋国家的古罗马，在第一次布匿战争时期，海军已经超过以航海为业的对手迦太基，建立起海上优势，并继续保持了这种优势。第二次布匿战争中，没有发生重大海战，但从这种情况的本身和其他已经查明的与其有很多关联的事实中，可以看出古罗马依然具有类似于其他时期具有的这种海上优势。

由于汉尼拔没有留下回忆录，所以不能知道他为什么要经过高卢和越过阿尔卑斯山进行危险的、几乎等于灾难的远征。不过可以肯定，汉尼拔在西班牙沿海的舰队没有足够的力量与古罗马舰队抗衡。如果这支舰队真的很强大，汉尼拔因为种种原因影响，可能仍然会沿着他所选定的路线前进，但如果他经海路远征的话，就不会使与他一起出征的6万名老兵损失3.3万人。

正当汉尼拔进行这种危险远征时，古罗马人派老西庇阿两兄弟率领一部分舰队，将一支执政官指挥的陆军送往西班牙。这

---

[1] 克里斯蒂安·马蒂亚斯·狄奥多尔·蒙森（1817—1903），德国古典学者、法学家、历史学家、记者、政治家、考古学家、作家，1902年诺贝尔文学奖得主，代表作《罗马史》和《罗马法》。

次航行没有遭受严重损失，古罗马陆军成功地进驻汉尼拔交通线上的埃布罗河以北地区。与此同时，另一支古罗马分舰队与另一名执政官指挥的一支陆军被派到了西西里。两支分舰队共有220艘舰船。每支分舰队都在各自的阵位上，与一支迦太基分舰队遭遇，最后古罗马人轻而易举地打败对手。这些都可以从很少的战斗记载中推断出来，说明古罗马舰队确实强大。

第二年之后的战况如下：汉尼拔已经从北部进入意大利，在连战连胜后，绕过罗马城向南进军，将自己的部队驻扎在意大利南部，就地征收给养，这使得他们与当地人民产生矛盾，特别当他依靠古罗马在当地建立起来的强大政治和军事控制系统征收给养时，矛盾就更加尖锐。所以汉尼拔最急需的，就是与某一可靠的、能够不断提供补给和增援的基地建立联系。按现代战争的术语来说，就是建立"交通线"。有三个友好的地区：迦太基本土、马其顿和西班牙。可以让其中一个或三个充当这样的基地，而他与前两个基地间的交通，只能经海路维持。汉尼拔能从西班牙得到最有力的支援，如果没有敌军封锁航道，他既可经陆路又可经海路抵达那里，而经海路路程短且安全。

战争的最初几年，古罗马人依仗其海上力量，完全控制了位于意大利、西西里和西班牙之间的第勒尼安海和撒丁海。从埃布罗河至台伯河之间，沿海居民几乎都对古罗马人友好。但是坎尼之战后的第四年，叙拉古放弃了与古罗马的同盟，叛乱蔓延整个西西里，而马其顿也与汉尼拔签订了攻守同盟。这些变化必然不断扩大古罗马舰队的军事活动，加重他们的负担。由此会产生什么样的部署，这种部署又怎样影响这场战争呢？

有迹象清楚地表明古罗马人从未放松对第勒尼安海的控制，

这可以从古罗马各分舰队能不受干扰地从意大利驶向西班牙得到证实。在西班牙沿海地区，直到大西庇阿[1]看出应暂时停止使用舰队之前，古罗马在此一直享有充分的控制权。古罗马在亚得里亚海的布林迪西部署了一支分舰队并建有一个海军基地以控制马其顿，他们忠于职守，从未让马其顿的一个士兵进入意大利。蒙森说："由于腓力[2]缺少一支战斗舰队，使他的各种调动都不能实现。"这里海权的作用不再只是一种推断，而是明显的事实。

西西里的斗争以叙拉古为中心。迦太基和古罗马舰队在这里交战，但优势显然属于古罗马人，尽管迦太基人曾几次成功地向叙拉古城里运送补给，可他们一直避免与古罗马舰队作战。由于古罗马舰队控制了利利巴厄姆（今马尔萨拉）、巴勒莫和墨西拿，它能在该岛北岸建立牢固的基地。西西里南部水域对迦太基人是开放的，因此他们还能支持叙拉古人反抗。

综观这些事实，可以进行推断，而且能得到全部史实支持，即当时的古罗马海上力量控制了西班牙塔拉戈纳到西西里西端的利利巴厄姆以北，再从该岛北端经墨西拿海峡，向南到叙拉古，再到亚得里亚海的布林迪西的广大海域。整个战争期间，这种控制没有被动摇过，并且一直持续着。如前面所述，这种控制不能完全制止迦太基人进行规模或大或小的海上袭击，但是确实阻断了汉尼拔所急需的那种持续可靠的交通线。

另一方面，似乎同样很清楚，战前10年，古罗马舰队还没有足够的力量，在西西里和迦太基之间的海域长期作战，也不能超

---

〔1〕误为小西庇阿。

〔2〕指马其顿国王腓力五世（公元前238—前179）。

出所限定的南部界限，到较远的地方活动。汉尼拔一起程，就派出一些舰船保护西班牙与非洲之间的交通线，可是当时的古罗马人并不打算袭击这些交通线。

所以，古罗马海军完全放弃了在马其顿的战争。古罗马舰队也没能制止迦太基人在西西里进行的多次有效的牵制活动。但这支舰队确实妨碍了迦太基人向当时在意大利的汉尼拔运送最急需的部队。西班牙的情况又是怎样的呢？

汉尼拔的父亲（哈米尔卡）和汉尼拔本人都把西班牙地区作为他们策划入侵意大利的基地。在战前18年，他们就已经占领了这个地方，并且非常有远见地扩大和巩固他们在当地的政治和军事实力。父子俩已经集合了一支庞大的军队，并使其在当地战争中经受了锻炼，成为一支久经沙场的部队。汉尼拔出征后，就把政权交给了自始至终忠于他的哈斯德鲁巴尔，这种忠诚是汉尼拔无法从深陷可恶宗派斗争的迦太基本土得到的。

汉尼拔一起程，迦太基人便在西班牙取得了从加的斯到埃布罗河的广大地区。尽管居住在埃布罗河与比利牛斯山脉之间的部落对古罗马人都很友好，但当古罗马人不在的时候，他们无法抵挡汉尼拔。汉尼拔镇压他们之后，留下1.1万名士兵由汉诺指挥，对这个地区实施军事占领，防备古罗马人进驻，避免他们袭扰汉尼拔与其他基地之间的交通线。

但是，同一年格涅乌斯·西庇阿[1]率领2万名古罗马士兵经海路抵达那里，打败汉诺，并且占领了埃布罗河以北的沿海和内地。这样就使古罗马人不但能够完全切断汉尼拔与哈斯德鲁巴

---

[1] 老西庇阿的弟弟。

尔之间的相互支援，而且还可以从这里攻击西班牙境内的迦太基部队，而古罗马人与意大利的水上交通线又能得到自己舰队的保护。古罗马人在塔拉戈纳建造海军基地，与哈斯德鲁巴尔在卡塔赫纳的海军基地对抗，然后入侵迦太基领地。古罗马在西班牙的战争是在老西庇阿兄弟俩指挥下进行的，表面看来这是一场次要的战争，七年间双方各有胜负；战争结束时，哈斯德鲁巴尔给了他们毁灭性的打击，老西庇阿兄弟被杀，迦太基人也几乎成功地通过比利牛斯山增援汉尼拔。但是这种尝试就在将突破比利牛斯山时受挫，当迦太基人准备再次尝试时，卡普阿陷落。克劳狄乌斯·尼禄被调到了西班牙，围攻该城的有1.2万名罗马老兵。尼禄是一位能力杰出的指挥官，在第二次布匿战争时期，他做出了所有古罗马将军能做出的最有决定性意义的军事调动[1]。这种来自海上的及时增援，再次确保古罗马人对哈斯德鲁巴尔行军路线的控制，对迦太基来说，一条既快又便捷的通道，已被古罗马海军截断。

两年之后，后来获"阿非利加西庇阿"称号的普布利乌斯·西庇阿（即大西庇阿），接管西班牙的指挥权，采用陆海联合进攻策略，占领卡塔赫纳，但是此后他却令人不可思议地解散了舰队，并把海军调至岸上充当陆军。大西庇阿不满足于只充当一支"牵制"[2]部队，去封锁比利牛斯山脉的要隘对抗哈斯德鲁巴尔。他向前推进，进入西班牙南部，在瓜达尔基维河上进行了

---

〔1〕指尼禄后来调动精锐，会合另一支古罗马军队在梅陶鲁斯河迎击哈斯德鲁巴尔。

〔2〕一支"牵制"部队是指在一次联合军事行动中，阻遏或拖延敌军某一部推进的部队，而同时主力部队则会在另一个方向发挥作用。

一次激烈的非决定性战役；战后哈斯德鲁巴尔悄悄溜走，匆忙北上，从西端越过比利牛斯山，向意大利进军。那时汉尼拔在意大利的处境日趋困难，部队的自然减员没能得到补充。

当哈斯德鲁巴尔途中仅遭受轻微损失，进入意大利北部时，战争已持续了10年。假如哈斯德鲁巴尔带来的部队能安全与汉尼拔会合，由汉尼拔统一指挥，战争就会发生决定性的变化。因为古罗马本身也已疲惫不堪，而把古罗马与其殖民地和盟邦连接起来的铁链已经拉伸到了极限，有些早就断裂了。汉尼拔和哈斯德鲁巴尔在军事上的处境也十分危险。一个在梅陶鲁斯河畔，另一个在阿普利亚，相距200英里[1]，各自要对付一支优势敌军，而古罗马的两支大军位于被分割的对手之间。造成这种困难局面以及哈斯德鲁巴尔姗姗来迟的原因，正是古罗马人在整个战争期间控制了海洋，才使汉尼拔和哈斯德鲁巴尔的相互支援被限制在绕道高卢的陆路上。正当哈斯德鲁巴尔经陆路进行远距离危险迂回时，大西庇阿已从西班牙派出1.1万名士兵经海路去增援与哈斯德鲁巴尔对抗的古罗马陆军。结果哈斯德鲁巴尔派去给汉尼拔送信的信使不得不穿过广大的敌占区，最后落入指挥南部古罗马军队的克劳狄乌斯·尼禄之手，他因而得知哈斯德鲁巴尔准备行动的路线。尼禄正确地估计了当时的形势，避开汉尼拔的监视，率领8000人的最精锐部队快速行军与北方军队会师。这种有效的会合，使古罗马的两位执政官能以绝对优势兵力进攻哈斯德鲁巴尔，并将其部队全歼，哈斯德鲁巴尔本人也阵亡了。直到姐夫的首级被抛进营房，汉尼拔才得知这个惨败的消息。据说他大声惊

---

〔1〕1英里≈1.609千米

呼，古罗马将成为当时的世界霸主。所以梅陶鲁斯河战役一般被看作古罗马和迦太基两国之间的决定性战役。

最后导致梅陶鲁斯河之战和古罗马胜利的军事形势，可概括为以下几个方面。为推翻古罗马的统治，迦太基人必须进攻古罗马在意大利的实力中心，并破坏以罗马为首的牢固联盟。为达到这一目标，迦太基人需要一个坚不可摧的作战基地和一条安全可靠的交通线。前者已由巴卡[1]大家族在西班牙建立起来，而后者却从没有得到过。对迦太基人来说，有两条可用的交通线，一条是直接经海路，另一条是绕道高卢。第一条交通线被古罗马人的海上力量封锁；第二条交通线处境危险，并且最后由于古罗马陆军占领了西班牙北部也被截断。古罗马陆军之所以能够占领西班牙北部，是因为古罗马人完全控制了海洋，而迦太基人从未危及古罗马人的制海权。因此对于汉尼拔和他的基地来说，古罗马人占领了两个中心位置：古罗马本土和西班牙北部。两者靠一条安全可靠的内部交通线——海洋连接，靠这条交通线能不断相互支援。

假设地中海是一片平坦的沙漠，在这片沙漠里，古罗马人占据了实力雄厚的科西嘉和撒丁岛"山脉"，在塔拉戈纳、利利巴厄姆和墨西拿构筑了坚固的哨所，占据了热那亚附近的意大利海岸，并将马赛和其他据点的要塞联防；古罗马还拥有一支能够随意越过沙漠的野战部队，而其对手却无法拥有这样的条件，为了集中兵力不得不绕远路。这种军事形势很容易便能看清，这支特

---

〔1〕汉尼拔一族的姓氏。公元前237年汉尼拔之父哈米尔卡率军远征伊比利亚半岛，夺取了西班牙西南沿海地区，因行动迅捷凌厉，被称为"巴卡"（意为"闪电"），从此它便成为整个家族的姓氏。

殊部队的价值和作用就无须赘述了。此外，迦太基武装部队，尽管在数量上处于劣势，也会突然侵犯或袭击古罗马人占领的地方，可能会烧毁一个村庄或毁坏数英里边疆领土，甚至可能不时地阻截一支护航运输船队，但是从军事观点来看，这并没有对交通线形成任何威胁。这种掠夺性作战，古往今来，海上交战较弱的一方都曾进行过，但是绝不能据此做出与众所周知的事实相对立的推论，即因为"古罗马舰队有时到非洲沿海去巡视，迦太基舰队也以同样的方式出现在意大利外海"，就说"古罗马或者迦太基根本没有控制海洋"。在这种情况下，可以说海军在这片假定的沙漠地带起到了一支特殊部队的作用，但是绝大多数作家觉得这支部队所起的作用很难理解，因为这支部队的成员自古以来就是一批与众不同的怪人，他们没有自己的宣传者，没有人了解他们和他们的使命，所以这支部队对那个时代的决定性影响，以及对世界历史产生的影响都被忽视了。如果上述论点是正确的，那么从产生历史事实结果的主要因素中删去海权进行剖析就是不完全的。同样，如果把海权断言为唯一的决定因素，那也是不合理的。

  前面所举的例子，时间跨度很大，有这本书所涉及的历史时期之前的，也有之后的，但这些例子都可用来说明本课题所固有的重要性，以及从历史中所必须吸取的经验教训。正如前面已经注意到的，这些例子多半属于战略范畴，与指导战役实施有关，而属于指导战斗的战术范畴的较少，因此具有永久性的价值。有关这一点可以引用权威人士若米尼的话："1851年底，在巴黎我偶然有幸接受一位知名人士咨询，他问我最近火器的改进，是否会在作战方式上引起重大的变化。我回答说火器的改进可能对战术的细节问题产生一些影响，但是在规模较大的战略性行动和大的联合作战中，现在和过去一样，仍要运用那些曾使古今伟大的将军们如亚历山大、恺撒、腓特烈和拿破仑等获胜的原则。"对海军来说，这种研究现在比以往任何时候都更加重要，因为现代蒸汽舰船具有巨大的、可靠的航行能力。在单层甲板桨帆战船时代和帆船时代，指挥官设想出的最佳方案，有时迫于恶劣的天气可能招致失败，但是现在这个难题几乎不复存在。古往今来适用于指导大规模海军联合行动的原则是从历史中推断出来的，但是在执行这些原则时不用过多地考虑气候条件，这还是最近的成果。

通常给"战略"这个词下的定义，是把它局限在包括一个或几个完全独立或相互依赖的战场的联合军事行动上，总是注目于战争中面临的或即将面对的几场战斗。不过这可能是指陆上战略，一位法国作者非常正确地指出，这种定义对海军战略来说范围太窄了。他说："海军战略与军事战略不同，在于平时和战时都需要制定自己的战略。实际上，平时通过收买或签订条约，可以在一个国家中，占领有时甚至难以用战争手段取得的最好据点，从而获得决定性胜利。这种战略会指导我们利用各种机会，在某海岸上一些选定的地点驻防，起初只是临时占领，然后明确提出长期占据这些地方。"有一批人会欣然接受这位作者的意见，他们已经看到英国在10年之内，以一些貌似临时的条款和条件相继占领了塞浦路斯和埃及。实际上，现在所有的海上列强都坚持不懈地把他们的人民和舰艇送到各个海洋，寻找那些远不如塞浦路斯和埃及知名和有价值的一个又一个战略要地，这些事实足以说明这种看法是正确的。"事实上，海军战略就是为了自身目的，无论平时还是战时，都要建立、维护和不断发展一个国家的海权。"因此，研究海军战略对于一个主权国家的全体公民来说，是一件有意义、有价值的事情，尤其对那些负责国家外交和军事的人来说更是如此。

在本书中，我们将仔细研究一个依赖海洋的强大国家所必须具备的条件和影响其强大的基本条件。然后，我们将对本书开始评述的历史阶段，即17世纪中叶，欧洲几个海洋国家的情况进行探讨，这将有利于说明这个总课题，并会得出正确的结论。

第一章

海权组成要素的探讨

从政治和社会观点来看，海洋本身最重要和引人注目的原因，是其可以成为广大的"高速公路"，或者更确切些说，海洋是人们能通向四面八方的广阔的公有领域。但是在这片公有领域里，过去经常使用的航线，由于受各种因素的制约，只能选择其中某些航线航行。这些被称为贸易航线。为什么只能选择这些航线的答案要从世界历史中去寻找。

尽管海上有各种危险，但无论是旅行还是运输，海路总比陆路方便、便宜。荷兰的贸易兴旺不仅是因为它较发达的海运事业，而且也由于它拥有无数条安全的水路，通过这些水路可以迅速地进入荷兰和德意志内地。200年前的情况是陆上的道路少，而且又不好，战事频繁，社会动荡不安，所以水路运输较之陆路运输就具有明显的优越性。尽管当时海上运输有遭抢劫的危险，但比陆路要安全、迅速得多。当时某荷兰作家预测他的国家要与英国交战，他在纷繁复杂的事务中，特别注意到英国国内的水路不畅通，不能通过它们进入英国腹地；同时由于内部道路不好，所以必须经海路把货物从王国的一个地方运到另一个地方，而经过海路途中又有被抢劫的危险。目前这种危险的国内贸易，一般已经不存在了。在如今的大多数文明国家内，海运仍然相对便宜，虽然不方便导致了沿海贸易的破坏或消失，可直到法兰西共和国和法兰西第一帝国战争时期，人们和描述这段历史的通俗海军文学作品，仍然经常会提到，尽管当时海上有成群结队的英国巡洋舰，法国内陆又有很好的道路，但是法国沿海仍有从一个地方到另一个地方的护航船队。

在现代，濒海国家的国内贸易只是整个贸易的有机组成部分。各类商品必须由船舶运至港口，这些船舶返回时又从事这一地区的商品交易；每一个国家都希望这种航运业由自己国家的船舶承担。这些往来穿梭的船舶返回时必须有安全的港口；整个航行途中，国家对船舶的保护，必须延伸到尽可能远的地方。

战时，必须由武装舰船提供保护。所以，对海军的需要会因为平时海运的情况而变化，随着海运的消失，海军也将消失。除非一个国家有侵略意图，才会将一支海军作为军队编制的一部分保留。美国目前还没有这种意图，并且也无须为商船护航，所以从严谨的逻辑推断出的必然结果是美国的武装舰队会逐渐减少。但当美国再次发现海运有利可图时，对利益的渴求会重新迫使它恢复海军，而当横穿美洲的运河不久即将出现时，足够强烈的侵略欲望也可能促使它去重建海军。不过这值得怀疑，因为这个国家是缺少远见的，而在我们这个时代要做充分的军事准备，必须要有远见卓识。

一个国家，随着它的非武装船舶和武装舰船离开本土海岸，就立刻会感到需要一些能供平时贸易避难和补给的据点。目前，在世界各地都存在一些友好的港口，尽管这些港口是外国的，也依然可以在和平时期作为避难场所，但这样的情况无法维持。尽管美国现在已经得到了如此有利的持久和平，但和平不会长期永远存在下去。早期，商船船员冒着危险在全新而陌生的地区进行贸易，在充满怀疑和敌对态度的国家里寻找机会，而他们在搜集足够和可以获利的货物时，要耽搁很长时间。所以商船船员往往用武力或收买来获得贸易航线上的一个或多个停泊地，然后使船员或其代理人可以比较平安地使舰船安全地停泊在那里，连续不断地搜集在大陆有销路的货物，等待本国船队把它们运回去。早期这种航行获利巨大，虽然风险也很大，但这种机构仍然成倍地增长和扩大，直到这些地方变成殖民地为止。这些地方最后的发展和成功，取决于殖民国家的实力和提出的政策，它们构成了一部非常重要的世界历史，一部独特的世界海洋史。如上所述，所有的殖民地不是简单和自然地产生和发展的。有些殖民地的初始建设是正规的，它们基于政治原因被开创，统治者做的这些表面上是为了人民，但实际上都是以权谋私。即便后来当贸易站点扩大后，冒险家们为了追求利润而来，但冒险家们的所作所为与政府精心组织和租用殖民地的工作本质上并无不同，都是为了在外国的领土上获得一个落脚点，都是为了给本国出售货物寻找一条新销路，为本国的舰船获得一个新的活动场所，也是为本国人民谋求更多的就业机会，使国家更加繁荣兴旺。

　　由于贸易的需要，不能在安全抵达遥远航程另一头时再做好准备。海上航行的距离越远就越危险，所以在海上常常会遭到敌人围攻。在开拓殖民地最活跃的日子里，海上盛行目无法纪的行为，如今人们几乎已将其全部忘记了，但海洋国家间很难维持持久的和平。因此，沿途需要一些海军基地，如好望角、圣赫勒拿岛、毛里求斯等，这些基地的主要作用是防御和战争，而非贸易。海洋国家要求占领像直布罗陀、马耳他和位于圣劳伦斯湾出口处的路易斯堡那样的港口，这些港口的价值不一定完全相同，主要是战略性的。殖民地和殖民地化港口的性质有时是商业性的，有时是军事性的，但是同一个地方，很少像纽约那样在商业和军事两方面都同样重要。

交易有三个必要条件：生产，是交易产品所必需的；海运，是用来进行不断交易的；殖民地，是促进和扩大海运活动，并不断扩大稳固的基地来对海运进行保护的。决定沿海国家历史和政策的关键就在这三者中。时代的潮流和统治者的性格与英明程度决定了一个国家的政策，但是，濒海国家的历史不是政府的眼光和深谋远虑决定的，而是由它的位置、面积、自然结构、人口和民族特点，一句话——自然条件所决定的。可是又必须承认，并且将会看到：海权的发展受到个人行为的极大影响，不仅包括武力控制海洋或部分海上军事力量，而且包括一支军事舰队源于和赖以存在的平时贸易和海运的发展，以及其他方面的发展。

影响各国海权的主要条件可以列举如下：地理位置；自然结构，包括有关的物产和气候；领土范围；人口；民族特点；政府的特点，包括国家机构特征。

1. 地理位置——首先应该指出，如果一个国家不靠陆路保卫或者扩张其领土，而是完全依靠海洋，那么在地理位置上就比纯粹的大陆国家更有利。其中的代表英国，就远比法国与荷兰强大。法国与荷兰必须长期维持一支大规模的陆军，并且要不断地从事耗资巨大的战争以维护独立，它们的实力很快就会被耗尽，而法国的政策又经常摇摆不定，有时是明智的，有时是非常荒谬地从海上转向大陆扩张。大陆的军事行动要消耗巨大财富；反之，如果法国能够明智地、始终如一地利用其地理位置，就能增加财富。

地理位置本身会促使海军力量集中或分散。这方面不列颠群岛又优于法国。法国的位置，濒临地中海和大西洋，虽然有一定益处，但整体来看，它是造成其海上军事力量薄弱的一个原因。位于东边和西边的法国舰队，只有通过直布罗陀海峡才能联合起来。他们企图这样做时，经常要冒很大的危险，有时还要蒙受损失。美国的位置濒临两大洋，如果美国在两边海岸上都有大量海上贸易的话，这个位置或者会成为海上力量软弱的一种根源，也可能是使其遭受巨大损失的一种原因。

英国是一个庞大的殖民帝国，它已经基本失去了围绕本土海岸集中海军部队的这个有利条件。但是，这种牺牲是很明智的，正如实践已经证明的那样，得大于失。随着英国殖民体系不断扩张，它的作战舰队也在不断发展，但是，它的商船航运和财富增长更快。可是到了美国独立战争、法国大革命战争和法兰西第一帝国时期，用一位法国作者的话说，"尽管英国海军发展卓有成效，看来一直属于富裕国家之列，也会经常感受到物资缺乏的窘迫"。英国依靠自己的实力完全可以保护它的心脏和其他部位。然而，同样领地广大的西班牙殖民帝国，由于海上力量薄弱，曾多次遭到侮辱和伤害。

一个国家的地理位置不仅有利于集中海军兵力，而且还能为对付潜在敌人的可能进攻，提供作战活动的中心位置和良好基地。这两个战略优势，再以英国为例，英国一方面面对荷兰和北方强国，另一方面又面对法国和大西洋。当英国像过去多次那样，受到法国与北海和波罗的海一些海上强国同盟威胁时，位于唐斯和英吉利海峡的英国舰队，甚至位于布雷斯特外海的英国舰队都占据了内线位置，这样就可以使英国联合舰队迅速反击想伺机通过英吉利海峡与其盟国会合的敌军舰队。除此之外，大自然还为英国舰队提供了较好的港口，它还有一条可以靠近的安全海岸。从前，要通过英吉利海峡，自然条件是个非常令人困惑的因素。但是后来，由于蒸汽舰船的出现和海峡港口条件的不断改善，曾一度使法国人苦恼的不利因素大大减少了。帆船时代，英国舰队以托贝港和普利茅斯港为基地来对付布雷斯特港内的法国舰队。其计划很简单：刮东风或和风时，英国封锁舰队不用费力地坚守阵位。但是当刮起强大的西风，或者风太强劲时，执行封锁任务的英国舰队就只能返回母港。因为他们知道这种大风同样会使法国舰队驶回驻地，除非大风转向，否则法国舰队是不会出来的。

如今靠近敌军或靠近进攻目标的地理位置的优越性，在被称为破坏贸易战的战争活动中显得尤为重要，法国人称这种作战活动为商船劫掠战。因为破坏贸易战只直接攻击无防御能力的商船，所以实施攻击的舰船武力不需要很强。因为商船并无多少防御力，非常需要可供避难的地方，这种地点有的处于本国海军控制的海域，或者位于友好港口。位于友好港口里的庇护所可以提供有力的支援，因为这些港口通常都固定不变，贸易破坏舰比敌人更熟悉前往港口的航道。法国靠近英国，因而更便于法国人从事针对英国的商船劫掠战。由于法国在英国商船来往的贸易航线上，如在北海、英吉利海峡和大西洋都有港口，很容易进行劫掠。这些港口间的相互距离不适合进行正规的联合军事行动，很适合这样的游击战术；与正规作战需要集中力量不同，破坏贸易的劫掠战的精髓在于分散游击。将力量分散之后才能发现和劫掠更多的商船，法国私掠船的历史为我们证明了这一点。私掠船的基地和活动区域主要是英吉利海峡和北海，或是相距较远的其他殖民地，诸如瓜德罗普岛和马提尼克岛也能提供较好的庇护所。现代巡洋舰对燃料的需求让它们比以前的舰船更依赖港口。美国的舆论对直接攻击敌人商船的战争非常赞赏。但是，公众必须切记美国在国外的大型贸易中心附近没有港口。所以除非美国在盟国的港口里找到基地，否则美国非常不适宜进行破坏贸易作战。

如果一个国家的地理位置，除了便于进攻，大自然已使它坐落在便于进入公海的航道上，同时还使它控制了一条世界交通的主通道，显而易见它的地理位置就具有很高的战略价值。很大程度上英国又占据了这样的有利位置。荷兰、瑞典、俄国、丹麦以及通过各大河流进入德意志内地的贸易，都必须经过英吉利海峡，船只必须紧靠英国海岸航行。而来自波罗的海国家的海军军需则让海权受同北欧的贸易关系影响。

倘若西班牙没有丢失直布罗陀，它的地理位置就非常类似英国的位置。西班牙对大西洋和地中海实施监视曾经很方便，因为一边有加的斯，另一边有卡塔赫纳，到黎凡特地区进行贸易必须经过西班牙控制的海域，就算绕道好望角进行贸易，离它的门户也不远。但是，由于西班牙失去了直布罗陀，不仅丧失了对海峡的控制权，而且也对它在海峡两边的分舰队的顺利会合形成了一道障碍。

当前，如果只看意大利的地理位置，而不考虑影响海权的其他条件，似乎它漫长的海岸线和好几个优良港口，能让它处于有利的位置。从某种程度来说，意大利能对黎凡特地区和经苏伊士海峡的贸易产生决定性的影响。如果意大利能保住属于它的所有岛屿，情况会更好。但是，由于英国人占领了马耳他，而法国人又占领了科西嘉，意大利地理位置的优越性就大大降低了。从马耳他和科西嘉这两个岛的位置和居民族属来看，就像西班牙人理应得到直布罗陀一样，这两个岛理应归于意大利。如果将亚得里亚海看成一条主要贸易交通干线，意大利的位置则会对其产生更重要的影响。综观意大利的地理位置可以看到的这些缺陷，加之其他一些原因，对它全面稳妥地发展海上力量会产生负面影响，也使人们对意大利是否有朝一日会进入海军强国行列深表怀疑。

因为本书的目的不是全面讨论一个国家的地理位置对其海上力量的发展如何重要，而只是打算用实例来说明地理位置对海权发展的影响。因此，课题的这一部分可以暂时搁置，先更多列举一些能进一步说明其重要性的实例，这些实例在历史论述中将会被反复应用，以下两点应当在本书中受到关注。

一是地中海周围的环境，已经使其在世界历史上起了相当重要的作用，无论从贸易角度，还是从军事角度来看，它起的作用都比同样大小的其他海域大得多。所以一个又一个国家都力求控制它，而且这种竞争直到今天仍然存在。因此，研究在地中海海域过去和现在仍然占优势的地理条件，以及研究地中海沿岸各个不同地区的相对军事价值，将比在其他地方花费同样多的精力更有效果。此外，从现实情况来看，地中海在许多方面类似于加勒比海，如果巴拿马运河通航了，情况将更加相似。研究已经得到充分论证的地中海战略条件，将为研究加勒比海开个好头。

二是关于与中美洲运河有关的美国的地理位置。一旦动手挖运河，施工者的目标实现，加勒比海将从一个终点站，一个地方性的贸易场所，或者最多像现在这样的一条不连贯、不完整的交通线，变成一条在世界上比较重要的交通干线。沿着这条交通线可以进行大量贸易，并且可以把其他一些大国的利益，主要是欧洲国家的利益带到美国东西海岸，这是过去从未有过的。随之而来的是，加勒比海很难保持过去那种远离国际纠纷的局面了。美国的位置与这条航线的关系，将类似于英国与英吉利海峡、地中海国家与苏伊士运河的关系。至于对运河的影响和控制，依据地理位置而定，人们应该很清楚美国国家力量的中心、国家的永久性基地[1]离运河要比其他大国近得多。其他大国现在或者以后在岛上或者在美洲大陆上所处的位置，不管怎样牢固，也只不过是前哨基地，单就为军事力量提供的所有物资支援而论，哪一个国家也比不上美国。但是众所周知，美国战备不修，这是弱点。美国的地理位置虽然靠近争议地点，然而由于墨西哥湾海岸的特点，使其丧失了部分价值。墨西哥湾缺少不受敌人干扰、便于修理第一级战舰的港口，没有国家缺少一级战舰，还能妄求控制某一海区。一旦在加勒比海出现一场争霸战，从密西西比河南部河道的深度、新奥尔良附近的情况以及密西西比河流域进行水上运输的有利条件来看，显而易见美国的主要力量必须全部集中在这一地区，也必须在这个地方寻求永久性作战基地。但是，在密西西比河口进行防御是一件异常困难的事情，河口与（佛罗里达州的）基韦斯特港和彭萨科拉港相比，水位很浅，所处的位置

---

　　[1] 即"永久性作战基地"，指一个国家能集中所有资源的地方，联络水路和陆路交通线的枢纽，军火库和武装哨所的所在地。

用来输送国家资源也极其不利。为了充分利用这里的地理位置优势，必须克服上述这些不足。此外，美国距地峡虽然相对来说比较近，但仍然有一段距离，所以美国将不得不在加勒比海占领一些地方，用来应急或充当辅助作战基地；利用这些基地的有利自然条件、防御的可能性和靠近战略补给中心，会使美国舰队能像任何敌国舰队那样尽快赶到出事地点附近。随着进出密西西比河有了充分保障，美国人掌握了这样的前哨基地，这些基地与本国基地之间的交通又能得到可靠保障。简而言之，由于美国采取了必要的措施，进行充足的军事准备，那么从其地理位置和实力来看，确实在此取得了毋庸置疑的优势。

2. 自然结构——我们刚才提到的墨西哥湾海岸独有的特征，应当归纳到一个国家的自然结构方面，这是我们要讨论的影响海权发展的第二个要素。

一个国家的海岸线是它边境的一部分，如果这部分边境为其提供了通向远方的便利交通，在这里远方指的是海洋，那么该国国民也会愿意通过这部分边境与世界其他各地往来。设想一下，如果一个国家有一条漫长的海岸线，但没有一个港口，这个国家就不可能有自己的海上贸易，也不可能有海运和海军。当西属尼德兰是西班牙和奥地利的一个省份时，情况就是上述这样。1648年，荷兰在一次成功的战争[1]之后，提出一个议和条件，禁止西属尼德兰通过斯海尔德河进行海上贸易。这样就关闭了安特卫普港，迫使西属尼德兰把海上贸易转给荷兰。西属尼德

---

[1] 指属于三十年战争组成部分的荷西战争，荷兰在战争中转败为胜，海军屡挫西班牙舰队，双方于1648年签订《荷西和约》，西班牙承认荷兰独立，承认尼德兰南部城市及辖地归于荷兰。

兰也就不再是一支强大的海上力量了。

大量深水港是力量和财富的源泉，如果这些港口位于可通行河流的入海口，就更便于集中国家的国内贸易。但是，由于这些港口容易航行，如果没有很好的防御，发生战争时，它们将会成为容易被入侵的要害。1667年，荷兰曾轻而易举地顺泰晤士河溯流而上，在离伦敦不远处烧毁了英国海军的大部分舰船。但几年之后，当英法联合舰队企图在荷兰登陆时，却因在海岸上遇到了很多困难及遭到荷兰舰队的激烈抵抗而没能得逞。1778年，如果不是法国舰队司令犹豫不决，处于不利地位的英国人完全有可能失去纽约港和其所控制的哈得逊河。如果法国人控制了纽约港和哈得逊河，新英格兰[1]与纽约、新泽西和宾夕法尼亚便利又安全的交通线将恢复，而英国在前一年伯戈因大败后，又丢失这两个地方，很可能提前议和。密西西比河是美国的财富和力量的重要源泉，河口防御虚弱和国内支流过多的问题，却使其成为南部邦联的一个弱点，并且成为南部邦联在内战中战败的原因。最后还需指出，1814年，切萨皮克湾被英军占领和华盛顿被毁[2]，是由于最重要航道入口很少设防而被敌军突破造成的危害，这给我们留下了沉痛的教训。虽然这个教训距今时间不长，很容易回忆起来，但是从目前的海岸防御来看，似乎人们更容易将它忘记。不能认为情况已经改变了，现在和过去一样，尽管进攻和防御的条件和细节发生了一些变化，但最主要的条件仍然没有变。

---

〔1〕新英格兰是美国最东北部缅因、佛蒙特、新罕布什尔、马萨诸塞、罗得岛、康涅狄格六州的合称。

〔2〕1814年夏，英国海军进入切萨皮克湾，占领美国首都华盛顿，焚烧白宫等公共建筑。

在拿破仑战争之前和战争期间，法国在布雷斯特以东没有可供战舰使用的港口，而英国在这一地区却是非常有利的。英国在同一海区除了有一些避风港和补给港，还拥有普利茅斯和朴次茅斯两个大军港。后来，法国在瑟堡构筑了港口和工事，弥补了不利形势。

除了海岸线的轮廓，包括方便前往海洋的一些航道，还有其他的一些自然条件可以指引一个国家的国民到海上去或者离开海洋。尽管法国在英吉利海峡上缺少军港，但它在英吉利海峡、大西洋和地中海却都有很好的民用港口，这些港口位于各大河流的入海口，适于进行对外贸易和促进国内交通运输。但是在黎塞留[1]结束内战时，法国人对海洋没有像英国人和荷兰人那样热情，也没有他们那样的成效。主要原因似乎是自然条件造成的。自然条件使法国有一块气候理想的陆地，自己生产的东西完全满足人民需要之外，还有余裕，而英国与之相反，大自然赐给它的物产很少，在发展制造业之前，没有什么物产可供出口。英国人希望获得财富，加之他们的好动和其他有利于海上事业的各种条件，促使他们出海去，在国外找寻比他们本国更优越和富庶的地方。因为他们对财富的渴望和民族特点使他们成为商人和殖民地的开拓者，后来又成为制造商和生产者，而产品和殖民地之间的联系必须靠海运沟通，所以他们的海上力量发展起来了。如果说英国人是被吸引到海上去的，那么，荷兰人去海上却是迫不得

---

[1] 黎塞留，即黎塞留公爵，法王路易十三时期的宰相。在任期间，他对内致力于加强法国的中央集权，对外展开各种措施与列强争雄，奠定了法国成为近代欧洲强国的基础。他在政治和外交上建树颇多，但因为对内压制严厉，也颇受争议。

已。没有海洋，英国会软弱无力，而荷兰就会灭亡。在荷兰鼎盛时期，当它是决定欧洲政治生活的一个主要因素时，一位当地权威人士估计，荷兰的土地只能让本国人口的1/8吃饱饭。同时期荷兰的海运业远远强于已经多元化并日益重要的制造业，贫瘠的土地和自然无遮蔽的海岸，首先迫使荷兰人从事渔业，然后他们发现从事渔业加工使他们既有可供出口的货物，又可供国内消费，于是渔业成为他们获取财富的基础。就这样，正当意大利商人由于受土耳其势力的压制和绕好望角航线的发现在走下坡路时，荷兰人已经成了贸易商人，而且取代了意大利人在黎凡特地区的主要贸易。此外，荷兰因为位于波罗的海、法国之间和位于德意志一些河流口岸之间的地理位置获益，很快承担了几乎欧洲所有的海上贸易。200多年以前，荷兰商船承运了波罗的海的小麦和海军军需品、西班牙与美洲大陆殖民地的贸易、法国的酒和海岸贸易，甚至连英国的大部分运输业也由荷兰货船承担。所以不能把荷兰的不断繁荣仅仅归因于荷兰缺少自然资源。任何事情都有其原因。真正的情况是由于荷兰人处境贫困，被迫到海上谋生，他们控制了海运业，并且拥有较大规模的船队，使他们能利用迅速发展起来的贸易获利，并且在美洲大陆和绕好望角的航线被发现后，很好地利用他们的探险精神为贸易服务。当然，使荷兰兴旺还有其他原因，但主要是由于贫穷而产生的海上力量。食品、衣服和工业原料，用来建造和装备舰船的所有木料和大麻（荷兰建造的舰船几乎等于欧洲所有其他国家的总和），荷兰都需要进口。1653年和1654年，当荷兰与英国进行持续18个月的灾难性战争时，荷兰人的海运业被迫停止，据说"曾一直是他们的国家收入主要来源的行业，如渔业和贸易几乎全部枯竭了。作坊关闭，工厂停业，须得海桅杆林立，国内遍地乞丐，街道上杂草丛生，荷兰首都阿姆斯特丹有1500座房子没人租住"。荷兰只有接受屈辱的议和，才能免遭毁灭。

荷兰这种悲惨的结局，说明了一个完全依赖于海外资源立足于世界的国家非常虚弱。毋庸赘言，现在情况不同，虽然对当时荷兰悲惨结局的描述要打很多折扣，但是当时荷兰的情况有很多地方类似于现在的英国，所以荷兰的情况恰恰是对英国的警告。尽管这些警告在英国似乎很少受到重视，但是它们警告这个国家：若要保持国内繁荣，首先必须在海外保持力量。人们可能对缺少政治特权不满意，但如果他们缺少面包，就更会觉得心神不宁。对美国来说，曾经为海上强国的法国是其前车之鉴。法国因为领土范围、合适的气候以及富饶的国土等优越条件导致的结果，已经在美国重演。起初，美国人的祖先在海边占领一块狭长的陆地，这些地方开放程度低，但有些土地很肥沃，还有很多港口，而且靠近资源丰富的渔场。这些自然条件和很多英国血统的人拥有的一种爱海天性，使他们继续对海洋保持着爱好和追求，这些正是一支强大海上力量赖以存在的基础。起初，几乎每一块殖民地都在沿海地区或者在沿海附近的河边，所有进出口都趋向同一个海岸。人们对海洋的关心，对海洋在公共福利中所起的作用能够正确地予以评价，这些都得到迅速而广泛地传播，于是一种比关心公共福利影响更大的活动活跃起来了。由于造船物资充足，而海运需要的其他投资又较少，海运成为一种有利可图的私人行业。众所周知，现在的情况发生了很大变化。美国实力的中心不再局限于沿海地区。许多书刊争先恐后地讲述内地的惊人发展和那里没有被开发的丰富资源。资本在内地找到了最好的投资场所，劳工找到了最多的就业机会，但是边界被忽略了，政府对边界的政策也软弱无力。一旦美国人再次感到从事海运业有利可图，发现他们的三面海疆不仅军事力量软弱，而且国家的海运能力也非常无力时，他们的共同努力可能会再次为美国的海权打下基础。到了那时，那些了解法国由于对海权不够重视，其发展受到限制的美国人，可能会对国家因国内资源富余而忽略海权感到十分内疚。

在影响海权的许多自然条件中，可以注意像意大利那样的地理形状——一个狭长的半岛，中央山脉将其划为两个窄长条，连接不同港口的道路只能沿着这种地势伸展。意大利人不可能知道敌人会从边境线上的哪一点上进行突然袭击，只有完全控制了海洋，才可以确保交通安全。但是，如果意大利有强大的海军能够集中部署，那么在还没有遭到敌人严重破坏之前，仍然有很大希望去攻击突然出现在基地或者交通线上的敌舰队。美国狭长的佛罗里达半岛顶端有基韦斯特港，尽管半岛地势平坦，人口稀少，但乍一看，这里的情况很像意大利。相似可能只是表面情况，但是如果海战的主要战场在墨西哥湾，陆路前往半岛尽头的交通可能是一个大问题，这条交通线很容易受到攻击。

当海洋不仅是一个国家的边境，或者只把一个国家包围起来，而且还把一个国家分成两部分或更多部分时，控制海洋就不仅仅是一种欲望，而是一件关系国家存亡的大事。这样一种自然条件或者让它的海军诞生和强大，或者让它的国家软弱无力。这就是目前意大利王国和它附属的撒丁岛、西西里岛的情况。意大利王国刚成立不久，在财政收入还不很充足时，就用充沛的精力和智慧去创建一支海军，甚至还提出要拥有一支完全优于敌人的海军。意大利的海军以岛屿为基地，要比以大陆为基地更好。因为如前所述，半岛上没有安全可靠的交通线，如果一支入侵的陆军处于敌对人民包围之中，而且又受到来自海上的威胁，就会陷入绝境。

把大不列颠群岛分开的爱尔兰海，像一个港湾而不是一个实际的分界海，但历史已经表明，它曾给联合王国造成威胁。路易十四时期，当法国海军实力几乎相当于英国和荷兰联合舰队总和时，爱尔兰出现了最严峻的危险，该岛几乎全部被当地人和法国人控制。然而，与其说爱尔兰海对英国是一种威胁——英国交通线的一个薄弱环节，还不如说它对法国非常有利。由于法国不敢让它的战舰冒险进入爱尔兰海的狭窄水域，才把准备登陆的远征军派往英国南部和西部海岸。在决定性时刻，英国南部海岸附近的法国大舰队彻底地打败了英国和荷兰的联合舰队。与此同时，25艘法国快速帆船被派到圣乔治海峡，攻击英国的交通线。驻守爱尔兰的英国陆军被敌对人民包围，处境十分危险，幸亏博因河之战和詹姆斯二世的外逃，挽救了英国陆军。这种进攻交通线的行动，严格来讲属于战略问题，与1690年的进攻一样，都对英国造成了巨大的威胁。

在同一个世纪，西班牙没有一支强大的海上力量把各个领地紧密连接在一起，这种分散造成的虚弱也为我们提供了深刻的教训。西班牙在强盛末期，还仍然占领尼德兰（大致相当于现在的比利时和卢森堡）、西西里和一些意大利的领地，更不用说在美洲大陆还有许多殖民地了。但是，西班牙的海上力量已经非常衰弱，因此一位见识广、头脑清醒的荷兰人曾明确指出："在整个西班牙海岸上，只有几艘荷兰舰船在航行。自从1648年西荷议和以来,西班牙只有寥寥无几的舰船和海员,以致他们开始公开租用我们的舰船驶往西印度群岛。从前西班牙人非常小心,他们不准外国人进入西印度群岛……"他继续说道:"很明显,好比是西班牙腹部的西印度群岛(因为西班牙的所有收入几乎都从那里来),必须通过一支海上力量与头部西班牙本土相连,而那不勒斯和尼德兰像两只不能为西班牙出力的臂膀,若不运用海运,西班牙就不能从这两个地方得到东西,和平时期他们能利用荷兰的海运,但是一旦发生战争,利用荷兰的海运就存在许多困难。"半个世纪前,法国国王亨利四世的重臣苏利,把西班牙描绘成"一个双腿和臂膀强壮有力,而心力却极度衰竭的国家"。自从苏利时代以后,西班牙海军遭受的不仅是惨重的损失,更是毁灭性的打击,西班牙不仅蒙受耻辱,而且国力日渐衰落。海权衰弱的结果主要是海运被毁,制造业也随之消失。西班牙政府所需要的财政支持,不是分散于各地的屡遭打击后幸存下来的贸易和工业,而是依靠几艘运宝船从美洲运来的白银,这白银就像涓涓细流,使西班牙财政免于枯竭,而这些运宝船经常受到敌巡航舰的阻击。不止一次,由于损失6艘大帆船,运宝船的活动被迫瘫痪一年多。荷兰人在尼德兰战争期间便控制了海洋,他们阻止了西班牙军队由海路增援。陆上的长途跋涉让西班牙军队付出了巨大的代价。由于同样的原因,西班牙的必需品供应短缺,以致双方达成了现在看来很可笑的协议,即由荷兰舰船为西班牙提供必需品。这样荷兰舰船就供养了本国的敌人,可是反过来荷兰人得到了在阿姆斯特丹交易备受欢迎的硬币。在美洲,西班牙人不能得到本国的支援,只好尽可能躲在共济会背后;西班牙人在地中海没有受到侮辱和伤害,主要是因为荷兰人对地中海不感兴趣,而法国和英国还没开始争夺那片海域的制海权。随着历史的发展，西班牙帝国由于没有海运，原本属于它的尼德兰、那不勒斯、西西里、梅诺卡岛、哈瓦那、马尼拉和牙买加相继脱离它的统治。总之，海运的萎缩正是西班牙全面衰退的一个预兆，它是西班牙陷入深渊的一个主要原因，到目前为止，西班牙还没有恢复元气。

除了阿拉斯加，美国还没有海外领地——没有一块地方通过陆路不能到达。美国的外形使它几乎没有什么凸出部造成的弱点，反而所有比较重要的部分都容易抵达——乘船便宜，乘火车迅速。即便最薄弱的太平洋沿岸也远离最危险的潜在敌人。美国的国内资源与现时需要相比，极其丰富。用一位法国军人对作者说的话来说，"在我们的小角落里"，我们能够无限期地依靠自己生活下去。可一旦这个小角落被一条新的通过地峡的贸易航线干扰，美国就可能猛然唤醒那些曾放弃所有人生来就共有的海洋权利的人。

3. 领土范围——最后一个影响国家能否发展成海上强国的自然条件是领土范围。这里所说的领土范围只涉及国土本身，不包括居住在那里的人民。这样就可以简明扼要地说明这个问题。

影响海权发展的领土范围，不仅是一个国家总面积的平方英里数，还包括它的海岸线长度和将要被考虑的港口的特点。应该说地理条件和自然条件是一回事。海岸线的长度会依据人口的多少成为一个国家强弱的根源。在这一点上，一个国家就像一座堡垒，守军必须与驻地匹配。美国的南北战争给了我们一个很好的演示。如果南方拥有更多的人口与尚武精神，并且配备一支拥有足以与海上强国匹敌的舰队，那么它漫长的海岸线和无数的港湾，就是其雄厚实力的组成要素。北方人和当时的联邦政府对能够封锁整个南部海岸非常骄傲。这是一个伟大的成就，但是，如果南方人口再多一些，而且又有众多海员，那么要想取得这种成就是不可能的。但南方的实际情况是人们不仅不习惯海上生活，而且人口不足，封锁这样的南方，完全可行。那些能回忆封锁是怎样坚持下去的，还有战争中的绝大部分时间里执行封锁任务的各级舰船的人，深知在当时的条件下，这个计划是正确的。但面对一支真正意义上的海军，这个计划是不可能实现的。北方联邦的舰艇分散在南方海岸线上，以单舰或小分队状态守护阵位，得不到支援，它们面对着大片便于敌军进行秘密集中的内陆水上交通网。在第一道水上交通线的后方，是一些较长的港湾和分布各处的坚固要塞，南方舰船总能退入这些港湾和要塞，躲避追踪或者得到保护。如果南方有一支海军能够利用上述这些条件，或者利用北方舰艇的分散状态，北方舰队就无法分散部署，它们为了不被各个击破就必须集中起来，这样南方便可以通过各种渠道进行对外贸易。南方海岸线长又有众多出入口，既可能成为一种实力的源泉，也可能遭到大面积的损害。打通密西西比河意味着整个南方将持续受到打击。北方战舰可从海岸线上的每一个河口进入，而曾有利于南方运载财富和支援南方脱离联邦的贸易渠道则变成不利因素，敌人可以利用它们进入内地。南方各地区呈现一片惊慌、不安、无能为力和挫败的情绪，这些地区如果在一些比较乐观的人的主持下，可能会在经过战争之后仍然保持活力。海权的作用过去从没像在这场战争中这样重要，或者这样具有决定意义。这场战争的结果是在北美大陆上继续保持一个强大的国家，而不是分裂成几个敌对的国家。北方联邦虽然对所取得的荣誉感到自豪，并且承认取得的伟大成就在于海军优势，但那些了解这些事实的美国人，绝不应忘记提醒他们过于自信的南方同胞，他们能获胜，是因为南方没有海军，南方的人口与南方必须防御的海岸线的长度不相称。

4.人口——在考虑一个国家的自然条件后，应该仔细研究一下影响海权发展的人口特征。其中首先要考虑的是生活在这个国家领土上的人口，因为人口与领土范围有密切的联系。我们说过，领土范围不仅仅是指面积，而且要考虑与海权有关的海岸线的长度和特点。同样，就人口而论，不但要计算人口总数，而且必须把能当海员或至少能在舰艇工作和可以生产海军物资的人数计算在内。

例如，从法国大革命之前至革命之后的几次大战，虽然法国人口数量远远超过英国，但就总的海权状况而言，包括平时贸易和军事效率，法国远不如英国。在军事效率上，法国的劣势就更加突出，因为就战争爆发时的军备而言，法国多次处于优势，但法国不能保持这种优势。例如1778年，战争爆发时，法国按照注册的海员人数，一次就能配备50艘战舰，英国由于海上力量遍布世界各地，使它在本土征集能配备40艘战舰的海员都很困难。但是到了1782年，英国服现役或可以迅速进入现役的舰船就有120艘，而法国却未能超过71艘。1840年，当英、法两国在黎凡特地区再次发生战争危机时，当时一位杰出的法国军官说道："我们能够集中21艘战舰组成分舰队之后就无法征集预备役战舰；没有一艘战舰能在6个月内服役。"这不仅是由于缺少战舰和像样的装备，尽管这两者都是必需的，他继续说道："因为我们为了配备21艘战舰，把注册船员都征用了，而在各地建立的常设征募机构,很难找到人员去替换已经巡航3年以上的海员。"

对比表明,双方在持续作战能力或预备役方面的差异比在海上的实力差异更大,因为庞大的船队在海上活动,除海员外,还需要大批雇员从事各种不同的手工作业,帮助制造和维修海军器材,或者从事其他多少与海洋或各种船舶有关的事务。从事类似事务的人,一开始就要具备适应海上工作的能力。有一件趣事说明英国杰出海军将领爱德华·佩洛对此事很有见识。1793年战争爆发,英国遇到了缺少海员的问题。由于急于出海,佩洛除了配备一些没出过海的人员以外,别无他法,只好寻找康沃尔的矿工充当海员。他认为他们能迅速适应海上生活。结果证明他是明智的,这样做避免了一种很难避免的拖延,还在一次单独作战中,俘获了一艘快速帆船。最有教益的是,虽然这些矿工才服役几个星期,而对手已经服役一年多,但是双方的损失几乎不相上下。

可能有人固执地认为,这种预备役力量已经失去了昔日一度具有的重要性,因为现代舰艇和武器的制造需要很长时间,而现代国家发展本国全部武装力量的目的,是在战争爆发时,在敌人将力量组织起来前对其发动致命的打击。让一个国家没时间组织抵抗,要首先打击它已经组织起来的军事舰队,如果舰队投降,其余组织机构就起不了什么作用。这种说法是正确的。尽管现在预备役力量的重要性在程度上不如过去,但拥有一支预备役力量总是正确的。假定两支敌对舰队相遇,如果其中一支舰队被歼灭,而另一支舰队仍然有战斗力,那么,舰队被歼灭的一方,依赖海军进行战争的希望会比过去更小;结果将是惨重的失败,而且失败的惨重程度与国家对海上力量的依赖程度成正比。举个例子,如果当时英国舰队与联合舰队一样,是国家力量的主干,如果特拉法尔加角海战中被打败的是英国，那么战争对英国的打击一定会比对法国大得多。

然而，回顾过去这些灾难，就能说明低估以适合军事生活的居民数量为基础的预备役力量是正确的吗？前面提到的打击，是由一些天才人物，指挥训练有素、有团结精神和有威望的武装部队，对那些处于劣势和士气低落的对手进行的。奥斯特里茨会战紧接着乌尔姆战役之后进行，在乌尔姆，3万名奥地利人未经一战就放下武器，历史成了一部大量记载奥地利失败和法国胜利的历史。特拉法尔加角海战发生在几乎连遭失败的巡航战之后，确切地说是发生在一次战役之后。再往前，可追溯到圣文森特角海战和尼罗河口之战。除了耶拿战役，这些打击是决定性的、毁灭性的打击。在耶拿战役中，双方在数量、装备和整体战备上是不同的，这种不同使耶拿战役不适于用来充当衡量一次单独胜利可以产生什么样结果的例子。

英国是世界上最强大的海洋国家，即使在蒸汽铁甲舰时代，它也保持了木帆船时代就具有的优势。法国和英国是两个拥有最强大海军的国家。如果可以把双方从事海战的物质力量看成相等的话，究竟哪个国家更强大呢？一旦冲突发生，能够设想由于人员或者准备的不同，一次战斗或战役可能会导致力量对比的决定性差异吗？如果不能，那么预备役力量将发挥作用。首先是有组织的预备役部队，然后是航海从业人员、熟练的机械工人和财富等预备力量开始起作用。英国有这样的优势，它熟悉在机械工业方面的领先地位，能提供一支由机械工人组成的预备力量，他们能够很快熟悉现代铁甲舰。此外，英国的贸易和工业由于受战争拖累，多余的海员和机械工人将转移到武装舰船上去。

预备役力量能否发挥作用的全部问题是：在现代战争条件下，两个实力相当的对手，在一次战役中，如果一方被打败，可能很快取得决定性结果吗？普鲁士对奥地利的决定性胜利，德意志对法国的决定性胜利，都是一个较强的国家战胜一个较弱的国家，不管衰弱是由于自然原因，还是由于政府的无能。像普列文之战[1]，如果土耳其有可动员的预备役，对战争的结果会产生什么样的影响呢？

世所公认的是，时间是战争最重要的一个因素，如果真是这样，那么即使一个国家主要领导人不谙军事，其人民不赞成花钱建立庞大的军事机构，但至少应设法使军事机构拥有足够的实力，以备一旦战争爆发能赢得必要的时间，把人民的精力和能力转移到战争所需要的各类新活动上来。如果现有的军队，无论是陆军还是海军都能坚持足够时间，即使处于不利地位，这个国家也可以尽力依靠动员自然资源和力量——人口、财富和各种资源参战。从反面来看，如果这个国家的现有兵力很快被消灭或被击溃，那么，最好的自然资源也无法使其摆脱屈辱。如果它的敌人是明智的，那么就不会使它在未来进行报复。在较小的战场上经常听到这样的话："如果某某能够再多坚持一点时间，就能得救了，或者就可完成任务了。"正如人在生病时常听说："只要这个病人能够再坚持一段时间，他的体质就能使他脱离危险。"

现在英国在某种程度上就是这么一个国家。荷兰过去是这样一个国家，它不愿意付出代价，如果它躲过灾难，也纯属侥

---

[1] 1877年俄土战争期间，普列文之战共进行了四次，俄军前三次进攻普列文，都伤亡惨重没有得手。第四次土军突围，被俄军打败，退回普列文，日落前投降，结束了持续143天的抵抗。

幸。荷兰政治家德·维特写道："荷兰人因为安于和平，同时害怕与别国决裂，不会下决心先耗资使自己的国家足够强大。荷兰人的特点是，除非危险迫在眉睫，否则不会心甘情愿地在国防上花钱。我现在必须和这样的人打交道，他们该节省时一味浪费，却经常在他们该花钱的时候又十分吝啬。"

美国也应该接受这种指责，这是众所周知的事实。美国没有争取时间发展本国的预备力量。美国能充分满足要求的海员在哪里？与海岸线和人口相称的这种资源，只能在一个国家的商船运输和与商船有关的工业中寻找，这些人力资源美国现在还不够多。无论这些水手是本国人或者是加入美国国籍的外国移民都没有什么关系，如果爆发战争，美国在海上的力量足以让他们当中的大多数人回到美国。如果数以千计的外国人能获得选举权，那么，在战舰上给他们分配战斗岗位就没有什么问题了。

尽管对于这个课题的讨论已经有些偏题了，但应该承认，从事与海上事业有关的众多人口，现在和以前一样，是海权的一种重要组成因素。美国在这方面是有缺陷的，因此只有把海权的基础建立在悬挂美国国旗的大批商船上。

5. 民族特点——下面一段要讨论的是民族特点和民族习性对发展海权的影响。

如果海权建立在一种广泛的和平时期的贸易基础上，追求贸易利益的习惯往往会成为依靠海洋强大起来的民族的鲜明特点。历史已经无一例外地证明了这个事实。除古罗马人外，再没有一个值得关注的反例。

人人追逐利润，而且或多或少地喜欢钱。但是，追逐利润的方法将会对贸易的命运和在一个地区的历史产生重要影响。

如果历史是可信的，西班牙人和与他们同民族的葡萄牙人寻求财富的方法不仅对发展海洋民族的特点有害，而且会对贸易的发展造成致命打击，并且是对贸易赖以生存的工业的致命打击，最终会对由错误途径获得的国家财富形成致命打击。这种追求利益的愿望，让他们身上产生了可怕的贪婪，所以他们在促进欧洲国家商业和海运发展的新大陆——美洲大陆，不是在寻找新的工业基地，甚至也不是在进行积极的探索和冒险活动，而是在寻找金银。西班牙人有许多优秀品质——勇敢、专进取心，知道节制，能够忍受辛苦，热情，并且有强烈的民族认同感。除了这些优秀品质之外，西班牙人还拥有有利的地理位置和位置有利的港口。实际上，西班牙人很早就占据了美洲大陆大部分富饶之地，并长时间没有任何对手。西班牙在发现美洲大陆后，在欧洲维持了100年的先进地位，它完全能够期待在所有的海上强国中位居第一。可是众所周知，实际情况恰恰相反。从1571年的勒班陀之战后，尽管西班牙参加过多次战争，但没有获得具有重要意义的海战胜利。贸易衰落，造成了西班牙海军力量的衰弱。不容置疑，这样的结果不能简单归咎为一个原因。西班牙政府很可能在许多方面束缚乃至摧残了私人企业的自由及健康发展。但一个伟大民族会冲破或塑造其政府的特点，如果人民非常喜爱贸易，无疑会使政府投入到贸易中去。西班牙的大片殖民地，也与妨碍这个古老国家发展的专制统治中心日渐疏远了。事实上，数以千计的西班牙人、工人阶级和上层人士离开国家，他们在国外从事的职业只能给国内提供很少的硬通货，或仅需少量航运吨位的小号商品。西班牙本土除了羊毛、水果和铁，几乎没有其他物产，制造业几乎没有，工业逐渐下滑，人口逐渐减少。西班牙和所属殖民地几乎全靠荷兰提供众多生活必需品，结果是西班牙为数不多的工业产品几乎不够用来交换这些生活必需品。一个那个时代的人写道："所以荷兰商人带钱到世界绝大多数地方去购买日用品，但是必须去唯一的欧洲国家——西班牙——把那里的人民购买商品的钱带回来。"西班牙人热切追求的财富——钱，很快又从他们手上流出去了。前面已经指出，从军事角度来看，西班牙由于海运衰退，已经变得虚弱不堪。西班牙装在有限几艘舰船小货舱内的财富，基本上都沿着几条常规航线运回国内，很容易被敌人缴获，从而使军备处于瘫痪状态。与此同时，在世界各地上无数属于英国和荷兰的舰船才是真正的财富，尽管它们在多次消耗战中受到过沉重打击，但增长从未停止，虽然这增长并不容易，却非常稳定。在西班牙最危急的历史时期，它的盟友葡萄牙的命运也走向衰退，尽管葡萄牙在最初的竞争中处于领先，可到那个时候已完全落伍了。"正如墨西哥和秘鲁的矿藏曾是使西班牙没落的祸根一样，巴西的矿藏也是葡萄牙人沉沦的原因。他们愚蠢地轻视各种制造业，不久之后，英国不仅向葡萄牙提供服装，还向它提供所有的日用品和其他商品，甚至咸鱼和谷物。葡萄牙失去金银财富不说，甚至丢失了国土，波尔图的葡萄园终于被英国人买走了。"我们确信50年来，葡萄牙来源于巴西矿藏的收益共有5亿美元[1]，但这一时期结束时，只有2500万美元硬通货了——这是一个发人深省的有关真实财富和非真实财富差异性的例子。

英国人和荷兰人赚取利润的愿望不低于南欧诸国人民。英国

---

[1] 原文即为美元，为尊重作者原意，全书不做修改。——编者注

和荷兰被称为"小贩国家",但是,正是这种嘲笑为他们的聪明才智和勇敢行为增添了光彩。他们毫不畏惧,一往无前,忍辱负重。他们确实更加坚忍,不顾侮辱性绰号,用劳动,而不是用武力,从嘲笑他们的人那里赚取财富。因此他们采用了最长期的致富方式,代替了似乎最便捷的方式。这两个民族,本质上是同一个种族。还有别的与刚刚提到的品质同样重要的优秀素质,加上他们周围的环境,有利于他们向海洋发展。他们是天生的商人、贸易者、生产者和代理人,所以,他们无论是在本国还是在国外,无论是在东方,还是在殖民地,都在到处努力搜刮当地的一切财富,以开发那里的资源,增强本国的实力。英国人和荷兰人天生就有贸易天分,你可以称呼他们"小贩",他们不断寻找新的商品去交易,而这种追求,加之几代人的勤奋劳作,必定会使他们成为制造者。在国内,他们成为主要的制造商;在国外,他们控制的地区日益富饶,产品成倍增长。而国内和殖民地之间要进行交易,就需要更多的舰船。他们的海运事业也就随着这些贸易的需求不断增加,而那些对海上事业不太敏感的国家,甚至法国也需要他们的产品,需要他们的船舶服务。这就使英国和荷兰用多种手段去争取海权。这种合乎自然规律的成长和发展趋势,往往受到其他国家的干扰,甚至抑制。这些国家的政府妒忌英荷的繁荣富强,而其人民只有靠英荷的物质支援才能拥有富足的生活。这种支援我留在"影响海权发展的政府行为"的一节讨论。

　　发展海权最重要的民族特点是喜欢贸易。假如一个民族有喜欢贸易的习性,还有一条较好的海岸线,海上的各种危险都不可能阻挡这个民族通过海上贸易去寻找财富。通过其他方法同样可能找到致富的方法，但是未必会取得海权。以法国为例，法国有一块很好的国土，一个勤劳的民族，一个极为理想的地理位置。法国海军有过闻名遐迩的光辉历史，即使在最低谷时期，也从未丧失它所珍视的军事荣誉。但是，一个海洋国家的牢固基础是建立在海上贸易上的，而法国与历史上的其他海上民族相比，从未获得令人敬佩的地位。造成这种结果的主要是由寻找财富的方式和民族特点决定的。当西班牙人和葡萄牙人通过从地下挖掘黄金致富时，法国人的性情使他们通过节俭、精打细算和囤积致富。据说守业要比创业困难得多，这是很有可能的。这种获利多就冒险的特点与为贸易而征服全世界的冒险精神有很多共同点。爱节省和储备，胆子不大，只敢在小范围内冒险，也许能增长一定的财富，这虽然不会遇到各种风险，但是也不会使对外贸易和海运事业得到发展。举例说明，一位法国军官在与我谈到巴拿马运河时说道："我在巴拿马运河上有两个股票份额。法国人不像你们美国人，在你们那儿每个人有很多股份，而我们一大批人持一个或很少的份额。当股票上市时，我的妻子对我说：'两个份额，一个给你，一个给我。'"就确保个人财产的稳定性而言，这种深谋远虑无疑是明智的，但是当谨慎过度或在财政上缩手缩脚成为一个民族的特点时，必然对贸易和海运的发展形成伤害。对金钱的这种谨慎已经妨碍了法国人的生育，该国人口几乎停止增长。

　　欧洲的贵族阶层从中世纪起，就继承了一种傲慢的轻视贸易的传统，不同国家的民族特点，对每个国家的发展影响极大。西班牙人的傲慢使得西班牙人对贸易愈加轻视，而懒惰的民族特点与希望天降横财的习性则对这个国家的发展影响极大，他们厌恶贸易。甚至连法国人自己都承认虚荣是他们的民族特点,虚荣对法国起到的作用与傲慢对西班牙所起的作用一样。法国有大批显赫的贵族阶层,他们给所藐视的职业贴上一个下等标签,而一些富有的商人和制造业者渴望得到贵族头衔,他们一旦得到了贵族身份,就放弃了赚钱的职业。因此,虽然勤劳的民族特点和富饶的土地支撑着法国的贸易,但法国人对经商是鄙视的,这促使一些最出色的贸易代理人一有机会就迅速摆脱商业。法王路易十四在科尔贝尔[1]的影响下,颁布了一项法令:"凡愿从事航运、商贸的所有贵族都无损他们的高贵身份,但不准他们从事零售。"采取这种措施的理由是,"经商能为我们的臣民输入所需要的货物,满足我们的需求,因此需要消除普遍认为海上贸易与高贵身份不能共存的那种流传已久的社会舆论"。但是,法令没有消除有意识的、明显占优势的偏见,特别是当虚荣成为一个民族的显著特点时,这种偏见更加难以消除。多年之后,孟德斯鸠说,贵族阶层从事贸易违背了君主政体的精神实质[2]。

荷兰也有贵族阶层,但是这个国家名义上是共和国,因此政府允许私人充分发挥他们的自由和进取精神,权力的中心集中在一些大城市。使这个国家强大的基础是钱,或者更确切地说是财

---

[1] 科尔贝尔(1619—1683),法国政治家。出身富商家庭,路易十四时期的法国财政大臣,奉行重商主义政策,主要内容为发展工业,扩大输出,减少输入,增加国库收入。他奉行的政策促进了法国资本主义的发展,但无法从根本上改变法国传统的虚荣习气和贵族制度。

[2] 这是一种法国式的解释,同时期实行君主制的英国就不存在这个问题。本质上应当说是违背了封建制的精神实质,即以血统出身,而不是能力,尤其是经商能力来确定社会地位。

富。在荷兰，财富是决定公民社会地位的基础，谁拥有财富，谁在这个国家就有权力；有了权力就有社会地位，而且受人尊敬。英国同样如此。英国的贵族阶层虽然很傲慢，但是在代议制政府里，财富所代表的权力不会受到压制或者躲藏在阴影里。在人们的心目中财富是特权，受到所有人尊敬。英国与荷兰一样，获得财富的职业与财富本身享有同等地位。在上述这些国家，由民族特点产生的社会舆论，会明显地影响这个民族对待贸易的态度。

广义上讲，民族特点还会以另一种方式影响海权的发展，那就是一个民族是否有能力建立和发展殖民地。开拓殖民地与发展其他事业一样，越合乎自然规律，发展就越快。所以，全体人民迫切要求开创的殖民地，其基础是最为牢固的。当这些殖民地极少受到宗主国约束，人民又拥有自主能力时，往后的发展将确定无疑。过去三个世纪的人都非常了解殖民地作为国内产品的销售市场，以及作为贸易和海运的发祥地对于宗主国的作用。人们开拓殖民地的起因不尽相同，制度不同，产生的结果也不同。不管政治家们怎样深谋远虑和谨小慎微，他们的努力都不能提供上述这种强大的符合自然规律的推动力。如果民族特点中具有一种自我发展的因子，那么，宗主国与其制定各种规定，不如对殖民地放任自流。成功的殖民地政府不一定比不成功的殖民机构更聪明，反而可能表现得更不聪明。如果完善的体制、细致的管理和监督对殖民地的发展更有利的话，那么组织才能欠缺的英国肯定不如法国，但事实恰恰相反，是英国而不是法国，成为世界上的最大殖民国家。成功的殖民，会让殖民地对贸易和海权产生影响，这主要取决于民族特点。因为殖民地只有靠自己，才能得到最好的发展。殖民地的发展主要取决于殖民地的定居者，而不是宗主国政府对殖民地的过分关心。

这个道理的立足点显而易见，因为所有宗主国政府对待殖民地的态度，一般来说都是自私的。无论殖民地是怎样建立起来的，宗主国政府一旦认识到了殖民地的重要性，殖民地便成为宗主国用来挤牛奶的奶牛。宗主国制定法律就是为了垄断殖民地的对外贸易，政府为来自宗主国的殖民地居民提供有益的定居点，殖民地往往和海洋一样，被认为适合国内那些难以控制的人和无用的人居住。但只要军政当局还留在殖民地，宗主国就对殖民地拥有统治权。

英国是一个大殖民国家，它所取得的罕见和惊人的成功是显而易见的，所以也就无须多说。英国取得成功的原因，主要在于该民族的两个特点。一是英国殖民者愿意在他们新开辟的地区定居，把他们的利益和定居点连成一体。尽管殖民者对他们的祖国满怀深情，但是绝不会轻易返回祖国。二是英国人会本能地、迅速地，多方面寻求开发新地区的资源。在第一个特点上，英国人明显和法国人不同，法国人总是愿意回忆可爱故乡的那些令人愉快的事情。后一个特点又和西班牙人不同，西班牙人的兴趣和志向范围太窄，限制了他们全面开发一个新地区的能力。

荷兰人的特点和脱贫的必要性，自然促使他们去建立殖民地，到1650年，他们已经在东印度、非洲和美洲建立了大片殖民地，当时荷兰占领的殖民地远超出英国。尽管最初建立这些殖民地，从性质上来看完全是为贸易，但荷兰人对于这些殖民地的发展似乎一直缺少一种规划。"荷兰人在建立这些殖民地时，没有想要扩大帝国的范围，单纯是为了商业和贸易。只是当荷兰人受到周围环境压力时，才试图征服这些殖民地。荷兰人普遍满足于在独立国家的保护下进行贸易。"这种只满足于获利的愿望，没有什么政治野心，就像法国和西班牙那样，倾向于使殖民地与宗主国保持贸易依赖关系，扼杀了殖民地发展的固有原则。

结束探讨之前，有人可能会问，如果其他条件都变得很有利，那么美国的民族特点是否适合发展一支强大的海上力量呢？

如果撤除立法障碍，更多有利于兴办企业的地区能联合起来，可以说，美国不用很久就能取得海权。美国人拥有进行贸易的才能，拥有追逐利润的冒险精神，而且对贸易和利润的各种线索具有敏锐的嗅觉，具备海上强国的条件。如果将来任何地方需要殖民化，不必怀疑，美国人将会把他们在自治和独立发展方面继承的所有才能传到这些地方。

6. 政府的特点——讨论一个国家的政府和制度对发展海权的作用时，有必要避免过多的哲理性研究，应当把注意力放在那些明显的、直接的原因，以及这些原因所产生的结果上，不用过多探讨各种间接的、终极的影响。

但是，必须注意，政府的特定形式和制度，以及不同时期各个统治者的性格，对海权的发展起到了非常明显的作用。一个国家和它的人民的各种特点，相当于一个国家像一个人那样开拓其事业的自然条件，而一个政府对这些条件的安排就像是个人运用自己的聪明才智。无论个人或是政府，如果聪明，精力充沛，而且具有不屈不挠的精神，一定能够成功，否则注定失败。

如果一个政府完全按照人民的天性办事，那么在各方面的发展将会卓有成效，这似乎是完全可能的。因此就海权而言，如果一个国家有一个完全受人民的精神鼓舞,并且完全了解人民真正爱好的政府领导,这个国家一定会取得辉煌成就。当人民的意愿和其自然形成的最佳代表们的意愿,在组建这个政府的时候起到很大作用的话,这个政府应该是最牢靠的。但是这种自由的政府有时会达不到它的目的,相反,专制政府往往能用更直截了当的方法创建一支强大的海上贸易队伍和一支优秀的海军,它比行动迟缓的民主政府更容易达到目标。但是这种方式的问题在于某位强势君主去世后,政策是否能够延续。

英国已超过任何一个现代化国家,成为最强大的海上强国,所以英国政府的行动应当最先引起人们注意。尽管英国政府常常不值得赞赏,但是各届政府的行动在大方向上一直保持一致。英国政府的目的是控制海洋。英国政府最傲慢的表现形式,早在詹姆斯一世统治时期就存在,那时的英国领土除了本岛之外一无所有。下面这段话是黎塞留描述詹姆斯政府的:

> 亨利四世是有史以来最具骑士精神的王公之一,他的大臣苏利在加来登上了一艘主帆上挂着法国国旗的法国军舰,这艘军舰很快驶到英吉利海峡,碰上了在那里迎接他的小船,小船船长命令法国军舰降下法国旗帜。苏利认为以他的军舰性能,不应当使他遭受这种侮辱,便大胆地拒绝了,但随着这种拒绝而来的便是3发炮弹,炮弹打穿了军舰,就好像刺穿了所有善良的法国人的心一样。强权迫使苏利屈服,后来尽管他多次进行控诉,但从英国船长那里得到的回答只是:"那恰恰是我的职责要求我向这位使者一行致敬,同时也必须迫使这位使者向海上统治者英国的国旗致敬。"虽然英王詹姆斯本人说了一些比较礼貌的话,但只是让苏利压抑

愤懑，采取克制态度假装满意，而他的创伤像针扎似的一直隐隐作痛，难以医治。虽然亨利在这种情况下不得不克制自己，但是他已暗下决心，另找机会使用海上力量来维护他的君主权力。随着时间的推移，他是能够把强大的海上力量派出海的。

英国这种不可宽恕的、带有侮辱性的举动，用现代观念来看，并不违反当时各国的民族精神。更值得注意的是，这种令人震惊的举动，也是英国企图冒各种危险去夺取海洋的最早迹象之一。苏利受辱之事，恰恰是怕事的詹姆斯一世在位时，受辱者直接代表法国最勇敢、最有才能的君主亨利四世。英国这种强制对旗帜致敬的愚蠢要求，并没有实际意义，只是达到了一个政府对外公开声明的目的。但是这种没有实际意义的要求，无论在克伦威尔治下，还是历代英王统治下，都被严格执行。1654年，荷兰在战争中惨败后，"向旗帜致敬"也是它被迫接受的议和条件之一。克伦威尔是一个名副其实的对所有事情使用专制手段的统治者，他对所有涉及英国荣誉和实力的事情非常敏感，并且不停地宣扬英国的荣誉和实力，一刻不停地为毫无实际意义的礼仪纠缠。那时，英国海军还没有什么实力，但是在他的严格掌控下，迅速呈现出一派生机和活力。英国舰队，在波罗的海、地中海、西印度群岛、北非等海域，为英国争得权利，或为英国遭受的损失要求赔偿。英国在克伦威尔统治时期征服牙买加，开始武力扩张帝国，这种扩张已经延续到我们这个时代。同时，克伦威尔也没有忘记采取一些强力措施来发展英国的贸易和海运。克伦威尔颁布的《航海条例》，宣布所有运往英国或至英国殖民地的进口商品，必须指定由英国舰船或商品原产国家的舰船来运输。这个法令专为对付荷兰，引起了整个贸易界的不满。但是，在那个民族之间普遍斗争和相互仇恨的时代，这种法令显然对英国有利，而且在君主制度下持续了很长时间。125年之后，纳尔逊在开始他著名的海军生涯以前，就十分热衷英国的海运事业。在西印度群岛，纳尔逊通过执行《航海条例》对付美国商船。克伦威尔死后，查理二世复辟。查理二世与英国人民并不齐心，但是，他仍然忠于使英国强大的政策，以及政府对海洋的传统政策。所以，他在背叛英国人民与路易十四密谋，想借助路易十四摆脱英国议会和英国人民的束缚时，在致路易十四的信中写道："对英国和法国结盟现在存在两个障碍。首先英国非常担心法国现在正在为发展贸易创造条件，从而成为一个颇具影响的海上强国。这是我们非常忧虑的一个重要问题，只有我们英国的贸易和海上力量才能占有这种重要地位。因此法国在这方面所采取的每一个步骤将会使两国之间的猜疑长期存在。"在英法两国国王准备进攻荷兰之前的谈判中，对英法联合舰队该由谁来指挥的问题，引起了一场激烈的争论。查理二世在这一点上坚决不让步。他说："控制海洋是英国的传统惯例。"而且他明白告诉法国人，即使他同意让法国人指挥，他的臣民也不可能答应。在分配各自在荷兰的战区时，查理二世坚持要控制斯海尔德河和默兹河口的位置，方便英国舰队在海上劫掠。查理二世统治下的英国海军，一段时期内保持了克伦威尔严酷统治所留下的精神和纪律，尽管后来海军还是士气衰退。1666年，英国的蒙克由于战略上的重大失误，分散了舰队1/4的兵力，结果在海上发现自己要对付一支占很大优势的荷兰舰队。蒙克不顾兵力相差悬殊，毫不犹豫地进行了攻击，战斗三天后，尽管他的舰队遭受一些损失，但还是赢得了荣誉。蒙克的这次行动虽然不是一场战争，但是英国人民和政府，对他一心一意维护英国海军的威望而决定采取这种行动的做法是一致赞同的。几个世纪以来，经过不少失策之后，这种做法已经孕育出最后成功的秘诀。查理二世的继承人詹姆斯二世，曾是一名海军军官，还指挥过两次较大的海战。在威廉三世继承王位时，英国和荷兰政府都由他一个人掌管，直到缔结《乌得勒支和约》前，双方为了对付路易十四一直保留这种同盟，换句话说这种同盟持续了25年。英国政府越来越稳固，而且有意识地努力扩大在海上的统治力，鼓励发展海上力量。英国公开与法国为敌时，经常从海上进攻法国。很多人至少认为，英国在与荷兰是友邦时，狡猾地不断削弱荷兰的海上力量。英国和荷兰签订的条约，规定荷英两国海军之比应为3∶5。还有另一条款规定，荷兰应保持一支10.2万人的陆军，而英国只保持4万名陆军。结合这两条规定来看，实际上意味着将来陆战依靠荷兰，海战依靠英国。这种倾向，无论是有心还是无意，都一目了然。于是，在和平时期，当荷兰从陆上得到补偿时，英国除了在法国、西班牙和西属西印度群岛得到贸易特权外，还占据了直布罗陀和马翁港，北美的纽芬兰、新斯科舍和哈得逊湾这些海上要地。法国和西班牙的海军力量已经不复存在，从此以后，荷兰的海军实力逐渐衰弱。这样，英国在美洲、西印度群岛和地中海都取得了立足之地，英国政府就可以沿着这条道路从英王国成为英帝国。《乌得勒支和约》之后的25年，决定法英两个濒海大国的政策的大臣们一直致力于维护和平，即使在最动乱的时期，尽管大陆政局扑朔迷离，各种小型战争和变化无常的条约层出不穷，英国人也一直紧握海权。在波罗的海，英国舰队制止彼得大帝进攻瑞典，维持了力量平衡，英国不但从波罗的海获得大量的贸易，而且还得到了大部分海军军需品。丹麦靠外国资本资助，企图创建一家东印度公司。英国人和荷兰人不仅不允许他们的臣民加入丹麦筹办的东印度公司，而且还威胁丹麦，施加压力，制止了一个他们认为对他们海上利益不利的计划。按照《乌得勒支和约》的条款，西属尼德兰已划给奥地利，在那里以奥斯坦德为港口，类似的东印度公司在神圣罗马帝国皇帝许可下建立起来了。这一措施对低地国家[1]来说，意味着通过斯海尔德河的天然出海口恢复了它们曾失去的贸易。但是，这一措施遭到英国和荷兰的强烈反对。在这件事上，英国和荷兰垄断贸易的贪婪欲望得到了法国的帮助，经过几年的艰苦奋斗，这个公司最后还是被搞垮了。在地中海，《乌得勒支和约》的实施受到奥地利干预，奥地利是当时英国欧洲政策的同盟国。在英国支持下，奥地利占领了那不勒斯，并且声称要用西西里换取撒丁。西班牙反对奥地利的这种做法，致使刚刚开始复兴的西班牙海军，1718年在帕塞罗角外海被英国舰队彻底打败和歼灭。第二年，一支法国陆军，在英国授意下，越过比利牛斯山脉，摧毁了西班牙海军的造船厂。这样，英国除了自己占领直布罗陀和马翁港外，还看到那不勒斯和西西里落入盟友奥地利手中，它的敌人西班牙被打垮了。在拉丁美洲，贸易特权仅属于英国人，这样对西班牙简直就像套

---

〔1〕荷兰、比利时、卢森堡的总称，这里指比利时。

上了绞索,一个庞大的、几乎毫不掩饰的走私系统又冲击了英国人的贸易特权,当西班牙政府采取了过火行动镇压时,英国主和派和主战派各自提出了和平和战争对英国海权和荣誉的影响,为各自的观点辩护。尽管英国的政策一直是坚定不移地致力于扩大、加强其统治海洋的基础,但是,欧洲其他各国政府对英国在海洋上的发展造成的危险似乎熟视无睹。西班牙似乎忘了过去的灾难,也忘记了最近由路易十四所挑起的战争带来的教训。在欧洲政治家的心目中,有第三种压迫性的权力正在稳步地、明显地形成,这种权力注定会用来达到利己的侵略性目的,尽管并不残酷,但是所取得的成功远超过以前所有的成就,这就是海权。由于对海权的记载远远少于对陆战冲突的记载,因此,尽管海权的作用已趋于明显,但还是常常得不到人们的关注。在本书所选定的全部历史时期,几乎不能否认英国不受干扰地坐拥支配海洋的权力,而这正是决定最后结局的所有各种军事因素中最主要的因素。[1]就此而论,尽管从《乌得勒支和约》之后,就已经可以预见这种权力的影响,但12年来,由于法国统治者的人事变更,使它站在英国一边对付西班牙。1726年,弗勒里执政时,虽然完全改变了这种政策,但是法国海军仍没有得到足够重视。他在执政时期,给予英国的唯一打击是1736年法国确立波旁家族的亲王,一位英国的敌人,

---

〔1〕在若米尼的《法国革命战争史》的第一章,我们会看到这位伟大军事权威对英国海军力量的一个极其重要的论证。他认为拟定欧洲政策的一个基本原则,在于不允许海军部队无限制地向一个不能经陆路进入的国家扩张——这种阐述只能是针对英国来说的。

成为两西西里王国[1]国王。1739年,英西战争爆发时,英国海军在数量上占据优势。在此后的25年间,战争几乎接连不断,这种数量差距也在不断扩大。在这些战争中,英国最初是本能地,后来是在一个认识到强大海权的机遇和潜能的政府领导下,有目的地迅速建立起以殖民地开拓者的特点和舰队实力为基础的强大殖民帝国。严格说来,在欧洲的各种事务中,英国通过海权获得的财富,使它在这一时期受人瞩目。马尔伯勒战争之前的半个世纪,英国开始实施的对外财政援助体制,直到半个世纪之后的拿破仑战争,一直得到全面贯彻,在维护英国的盟国上起到了重要作用。如果没有英国的财政援助,这些盟国即便不会陷入瘫痪,也将被大为削弱。所以没人能够否认,英国政府一方面用救命钱在大陆加强了盟国,另一方面又迫使敌人离开海洋和其主要殖民地——加拿大、马提尼克、瓜德罗普、哈瓦那、马尼拉,从而使英国在欧洲政治中独占鳌头。世人皆知,这个陆地面积狭小、资源贫乏的国家的所有力量都直接来自海洋。尽管老皮特在战争结束前已经离职,但是他还是整个战争时期的杰出人物。他的演讲非常清楚地表明了英国政府的战争政策。皮特在谴责他的政敌签订的1763年和约时说:"法国是一个海洋和贸易强国,不是唯一的,也是我们难以对付的主要敌人。我们在这方面怎么做才会对我们最有利呢?是通过摧毁它的贸易和海军来损害它。但是,你们却允许法国保留使它的海军能够复兴的能力。"不过英国在战争中的收获是

---

[1] 1504年,西班牙在意大利战争(1494—1559)中占领了那不勒斯王国,随即将南意大利与西西里合并,建立了两西西里王国。

巨大的，它确立了在印度的统治，在北美控制了密西西比河以东的全部地区。至此，英国政府的前进道路表明，它已经延续了它的传统政策，而且会贯彻到底。从海权的观点来看，英国在美国独立战争中确实犯了一个大错，接连不断的意料中的失误，导致英国政府不知不觉地卷入了这场战争。如果不从政治和宪法角度考虑，只把美国独立战争看成纯军事和纯海军的问题，情况是这样的：美洲殖民地是远离英国的一个群体社会。只要这些殖民地仍然隶属英国，而且仍然热爱它，那么它们就会在世界的那一方形成一个英国海军牢固可靠的基地。但这些殖民地幅员辽阔、人口众多，又远离英国本土，如果某些强国愿意帮助这些殖民地的话，英国就无法通过武力控制它们。这个"如果"显而易见，因为英国曾使法国和西班牙脸上无光，这两个国家对这种奇耻大辱记忆犹新，一定会寻机报复。这一点人人皆知，尤其是法国已经在小心翼翼地、迅速地重建海军。如果美洲殖民地是13个岛屿的话，英国海军会迅速解决这个问题。但是，美洲殖民地之间没有被自然地理障碍分隔，而纯粹是由于地方间的猜忌、意见不统一，一旦要面对共同的危险，它们就完全能消除这种猜忌。英国经过反复思量之后，准备进行一场战争，企图用武力来控制这个地区，重演与法国和西班牙的七年战争。但是，与上一场战争不同的是，这次战争中美洲的人民不是支持英国，而是和它对抗。七年战争曾是英国的一个沉重负担，一个明智的政府应该懂得不能再次制造另一种负担，而且也应该看到有必要去安抚、笼络殖民地的居民们。但是，英国政府是不明智的，以致损失了大部分英国海上力量。这完全是由于判断错误，而不是顽固不知变通；是由于骄傲自大，而不是由于软弱。

对英国历届政府来说，依据国家各种情况，始终如一地坚持一条基本方针政策不难做到。某种程度上英国选定这种单一目标也是别无选择。坚决维护其海权，使海权发挥作用，并使其军事部门保持良好的战备状态，都是由它的政治制度特点决定的，这实际上使这一时期的英国政府落入地主贵族之手，不管这个阶层在其他方面有什么缺点毛病，但是这个阶层愿意继续坚持一种可靠的政治传统，对国家的兴旺感到骄傲，对维持国家兴旺的大众的疾苦却漠不关心。为了备战和长期维持战争的需要，他们毫不犹豫地加重了经济负担。统治阶层是富人团体，这种负担对它的影响微不足道。因为地主贵族不从事贸易，财富不会直接受到损害。因此它没有那些资产和贸易受到威胁的人特有的那种政治软弱性——资产阶级的软弱性。不过，地主贵族并不是对关系贸易兴衰的任何事情都漠不关心。英国议会的两院竞相关注贸易的保护和扩张，一位海军历史学家把议会不断加强对海军实施卓有成效的管理，归结于议会频繁进行调查研究。这样的一个阶层也自然吸收和保持着一种尚武精神，在军事体制内还没有完全形成所谓团体协作精神的时代里，尚武精神是最重要的。尽管海军和其他地方一样，在体现这种精神时也充满了阶级情绪和偏见。但是，在实际工作中却允许脱离阶级，将出身微贱的人提拔成享有最高荣誉的人。所以，每个时代都有一些海军将领是从地位最低下的群体中涌现的。在这一点上，英国上层阶级的特点显然与法国人不同。直至1789年法国大革命爆发时，法国海军编制表中仍编有一名军官专门负责审核那些想进入海军学校的人是否出身贵族家庭。

1815年以来，特别是我们所处的这个时代，英国政权经常落入平民手里。英国海权是否会因此受到损害，还有待进一步观察。英国海权仍然是以一支规模庞大的贸易队伍、机械工业队伍和一个范围广大的殖民体系为依托的。一个民主政府是否对国家荣誉和地位非常敏感，是否有远见，是否在和平时期用足够的钱维持国家强大，这些都是军备需要的条件，而且仍是一个尚待解决的问题。民众与政府，不管多么需要，通常都不愿意在军事上消耗过多。因此英国已经出现衰退趋势。

前面我们已经谈到荷兰怎样从海上获得生存和繁荣，甚至一度远超英国。但是，荷兰政府的政策和特点对给予海权一贯支持相当不利。由七个省份组成的荷兰，按权力实际分配状况可以概略地视为美国州权扩大的翻版。每一个濒海省都有自己的舰队和海军部，于是各省之间的猜忌也随之而来。这种无序的倾向，由于荷兰省的巨大优势，在一定程度上得到缓和。荷兰省自己提供了5/6的舰队和58%的税款，所以它在制定国家政策时就拥有相当的实力。尽管荷兰政府也有强烈的爱国精神，并愿意为自由做出牺牲，但政府被贸易精神打上了深深的烙印，荷兰贸易贵族阶层把持的政府不愿进行战争，也不愿意为军备耗费必要的开支。正如前文提到过的，当危险还没有迫在眉睫时，荷兰的一些主要行政长官不愿为国防支付款项。在荷兰共和政府存在的那段时间里，不管怎样，政府至少对舰队方面的开支还是不会吝惜的。因此，到1672年约翰·德·维特去世和1674年与英国议和之前，荷兰海军的数量和装备，都足以对抗英法两国的联合舰队。无疑，此时荷兰的海军实力使英法共同策划的灭亡荷兰的计划破产了。随着约翰·德·维特去世，荷兰共和政府瓦解了。此后出现的是威廉·奥兰治君主政府。奥兰治亲王执政18年，他的一贯政策，是反对法国扩张势力。为了对抗法国，荷兰的陆上发展明显优先于海上，英国退出战争后，这种发展趋势更加明显。早在1676年，荷兰舰队司令德·勒伊特就知道分配给他的舰队不足以对付法国海军。由于威廉·奥兰治的注意力一直在陆地边界上，荷兰海军迅速衰落。1688年，当威廉·奥兰治需要一支舰队护送他到英国去时，遭到了阿姆斯特丹市政委员的反对，因为海军实力已大不如前，一批有才干的海军指挥官被免职了。那时，威廉三世登上英国王位后，继续兼任荷兰执政，并且推行其欧洲政策。威廉三世在英国找到了他所需要的海上力量，而且可以利用荷兰的资源进行陆战。这位荷兰亲王同意荷兰海军将领在英荷联合舰队和战争委员会里，位于资历较浅的英国舰长之下，于是荷兰的海上利益就像荷兰的自尊一样，为满足英国的要求很快被放弃了。威廉三世去世后，荷兰政府仍然继续执行他的政策。它的注意力全部集中在陆上，集中精力为结束延续40多年的一系列战争而签订《乌得勒支和约》，在这些战争中，荷兰在海上一无所获，既没得到权力，也没得到资源，殖民地扩张停滞，贸易大幅萎缩。

一位英国历史学家在阐述最后一场战争时说："荷兰的经济状况极大损害了它的名声和贸易。地中海的军舰经常缺少粮食，护航船队不但缺乏战斗力，而且装备极差，以至于我们每损伤1艘舰船，荷兰就要损伤5艘。于是便形成了一种普遍看法，即我们是可以信赖的、具有良好信誉的运输者。因此，在这场战争中我们的贸易得到迅速发展，而不是萎缩。"

从此以后，荷兰不再拥有强大的海权，并且迅速丧失了领导地位。这恰恰说明了荷兰这个小国尽管很坚定，但面对敌视荷兰的路易十四，它无论执行什么样的政策都无法使自己免于衰落。

如果法国对荷兰友好，就能确保荷兰陆地边界的安全，至少能够使其在较长的时间里与英国争夺海上霸权。荷兰如能和法国结盟，两国海军则有可能遏制开始迅速发展的英国海权。因为英国和荷兰都想争夺海上霸权，彼此要想实现海上和平，唯一的可能就是其中一方屈从于另一方。法国和荷兰之间的海上和平则是另一种情况，所以荷兰开始衰退未必是因为国小人少，而是由于两届政府的错误政策造成的。至于判定哪个政府应负更多的责任，就不是我们所关心的问题了。

  法国的地理位置具备拥有海权的极好条件。亨利四世和黎塞留曾对法国政府的对外政策做出明确指导。法国政府应该把从陆上向东扩张，进攻奥地利王室统治的奥地利和西班牙的计划，与从海上对付英国的计划结合起来。法国为了实现在海上对付英国的计划和其他一些原因，应当与荷兰亲善并与之结盟。与此同时，法国应鼓励发展贸易和渔业，并且准备建立一支海军。黎塞留在政治遗嘱中指出，依据法国的地理位置和资源，法国有机会获得海权。因此，法国作家把黎塞留看成法国海军的实际创始人，不仅因为他为法国装备了舰船，更因为他的高瞻远瞩和务实措施，确保法国海军能建立健全组织机构并得以稳步发展。黎塞留去世后，马扎然继承了他的意愿和总的方针政策。但是，马扎然不具备他那种远见和尚武的精神，因此在马扎然统治时期法国没有出现新组建的海军。1661年，当路易十四开始亲政时，法国只有30艘战舰，其中仅有3艘装备60门舰炮。科尔贝尔追随过黎塞留，而且已经完全继承了黎塞留的精神和政策。科尔贝尔以法国人所独有的精神追求他的目的。每一件事情都必须有组织地进行，都必须由内阁做出决定。科尔贝尔的目的是，"把生产者和商人组织成一支强大的队伍，让他们接受一种积极和明确的指导，以便通过指令和共同努力确保法国工业取得成功，并且让所有的工人使用公认的最佳工艺程序进行生产，以获得最好的产品……要把海员和远程贸易组织起来，像制造业和国内贸易那样，组成一个庞大的团体。为了支持贸易，要打造一支具有坚实基础的海军，至于它的规模，迄今还不能预测"。上述这些就是科尔贝尔论述的有关海权三个环节中的两个环节。至于第三个环节，法国殖民地也在按照政府的指示和组织进行规划，因为政府从当时拥有加拿大、纽芬兰、新斯科舍和法属西印度群岛的地主手中购买这些地方。在这里我们看到，法国政府为了使国家成为一个海上强国，正以一种丝毫不受限制、独断专行的权力，逐渐将所有用以支撑国家发展的各种资源牢牢掌握在手中。

详细讨论科尔贝尔的政务活动已经超出了本书的范围。上一节的内容已经足够让人们看到法国政府在建设国家海权中所起的主要作用，而且能够看到科尔贝尔这个伟大人物没有只注意影响海权发展的某一个因素而排斥其他，还让他领导的英明的、有远见的政府统管一切。当时法国的农业产品不断增产，制造业通过人们的勤奋工作，产品也在成倍地增长；国内的贸易航线和贸易规则都为国内外的产品交易打开了大门；有关海运和关税的规定，使贸易运输落入法国人之手，进而促进法国发展海运业，利用海运使本土同殖民地相互进行产品贸易；通过殖民地的管理和开发，使一个远离本土受本土贸易垄断的市场不断发展起来；与外国签订的条约对法国贸易有利；对外国船舶和外国货物征税，对法国阻止竞争国的贸易有利——所有上述措施，包括无数个详细规定，都是为了逐渐扩大法国的生产、海运、殖民地和市场。

一句话，就是为了扩大海权。如果有人运用一种合乎逻辑的程序来概括研究这个课题，要比耗费时间去研究一个比较复杂的政府内部的利益冲突简单方便得多。我们看到了法国在科尔贝尔执政的几年里，把海权的全部理论系统地，以中央集权的方式付诸实施，而在英国和荷兰的历史中，有关海权理论的阐述已经流传了几代人。尽管这样，法国发展海权还是很勉强的，而且取决于专制政权对它的兴趣能维持多久，因为科尔贝尔不是国王，一旦他在国王那里失宠，他就会丧失对法国政府的控制。然而最重要的是，我们要看到他在政府活动的领域里，即在海军建设方面，所取得的成就。前文已经说过，1661年他上任时，法国只有30艘战舰，其中只有3艘装备60门舰炮；1666年，已经有70艘战舰，其中50艘是战列舰，20艘是纵火船；1671年，舰船已从70艘增至196艘；1683年，装备24～120门舰炮的战舰共107艘，其中12艘装备76门以上舰炮，除此之外还有许多小型舰船。法国造船厂实行的制度和体制，使它们比英国船厂的效率高得多。当科尔贝尔将工作交到他的儿子手里时，这些制度和体制还能够继续发挥作用，一位被监禁在法国监狱里的英国舰长写道：

> 我最初在那里被俘时，在布雷斯特的一家医院里养了4个月的伤。在那里，我对法国人配备船员和装备舰船的速度感到震惊。到那里之前，我还觉得他们配备船员和装备舰船的速度比不上英国，英国的舰船是法国的10倍，当然，我们的海员也应该是他们的10倍。但是在那里，我看到了20艘帆船，每艘约有60门舰炮，只用20天时间便一切装备就绪。他们把帆船拖进船坞，卸下船员。一旦接到巴黎来的命令，船员们立刻将这些帆船有的侧倾，有的翻转，进行修理，然后

装上索具和帆桁等，储备食物、配备船员，最后在规定的时间里十分从容地驾驶船出海。我还看到一艘装备100门舰炮的战舰只用4或5个小时就把火炮全部拆掉。在英国我从未见过有人能在24小时内毫不费力、不出一点事故就能完成这样的任务。这是我在医院窗户下亲眼看到的事情。

一位法国海军历史学家曾列举了一个让人几乎难以置信的例子，他说4时开始安装一艘单层甲板桨帆战船的龙骨，9时这艘桨帆战船就全副武装离港了。这些例子都可以说明法国造船工业的工序和体制非常完善，而且还有充裕的工作设施。

但是所有这些惊人的发展，是政府行为促成的，就像朝生暮死的植物一样，当失去政府支持时，就必然会衰败。这种制度和体制不可能短时间在广大法国人的生活中固定下来。科尔贝尔的工作就是直接执行黎塞留的政策，在一段时间里，他似乎还要继续执行使法国在陆上占有优势的同时成为海上强国的方针政策。法王路易十四从一开始就对荷兰怀有强烈敌对意识，由于英国查理二世也同样仇恨荷兰，这两个国王决心消灭荷兰共和国。这场战争在1672年爆发。尽管进行这场战争违背了英国人的固有感情，但对英国来说，还不能算政治上的失误，特别对海权而言，更不能说是一个错误。因为在这场战争中，法国帮助英国去消灭法国自己的一个潜在的、不可缺少的盟国，而英国则在为自己去消灭最强的海上竞争者，而且那个时候这个竞争对手在贸易上仍占有优势。当路易十四登上王位时，法国正处于负债累累、财政混乱的状态，1672年由于科尔贝尔的改革取得了可喜的成绩，法国才开始认清自己的前途。这场战争持续了6年，使科尔贝尔的大部分工作都白费了。农业、制造业、贸易和殖民地都受到了冲击。科尔贝尔的行政机构活力衰减，财政体系被推倒。因此，路易十四独揽大权的行为冲击了法国海权的基础，同时疏远了法国最好的海上盟国。这一时期法国的领土和军事力量不断地扩大，但贸易和海运却大伤元气，尽管法国海军在若干年里保持了它的光荣和高效，但没多久就开始衰落，法国海军在路易十四执政末期已经名存实亡了。上述有关海权的错误政策决定了路易十四长达54年的统治结果。路易十四越来越不顾及海上利益，或许是他没发现，或许是因为他无知，不懂如果平时支援战舰的海运和工业衰败了，战舰便没有什么用处，它的命运也就很难预料了。路易十四的政策是利用军事实力和领土扩张在欧洲取得最高权力，但是这种政策迫使英国和荷兰结为同盟，这种同盟直接的结果是将法国赶出海洋，而间接的结果是让英国压制了荷兰的势力。科尔贝尔建立起来的海军从此衰败了。在路易十四统治的最后10年，尽管在海上仍接连不断地发生战争，但法国已没有强大的舰队可以驶向海洋了。

路易十四的后半生就这样亲眼看着法国海权逐渐走下坡路。这种衰退是由海权植根的贸易和贸易带来的财富逐渐减少造成的。继任政府同样独裁，它竟然接受英国的要求，放弃了保持一支强大海军的一切努力。原因是路易十五尚未成年，而摄政对西班牙国王心怀刻骨仇恨，为打击西班牙国王和保存自己的势力，与英国结盟。法国帮助英国，支持自己的宿敌奥地利在那不勒斯和西西里建立强大的势力以损害西班牙，并且与奥地利和英国携手摧毁西班牙的海军和造船厂。法国再次出现了一个忽视法国海上利益的统治者，他毁灭了一个天然盟友，如同路易十四那样，间接地或无意识地帮助一个海上霸主不断发展壮大。1726年，随着摄政去世，法国的政策有了新变化，但是从那时起直到1760年，法国政府仍然对海上利益漠不关心。据说，由于对财政进行了一些卓有成效的改革，主要是在自由贸易方面的改革，法国与印度和西印度群岛的贸易剧增，瓜德罗普岛和马提尼克岛也兴旺起来了。但是，当战争爆发时，因为法国海军处于衰退期，它的贸易和殖民地只能任凭英国摆布。1756年，情况最坏时，法国只有45艘战列舰，而英国大约有130艘。当这45艘战列舰需要配备武器和装备时，没有材料，没有帆缆，也没有补给，甚至没有足够的火炮，一无所有。

一位法国作家写道：

> 由于政府缺少制度，官员们缺乏责任心，行政混乱，纪律松懈，不正当的提拔从没有这样频繁，人民大众也从没有这样普遍不满。金钱和阴谋代替一切，利用它们可以得到地位和权力。贵族和暴发户利用在首都的权势，在海港里飞扬跋扈，滥用造船厂的税收，却丝毫不觉得羞耻。荣誉和谦虚成了被嘲笑的对象，更糟的是政府尽力使人们忘却曾使法国免遭彻底毁灭的光荣传统。继路易大王统治时期的激烈斗争之后，海军又奉宫廷之命，执行"谨慎从事"的方针，为保存几艘无用武装舰船，时常把一些有利的机会送给敌人。因此，法国被束缚在防御态势上，上述原则不符合法国民族精神，只对敌人有利。人们在敌人面前这样小心谨慎，是由于受到命令约束，结果违背了民族感情。制度的弊端还导致了无纪律和临阵叛变的行为。这种例子在法国前一个世纪的历史里是绝无仅有的。

法国错误地执行大陆扩张政策，耗尽了国家的资财。这种政策具有两重危害性，使法国殖民地和贸易处于无防御状态，进而中断了最主要的财源。事实上这些都发生了。法国出海的小型舰队被占绝对优势的敌舰队歼灭；商船航运业消失了；加拿大、马提尼克岛、瓜德罗普岛和印度的殖民地落入了英国人手中。一位英国作家曾这样描述他对法国这个时期的政策的看法："法国对德战争的热心，已大大削弱了它对海军的注意力和海军能够获得的利益，这使英国能狠狠打击它的海上力量，尽可能地使它无法恢复过来。由于对德战争，法国放弃了殖民地的防御，这就意味着英国可以夺取法国占领的某些最重要的地方。对德战争也使法国放弃对贸易的保护，致使贸易遭到彻底破坏。与此同时，英国的贸易，得益于和平环境，出现了从未有过的兴旺景象。由于这场对德战争，法国使自己遭受了难以挽回的损失。"

法国在七年战争中，损失了37艘战列舰和56艘快速帆船。一位法国历史学家在谈到这场战争时说道："自中世纪以来，英国第一次在几乎没有任何盟国的情况下，战胜了拥有强大援军的法国。英国完全是依靠政府的优势获得了胜利。"不错，英国政府在海权方面占有优势，这种强大的海权，是英国始终如一地坚持海洋政策产生的必然结果。

1760—1763年，这一时期，法国蒙受了巨大的耻辱，这对美国贸易和海军来说，具有深刻的教育意义。我们应该从法国经受的那种耻辱中吸取教训，从它后来的事例中取得经验。在同一时期（1760—1763年），法国人民也曾不断起来反抗（而且与1793年一样），公然宣称他们应该有一支海军。"政府巧妙地引导民众的感情，向全国提出'必须重建海军'的要求，用各个城市、公司和私人的捐款制造舰船。从前死气沉沉的港口，焕发了生机,到处都在制造和修理舰船。"这种活动坚持下来了,军工厂又开始生产,每一种物资都有了充足来源,炮兵进行了整顿,上万名受过训练的炮手进行了实战操练。

那时法国海军军官的思想和行为很快就受到法国民众鼓舞,他们当中有些人已经不再只是等待,而是开始行动。海军军官所表现的这种崇高精神和业务上的积极行动能力,是过去任何时候都不曾有过的。之前,政府的涣散,几乎曾使法国的舰船完全遭到破坏。一位法国著名军官这样写道:

> 路易十五统治时期,海军的状况让人觉得悲哀,军官们的大胆进取心被挫伤,无法取得胜利,服役期内没有建树,迫使他们依靠自己设法改变。他们从研究中获得几年后准备投入实践的知识。就像孟德斯鸠说过的那样,"逆境催人奋进,繁荣会随之到来"。到1769年,法国海军出现繁盛景象,法国海军军官的活动延伸到天涯海角,在他们的著作和调查研究中包含了人类的各种知识。创建于1752年的海军学院又重新组建起来了。[1]

海军学院第一任院长比戈·德·莫罗盖曾经是一名海军上校。他写了一篇详细阐述海军战术的论文。这是自保罗·霍斯特以来第一篇有关这个课题的原创文章,见解独到,比霍斯特更胜一筹。莫罗盖在法国没有舰队,而且是在海上被敌人打压得不能抬头时,研究并系统阐述了战术问题,而在此期间,英国却没有人撰写这种书。1762年,一位英国海军上尉,仅仅翻译了霍斯特巨著的一部分。将近20年后,一位苏格兰绅士克拉

---

[1] 古热尔所著的《海战》《黎塞留与科尔贝尔》。

克才发表了一篇有独到见解的海军战术研究论文。他在文章中指出,利用这种战术体系,法国曾挫败英国考虑不周而协同不力的进攻。[1]"由于法国海军学院开展的学术研究,有力地促进了军官们的工作,就像后来显示的那样,法国海军在美国独立战争开始时能处于较有利的地位,与之不无关系。"

前面已指出,美国独立战争使英国背离了传统的正确政策,使它从事一场远离本土的陆战。与此同时,强大的敌人正严阵以待,寻找机会从海上向它发动攻击。就像法国对德意志的战争那样,也像后来拿破仑在西班牙的战争一样,英国过于自信,使朋友成为敌人,并因此使它的海上力量面临着严峻的考验。而法国却避免了它经常陷入的那种陷阱。当时法国在欧洲大陆停止了野心勃勃的扩张,在大陆上保持中立,而且和邻国西班牙结成可靠的同盟,使得它能利用一支不错的海军和一批尽管经验可能不足,但相当有才能的军官进行对英战争。在大西洋彼岸,法国得到支援,在西印度群岛和美洲大陆上,有自己的港口和同盟国的港口可供使用。这种明智的政策和政府行动对海权产生的巨大影响一目了然。有关战争的细节部分,不属于我们所讨论的课题,这里就不展开论述了。对美国人来说,那次战争的主要利益在大陆,但是,对于法国海军军官来说是在海上,因为他们的战争基本上是一场海战。法国海军励精图治,终于取得了成果,尽管在海战中损失惨重,但是法国和西

---

〔1〕无论克拉克自称的在组建海军战术体系方面的独创性受到过怎样严厉的指责,但是毋庸置疑,克拉克对过去的批评是正确的。作者认为,他这样一个既没有受过海员训练,也没受过军事训练的人,在这方面能够提出独到见解是应当得到赞扬的。

班牙舰队的共同努力,使英国的海上实力被削弱。法国海军在执行各种海上任务和进行的历次海战中,基本维护了法国的尊严。尽管在考虑总的课题时,难免会得出这种结论,即与英国相比,缺少经验、贵族出身的法国军官对那些出身不同的军官们的狭隘的排斥情绪,尤其是早已提到的流传近75年的一项糟糕政策,即政府教育军官们首先要保存舰船、节省物资,束缚了法国海军将领们去获得更多的荣誉,妨碍他们利用已经掌握的有利条件。蒙克说,一个国家要想控制海洋必须永远进攻。他为英国的海军制定了这个基本政策。如果法国政府对海军军官的指示能一直贯彻这种思想,那1778年的战争可能会比实际结束得更早些,结果也会更好。批评法国海军的做法似乎有些不厚道,美国之所以能诞生而没有胎死腹中,应该感激法国海军的支援,但是法国作者的很多作品都对本国政府持明显的批评态度。一位法国军官在一部作品里用不太严厉,但略带批评的语气说:

> 那些与德埃斯坦在桑迪胡克,与德格拉斯在圣克里斯托弗岛,甚至那些与德特尔南抵达罗得岛的青年军官们,看到这些将领回国后没有受到审判,他们会怎样想呢?[1]

后来,另一位法国军官,在说到关于美国独立战争的一段话里又一次证明了上述意见是正确的。他说:

> 有必要摆脱法国摄政时期[2]和路易十五统治时期让人不愉快的成见。但是,这种成见造成的灾难遍及各部门。由于一种令人很不快的犹豫不决,一度使英国震惊的法国舰队又

---

〔1〕拉塞尔:《法国海军历史和评论文集》。
〔2〕1715年,路易十四去世,他的曾孙路易十五继位时年仅五岁,由奥尔良公爵腓力摄政;1723年,路易十五开始亲政。

缩减到常规规模。政府顽固地坚持一种错误的经济型方针，他们以保持舰队需要过多开支为理由，主张海军将领必须保持"极其慎重"的态度，好像在战争中老是半吊子做事不会总是导致惨败似的。与此同时，政府又命令分舰队司令，让他们尽可能长时间在海洋上坚守，尽可能不要采取会损失舰船的行动，因为很难补充舰船。这已不止一次使原本依靠我们海军将领的技术和舰长们的勇敢能够取得的全面胜利，变成一些不太重要的小胜。海军体系受困于这一原则规定，舰队司令不能全力使用手中的部队，在与敌交战时，似乎预定的目标就是后发制人，而不是先下手为强。这种不断削弱士气、节省物资的规定，必然引发不幸的结果……这种可悲的规定，无疑是路易十六时期、第一共和国时期和第一帝国时期海军纪律松弛和令人吃惊的兵变的一个主要原因。[1]

　　1783年，美国独立战争结束。和平不到10年后，法国就迎来了大革命。尽管这种巨变动摇了法国的根基，解除了原有社会制度的束缚，并且迫使原君主政体中依恋旧事物的军官几乎全部离开海军。然而，法国海军却没能够从一种错误制度中解脱。这就是说，推翻一个政体要比根除一种根深蒂固的传统势力容易。一位法国高级军官在谈到尼罗河口战役中指挥法国舰队后卫毫无作为的维尔纳夫将军，在舰队的前卫正在遭受灭顶之灾的情况下，按兵不动没有离开锚地时，这样说道：

　　　　在特拉法尔加角海战中，维尔纳夫的这一天来临了，轮到他像从前的德格拉斯和迪谢拉一样，抱怨他舰队中的有些

---

〔1〕拉贝鲁兹：《法国海军史》。

战舰消极避战。我们已开始对这种不幸巧合隐藏的某些奥秘产生怀疑。在这么多可敬的人中间,我们觉得舰队司令和舰长们如此经常地受到这样一种指责是不正常的。即便今天能把他们当中某些人的名字与我们记住的灾难联系起来,仍然可以肯定,错误的责任不能完全归咎于他们自身。相反,我们必须责怪他们采取的作战行动的性质,责怪法国政府制定的防御式作战体系。皮特(小威廉·皮特)曾在英国议会中明确指出这种防御式作战体系预示着必然的失败和覆没。这种防御式作战体系,当我们希望抛弃它时,早已成为我们的习惯。它彻底地削弱了我们的武装力量,让我们束手待毙。我们的分舰队经常离港去执行一种特殊任务,但是它们有意避开敌人,偶尔遇到了敌人则将遭遇极大的不幸。只有到了迫不得已的地步,我们的战舰才投入战斗,它们被敌人过制,而不是迫使敌人就范。……如果布吕埃斯[1]在半路上遇到了纳尔逊能够与其交战的话,命运女神就会在英法两支舰队之间长时间举棋不定,也就不会产生这种对法国十分不利的结果了。由于英国海军某些将领的谨小慎微和坚持既定的战术传统,维拉雷和马丁曾逃过的这种缩手缩脚、谨小慎微的战斗持续了很长时间。尼罗河口战役打破了这种传统战法,现在采取决定性行动的时候已经到了。[2]

几年之后进行了特拉法尔加角海战,法国政府再次为海军制

---

〔1〕德·布吕埃斯伯爵,1798年英法尼罗河口之战时法军的舰队司令。这一战法军两面受敌,遭到严重打击,只有两艘舰船幸免于难,布吕埃斯阵亡,旗舰被焚毁。

〔2〕朱朗·德·拉格拉维埃:《海战》。

定一种新的政策。前面的那位作者又说道：

> 皇帝过去一直以他雄鹰般锐利的目光，像为他的陆军所做的那样，也为他的海军制定了战役计划。现在他对于这些意想不到的失败相当厌恶，他不再只把注意力集中到一个他不走运的战场上，而是决定在海洋以外的地方围堵英国。他着手重建海军，可是在比以往更激烈的战斗中，不给他们指定任何任务……但是这绝不意味着丝毫懈怠情绪，法国造船厂的工作任务翻了一番。每年都有战列舰下水或者加入舰队服役。在他的控制下，威尼斯和热那亚又恢复了昔日的繁荣，从易北河两岸到亚得里亚海海角，所有欧洲大陆的港口都竞相支持皇帝独创的想法。在斯海尔德河、布雷斯特锚地和土伦集中了许多支分舰队……但直到皇帝去世之前，这支充满激情和自信的海军却没有得到一次机会来检验它的对敌作战能力……不断失利使皇帝感到沮丧，所以他保留这些武装舰船只是为迫使敌人实施封锁，因为这种封锁耗资巨大，当敌人的财政难以承受时，封锁自然也就随之停止。

法兰西第一帝国垮台时，仍有103艘战列舰、55艘快速帆船。

抛开我们从过去的历史中汲取的这些特殊教训，谈谈政府对它的人民在发展海洋事业上的影响的基本问题，可以看到政府的影响在两个性质截然不同，但又密切关联的方面能起的作用。

首先，在和平时期，政府可以制定政策支持工业的正常发展，支持它的人民利用海洋冒险和获利的癖好，如果这种工业和对海洋的厚爱本来不存在，就应竭力培植和发展，或者与之相反，政府措施失当，就会抑制和束缚人民在各项事业中发展。因此，在与贸易相关的各种事务中，都会感到政府在上述任何一个方面对国家海权的影响,就是说成败都与政府有关。所以,无论怎样经常强调贸易是一支强大海军的基础也不过分。

其次,在战争时期,将会发现政府的作用是以最合理的方式,保持一支人员和武装齐整的海军。这支海军的规模与海运及同海运有重要利害关系的行业的发展相适应。比海军规模更重要的是海军的组织机构,它应有助于形成一种健康的思想和行动,战争期间能充分利用预备役人员和舰艇,并且能够考虑到人民的特点和追求,采取适当措施,将预备役力量整体动员起来迅速适应战争。毫无疑问,在备战的第二个问题上,必须保持适当的海军基地,武装舰船必须跟随贸易商船到那些遥远的地方。防卫海军基地必须直接依赖军事力量,像直布罗陀和马耳他那样,或者依赖周围友好人民的支援,如美洲殖民者曾一度对英国态度友好那样,而且可以推测出,现在的澳大利亚殖民者对英国人非常友好。这种友好的周边环境和支持,与适当的军事力量结合起来是最好的防御,当这种防御与海上的绝对优势结合时,就会像拥有分散的殖民地的庞大帝国英国那样高枕无忧。尽管一次意想不到的进攻,能够在部分地区造成某种灾难,但真正的海军优势会阻止这种灾难成为全面惨败或不可挽回的灾难。历史已经充分地证明了这一点。英国海军基地遍布世界各地,英国的舰队能及时保卫这些基地,保持这些基地之间的交通畅通。反过来,舰队又依赖它们提供避风港。

所以,隶属宗主国的殖民地,在海外为它的海上力量提供了最可靠的支援。和平时期,政府的作用是通过各种办法激励殖民地依附宗主国的热情,并且促使宗主国和殖民地利益一致,形成一荣俱荣、一呼百应的局面。战时,政府要以各种措施使所有人员都感到政府的分配公正合理，自己会从中获利。

美国没有这种殖民地，并且也不可能有。至于纯粹的海军基地，一位英国海军史学家谈到当时的直布罗陀和马翁港时，真实而精辟地表达了当地人民的感情。他说："殖民地政府不太赞成人民从事贸易行业，而他们本身与英国人民的特点迥然不同，以致我对一些有见识的人和各党派人士同意像放弃丹吉尔港一样放弃这些殖民地并不感到意外。"而美国在国外没有这种机构，既没有殖民地也没有军事基地，所以战时美国战舰将会像陆地上的鸟一样，不能远离自己的海岸。一个政府发展国家海上力量首先要做的，是为战舰提供休整场所，在那里它们能够补充燃料和进行维修。

我们进行这种调查的实际目的，就是从历史教训中得出对本国和行政部门适用的结论。现在该是提出美国的危机究竟到了何等程度，以及为了重建它的海上力量需要政府方面采取何种行动的时候了。美国政府从内战到现在，已经用全部的力量构筑海权的第一个环节。国家的发展，主要是生产力的发展和随之而来的自给自足，都已成为政府要努力达到的目的，在某种程度上也是政府努力的结果。在这一点上，美国政府已经如实地显露了这个国家各个管理部门的能力，尽管使这些管理部门能真正代表人民的意愿并不是一件容易的事情。但是，毋庸置疑，美国的情况是这样，它缺少殖民地，同样也缺少作为中间环节的海运，以及与海运有关的各种利益。简单来说，美国现在只有海权三个环节中的一个。

过去的100多年里，海战的情况已经发生了巨变，以致人们怀疑现在的海战能否还能像英法之间的多次战争那样，对一方造成灾难性影响，或使另一方取得辉煌成功。当英国无所顾忌、傲慢地支配海洋时，它把桎梏强加给中立国，这种情况以后永远不会再出现，所以国旗保护贸易货物的原则永远靠得住。除了实施战争禁运，或封锁港口，否则交战国一方的贸易货物可以安全地由中立国船舶承运。至于封锁港口，现在已能切实进行，将不再是无效的纸上封锁。关于保护美国海港避免被占领或被征用的问题，在理论上看成立的，在实践中却不是这样。这样一来，美国还需要什么样的海权呢？直到现在，美国的贸易仍需使用其他国家的船舶承运，如果美国有了海运船舶，不就需要花费巨资保护吗？这样来说，它就是个经济问题，已经超出了本书的范畴。但是，战争对国家造成的灾难和损失与海运有直接关系。因此，假设美国对外贸易的商品都装载在敌人不敢侵犯的船上，除非它们必须驶往一个已被封锁的港口，否则怎样才能进行一次有效的封锁呢？有效封锁的定义是指能对一艘试图进入或离开这个港口的舰船构成明显威胁。对有效封锁的解释弹性很大。很多人能够回忆起美国内战期间，南方邦联对位于查尔斯顿外海的北方联邦舰队进行了一夜攻击后，第二天早晨支持南方邦联的一些人，派出一艘携带外国领事的轮船到海上去，领事们没有看到一艘北方封锁船，他们对此非常满意，并发表了一份声明。凭借这份声明的效力，南方一些权威人士主张北方的封锁被突破了，北方在没有发表一个新通知，重新召集舰船之前，不可能进行封锁。为了能够对偷越封锁的舰船构成实质威胁，是否必须使封锁舰队位于港口视线以内呢？如果有6艘快速蒸汽舰船在距新泽西和长岛海岸之间的20海里[1]海区巡航，就会对试图通过主航道进出纽约港的

---

〔1〕1海里 ≈ 1.852千米

舰船构成一种真正的巨大威胁；采取同样的部署可以有效地封锁波士顿、特拉华湾和切萨皮克湾。如果封锁舰队的主力不仅准备俘获商船，还要对付企图突破封锁的敌舰，那么封锁舰船就不需要位于港口视线以内了，也不需要部署在能被岸上察觉的某个阵位上。在特拉法尔加角海战的前两天，纳尔逊舰队的大部分战舰在距加的斯50海里的海面活动，只用一个小分队密切监视加的斯港。法国和西班牙联合舰队是于7时起航的，尽管当时的通信条件较差，可纳尔逊9时30分就发现联合舰队起航了。这样部署的英国舰队，仍然对它的敌人构成了实际威胁。在水下通信日益发达的情况下，封锁舰队在港口之间航行时，用美国海岸上的电报就可以彼此联系，并能做到相互支援。如果军事行动配合得好，一个分队遭到敌人进攻，它能通知其他部队，并可以向友军方向靠拢。位于某港口外的封锁即使被粉碎，通知重新建立封锁的电报也能迅速传到世界各地。为了防范这种封锁，海上必须保持一支部队，这支部队随时可以对封锁舰队构成威胁，使敌人无论如何不敢在它的阵位上坚守。但是，中立国家的船舶——除了那些装满战时禁运物资的——可以自由往来，所以利用这些船舶可以使这个被封锁的国家仍与外界保持贸易关系。

美国拥有漫长的海岸线，这可能会让人认为对美国实施全线封锁不会有效。那些牢记北方联邦怎样对南方邦联海岸实施封锁的军官，比任何人都更愿意承认这一事实。但是，根据海军的状况来看，我们需要补充说，要进行的封锁没有超出政府[1]以前

---

[1] 自从上述文字写成以后，海军部部长在他1889年年度报告里已经介绍过一支舰队应该能够实施这里所建议的非常危险的封锁。

所提出的，对波士顿、纽约、特拉华湾、切萨皮克湾和密西西比河口这些地方的封锁。换句话说，想要封锁美国主要的进出口中心，对一个海上强国来说不会比过去更加耗费精力，尽管法国在布雷斯特、比斯开湾、土伦、加的斯等重要港湾部署了一些强大的分舰队，然而英国却在同一时间里将它们全部封锁。一旦全面封锁开始，从事贸易的中立国船舶，确实可以与美国其他的港口进行贸易，但这将会给美国的交通运输造成极大的混乱，经常会造成供应不足，铁路和水路运输设备、船坞设备、驳船和仓库等设施都会短缺，随之发生的不就是资金浪费和经济损失吗？而且在经历了许多痛苦，耗费了巨资之后，当你刚克服了部分困难时，可能敌人又会如法炮制，去封锁一些新的港口。美国人确实不会饿死，但是，却要忍受深重的痛苦。至于战争的禁运物资，一旦出现紧急情况，美国现在能否单独应付，这种担心难道真没道理吗？

　　这是一个极为突出的问题，应该使人们清醒地认识到政府在这个问题上能起的作用，是要为国家建立一支海军，这支海军，即使无法远行，至少也应能使本国的一些主要航道保持畅通。近25年来，美国已不再把其注意力放在海洋上，执行这样一种政策和执行相反的政策的结果，可以用法国和英国的事例来说明。无须强调美国的国情同英法两国的差别。可以断定，尽可能地保护商业和贸易不受外来战争的影响，对整个国家的财力安全来说至关重要。为了做到这点，不仅要让敌人离开我们的港口，而且要使敌人远离我们的海岸。

　　值得怀疑的是，不重视商业航运，这支海军能维持下去吗？历史已经证明像路易十四那样的专制君主完全能够创建一种单一的海上军事力量。但看似强大的力量，实际上却像无根草一样很快会干枯，而在一个代议制的政府里，任何军事开支的背后都有一种确信这种开支符合他们需要的强大的势力充当后盾。海权自身背后不存在这样一种势力，这种势力没有政府的作用是不可能存在的。实际上不论通过补贴还是贸易来建立这样一支商船队伍，这不是军事问题，而是经济问题。即使美国有了一支强大的全国性海运队伍，一支强大的海军是不是就会出现，也是值得怀疑的。美国离其他列强很远，这一方面能起到一种保护作用，但另一方面也成为建立强大海军的一种阻碍。

迄今为止（19世纪末20世纪初），我们已经结束了有关影响国家海权发展的总体性讨论，包括各种主要的有利和不利因素。目的首先是要考虑这些因素对发展海权有利还是不利，然后用具体事例和过去的经历来说明。无疑，这样的讨论涉及的范围很广，但主要限定在与战术有区别的战略范围。战略范围的考虑和原则，属于不变的或者不可改变的事物。事物发展的规律和因果关系，从一个世纪到另一个世纪仍然一样。事实上，战略是属于大自然的规律，关于它的稳定性众说纷纭，而战术则使用人类制造的武器，随着人类发展而进步。战术的上层建筑也不得不经常地改变或彻底解体，但是古代的战略基础依然没有变，像建立在坚固的岩石上一样。后面的章节会研究欧洲和美洲通史，特别要从广义上研究海权对欧美的历史、对人民的财富产生的影响。我一有机会就提出这个问题，目的是通过一些具体事例来回忆和加深过去已有的主要教益。因此，研究的大方向将是战略方面的。以前曾承认和接受的广义海军战略是："海军战略的目的是平时和战时都要创建、支援和发展一个国家的海上力量。"至于具体战役，我们应直率地承认一些具体实施细节的变化已经使许多学说过时，同时也要尽力指出这些被运用或者忽略的正确的一般性原则，已经产生了决定性作用。在其他条件相同时，我愿意介绍一些与最出色的海军军官的名字相伴随的战例，这些战例可以用来说明正确的战术思想，在特定的时期、特定的部门取得了何种结果。古代兵器和现代武器之间表面上呈现出一些相似的地方，我们不需要过分强调它们的相似性，而是从它们所提供的经验教训中受益。

　　切记，在所有的变化中，人的本性没有变，尽管在具体战例中，外部环境是不确定的，但是肯定会找到个人获胜的综合特征。

第二章

1660年的欧洲形势
1665—1667年第二次英荷战争
洛斯托夫特海战和四天海战

我们要研究的历史时期大致从17世纪中叶开始，确切时间是1660年。这年5月，英王查理二世在全体人民的欢呼声中复辟。第二年3月，主教马扎然刚去世，路易十四便召集他的大臣说："我召你们前来是为了告诉你们，现在使我感到满意的是，我可以做那些被已故主教左右的大事，从今以后我就是自己的宰相。除了我的命令，任何法令都不能确立；国务大臣和财政大臣，没有我的命令，不能签发任何法令。"这种完全意义上的独裁政府，就这样在法国延续了半个多世纪。

经过一段或长或短的混乱期，英国和法国都开始了一个新时期。仅一年之内，就看出这两个国家尽管彼此发展不平衡，但是已经在现代欧美海洋史上，或从更广泛的范围来说，在整个世界历史上占据了重要地位。然而海洋史只是整个国家历史中关系国家兴衰的一个因素，如果忽视了与海洋史密切相关的其他因素，将会产生或者言过其实，或者忽略其重要性的观点。在这个问题上，我们认为与海洋没有多大联系的民族，特别是19世纪的美国人民，即使实际上没有忽视，也大大地低估了海洋史的重要性。这就是我们要去研究海洋史的原因。

研究起始时间为1660年，紧接着标志欧洲事态和解，历史上有名的"三十年战争"结束时签署的和约，即1648年的《威斯特伐利亚和约》后面。在这个和约里，西班牙正式承认实际上已经独立的尼德兰北部联合省；1659年，法国和西班牙之间又签订了《比利牛斯条约》，上述两个条约使欧洲呈现出一段表面上的全面和平时期，然后很快爆发了一系列几乎影响全世界的战争。这些战争持续的时间与路易十四的寿命一样长。毫无疑问，战争使欧洲各国的版图发生了巨大的变化。在此期间，出现了一些新国家，一些国家走向衰败，而且所有的国家，或是在领土范围方面，或是在政权方面，都经历了重大的变化。对于这些变化，海上力量直接或间接地起了重要的作用。

我们首先必须关注本书叙述的历史开始时期欧洲各国的总态势。在延续了将近一个世纪的以《威斯特伐利亚和约》为终结点的斗争当中，著名的奥地利皇室家族（即哈布斯堡家族）已拥有使其他各国恐惧的强大实力。在查理五世[1]皇帝长期统治时期，这位哈布斯堡家族的魁首已把奥地利和西班牙（连同这两个国家所有领地）两顶王冠戴在他一人头上，他的领地包括现在的荷兰和比利时、卢森堡，而且在意大利也有绝对的优势。查理五世退位后，奥地利和西班牙这两个较大的王国才被分开。虽然这两个国家被不同的人统治，可是他们仍属于同一个家族，这有助于两个王国相互谅解，拥有共同的目标，在此后200年和睦相处。此

---

〔1〕1516年，西班牙国王死后，继嗣断绝，哈布斯堡家族的查理继位，即西班牙国王查理一世（1516—1556在位），后来，他又继承了奥地利王位。1519年，他当选为神圣罗马帝国皇帝查理五世（1519—1556在位），1556年退位，将领土分别传给其弟斐迪南及其子腓力二世。

外，他们还有一种共同的宗教信仰。在《威斯特伐利亚和约》签订前的一个世纪里，不断扩大的家族势力和宗教势力，是政治活动最强大的两股推动力。在这一时期，国家之间、诸侯之间充斥着宗教战争。宗教战争常常会成为一个国家不同宗教派别之间的长期斗争。宗教迫害引起荷兰新教徒起来反抗西班牙的统治，经过长达80年的持续战争，西班牙最后只得承认荷兰独立。宗教信仰的差别，有时会导致内战，它使法国在这一时期的大部分时间里精力分散，极大地影响了法国的内外政策。这个时代前后出现了圣巴托罗缪惨案[1]、亨利四世被天主教徒刺杀事件、拉罗歇尔围城，以及西班牙罗马天主教与法国罗马天主教之间不断勾结等动乱。宗教势力过去经常在原本不属于它的领域活动，照理说，宗教在这些领域里，没有合法地位。随着宗教势力被逐渐清除，国家的利益才开始拥有适当的权力。在前一时期，国家利益虽然没被全面无视，但宗教仇恨或者蒙蔽了政治家们的眼睛，或者阻碍了他们的行动。在法国，新教徒少数派因其数量和特点，成为宗教狂热的最大受害者之一，我们应该先看到这种情况并给予极大关注。法国位于西班牙和德意志各邦国之间，而奥地利当时是最大的德意志势力，完全没有对手。当时法国政治生活的内容是保持内部团结并且遏制奥地利皇室的势力。幸亏法国连续出现了两位伟大的统治者，亨利四世和黎塞留，他们没有偏执的宗教倾向，当他们不得不在执政领域内承认宗教时，会去主宰宗教，而不是成为宗教的奴隶。在这两个人的统治下，法国的治国人才得

---

[1] 法国胡格诺战争期间，1572年8月23日到24日夜里，在圣巴托罗缪节发生的血腥惨案，3000名胡格诺教徒被杀害，并被抛尸塞纳河。

到了一种明确指示,这种指示成为一种长期贯彻执行的传统基本方针,它们包括:(1)加强王国内部的团结,平息或镇压宗教冲突,把权力集中到国王手里。(2)抵制奥地利皇室的势力,实际上这就表示必须和新教徒掌权的德意志盟邦和荷兰结盟。(3)向东北扩张法国的边界,这样遭受损害的主要是西班牙。当时西班牙不仅占领了现在的比利时和卢森堡,还占领着其他很久以前曾并入法国的省份。(4)创建和发展一支强大的海上力量,以增强王国的财富,同时专门用来对抗法国的宿敌——英国。为了这一目的,法国再次期望与荷兰结盟。这些就是天才政治家们为指导这个国家制定的政策大纲。这个国家的人民已不再无故地要求成为欧洲文明的最完美代表,而是在前进过程中把政治进步和各项发展结合起来。这种政策被马扎然继承,后来又被路易十四接受。可以看出,路易十四怎样忠实于这种传统政策,以及他的行为对法国产生了何种影响。与此同时,人们可能会注意到法国强大必需的四种要素,海权就是其中的一种,并且因为第二种要素和第三种要素实际上是为了同一个目的,可以说海权是使法国强大的两种重要因素之一。这样,海上的英国,大陆的奥地利,就成为法国应该对付的两个国家。

根据1660年法国的形势,以及法国准备继续沿着黎塞留选择的途径前进的状况,可以说法国内部的和平得到了保证,贵族势力已被彻底地打垮,宗教矛盾的问题得到解决;宽大的《南特敕令》[1]仍然有效;新教极端分子的残余势力已被武力镇

---

[1] 1598年4月13日,法王亨利四世在法国西北部的南特城颁布敕令,将天主教定为法国国教,同时承认胡格诺教徒享有信仰自由和其他一些权力。1685年路易十四完全废除了这道敕令。

压。所有权力完全集于国王一身，但在其他方面，尽管这个王国处于和平时期，情况却不能让人非常满意：实际上它没有海军，内外贸易十分不景气，财政混乱不堪，陆军规模也不大。

15世纪之前，西班牙曾经让其他国家胆寒，但它早已衰退，并且到了几乎难以为继的状态。中央政府的软弱影响了所有行政机关与部门，但其疆域依然广大，它拥有西属尼德兰，还占有那不勒斯、西西里和撒丁；直布罗陀此时还未被英国人占据；西班牙在美洲的大片领地，除几年前被英国人占领的牙买加外，其余仍然没有被别国触及。有关西班牙海上力量平时和战时的情况，前面已简单介绍过。黎塞留曾与西班牙缔结过短暂的同盟，凭借这种同盟，法国得到了40艘西班牙战舰的支配权。但这批战舰状态极差，绝大部分装备不良，指挥不当，因此不得不退给西班牙。西班牙海军当时处于全面衰退状态，法国一眼就看穿了它的软弱无力。1639年，西班牙舰队和荷兰舰队之间进行的一次遭遇战，再清楚不过地证明了，这支曾傲视群雄的海军已经破败，而西班牙的衰落已经难以挽回。

对西班牙海军有这样一段叙述：

> 此时的西班牙海军遭受了一次打击，在这场战争中，它还会接二连三地承受这种打击，它从东西半球海上霸主的宝座坠落到在海洋强国中备受鄙视。它的国王准备派出一支较强大的舰队，把战火烧到瑞典海岸，并且为了装备这支舰队，国王命令从敦刻尔克运送援兵和补给品。这支舰队奉命起航，却遭到荷兰舰队攻击，一些战舰被俘，其余的被迫返港。不久以后，范·特龙普抓获3艘从加的斯驶向敦刻尔克的中立国英国的舰船，船上装载着1070名西班牙士兵。他卸

下部队，但释放了舰船。他留下17艘战舰封锁敦刻尔克，自己率其余12艘战舰去迎战即将前来的敌舰队。很快他就看到进入多佛海峡的西班牙帆船舰队，总共有67艘帆船，船上装有2000名士兵。在德·维特[1]率领的4艘战舰与特龙普会合之后，特龙普用较少的兵力向敌人发起了一次决定性攻势。战斗一直持续到16时，直到西班牙舰队司令率舰躲进唐斯港为止。如果西班牙舰队敢出来，特龙普决心与他们战斗。但是，西班牙舰队司令奥肯多率领的、不少舰船装备了60门至100门舰炮的强大舰队在被封锁的港内避而不战。当时英国舰队司令告诉特龙普他已接到命令，一旦开战，他将加入西班牙一边。于是特龙普向国内请求指示。英国的这种做法只会使荷兰动用大批海军兵力。特龙普很快得到由96艘帆船和12艘纵火船组成的增援舰队，并获准可以进攻。他留下一个分舰队监视英国，一旦英国人帮助西班牙，该分舰队就实施攻击。特龙普开始是在极其不利的大雾中战斗的，西班牙人利用大雾的掩护砍断锚链出逃。许多西班牙战舰逃跑时因离岸太近而搁浅，余下的企图撤退的绝大多数舰船要么被击沉，要么被俘获，还有一些被赶到法国海岸。荷兰海军取得了空前大胜。[2]

当西班牙海军在执行海上任务时，战斗作风和自豪感已经荡然无存，这支海军随着西班牙的全面衰退日益破败。从此以后，它在欧洲政治格局中的作用逐渐减弱。

---

[1] 荷兰海军将领。
[2] 戴维斯：《荷兰史》。

基佐写道:

> 在它奢华的宫殿和华丽的辞藻当中,西班牙政府感到自己的软弱无力,寻求把这种软弱掩盖在安定当中。费利佩四世和他的大臣们对战败感到厌倦,除了寻求和平保障,只能把所有需要他们努力,而又难有作为的问题搁置起来。分崩离析的奥地利皇室,既没有实力也没有野心,因此,除非受到实际威逼,否则一种虚荣的惰性就成了查理五世继承者们的政策。[1]

这就是当时西班牙的情形。它的那部分领地,当时被称为低地国家,或信仰罗马天主教的西属尼德兰,已成为引起法国及其天然盟国荷兰之间不断摩擦的一种根源。荷兰这个国家,政治名称为北方联合省,影响和实力当时已经达到顶峰——如前所述,这种实力是完全以海洋为基础的,并且充分运用了荷兰人民庞大的海运和贸易天赋形成的有利因素。法国路易十四统治时期,荷兰的贸易和殖民地被一个法国现代作家描述为超越了英国之外的任何现代国家,这充分说明了富饶的海洋能让一个本来弱小、资源贫乏的国家富强起来。这位作家写道:

> 荷兰曾经成为近代的腓尼基,作为斯海尔德河的霸主,封锁了安特卫普的出海通道。在15世纪,一位威尼斯使者曾经认为安特卫普可以与他的城市并驾齐驱,而在当时,荷兰继承了安特卫普的贸易权。荷兰除了接管西班牙的一些主要城市外,还收留了逃避西班牙暴政的低地国家工人。荷兰的服装制造业、亚麻织品制造业等,雇用了60万工人,为以前

---

[1] 摘自《英格兰共和国》。

从事奶酪、渔业贸易的人开辟了新的货源。仅凭渔业本身就足以使荷兰人致富。鲱鱼捕捞业养活了荷兰20%的人口,每年制造30万吨咸鱼,收入800多万法郎。

荷兰的海军和贸易能力迅速发展,单荷兰的商船队就有1万艘帆船,16.8万名水手,并且供养26万居民。荷兰的商船队曾经承担大部分欧洲运输业务。自从议和以来,荷兰不仅承担了美洲和西班牙之间的全部商品运输业务,也为法国港口提供运输,经常性收入达3600万法郎。经过波罗的海进入勃兰登堡、丹麦、瑞典、俄国、波兰等北方国家的航道均对荷兰开放,荷兰让这些国家变成了用处多多的交易市场。荷兰人在那儿出售自己的产品,购买那里的小麦、木材、铜、大麻和毛皮。荷兰货船每年在海洋上运输的商品,总值超过10亿法郎。用一个现代词汇来描述,就是荷兰人已使自己成为海洋上的马车夫。[1]

荷兰共和国利用殖民地,迅速发展海上贸易,曾垄断所有东方物产的贸易。每年它从亚洲运入欧洲的产品和香料,价值1600万法郎。创建于1602年的强大的荷兰东印度贸易公司,曾在亚洲建立起一个帝国,还从葡萄牙手中夺取了一些领地。1650年,荷兰帝国控制了好望角,为它的舰船获得了一个泊地,同时获得了锡兰(今斯里兰卡)的统治权,并且控制着印度的马拉巴尔和科罗曼德尔海岸。这个帝国已经使巴达维亚(今雅加达)成为它的政府所在地,把交通线延伸到中国和日本。与此同时,虽然发展迅速但寿命不长的西印度公司已拥有800艘战舰和运输

---

[1] 勒凡弗尔·彭塔利:《让·德·维特》。"让"是"约翰"的法语拼法。

船。荷兰曾利用这些舰船在几内亚和巴西沿海俘获残存的葡萄牙舰船。

当时荷兰已成为集聚各国产品的货栈。

荷兰的殖民地遍布东方海洋上，分布于印度、马六甲、爪哇、摩鹿加[1]和澳大利亚以北广大群岛的各个部分。荷兰在非洲西海岸也有领地，而且当时新阿姆斯特丹的殖民地仍然掌握在荷兰手中。在南美洲，荷兰的西印度公司几乎拥有巴西从巴伊亚州到北方的900英里海岸，只是最近大部分海岸已脱离了它的控制。

荷兰人把他们所取得的成就和权力，归功于他们的财富和舰队。海洋曾像一个顽固不化的敌人连续不断地冲击着荷兰的海岸，但是已经被征服，成为一个有用的仆人，而陆地却将成为荷兰毁灭的根源。荷兰一直在与一个比海洋更加凶猛的敌人——西班牙王国进行旷日持久的恶斗。斗争成功了，荷兰共和国取得休养生息的机会。只要西班牙的力量依然强大，或西班牙有能力维持它长期以来的专制统治，英法便会为了自己的利益不受侵害而支持北方联合省独立并扩充实力。西班牙多次蒙受耻辱，说明它的衰落是实质性的，而不是表面迹象。当西班牙真的垮台后，英国和法国的其他企图便代替了它们先前对西班牙的畏惧。英国觊觎荷兰的贸易和海上的统治地位，而法国则企图得到西属尼德兰。因此，荷兰既要对抗英国，也须防备法国。

荷兰在英法两个国家夹攻下，很快就暴露出内在的软弱性。荷兰容易被从陆地进攻，人口少，加上政府不善于团结人民的力

---

[1] 今苏拉威西岛以东，新几内亚以西，东帝汶以北地区。

量，最重要的是不能保持充分的备战状态，因此这个共和国的衰落比兴起时更惊人也更快。即使这样，直到1660年，荷兰即将垮掉的迹象还不明显，仍然处在欧洲强国前列。1654年荷兰与英国的战争中，那支曾在海上长时间压制西班牙人嚣张气焰的海军，此时却令人惊讶地处于无准备状态，但1657年，荷兰却有效地制止了法国对它贸易的直接侵害。一年后，"荷兰人积极干涉丹麦和瑞典两国的波罗的海争端，制止瑞典在北欧建立优势。他们强迫瑞典开放进入波罗的海的通道。在这片海域，没有其他海军敢和他们争夺海洋的控制权。荷兰舰队的优势地位，海军的勇敢善战，外交人员的能力和坚决态度，使政府的威望得到公认。尽管最近和英国的一场战争使荷兰的力量被削弱，蒙受耻辱，但荷兰已重新加入欧洲强国之列。就在这个时候，英王查理二世复辟了"。

　　前面已经提到过荷兰政府的基本特点，这里只需重新回顾一下。这个政府是一个松散的联合体，它受一个可准确地称为贸易贵族的阶层支配。因此，这个政府具有贵族阶级的政治软弱性，这在战争中肯定存在很大危险。地方之间的相互猜忌和商业精神，对海军造成了灾难性影响。而舰队内部又不可避免地相互倾轧，所以确切地说，这样的一支舰队是一种海事联合体而不是统一的海军，军官也缺乏真正的军人气质。没有比荷兰人更勇敢的人民，荷兰海战编年史确实提供了不少反映荷兰人民冒险进取和不屈不挠精神的实例，并且肯定找不到能够和他们相比的海上民族。但是，荷兰的编年史也确实提供了很多背叛国家的军人缺乏品质、处置不当的例子，而背叛和缺乏军人品质显然是由于缺乏专业精神和专业训练造成的。这种专业训练在当时所有的海军中几乎都不存在，但在君主制国家，军事特权阶层的感情，很大程度上弥补了这种缺陷。仍然需要讲明的是，这个政府由于之前已经提过的原因，已经变得非常软弱；由于荷兰民族分裂成相互敌视的两大派别，政府更加软弱。这两大派别中，一部分是当时执政的商人（市镇领导人），他们赞同所描述的联合体共和国；另一部分则希望建立奥兰治家族统治下的君主政府。共和派希望，如果可能的话，应该与法国结盟，并且建立一支强大的海军；奥兰治一派则支持英国，因为奥兰治亲王与英国王室的关系极其密切，主张拥有一支强大的陆军。荷兰人口数量不足、幅员狭小，1660年荷兰政府就像是一个靠兴奋剂维持的人一样。但令人吃惊的是，这个小国尽管人口数量和幅员无法与英法两国相比，却经受住了此二国中任一一国的进攻和二国长达两年之久的联合进攻。它不仅没有被摧毁，而且没有丧失在欧洲的地位。他们把这种伟大的奇迹部分归功于一个或两个人的能力，但是主要应归功于海权。

英国的情况和荷兰、法国都不同，介入即将爆发的战争是较合适的。尽管它是君主制政府，而且国王手中握有很多实权，但国王不能完全按照自己的决定来左右王国的政策，他不得不认真对待人民的情绪和愿望。在法国，路易十四却用不着顾忌什么，路易十四的战利品，也就是法国的战利品，他的光荣就是法国的光荣。英王查理二世首先考虑他自己的利益，然后才会考虑英国的利益。但查理二世总是无法忘记过去，所以他决心尽一切办法不重演他父亲的悲剧，也不再过自己经历过的那种流亡生活。因此，当危机迫近时，他会顺从英国人民的意愿。查理二世本人憎恨荷兰，憎恨它是一个共和国，憎恨荷兰政府，因为这个政府在荷兰国内反对他的亲戚——奥兰治家族。令他更加憎恨的是，在他流亡荷兰时期，荷兰为了同英国的克伦威尔政府讲和，把他从荷兰赶了出去。法国接纳了查理二世，这可能是由于政治上得到将要成为独裁统治者的路易十四的同情，也可能是因为他对罗马天主教的偏爱倾向。但是，查理二世在追求自己的意愿时，必须考虑英国人民的一些既定愿望。英国人和荷兰人同属一个种族，并且具有类似的条件，在控制海洋和贸易上，双方都将对方当成竞争对手，而且由于荷兰人是当时的领先者，英国人更加希望得到这些利益，也更加不快。一个英国人抱怨的特殊原因是荷兰东印度公司所做的一切，"这家公司要求垄断东方的贸易，并且与远方的王公达成协议，让他们对外国关闭领地，这样不但把英国人赶出了荷兰殖民地，而且还把他们从荷兰东印度公司的全部势力范围里都赶了出去"。英国人意识到自己有较强大的实力，希望压制荷兰的政治行动，甚至在共和国时期，曾寻求强迫两国政府结成同盟关系。英国公众对荷兰人的普遍敌对情绪和仇恨，首先支持了查理二世的意愿，而且几年来法国在欧洲大陆已经不令人生畏之后，这种意愿就变得更为强烈。但是，当路易十四的扩张意图被普遍察觉时，英国贵族和平民百姓，很快都感觉到法国像一个世纪以前的西班牙一样，是巨大的危险。西属尼德兰归属法国后，对法国征服欧洲的企图有利，而且会同时给荷兰和英国的海权带来沉重打击，因为不能指望路易十四会允许斯海尔德河和安特卫普港继续关闭。这两个港口是因为荷兰迫使软弱的西班牙签订条约才关闭的。一旦安特卫普港重新开始对外贸易，对阿姆斯特丹和伦敦都是一个沉重打击。随着英国恢复传统上与法国的对立，民族关系就开始起作用了，而且让它们回忆起过去反对西班牙专制的英荷同盟，而近似的宗教信仰，仍然是一种将两国拉到一起的强大驱动力。同一时期，科尔贝尔为法国逐渐建立贸易和海军做出的巨大努力和显著成果，引起了英荷两个海上强国的戒心。英荷原来是竞争对手，但都本能地反对闯入它们势力范围的第三个国家。查理二世抵不住心怀这些念头的人民的压力，于是英荷战争停止，在查理二世去世后不久，英荷就结成了亲密同盟。

  1660年，虽然英国的贸易范围不大，但是其海军领先荷兰，特别是在组织体制和效率方面的优势更加突出。坚定的、热衷于宗教的克伦威尔政府，以军事实力为基础，已对其舰队和陆军产生了深远的影响。在护国公克伦威尔领导下的几名高级军官中，蒙克排名第一，他不断地出现在描述查理二世领导的第一次英荷战争的史料中。但英国人士气高昂和严明纪律的优势，在腐败的宫廷特权影响下，在英国政府里逐渐消失。1665年，荷兰在海上基本上被英国打败，而1672年它却成功地抵抗了英法两国海上同盟军的进攻。至于这三个国家舰队的舰船状态，据我们所知，法国战舰的排水量和相关的火炮及补给品重量都比英国战舰大，因此当它们满载时，可以保持较多数量的舰炮。法国战舰的船体外形比较好。这些有利条件自然应该归功于那些使处于衰退之中的法国海军重新振作起来的各种精心筹划的措施。它对于眼下处在相似条件下的美国海军来说，是一个值得借鉴的经验。荷兰的战舰由于受到本国海岸的特点限制，多是平底舰船，吃水浅，当它们被紧追时，能在浅滩中找到隐蔽处，但也因此不能在恶劣天气里航行，荷兰战舰各部的尺寸都普遍比英法两国的舰船小。

  我们已尽可能地概括介绍了西班牙、法国、英国和荷兰这四个当时主要濒海国家的形势、实力等，还有它们已经提出的处于支配地位的政策。从历史角度来看，这些国家将是最主要的，也是经常最让人们注意的国家。但其他国家对重大历史事件也会产生不可低估的作用，我们的目的不仅是研究海军史，而且要评价海军和海上贸易对历史整体发展的作用。因此，有必要简要叙述一下当时欧洲其他国家的状况。到当时为止，美国还不曾在历史篇章上占据突出地位，也没有在各国内阁的政策中起过明显的作用，所以暂时略去不谈。

德意志当时分裂成许多小政体和一个较大的奥地利帝国。这些小邦国的政策摇摆不定，而法国的目的是联合尽可能多的小邦国，对它们产生影响，使它们遵从法国传统的反奥地利的政策。奥地利一方面遭到法国的反对，另一方面又遭到逐渐衰败但仍很强大的奥斯曼土耳其帝国的不断进攻，处境极其危险。法国的政策早已长期倾向与土耳其保持友好关系，这不仅可以牵制奥地利，而且还有希望让法国独占与黎凡特地区的贸易。科尔贝尔热切期望法国能够拥有较强大的海权，赞同与土耳其结盟。我们还应该记住，当时的希腊和埃及都还属于土耳其帝国。

如现在所知，当时普鲁士这个国家尚未形成，未来普鲁士王国的核心、小邦国中的勃兰登堡选帝侯国当时还不能完全独立，但是它非常小心，避免沦为强国的附庸国。波兰王国仍继续存在，它的政府软弱和不稳定，使它成为欧洲政治舞台上的一种最不确定和最重要的因素。其他国家唯恐某些意想不到的变化，会对自己的对手有利。法国的传统政策是使波兰独立和强大。当时的俄国还没有崛起，尽管正在进入，但还没有完全进入欧洲各国的政治舞台，也还没有与欧洲各国有现实的利益冲突，它和其他波罗的海各国自然是这一海域的竞争对手。其他国家，特别是所有海洋国家，因为各种海军物资主要来源于波罗的海各国，与这个地区有着一种特殊的关系。当时的瑞典和丹麦已长期不和，它们在各种争端中站在对立面。在过去的许多年里，还有路易十四早期进行的战争中，瑞典由于和丹麦敌对，绝大部分时间都与法国结盟。

欧洲的整体形势如上面所述的那样，能让各个环节运转起来的动力掌握在路易十四手中。周围的邻国都较弱，而他的王国资源丰富，只待开发，他专制独裁的权力形成了权力集中的格局，他本人的实际才能和不知疲倦的努力，加上在他统治的前半期，集中了诸多才能突出的大臣，所有这些使欧洲的每一国政府，或多或少要看法国的脸色，就算不跟从法国，也会受到这个国家的影响。让法国强盛是路易十四的目的，使法国强盛有两条途径可供选择——通过陆地或通过海洋。法国尽管当时很强大，但还没有足够的力量双管齐下。

路易十四选择从大陆扩张的道路。他已与当时的西班牙国王费利佩四世的长女结婚。尽管按照婚约规定，费利佩四世的长女放弃了继承父亲遗产的所有权利，但要找到无视这些条款的理由也并不困难。路易十四从尼德兰和弗朗什-孔泰的部分遗产中，找到了使婚约无效的法律依据，开始与西班牙宫廷谈判，以便废除全部婚约。这是一件大事，因为王位的男性继承人很软弱，显而易见，统治西班牙国王的哈布斯堡王室最终会绝嗣。路易十四一心想让一位法国亲王或者他自己来继承西班牙王位，这样就能把两个王国的王冠戴在他一人头上，或者把西班牙王冠戴在他家族的另一人头上，这样波旁家族的势力就能分布在比利牛斯山脉的两边。这是一种让路易十四后期的统治误入歧途的错误看法，最后导致法国海上力量毁灭，使法国人民陷入贫穷和悲惨的境地。路易十四没有认识到，这样做使他不得不和整个欧洲对抗。路易十四虽然一心想登上西班牙王位，但还需等西班牙王位空缺，他已准备好了立即向法国东面的西班牙领地推进。

一方面，路易十四为了使他的进攻策略更有效，用巧妙的外交手腕切断了西班牙与外界一切可能的同盟。研究这些外交策略，有助于证明战略在政治领域的作用。但是，路易十四这样做，犯了两个严重损害法国海上力量的错误。20年之前，西班牙王国与葡萄牙曾是一个统一国家，而西班牙一直没有放弃对葡萄牙的权利。路易十四考虑到，如果西班牙重新占领葡萄牙王国，将会使西班牙十分强大，增加他达到目的的难度。因此他采取了一个防范性措施，其中一条就是促使英国国王查理二世和葡萄牙公主结婚，结果葡萄牙把印度的孟买和直布罗陀海峡有名的良港丹吉尔割让给了英国。这位法国国王，由于急切地希望在陆地扩张，反倒把英国请进了地中海，而且还促成英国与葡萄牙结盟。后者并不令人费解，因为路易十四早就看出西班牙王室正在衰落，西班牙期望伊比利亚半岛上的两个王国能够统一。然而事实上，葡萄牙变成了英国的附庸和前哨基地，这个基地使英国在拿破仑时代不费吹灰之力就能在半岛上登陆。确实，葡萄牙是个弱小的国家，即使它不受西班牙支配，也必然会被海洋强国英国控制，而英国正好有这个打算。路易十四继续支持葡萄牙反对西班牙，并且使它获得独立。与此同时，法国还介入荷兰事务，强迫荷兰归还从葡萄牙手中夺取的巴西。

另一方面，路易十四从查理二世那里得到克伦威尔曾占领并使用过的敦刻尔克港。查理二世放弃敦刻尔克,是为得到路易十四的资助,但从海权的观点来看,这种行为无论如何都是不可原谅的。因为敦刻尔克是英国进入法国的一个桥头堡。对法国来说,敦刻尔克是法国私掠船的避难港,而对英国来说,是它在英吉利海峡和北海进行贸易的障碍。随着法国海权逐渐衰败,英国在一个接一个条约里,要求拆除敦刻尔克的各种设施,可以说敦刻尔克是法国著名的让·巴尔和其他主要私掠船主来往的母港。

与此同时,路易十四时代最伟大、最聪明的大臣科尔贝尔正为建立一种行政体制不知疲倦地努力工作。这种体制通过不断增加国家财富,并使其具有坚实基础,来达到使国家强盛的目的,与国王浮夸的进取心相比,它会带来更多的实惠和真正的繁荣。除了附带提到科尔贝尔对农业和制造业都非常关心外,本书不会更多关注当时法国国内发展的细节,但必须指出,法国在海上开始执行一种巧妙的政策,去侵犯英国和荷兰的海运和贸易,立即引起了它们对法国的不满。法国通过成立一些大规模贸易公司,把事业引向波罗的海、黎凡特、东印度和西印度群岛;修改关税法则来鼓励发展制造业,而且允许把货物储存在一些大型港口的关栈里,企图利用这些方法让法国能够取代荷兰,成为欧洲的主要贸易货栈,而法国的地理位置使它很适合开展海上贸易。法国一方面对外国船舶征收吨位税,另一方面直接鼓励国内建造舰船,而且利用细致严格的殖民地法令,使法国船舶垄断了殖民地之间往来的贸易,所有措施都是为了鼓励法国造船业的发展。英国立即采取报复行动,而荷兰的运输业虽很发达,但荷兰的国内资源贫乏,所以受到的威胁更大。然而,荷兰开始只是抗议,但在三年之后实施报复。科尔贝尔依据法国的有利条件,对让法国成为一个实际的和拥有发展前途的制造大国充满信心,但他担心法国不能在规定的道路上稳步前进。这条道路就是在建立一支强大商船运输队的同时,要为发展军用船舶打下坚实的基础。法国的一系列措施,已经推动军用船舶迅速发展,而且使其呈现出一片发达景象。当年科尔贝尔开始接管财政和海运时,法国的情况还十分混乱,但12年之后,各行各业都很兴旺发达,物资非常丰富。一位法国历史学家说道:

> 在科尔贝尔领导下,法国在和平时期就像在战争时期一样,取得了迅速发展,科尔贝尔巧妙地从事关税战和保险费战,有助于在合理的范围内,限制荷兰用损人利己的贸易和海上力量过快地发展;并且也有助于抑制英国从荷兰手中夺取海上霸权和在欧洲情况危急时使用它的急迫意图。看起来当时法国关心的是在欧洲和美洲保持和平,但法国过去以及后来的政策却把战争带到其他海岸上去了,这实在是不可思议。

法国的这种企图是通过莱布尼兹的话表达出来的。他是世界历史上的一位伟人,曾向路易十四指出,法国应该调动武装力量去进攻埃及,这将会帮助法国在控制地中海和东方贸易方面压制荷兰,价值超过陆上进行的最成功的战役,而且还可以在保证法兰西王国内部急需的和平的同时,在海上建立起确保法国在欧洲处于优势的权力。这个建议将使路易十四从追求陆上荣耀,变为寻求拥有一支强大的海上力量,使法国能长期兴盛下去。正是由于科尔贝尔的才干,使得路易十四掌握了拥有强大海权的条件。一个世纪后,一位比路易十四更伟大的人物拿破仑,试图按照莱布尼兹指明的道路,提高他自己和法国的地位。但是,他没有路易十四所拥有的那样一支海军，能够来完成他所制定的各种任务。有关莱布尼兹的方案，在讨论它的时候，会进行详细介绍。路易十四在他的王国和海军效率达到顶峰时，站在了十字路口，但他选择了一条注定使法国难以成为海上强国的道路。这个决策使科尔贝尔的希望彻底破灭了，也断送了法国的前途，结果影响到以后的世世代代。英国依靠强大的海军，在一次又一次的战争中荡平各大海洋，通过艰苦奋斗确保了这个岛屿王国的财富不断增长。与此同时，法国贸易的外部资源日趋干涸，必然的结果是法国遭殃；从路易十四开始的这种错误政治路线，使他的继承者在印度丢掉了本来美好的前景。

这一时期，英国和荷兰这两个海洋国家，尽管都对法国存有疑忌，但它们之间的积怨却进一步加深。在查理二世的精心策划下，这种积怨导致了英国和荷兰之间的战争。战争的真正原因无疑是贸易冲突，但冲突的直接原因起源于两个贸易公司之间的利害冲突。敌对行动从非洲西海岸开始。1664年，英国的一支分舰队在那里强夺荷兰的几个泊地后，又驶向新阿姆斯特丹，而且占领了那个地方。所有这些事情都发生在1665年2月正式宣战前。这次战争无疑在英国广受欢迎，蒙克一语道破英国人的天性，据记载，他说："不管哪种原因都没关系。我们需要的是更多的贸易，就像荷兰现在所拥有的那样。"毫无疑问，尽管两个贸易公司都主张战争，但是荷兰政府却尽量避免战争，这是因为头脑清醒的荷兰领导人认识到他们正处在英法两国之间的微妙位置上。他们依据1662年制定的防御条例要求法国支援。路易十四虽然答应了这种要求，但极不情愿，而仍然很年轻的法国海军实际上没能给荷兰任何支援。

英荷海上两强之间的战争几乎全部在海上进行，并且具有所有海战的基本特点。它们共进行三次大规模海战，第一次是1665年6月13日，在诺福克海岸的洛斯托夫特外海；第二次是1666年6月11—14日，在多佛海峡进行的著名的"四天海战"，该海峡常被法国称为加来海峡；第三次是1666年8月4日，在北福兰角外海。英国在第一次和第三次海战中，取得决定性胜利；第二次海战对荷兰有利。我们只详细叙述第二次海战，因为只有这次海战，才能够找到一份详尽、连贯的，可以清楚、准确地叙述战况的战报。总的来说，这些海战中都有一些要点，研究这些要点，比起研究某些过时的战术运用细节，对现在更加有用。

在洛斯托夫特外海的第一次海战中，荷兰舰队司令奥普达姆，看上去不像一名海军，而像是一名骑兵军官，他接受的战斗命令非常明确，却没有得到舰队总司令在战场上应当拥有的随意调动部队的权力。内阁通常都非常喜欢这样干预陆上或海上指挥官的指挥权。一般来说，这会造成一种极大的灾难。路易十四时期，最伟大的海军将领图尔维尔由于受到干预，被迫否决自己的判断，使全部法国海军遇险。一个世纪后，英国海军将领基思由于服从他那生病在港内休养的顶头上司的强制命令，又使一支庞大的法国舰队逃脱。

在洛斯托夫特海战中，荷兰舰队的前锋败退，不久，荷兰舰队主力，奥普达姆分舰队的一位年轻的海军将领阵亡，舰员们惊慌失措，从军官手中夺取指挥权，退出战斗。随后，12艘或13艘战舰也跟随这艘战舰离开，使荷兰战列线出现一个很大的缺口。发生这种事情，再度说明荷兰舰队纪律涣散，军官们士气不佳，尽管这个国家的人民有良好的作战素质，在荷兰人当中确实存在比英国舰长更好的海员。荷兰人天生的坚定和顽强,不能完全弥补职业自豪和军事荣誉感,而这些正是一个健全的军事机构应当鼓励的。在这个问题上,美国人对海洋的普遍感觉也很相似,官兵的个人勇敢和整体军事效率之间,没有什么衔接措施。

奥普达姆看到战斗对他越来越不利,似乎觉得已被推入绝境。他企图咬住英国舰队总司令、英国王弟约克公爵的旗舰厮杀。但是他失败了,在后来进行的拼死战斗中,他的旗舰发生爆炸。接着,荷兰舰队的3艘(一说是4艘)战舰相撞,还被英军的一艘纵火船烧毁,其他3艘或4艘战舰也随之被逐一毁坏。当时荷兰舰队乱作一团,开始在范·特龙普的分舰队掩护下撤退。范·特龙普是那位大胆在桅杆上悬挂一把扫帚驶过英吉利海峡的著名海军老将的儿子。

在这次海战中,我们已看到纵火船起到了令人关注的作用,与1653年相比,纵火船更加可靠,尽管在这两次海战中,它们都是舰队的附属。表面看来,纵火船的作用和现代海战中鱼雷巡逻艇相似。主要相似点是它们都有极其猛烈的攻击力,船体都较小,实施攻击在很大程度上要靠操作人员的勇气。主要不同点是现代舰船性能更可靠,这一定程度上是由于铁甲舰优于老式战舰,更加容易操纵;鱼雷造成的损坏是瞬时性的,它的攻击是否能够成功,在瞬息之间就能够确定,而纵火船要达到目的需要一定的时间;鱼雷和纵火船的打击效果都是彻底摧毁敌舰,而不是让敌舰丧失行动能力或者投降。正确评价纵火船的作用,研究纵火船用处最大化的环境,以及纵火船最终消失的原因,可能会对一些国家做出是否完全用鱼雷艇充当舰队主要武器的决定有帮助。

一位一直从事法国海军史料研究的法国军官指出,纵火船作为舰队的一种武器，首次出现于1636年，详细描述如下：

> 不管是专门为纵火目的建造的，或是用其他舰船改装成适于执行专门任务的纵火船，都有一种特殊装备。纵火船指挥权会交给不是贵族出身的船长，船员会配备5名下级军官和25名水兵。通过帆桁上安装的铁钩一眼就能辨认出来。18世纪初期，纵火船的作用已逐渐减弱。最后，由于它速度慢，拖累了整个舰队，而且使队形展开复杂化，因此被舰队淘汰。由于战舰体积不断加大，它们与纵火船一起协同作战已日趋困难。另外，想把纵火船同战舰一起编组，形成既能进攻又能防御的几个编队的想法早已被放弃。当组成迎风行驶的战列线时，通常会把纵火船部署在二线位置，距敌舰最远达1.5海里，这样它们越来越不适合完成既定任务。1704年马拉加海战，纵火船在这次战斗中的位置和保罗·霍斯特主张的完全一致。最后一点是弹体内装有炸药的高爆弹，可以使舰艇更容易迅速起火，高爆弹就是在我们正讨论的这个时期被战舰采用的，尽管普遍使用的时间要更晚一些，但正是它的使用最终使纵火船在海军队列中消失了。[1]

那些通晓理论、熟悉我们现在讨论的相关舰队战术和武器课题的人们，根据以上简要介绍，将会清楚地认识到在论证长期废弃的舰种中发现的正确思想并没有过时。纵火船从被它"拖累速度"的舰队中消失了。在坏天气里，较小舰船的速度总是较慢。现在，据我们所知，在中等海浪里，鱼雷艇的速度将从20节[2]

---

[1]古热尔：《海战》。
[2]1节=1.852千米/小时

降到15节以下，航速17节至19节的巡洋舰就能摆脱正在追击它的鱼雷艇，或者能将鱼雷艇置于它们的速射炮和舰炮射程之内。这些鱼雷艇如果远洋航行，"而且设想它们可以全天候坚持在海上活动，但是在一艘110英尺[1]长的鱼雷艇上，即使海上天气非常好，据说也很不舒服。高温、噪音和发动机的快速振动使人难以忍受。炊事就更加成问题了，而且据说即便食物烹调得很美味，几乎也没有人有心品尝。在这样的条件下，加之鱼雷艇的快速运动，船员要得到必要的休息是极为困难的"。有人主张建造较大的鱼雷艇，但在恶劣的天气条件下，它的航速依然会减慢，除非鱼雷艇的船体增大到除了装备鱼雷外，还能装备更多武器的程度。和纵火船一样，小型鱼雷巡逻艇拖慢舰队的速度，还会使舰队难以变换队形。[2]我们已经知道，高爆弹和燃烧弹的使用，加快了纵火船被淘汰的速度。所以，为了进行远洋作战，把鱼雷安装在较大一级的舰艇上，来取代用途单一的鱼雷艇，也不是不可能。直到美国南北战争时期，纵火船仍然被用来攻击锚泊的舰队；同样，鱼雷艇在港口里进行近距离攻击通常也是有效的。

在我们引用的摘录里，提到一种在现代讨论中大家很熟悉的概念，即编队。"把纵火船和战舰放在一起组成几个编队，每个编队都能攻守兼备"，这种想法过去曾一度被采纳。据我们所知，后来这种编队还是被放弃了。将一支舰队里的舰艇分成两个、三个或四个编队，让它们专门在一起行动，这种编队模式目前在英国备受欢迎，而在法国却不受待见，并且遭到强烈反对。

---

[1] 1英尺=0.3048米

[2] 以上这段文字写成后，1888年英国秋季演习的经验已经证实了这一陈述；要求任何试验都要确立一种显而易见的事实是没必要的。

这类由任何一方大力提倡的编队方式问题，在没有经过时间和实践检验以前，不能由个人的判断来决定。但是，它可以说明在一支组织较好的舰队里进行两级指挥是很自然和有必要的，既不能取消，也不能忽略。这种两级指挥，其中一级是以整个舰队为一级单位来指挥，而另一级是将每艘舰艇当作一个单位，由舰长指挥。如果舰队建制太大，不适于一人指挥时，必须进行分组编队。因此在激战时，被分开的两支舰队，实际上是在为同一个目标努力。就像纳尔逊在特拉法尔加海战中的重要命令中所说的那样："第二级指挥官，在了解了我的企图之后（'之后'两字打上着重号，可以明确说明舰队总司令和第二级指挥官的职能），将全面指挥他的战舰，对敌人进行不间断的攻击，直到他们被俘或被消灭。"

当前，由于单艘铁甲舰体积庞大，造价较昂贵，因此舰队里的舰艇不会太多，所以不必再进行分级指挥。但是，不管是否采取分级指挥，都会不影响分组编队的问题。如果只注意构成理论的原则，而不顾这些特殊编队呈现的战术弱点，人们会提出这样的问题：在原来的舰队司令和各舰舰长自然形成的两级指挥之间，是否要加入第三个指挥机构呢？这一级指挥机构一方面能部分代替舰队司令进行指挥，另一方面可部分限制舰长的指挥权限。还有一个困难是由于狭义的支援原则所引起的，尤其是对于作为分组编队依据的特定舰船的支援原则。由于舰长要注意与特定舰船保持适当的位置，当他不能看到信号时，要履行对自己的舰艇和对整个舰队的职责就更加复杂。这些特定舰船必须及时到达非常突出的位置，以便舰长能够看到它们。这种分组编队在古代曾做过试验，但没有经过实战检验，后来也就没有人再提过。过去这种分组编队的方式今后是否会有人重新实施，时间会来回答。在结束这个课题之前，顺便提一下，舰队的航行队形相对陆军的便步行军，是一种松散的分组编队队形。这种编队有一定的优点，采用这种队形，各舰不需要严格保持确定位置。对舰长和甲板上的军官们来说，要使自己的战舰昼夜严格保持确定的位置肯定是一项极度劳神的工作。除非一支舰队在战术协同上已具备高度准确性，否则绝不可能保持这样的航行队形。

再回到纵火船和鱼雷艇的问题上。人们经常说，鱼雷艇一般总是在敌对的舰队双方都形成混战之后才能发挥作用。在出现烟雾和混乱的时刻是鱼雷艇攻击的最好时机。听起来这种说法好像有道理，鱼雷艇确实有纵火船没有的机动能力，而两支舰队出现混战不是纵火船攻击的最好机会。我们引用另一位法国军官的话，期刊上最近刊登了他非常清楚地论述英荷海战的文章，那些论述是很有启发性的。他说：

> 因为很难在确定方向行动，在1652年战争的几次混战中，纵火船根本没用或几乎没用。但是从最近分舰队活动的规律和整体效果来看，情况似乎对纵火船有利。纵火船在洛斯托夫特海战、加来（多佛）海峡海战和北福兰角海战中都起到非常重要的作用。依靠战列舰保持较好的队形，纵火船能够得到火炮的有效保护，纵火船也能比从前更有效地向一个确定无疑的目标挺进。[1]

在1652年的混战中，"可以说，纵火船是单独在行动，偶尔

---

[1] 夏伯-阿尔努尔：《1885年海军与殖民地军队人员和装备的核查》。

找到一艘能与之格斗的敌舰,却要冒犯错误的危险,由于不能防御敌舰炮打击,几乎可以肯定它不是被敌舰击沉就是被烧得完全无用,而在1665年,情况已经完全不同。纵火船要攻击的敌舰被清楚地指出,目标明确后,它便可以轻而易举地进入敌战列线中,占据比较固定的位置。另外,友军分队的舰船能够看到它,而且能尽可能远地护送它,用舰炮全程掩护。如果进攻意图很快被敌舰察觉,攻击暴露时,友军舰船可以在纵火船燃烧前离开它。很明显,即便在这种情况下,它的作用也经常靠不住(不能有另外的选择),但是和过去比起来,成功的机会更大"。这些有益的评论,大概还需要一些限定的或附加的说明,就是当敌人的队形混乱,而你自己的舰队仍然能保持着有序的队形时,才是可以提供猛烈攻击的最好机会。这位作者继续追溯纵火船的消失:

> 这里我们看到纵火船的重要性已到极限。这种重要性将逐渐降低。当舰炮的性能变得越来越完善,射程更远、命中率更准、射速更快时;[1]舰型不断改进,舵效更好,航行能力更强、更可靠,能够躲避进攻的纵火船时,纵火船也就不会在公海交战中再次出现,而是随之消亡。最后一点,那时的舰队小心而熟练地按战术原则行动,这种战术将会在一个世纪之后的美国独立战争全过程中占主导地位,那时舰队为了不破坏非常好的有秩序的战斗队形,将会避免近战,而把决定战斗命运的任务交给舰炮。

---

〔1〕近来速射炮和机枪的发展,以及口径的不断增大,使射程和穿透力进一步增大,再现了上述阶段的发展周期。

在论述中，作者考虑到了主要的特点，它既便于说明纵火船的作用，同时也提示了1665年战争在海军战术史上的特殊意义。在这次战争中，迎风航行战列线首次无可争辩地被选为舰队作战队形。非常明显，当这些舰队像往常一样由80到100艘舰船组成时，无论这种战列线是不是连贯，每当急需投入战斗时都不能很好地组成队形。发展这种战斗队形的荣誉一般属于约克公爵，也就是后来的詹姆斯二世。至于队形改进的功劳究竟应当归谁，对今天的海军军官来说并不重要，因为从带侧舷炮的大型帆船诞生，到系统地采用最适于发挥舰队全部威力进行相互支援的战斗队形，经历了漫长的时间，与这些有益的事实相比，究竟是谁改进了队形确实无关紧要。对我们来说，已经掌握了问题的一些要素，而且了解最后得出的结论，似乎得出这种结论是很简单的，也是无须多证明的。但是为什么当时一些有才能的人需要那么长的时间才能理解呢？原因是——对今天的军官来说是个有价值的参考——作战队形仍处于不确定的状态。换句话说，就是在荷兰人最终遇到能与他们在海上并驾齐驱的英国人之前，虽然战争已不可避免，但荷兰人并没有下定决心，而导致组成战列线的一连串想法是明确的，合乎逻辑的。尽管海军官兵对这个问题了如指掌，但只有那位法国的作者概括了这个问题，所以还是引用那位作者的话来阐述：

> 随着战舰动力的不断增大，航行能力和作战能力的不断完善，使用舰艇的技术也同样取得了长足的进步……随着海军展开和机动方式愈加熟练，其重要性也日益增加。海军行动需要让他们能来回往返的基地。一支舰队必须始终处于战备状态，以便随时迎敌。因此，从逻辑上来看，舰队离开基

地就要保持战斗队形。自从单层甲板桨帆战船消失后，每一艘战舰上的所有火炮几乎全都安装在舰舷上。从此以后，在战斗中必须始终将舰舷对着敌人；且友邻舰不能妨碍其观测敌舰。因此只有一种队形能够充分满足同一支舰队里所有舰船的这些要求，那就是舰队成一列纵队。就这样，这种战列线被用作唯一的作战队形，随后又被用作所有舰队战术的基础。为了使这种战斗队形，这种长长的舰炮成一字排列的战线，不会在某一薄弱环节被伤害或被突破，必须由即使不是战斗力相等，至少也是舷炮火力强度相等的战舰组成同一条战列线。这样一来，逻辑上的必然结果是，战斗队形被限定采用单纵队战列线的同时，必然形成战列舰与轻型战舰之间的区别，战列线必须全部由战列舰组成，轻型战舰就用于其他用途。

除此之外，如果我们能进一步考虑导致战列线成为迎风航行的战斗队形的条件，那问题就得到了满意的结果。但是这一连串的推理，250年前与现在一样清楚，为什么这个问题用那么长的时间才解决呢？部分原因无疑是由于过去的传统——那时的单层甲板桨帆战船作战传统——已经支配并且干扰了人们的思想，更主要的是人们太懒惰，不愿意探索那个时代的基本事实，也不愿意在这些基本事实基础之上发展正确的作战理论。有长远眼光，发现情况产生本质变化，并且预见到结果的一个罕见的实例，是法国海军的拉布罗斯将军于1840年写下的最富有教育意义的文字。他写道："感谢蒸汽，给了舰船快速向任何方向行动的能力，以致撞击的作用，像古代一样，有可能，甚至必将取代投射武器，并且再不需要熟练的机动测算。金属撞角只会有助于加快舰艇速度，而不会损害它的航海性能。只要一个国家已经采用了这种可怕的武器，所有处于明显劣势的其他国家因为忧虑，也会随之采用。于是，海战将成为金属撞角对金属撞角的战斗。"我们要避免无条件地迷信金属撞角会成为当今海战决定性武器的想法，实际上法国海军已经将它舍弃了。但是可以把上述简要的论证看成很好的研究方法，用这种方法来研究未来的战斗队形，会取得有益的结果。一位法国作家评论拉布罗斯的文章时说道：

> 从1638年建造"王冠"号开始，到1665年，从适合于单层甲板桨帆战船的横队战斗队形到单纵队战斗队形，这27年对我们的前辈来说非常宝贵，从1830年第一艘蒸汽舰加入我们的舰队，到1859年建造"索尔费里诺"号和"马让塔"号产生逆转的变革，确定了使用金属撞角的原则，我们用了29年的时间。的确如此，真理总要经过很长时间才能见到光明……这种变化不是立即生效的，一方面因为新舰艇需要时间去建造和装备，但更主要的是新动力带来的必然结果不会引起绝大多数人的注意，这真的令人痛心。[1]

现在，我们就来研究著名的1666年6月"四天海战"。需要我们特别注意的不仅是双方有众多的战舰参加这次海战，也不仅是因为在这场连续四天的激战中，人员能保持如此非凡的体力，更重要的是双方舰队总司令蒙克和德·勒伊特，都是优秀的海军将领，或者更确切地说是17世纪英国和荷兰最优秀的海军统帅。在英国海军编年史上，蒙克的地位可能仅次于布莱克，而人们普遍

---

[1] 古热尔：《海战》。

认为德·勒伊特是顶级的人物，不仅在是荷兰海军中的，而且是他那个时代所有海军军官中的最高级人物。以下叙述主要摘自近期的《海军与殖民地军队的核查》，那是发表在这份刊物中的、新近发现的，一位在德·勒伊特舰上服役的荷兰绅士写给他在法国的一位朋友的信。他的描述非常清楚而真实，他所记述的内容并未在以前的战斗记录中发现过。令人高兴的是，在德·吉舍伯爵的回忆录中，也发现了类似的叙述。吉舍不但是在德·勒伊特舰队里服役的志愿者，而且是在他自己的战舰被纵火船烧毁后，到德·勒伊特的旗舰上去的。他的叙述在一些主要细节方面证实了前者的叙述。美中不足的是，在这两篇文章里，某些句子雷同。在进行比较之后，我发现两篇文章叙述的内容不能被看作没有关联，但两篇叙述内在观点的差别，又说明这两篇叙述完全可能是由两个不同的见证人提供的。这两个不同的见证人，在把他们的叙述送给朋友之前，或者是在写入航海日记之前，进行了核实和修改。

参加"四天海战"的两支舰队的战舰数是：英国约为80艘，荷兰约为100艘。这种数量上的不相等，由于英国战舰体积较大在一定程度上得到了弥补。战斗之前，伦敦政府犯了一个较大的战略性错误。英国国王收到消息，一支法国分舰队已经驶离大西洋前来与荷兰舰队会合，便立即把英国舰队一分为二，派出20艘战舰，由鲁珀特亲王指挥，西行迎击法国分舰队，其余由蒙克指挥，到东边对抗荷兰舰队。

英国舰队当时处于两面夹击的危险境地，对指挥官提出了严峻的考验。指挥官的压力很大，为对付敌人两个方向的进攻，是否要像英王查理二世所做的那样，把自己的兵力一分为二呢？事实上，除非拥有绝对优势，否则分兵只能是一种错误，它使舰队两个部分都处于挨打的状态，正如我们将要看到的，实际上在战斗中已经出现了这种状态。开始两天，蒙克指挥的英国分舰队遭到惨败，然后被迫撤回鲁珀特分队。这种及时撤回也许能使英国舰队免遭严重损失，或至少避免被封锁在英国舰队的母港里。140年后，特拉法尔加海战之前，在比斯开湾进行的令人兴奋的战略性运动中，英国舰队司令康沃利斯也犯了同样的错误，将舰队一分为二，使它们之间不能互相支援。拿破仑当时把它描述为愚蠢行动的典型。这个教训在所有时代都是适用的。

荷兰舰队乘有利的东风向英国海岸驶去，但是，后来风向转向西南，天气变糟，风很大，德·勒伊特为避免被风吹得太远，在敦刻尔克和唐斯之间锚泊。然后，他又令舰队向西南偏南方航行，前锋位于右翼，原来的后卫队司令特龙普位于左翼。由于某种原因，左翼位于最上风，德·勒伊特指挥的中央主队位于下风，而右翼的前锋部队又位于中央主队的正下方。这就是1666年6月11日白天，荷兰舰队的阵位部署。尽管不能确定就是这样部署的，但从整体叙述来看，很可能是这样，总的来看，荷兰舰队的队形不是很理想。

当天早晨，仍在锚泊的蒙克了解到荷兰舰队处于下风位，尽管他的舰船在数量上处于劣势，他仍然决定立刻进攻，希望通过保持上风的有利条件，尽量使自己在最好的条件下投入战斗。他一直沿荷兰舰队的右舷饱风航行，与荷兰舰队右翼和中央主队之间的距离超出舰炮射程，最后与特龙普指挥的荷军左翼并肩航行。当时蒙克率领的战舰足有35艘，但后卫已经散开，而且逐渐远离主队，这是长纵队易于发生的问题。蒙克率领35艘战舰一起转舵迎风驶向已砍断锚链，也在右舷戗风航行的特龙普指挥的前锋舰队。交战双方的两条战列线就这样一同驶向法国海岸，海风使战舰倾斜，使得英军不能使用低甲板舰炮。荷兰舰队的主队和后卫也砍断锚链随英国舰队进行运动，但由于仍然位于下风，一段时间内不能投入战斗。正在这个时候，一艘大型荷兰战舰脱离舰队并遭到攻击，最后被英国纵火船烧毁。德·吉舍伯爵很可能就在这艘舰上。

当荷兰舰队驶近敦刻尔克时，英国舰队来到附近的阵位，很可能双方是一同前往那里的。因为，在英国舰队掉转航向，先向北然后向西行驶时，原来的前锋部队遇上了德·勒伊特亲自指挥的荷军主队，并遭到猛烈攻击。这种命运本来很可能落在后卫头上，但是同时掉转航向已使原来队形位置颠倒。英国参战的舰船于是位于下风位，使得德·勒伊特能够赶上它们。激战中，两艘英国分舰队旗舰既失去了战斗力，又无法撤退，其中一艘"快速"号在年仅27岁的分舰队司令阵亡后，投降了。一位当代作者写道："贝克莱海军中将的坚毅精神实在令人钦佩。尽管他的战舰脱离战列线，遭到敌人围攻，舰上大批人员被杀，他的舰船很快丧失行动能力，荷兰人从各个方向强行登舰，但他仍然独自继续战斗，亲手杀死了一些荷兰水兵，并且不肯投降，直到最后一发步枪子弹打中了他的咽喉，他才退出舰长室，平躺在一张桌子上，死在那里，尸体上几乎都是血。"另一名被荷兰人围攻的英国将军，同样相当勇猛，但是结果却比贝克莱幸运。他的事迹尽管不那么有教益，但也是值得引用的，因为它生动地描绘了那个时代激烈的战斗场面，并为那种枯燥乏味的细节叙述增添了一些色彩。

约翰·哈曼爵士的旗舰在短时间内失去了战斗能力,敌人的一艘纵火船钩住了它的右舷。经过他的海军上尉几乎令人难以置信的努力后,这艘舰又可以自由行动了。这位上尉在烈火中取下钩住右舷的铁钩,并且毫发无损地回到了甲板上。荷兰人决心摧毁这艘时运不济的英舰,派第二艘纵火船钩住了它的左舷,这一次比上一次更加成功,帆布立即起火,舰员惊恐万状,50人弃舰跳水。分舰队司令约翰·哈曼爵士看着混乱的情景,便手握出鞘的剑,在余下舰员中来回督促,威胁道:"谁敢首先弃舰,或不竭尽全力灭火,立即处决。"舰员们回到各自的岗位上,控制住火势,但是多数帆缆被烧得残缺不全,一条中桅帆的桅桁掉下来,砸断了约翰爵士的腿。在这种危急关头,第三艘荷兰纵火船又准备钩住它,但还没完成任务就被舰炮击沉。然后荷兰海军中将埃弗森的旗舰向这艘舰逼近,并声称只要投降,就能给予人道救援,但约翰回答道:"不用!不用!还没到那种地步。"他用全部舷炮向敌舰齐射,打死了这位荷兰指挥官。而后,失去指挥的荷兰分舰队全部转向撤退。[1]

我们引用的这段文字记载英国损失2艘旗舰,其中一艘毫不意外地被纵火船烧毁。那位作者继续写道:"英国主将仍继续左舷戗风行驶。夜幕降临时,我们能看到他非常得意地率领战舰通过了'北荷兰'和'西北岛'分舰队(原来的前锋,战斗中成了后卫)。这两支分舰队从中午到天黑一直处于下风位,所以没能与敌军接触。"蒙克的进攻,很明显是一种大战术机动,与纳尔逊在尼罗河的行动非常相似。蒙克及时看出了荷军队形的弱点,

---

[1]坎贝尔:《海军将军传》。

采用了使优势敌人只能用部分兵力投入战斗的战术。尽管英军实际损失更大,但他们获得了崇高的荣誉,并且使荷兰人沮丧和妒忌。目击者继续写道:"战斗继续到22时,敌我双方乱成一团,很可能两败俱伤。我们注意到英军在这一天的成功和不幸,不幸是由于他们兵力过于分散,战列线拉得太长造成的。对这些问题我们不能像以前那样,为了节省时间和篇幅将它放过。蒙克的错误,在于没能较好地把舰船集中在一起。"也就是说蒙克没有缩小舰与舰之间的距离。虽然评论是公正的,但对他的批评则有些牵强。在如此长的一支帆船纵队里,战列线中出现缺口不可避免;蒙克则正是想要利用这些机会。

英国舰队远离港口,左舷戗风向西或西北偏西方向行驶,并于次日返回,重新进行战斗。荷兰舰队当时按正常队形,左舷戗风位于右边,率先向西航行,并准备占据上风位。但是英舰更适合戗风航行,而且它们训练有素,很快占据了上风位。这一天英军有44艘战舰、荷军约有80艘战舰参战。许多英国战舰如前所述,体积比较大。两支舰队相向接舷而过,英军位于上风位。他能这样做,是因为荷军的战列线太长,并且与他们舰队并行的英国舰队正偏离风向。"此时,位于荷兰舰队前锋的两位将军相距甚远,将尾部暴露给英国人。德·勒伊特大吃一惊,企图制止他们,但已无济于事,于是他不得不模仿他们的行动,以便使他所直属的分舰队聚集在一起。他这样做是为了使一些战舰聚集在他的周围,而位于前锋的一艘舰由于对顶头上司不满,也加入了他的分舰队。特龙普当时的处境非常危险,英国舰队在中间把他同自己的舰队分割(这样的局面开始是由于他自己的行动,后来是由于前锋的行动造成的),幸亏德·勒伊特看到情况危急,迎风追了上去，不然特龙普的旗舰可能早已被摧毁了。"荷军的前锋和主队退向后卫，航向与参战时相反。英国人怕德·勒伊特会占据他们的上风位，因为他们数量上处于劣势，不能放弃已占据的上风位置，所以终止了对特龙普的持续进攻。特龙普和那些年轻将军的行动，尽管在不同程度上表现了战斗热情，但同时充分说明了在荷兰海军军官中，缺少下级服从上级的组织观念，而且缺少集体意识，这一点我们已经批评过了。当时在英国舰队中却没有出现过这种迹象。

德·勒伊特对他的部下们的行动是那样敏锐，可以从特龙普登上他的旗舰时，他的讲话中看出来。"特龙普在那次局部战斗结束后，一登上旗舰，舰员们就向他欢呼，但德·勒伊特说，'现在不是高兴的时候，应该感到悲伤'。的确，我们的处境很糟，各分舰队各自为战，形不成统一的战列线，所有的战舰像一群羊那样混乱，英国人会用他们的44艘战舰把我们包围起来。英国舰队的队形很好，但英国人没有利用这个优势，无论出于什么原因，这都不应该。"无疑是那些妨碍帆船利用有利条件的原因——残缺不全的桅杆、帆桁和帆缆使舰船丧失了战斗力，而数量的劣势使英国舰队不适于冒险进行一次决战。

尽管德·勒伊特遭到英国舰队猛烈攻击，但他依然能够把他的舰队拉出英军射程之外，重新组成战列线。两支舰队再次相向而过，荷兰舰队位于下风位，德·勒伊特的旗舰位于纵队的最后。他的旗舰通过英国舰队后卫时，失去了主中桅和主帆桁。再次遭遇局部战斗后，英国舰队向西北方向的英国海岸驶去，荷兰舰队跟随其后。那时仍然是西南风，但风力很小。英国舰队完全处于撤退状态，荷兰舰队整整追击一夜，德·勒伊特的旗舰没有主中桅和主帆桁，航行缓慢，远远落在舰队后面。

第三天，蒙克继续向西撤退。据英国人的战报说，他烧毁了失去行动能力的3艘战舰，把受伤严重的战舰调到队列前面，而他自己的旗舰和那些仍然能战斗的战舰成为舰队后卫。蒙克当时掌握的舰船总数众说纷纭，英国记载为28艘或16艘。英军一艘装备90门舰炮的最大最好的战舰"王家亲王号"在格洛泊浅滩搁浅，并被特龙普俘获。但总体来说，蒙克的撤退相当从容，井然有序，没有受到任何干扰。这在某种程度上说明荷军的损失也相当惨重。临近傍晚，蒙克终于看到正在赶来会合的鲁珀特分舰队。英国的舰船，除了在战斗中受损不能正常航行的外，终于集中到了一起。

次日，刮起了猛烈的西南风，使荷兰舰队处于上风位。英军取消了原先打算相向航行的计划，依靠舰船的速度和技巧向荷兰舰队尾部迂回。这样就使交战全部在左舷进行，英军处于下风位。这次荷军运用纵火船的效果不好，没能对英国舰队造成任何损害，而英军却烧毁了2艘荷兰战舰。就这样，两支舰队继续向前行驶，各自的舷炮射击了2小时，最后大部分英舰成功通过了荷军战列线，双方的队形都乱了。目击者说，"此时，成败很难说，因为我们的战舰和英舰都被分散了。但幸运的是围绕着德·勒伊特将军的绝大部分战舰仍占据上风位，而英军司令周围的大部分战舰仍处于下风位。这就是我们胜利的原因。我方的德·勒伊特将军率领旗舰与其他舰船共35或40艘战舰。其他战舰已经离开主力，根本没有什么队形可言。前锋分舰队司令范尼斯率14艘战舰追赶3艘或4艘英舰，英舰利用满帆一度占据荷兰舰队前锋的上风位。特龙普和后卫分舰队已经处于下风位，并且不得不跟在范尼斯分舰队后面,为了重新与舰队总司令会合,只有绕过英军主队。"德·勒伊特和英军主队间的激战仍在继续,并一直持续不断地逆风换舷行驶。特龙普张帆赶上了范尼斯,而且让范尼斯的前锋分队转向加入他的分舰队,但由于英军主队不断地逆风换舷行驶,特龙普和范尼斯始终位于英军主队的下风位,无法与位于上风位的德·勒伊特会合。德·勒伊特看到了这一点,向他周围的舰船发出信号,命令主力乘当时强劲的风力离开。"很快我们发现已经插入英国舰队中间,遭到夹攻的英军,看到由于我们的行动和大风把他们的队形完全打乱,陷入一片混乱之中。战斗进入最激烈的时刻。我们看到英国舰队的高级将领脱离了舰队,跟随他的只有一艘纵火船。由于他占据了上风位,并且成功通过了'北荷兰'分舰队,他再次位于重新聚集的15艘或20艘战舰的前方。"

这场大海战就这样宣告结束,它的某些方面是值得引人注目的,而且也是过去的海战中罕见的。在众多相互矛盾的报道中,我们只能尽可能估计海战的结果。一份较公正的、没有偏见的战报说:"荷兰在战斗中失去3名海军中将,2000名水兵和4艘舰船。英国有5000名水兵丧生,3000名水兵被俘,损失17艘舰船,其中9艘被荷兰人俘获。"[1] 无疑英国人的损失更大一些,这完全是他们开始时向另一个方向派遣一支较大的分舰队,削弱了舰队实力造成的苦果。有时敌人的一支大规模分舰队不可避免地会带来灾难,可是在这次海战中不存在这种必然性。即使荷兰的盟国法国舰队逼近,英军的正确方针也应该是在法军到达之前,用

---

〔1〕勒凡弗尔·彭塔利:《让·德·维特》。

全部舰船进攻荷军。这个教训，今天和过去一样适用。第二个教训今天可能同样适用，即无论何时都需要完善的军事组织机构和制度来灌输正确的军事思想、荣誉感和组织纪律。英国最初的大错虽然导致惨重失利，但如果不是由于高昂的士气和纯熟的技术，蒙克的部下能够很好地执行他的计划；如果不是由于荷军对德·勒伊特缺少这种支持，英军的结局无疑会比这更坏。在英国舰队进行机动时，我们没有听说有两个将军在紧急时刻逃跑，或有人受战斗热情驱使，错误地驶向敌舰队的另一侧。英国人熟练的技术和精确的战术，当时就受到人们的注意。法国人德·吉舍目睹了这次"四天海战"后写道：

> 没有什么能够和英国舰队在海上的漂亮队形相比，也没有一条线比他们的战舰组成的战列线更直，所以英军能使所有的舰炮都对准那些靠近他们的敌舰开火……他们像一队训练有素的骑兵，完全按照规则进行战斗，而且能独自尽力迫使进犯的敌人后退。反之，荷兰人就像脱离阵列的骑兵中队那样前进，各自为战地冲锋。

荷兰政府反对扩大军费支出，它的非军事化状态和长期以来由于轻易战胜衰落的西班牙海军造成的轻敌思想，使它的舰队完全沦为武装商船集合体。在克伦威尔统治英国时期，荷兰海军的情况最糟糕。荷兰吸取了上次战争的惨痛教训，在一位有才能的领导者管理下，为改变现状已做了许多工作，但当时还没有取得明显效果。

法国海军的一位作者写道：

> 1666年与1653年一样，战争的好运看来向着英国一边。在三次较大的战役中，英国人两次取得决定性胜利，第三次

战役，尽管对英国不利，但也为英国水兵增添了荣耀。这归功于蒙克和鲁珀特的机智勇敢，归功于部分海军将领和舰长们的才能，以及他们领导下的水兵和士兵们的纯熟技术。荷兰政府所做的英明和卓有成效的努力，以及德·勒伊特无可争议地胜过所有对手的丰富经验和才能，仍然无法弥补荷兰部分军官的软弱和无能，不能弥补士兵们明显的能力差距。[1]

就像前文曾说过的那样，英国的军事组织机构和制度仍然受克伦威尔铁腕统治的影响，但是，这种影响越来越淡薄。蒙克在下一次对荷兰的战争前去世了，接替他的是处境麻烦的骑兵军官鲁珀特。英国奢侈的宫廷如同荷兰吝啬的市政官员那样，削减了海军军备，宫廷的腐败破坏了纪律，当然也不会关心贸易。六年之后，当这两个国家的舰队再次交战时，这种影响的结果就可以看得非常清楚了。

在那个时代，所有国家的海军中都有一个众所周知的特征，对此需简要说明一下，因为人们未必能看到或无法全面地看到它的确切意义和作用。这就是舰队和单舰的指挥权常常交给陆军士兵，交给不熟悉海洋和不知道怎样操纵舰船的军事人员，他们又把操纵舰船的任务交给另一类军官。仔细研究这些事实，能够看出，它使作战指挥和舰船航行指挥之间出现了断层。这是事情的本质，无论舰船的动力是什么，操作和指挥原则都是一致的。无论当时还是现在，这种体制带来的麻烦和低效都是明显的，而事情发展的必然结果是逐渐地使这两种职能全部由一种特定军官来

---

[1] 夏伯-阿尔努尔：《1855年海军与殖民地军队人员和装备的核查》。

承担。结果就产生了广为人知的现代海军军官。[1]不幸的是，在这种职能结合的过程中，次要的职责占据了第一位，起初海军军官感到更骄傲的是熟练地操作舰艇动力装置，而不是熟练地发挥舰艇的军事功能。当操纵舰队的目的达到后，对军事科学缺乏兴趣引发的消极作用就变得非常明显，因为在这时只有熟谙军事技术才能起到更重要的作用，而要掌握军事技术，事先要进行学习和研究，即便对单舰的指挥也是如此。此后，特别是在英国海军里，海员的自豪已取代了军事人员的骄傲。英国海军军官想得更多的是把自己当成商船船长，而不是成为那种富有军事经验的人。在法国海军里，这种情况并不普遍，这可能是由于法国政府具有较强的军事思想，特别是贵族阶层，军官的位置是为他们设置的。对法国海军军官来说，他们交往的全部都是军人，他们的朋友都把战争当成绅士的终生事业，因此，比起帆和帆缆，他们会更多地想到舰炮或舰队，而英国海军军官的出身更加多样化。作者认为他们的来源比麦考莱[2]名言里描述的还要多："在查理二世时代的海军里，有海员，有绅士；但海员不是绅士，绅士也不是海员。"问题不在于有或没有绅士，而在于那个时代，实际上绅士在很大程度上被看作军事团体中的一流人物；在英荷战争后，海员逐渐把队伍里的绅士边缘化。随之而来的问题是，这种不同于单纯勇敢的军事气氛和精神也离开了舰队。霍克勋爵的传记作者说道，甚至"像威廉三世的海军将军赫伯特和拉塞尔那

---

〔1〕这种变化的真实意义经常被误解，而且后来因此得出了错误的结论。这种变化不是新职能代替旧职能，而是在一个军事组织里必须维护军事职能对其他所有职能的必要和必然的统治地位。

〔2〕麦考莱（1800—1859），英国历史学家、作家和政治家。

样的一群人，确实都是水手出身，但是他们只能采取狂暴水手们的野蛮方式执行自己的任务"。法国人的民族特点使他们变成不称职的海员，但也让他们成为出色的军人，这不是指勇敢，而是指技能。至今上述这种倾向仍然流行，拉丁语系国家的海军，对舰艇动力操作不如对军事职能那样看重。法国人的特点是仔细认真，有比较强的组织能力，这就会让法国军官受益，只要他不是一个不务正业的人，就能以一种合乎逻辑的方法，去考虑和发展战术问题。这使他不仅只作为一名海员，而且作为一名军人来操纵舰队。虽然美国独立战争是一部令人痛心的政府忽视海军的历史，但结果表明，海军的军事素质是该放在第一位的，尽管军人式的海员资历不如他们的敌人，但他们的战术运用水平完全超过敌人。实际上，在舰队操作方面他们处于优势。之前已经说明了法国指导舰队的错误理论，他们在作战活动中，不是为了打击敌人，而是保存自己，尽管法国人的战术被用于错误的战略目的，但这并不影响军人在战术运用上优于海员的事实。荷兰军官的主要来源没有切实记载，据1666年英国海军历史学家的说法，荷兰舰队的大部分舰长是有钱的市镇官员的儿子，为了政治原因，被安排到海军服役，根本没有经验可谈。1676年，当时法国海军最有才华的将军迪凯纳，在评论荷兰舰长们在有关科目的精确性和技能熟练程度，与他自己的舰长相比时，很不以为然。很多迹象表明，他们很可能是普通商船上的海员，原本几乎就没什么军事素质，但国家和民众对失职军官的口诛笔伐和严厉惩罚，似乎已驱使这些完全不缺少勇气的军官，意识到所需要的军事素质和上下级之间的从属关系。他们在1672年的表现，已和1666年完全不一样了。

在结束对"四天海战"的研讨之前，我引用另一位作者的话作为结束语：

这就是四天血战，又被称作加来海峡海战，是近代最值得铭记的海战。它之所以值得纪念，实际上不是因为结果，而是由于它在不同阶段的多变态势，由于参战人员的勇猛，指挥者的胆略和技能，以及它赋予海战的新特点。更重要的是，这次海战清楚地说明，作战方式已从旧式战法过渡到17世纪末叶的战术。这是我们第一次能按计划观察交战双方舰队的主要行动。看来很明显，荷军像英军那样也已经有了战术手册和信号代码，或至少这种信号代码已经有了广泛而准确的书面细则。我们发现当时每一个海军将领手里都有自己的分舰队，连舰队总司令在战斗期间都能按照自己的意愿分配他舰队里的小分队。把这次海战与1652年的那些海战比较，一个明显的事实就在眼前，即在这两个年代之间，海军战术已经发生了一次变革。

这些变化使1665年的战争不同于1652年。和后来一样，舰队司令仍然认为，占据上风位置对于他的舰队是一个有利条件。但是，从战术角度看，它不再是最重要的条件，我们甚至几乎可以说，这纯粹是一种思维定式。现在舰队司令的最大希望是让他的舰队尽可能长时间保持良好而紧凑的队形，以便战斗期间发挥协同作战的优势，对各分舰队进行调动。请看德·勒伊特在"四天海战"接近尾声时的情况，他曾克服很大困难，占据英国舰队的上风位，但为了使被敌人分成两部分的舰队能够会合，他毫不犹豫地放弃了这个有利的上风位置。后来在北福兰角外海海战中，荷军各分舰队之间距离太大，后卫又不断撤离主队战线，德·勒伊特痛苦陈述舰队被分开是他失败的主要原因。他在正式报告里不仅这样惋惜，甚至还控告特龙普（他的私敌）不忠和胆怯，这种控告并不公正，但它说明今后在战斗时把舰队组成一个严密的整体，并且一直保持这种状态极其重要。[1]

这个评论指出的基本目的和趋势是正确的，但结果就不像推断出来的那样圆满了。

尽管英军在"四天海战"中损失惨重，但让荷兰人意想不到的是，只过了两个月，英国舰队就再次出现在海上，8月4日在北福兰角外海进行了另一场激战，使荷军遭到彻底失败，被迫退回本国海岸。英国舰队紧追不舍，成功地进入一个荷兰港口。英军在港内摧毁了一支较大的商船队和一座重要的城镇。到1666年底，双方都被战争弄得十分疲惫，战争不但让双方的贸易蒙受巨大损失，同时还削弱了双方的海军实力，而让法国从中得利，迅速发展它的海上力量。于是英荷两国开始寻求和平谈判，但查理二世因对荷兰政府没有好感，而且相信路易十四会不断对西属尼德兰提出新的要求，最终会让荷兰和法国之间的同盟崩溃，加上荷兰在海战中大败，提出了苛刻而傲慢的要求。为了证明对荷兰的政策是正确的，而且能继续坚持执行，查理二世应该保留舰队规模，舰队的胜利，就会大大提高它的威望。然而战争引发经济不景气、宫廷的铺张和查理二世的国内政策，使他反过来任由海军规模被缩减，大批舰船被封存。他还很乐意地接受了一个迎合

---

[1] 夏伯-阿尔努尔：《1885年海军与殖民地军队人员和装备的核查》。

他目光短浅做法的意见。这种意见在海洋史的各个时期,都有过一些鼓吹者,因此,有必要在这里提一下,并给予评论:

> 因为荷兰的经济主要依靠贸易支撑,他们海军的补给也靠贸易,经验已经说明损害荷兰贸易是对荷兰人的最大打击,因此陛下应全力破坏荷兰的贸易,这样才能最有效地打击荷兰人的士气,而且用来破坏荷兰贸易所需的耗费要比每年夏天英国在海上维持强大的舰队少得多……

出于上述考虑,英国国王作了一个灾难性的决定,封存大部分战舰,只留几艘快速帆船在海上巡航。

英国按照这种节约理论继续进行这场战争,结果是荷兰政府首脑德·维特在战后头一年就对泰晤士河口的水深进行了测量。1667年,他派出德·勒伊特指挥的60艘或70艘战列舰组成一支舰队,进入泰晤士河。同年6月14日,荷兰舰队沿着河道一路来到格雷夫森德,摧毁了在查塔姆和梅德韦河里锚泊的英国舰船,而且占领了希尔内斯。伦敦市区都可以看到开炮的火光。直到6月底,荷兰人一直占领着泰晤士河口。遭受这种打击之后,跟着又是瘟疫和伦敦大火,查理二世被迫同意媾和。1667年7月31日,两国签订《布雷达和约》。战争最为永久性的结果是荷兰把纽约(原名新阿姆斯特丹)和新泽西割让给英国,从而让英国在北美洲北部和南部的殖民地连成一体。[1]

在继续研究各个历史时期总进程之前,最好先讨论一下,1667年使英国遭受惨败的这种理论,即主要通过打击敌方贸易来

---

〔1〕第二次英荷战争(1664—1667)结束,在签订《布雷达和约》时,除了英国得到纽约和新泽西外,双方各有得失,英国放弃了对东印度群岛的所有要求,修改了《航海条例》,荷兰承认西印度群岛为英国的势力范围。

维护海上霸权的理论。这个只保留几艘快速巡洋舰和一些不需要国家负担费用的私掠船,能长期节省支出的计划,看起来似乎是合理的,能够得到一些人的支持。不可否认,这种方法会一定程度上打击敌人的财富和繁荣。这种战争被法国人叫作商船劫掠战,用我们自己的话来说就是破坏贸易战。如果这种战争本身成功的话,必然使外国政府麻烦不断,而且让其人民遭受危难。但这种战争不能单独进行,用军事术语来说,必须得到支援;这种战争本身是不可靠和多变的,因为它不能远离基地。这种基地必须是巡洋舰的母港,要不就是力量坚实的海岸或海上前哨站,还需要得到一个远方领地或一支强大舰队支援。没有这种支援,巡航舰只能匆忙离开母港到不远的海上去,施予的打击虽然也能给对方造成麻烦,但不可能是致命伤。1652年,克伦威尔强大的战列舰舰队执行的政策是把荷兰商船封锁在港内,最后让阿姆斯特丹的街上长满了野草,而1667年英国执行的政策却不一样。同时,荷兰吸取了失败教训,经历两次耗尽精力的战争后,仍在海上保持强大的舰队,尽管荷兰贸易遭到巨大的损失,但还是挑起了与英法同盟作战的担子。40年后,由于法国财源枯竭,路易十四被迫执行查理二世因为吝啬而采取的政策。当时法国较大的私掠船首领有让·巴特、福尔班、迪盖-特鲁安、迪·卡塞等人,在海上十分活跃。实际上,在西班牙王位继承战争期间(1702—1712),法国正规舰队已撤出了大洋。法国海军历史学家说道:

> 因为不能更新海军装备,路易十四在法国经常活动的海域增派了一些巡洋舰,特别向英吉利海峡和日耳曼海增派了巡洋舰(大家会注意到这些地方都离法国本土不远)。在上

述这些海域，巡洋舰总是处在便于截击或拦阻敌军装载部队和补给物资的运输船队的位置。在位于世界贸易和政治中心的这些海域，巡洋舰总能有所收获。尽管没有己方强大舰队的支援，使它们遇到了不少困难，但它们有利于法国和西班牙人民的事业。这些巡洋舰要靠运气、勇气和技术去面对英国和荷兰的强大海上力量。我们的海员不缺少这三个条件，但他们有什么样的首领和舰长呢？[1]

另一方面，英国历史学家承认巡洋舰使英国人民贸易承受巨大损失，不时地严厉指责其政府管理当局的同时，也反复提到整个国家仍然日益繁荣，其中贸易最为兴旺发达。相反，在1689年到1697年的前一场战争中，当法国把强大的舰队派到海上争夺海洋霸权时，情况截然不同。一位英国作者在谈到那次战争的情况时说道：

> 就我们的贸易来说，确实损失很大，不仅比法国（这从我们拥有众多的商船是能够料到的）要多，而且比从前任何战争的损失都大……这在很大程度上是因为执行海盗作战方式的法国人的高度警惕性造成的。不用怀疑，总的来说，我们的贸易损失已超乎寻常，我们的很多商船遭到了毁坏。[2]

麦考莱在谈到这一时期时说："在1693年的大部分月份，英国与地中海的贸易几乎全部中止。一艘离开伦敦或阿姆斯特丹的商船，如果没有护航的话，绝不可能安全驶抵世界各地，途中肯定要遭到法国私掠船的劫掠。然而，商船很难得到武装舰船保

---

[1] 拉贝鲁兹：《法国海军史》。
[2] 坎贝尔：《海军将军传》。

护。"原因是英国军舰都用来监视法国海军舰船的行动,它们被派去监视法国海军舰船,而不是法国巡洋舰和私掠船,这样法国就拥有了对破坏贸易战必不可少的"支援"。1696年,一位法国历史学家在谈到同一时期的英国时说:"国家财政状况极其糟糕,资金匮乏……《航海条例》事实上已中止执行,英国商船被迫悬挂瑞典和丹麦国旗。"[1]半个世纪之后,法国政府因为长期忽视海军,不得不再次进行巡航战。结果怎样呢?首先,这位法国历史学家说道:"从1756年6月到1760年6月,法国私掠船共捕获英国商船2500多艘。1761年,法国在海上没有一艘战列舰,而英国人已捕获240艘法国私掠船,可仍有812艘英国商船被捕获。"他继续说道:"这些捕获数字,说明了英国海运的增长惊人。"[2]换句话来说,英国这么多商船被捕获,必然会严重伤害某些人的利益,引发不满,但是,它并不妨碍整个国家和海运业的不断发展。英国海军历史学家谈到这一时期时说:"那个时候法国的贸易几乎全被摧毁了,而英国的贸易船队却遍布各海洋。它的贸易额逐年递增,战争消耗的钱财已经用其出售工业品的收入补回来了。英国商人一共雇用了8000艘商船。"他在指出英国从外国领地把大量硬通货带回王国后,概述这场战争的结果时说:"英国的贸易逐年递增,在进行一场长期的高代价血战时,国家会出现这样一种繁荣景象,是世界上任何国家不曾出现过的。"法国海军历史学家谈到这场战争的最初阶段时说:"没有什么力量能与英国舰队抗衡,它们遍布各个海洋。我们的私掠

---

[1] 马丁:《法国史》。
[2] 马丁:《法国史》。

船和势单力薄的巡洋舰，得不到舰队支援，压制不了那么多敌军舰船，注定无法长久。后来有2万名法国海员被关进了英国监狱。"[1]美国独立战争时期，当法国重新执行科尔贝尔和路易十四统治早期的政策，并且在海洋上保持庞大舰队时，再次取得了图尔维尔时代取得的成就。由于遗忘，或者对1693年的经历根本不知情，只铭记最近几次战争荣耀的《年鉴》写道："这是第一次迫使英国商船利用外国的旗帜掩护。"[2]最后，在结束这个课题时，我们可以聊聊法国在远隔千里的马提尼克岛有一个强大的远方属地，那里是法国进行巡航战的基地。七年战争期间和以后的第一帝国时期，马提尼克岛和瓜德罗普岛是众多私掠船的避难所。"英国海军部的记录记载，英国在七年战争的最初几年，在西印度群岛有1400艘商船被俘或被摧毁。"据此，英国舰队攻占了上述这两个岛，不仅让法国的巡航战体系完全垮掉，而且使法国贸易的损失远超过法国巡洋舰给英国贸易造成的损失。但是，在1778年的战争中，由于有大舰队保护，这两个岛一直没有受到任何威胁。

至此，我们已经回顾了简单巡航战的作用，它不是以歼灭敌人强大分舰队为目标，而是根据这种战争的理论基础，致力于消灭敌国力量的特殊部分——贸易、财富和各种战争资源。证据已经显示，这种形式的战争不会获得决定性结果，只能给敌人制造麻烦，但不能造成致命的伤害，而且几乎还可以说这种战争会给自己造成不必要的痛苦。然而，如果作为战争的一种手段，而

---

[1]《年鉴》，第27卷第10页。
[2]《年鉴》，第27卷第10页。

且是一种辅助手段的政策对战争的总体结局能起什么作用呢？对使用这种手段的人民又会产生什么影响呢？史实会不时地详细论述，所以这里只需概述一下就行了。查理二世已经看清了它对英国造成的影响——英国的海岸受到侵犯，舰船几乎在首都能够看到的地方被烧毁。在西班牙王位继承战争时期，控制西班牙是当时法国的军事目标，尽管法国依靠巡航战破坏对方的贸易，但没有对手的英荷两国海军，守卫着这个半岛的海岸，而且封锁土伦港，迫使法国援军必须翻过比利牛斯山脉才能进入西班牙。强大的舰队使海上航道畅通，也使法国靠近作战地区的地理位置失去作用。英荷的舰队占领了直布罗陀、巴塞罗那和梅诺卡岛，与奥地利陆军合作，以轻微的代价一举攻下土伦。七年战争中，英国舰队占领或者部分占领了法国和西班牙所有最有价值的殖民地，而且不断袭击法国海岸。美国独立战争中，双方舰队实力不相上下，没能提供什么经验教训。另一个是对美国人来说，最令人难忘的实例，1812年的战争。众所周知，当时海洋上到处都是我们的私掠船，由于我们的海军比较弱小，这场战争必然只能是一场巡航战。除了在一些湖泊，在海洋上我们是否有两艘以上的舰艇一起活动都让人怀疑。完全可以相信，英国贸易遭到了一支曾被低估的、英国人没有想到的远方敌人的攻击，受到了相当大的伤害。但一方面美国巡航舰得到了法国舰队的有力支援，大小不等的法国舰队集中在拿破仑皇帝控制下的从安特卫普到威尼斯的港口里，把英国舰队牵制在封锁任务上。另一方面我们也应该看到，当法国皇帝垮台，英国人没了牵制，便到处侵犯我们的海岸。英国人入侵并控制切萨皮克湾，使当地海岸与外界彻底断绝联系，接着他们溯托马克河而上，烧毁华盛顿。北部边界有一些在总体上说较弱小，但在当地相对强大的分舰队，能够进行常规防御，但是人民仍然惴惴不安。南部的密西西比河毫无反抗地被入侵，新奥尔良也没能够保住。当议和开始时，英国对待美国使者的强硬态度，绝不是国家正受到威胁和无法容忍的凌辱的美国人所能接受的。在后来的南北战争中，随着"亚拉巴马"号和"萨姆特"号私掠船以及它们的同伙参加巡航战，破坏贸易战被恢复了。就破坏贸易战而言，它是达到整体目的的一种手段，如能有一支较强大的海军作为依靠，它会是一种较好的方法，但对面是一支强大的海军，我们就不能期望这些巡洋舰能反复创造奇迹。第一，北方联邦政府决定对南方实施封锁，为这些巡洋舰的活动创造了有利条件。不但南方的主要贸易中心被封锁，而且南方海岸上的每一个入口都被封锁了，这就使得北方联邦不能留下多少舰艇跟踪巡洋舰的行动。第二，就算1艘巡洋舰要应付10个入口，南方邦联也不能阻止北方联邦舰队入侵南方水域，事实上北方舰队进入了可以经海上进入的每一个南方据点。第三，虽然破坏贸易战直接或间接地使个人和国家工业的一些部门遭受无法否认的损失（至于航运事业在作者的论述中占据的地位就不用重复了），但一点也不影响战争的进行。这些损伤，最多只是骚扰，并不能削弱对手的实力。另一方面，谁能够否认，北方联邦的大舰队确实改变，而且推动了一种可能无法避免的结局呢？根据我们关注的这些战争可以得知，南方海上力量当时的情况就好比法国，而北方的情况好比英国。南方邦联像法国一样，受害的不是一个阶层，而是政府和整个国家。捕获的商船或者护航船队无论多少，都不能够使一个国家的财力枯竭；只有掌握了压倒性的海上力量，才能将敌人的旗帜逐出海洋，或者只允许他们在海上像丧家之犬一样出现。通过控制主要海区，封锁通往敌国海岸的主要贸易通道可以建立这种海上力量。这种压倒性力量只能让强大的海军来承担，而且这种力量（在广阔的海洋上）的作用在提出中立国旗帜豁免权以后，已经不像原来那样强大。一旦海洋国家之间发生战争，一个拥有强大海权，并且希望摧毁敌方贸易的国家，就会以最适合它当时利益的方式理解"有效封锁"的含义。可以确定的是，舰艇速度和舰艇部署的距离会比过去更大，而使用的舰艇会比过去更少。这个问题不会取决于较软弱的对手，而在于中立国家的力量，它将引起交战国和中立国相互之间的矛盾。如果交战一方拥有一支具备压倒性实力的海军，它可能会达到封锁目的，就像英国拥有海上霸权时那样，长期拒绝承认保护贸易的中立国旗帜豁免原则。

第三章

1672—1674年英法联合反对北方联合省的战争
1674—1678年法国反对欧洲各国联盟的战争
索莱湾海战
泰瑟尔岛海战和斯特龙博利岛海战

在缔结《布雷达和约》前不久，路易十四已经为占领西属尼德兰和弗朗什-孔泰迈出了第一步。他出动陆军的同时，就发出了一份要求占领争议地区的通牒。这封文书明确表达了这位年轻国王的宏大野心，使欧洲各国惶恐不安，也无疑让英国主和派的力量不断增加。在荷兰引导下，由于英国大臣的真诚合作，两国已与在当时仍是法国友邦的瑞典结盟，以便阻止法国的势力过于强大。1667年，法国首先进攻西属尼德兰，接着在1668年又对弗朗什-孔泰地区发动攻势，西班牙软弱至极，已无力保护它的领地，使这两个地区被法国轻而易举地攻陷。

此时北方联合省与路易十四的要求相关的政策，可以概括成，"法国可以作为一个好朋友，但不适合作为一个邻邦"。荷兰不愿放弃与法国的传统同盟，但更不愿与法国比邻而居。尽管英王查理二世不情愿，英国人还是倒向了荷兰。随着路易十四的势力日益强大，他对整个欧洲的威胁也日趋明显。对英国人来说威胁更大的是，一旦路易十四确立了法国在大陆的优势，就会放手发展法国的海权。英国大使坦普尔写道："弗兰德斯（指西属尼德兰和它周围的地区）一旦到了路易十四手里，荷兰人就会觉得他们的国家只相当于法国的一个沿海省份。"根据这种看法，他主张英国应该执行反法政策，他认为法国一旦形成对低地国家的统治，预示着它将威胁整个欧洲。他连续不断地向英国政府指出法国征服沿海地区，会给英国带来怎样的威胁，并且非常迫切地指出，需要尽快与荷兰相互了解。他说："这将是我们对上次在与北方联合省的战争中，曾欺骗我们的法国的最好报复。"出于上述考虑，这两个国家与已经提到的瑞典组成了三国同盟。三国同盟在一段时间里，有效地制止了路易十四势力的扩大。但英国和荷兰两个海洋国家间的战争刚刚结束，英国曾在泰晤士河上遭受奇耻大辱，两国之间仍然存在实际的对抗情绪，这种情绪根深蒂固，使同盟不能持久。只有在路易十四的势力不断扩张，而且对两国产生持续威胁时，才能使这一对天敌联合起来。不发生另外一场血战，这种联合是无法达成的。

路易十四对三国同盟十分忌惮，特别对荷兰怀恨在心。鉴于荷兰所处的位置，路易十四意识到这是个不好对付的对手。当时路易十四似乎愿意暂时忍让，主要是因为西班牙王室可能即将绝嗣，一旦西班牙王位空悬，他就能实现占领法国以东大片领土的愿望。尽管他掩饰自己的意图，没有发作，但实际上从那时起，他就已下定决心要消灭荷兰。这种政策直接违背了黎塞留的既定方针，也不符合法国的根本利益。在当时，英国从自身的利益考虑，认为荷兰不应该被法国蹂躏。然而对法国来说，荷兰与英国站在一边，对法国更有利。因为英国身处海外，只能与法国在海洋上对抗，但法国受到大陆政策制约，只能依靠盟友与英国争夺制海权。现在路易十四企图消灭这个盟友，并要求英国帮助他。

最后的结果众所周知,但对于纷争的要点现在还需要重叙一下。

在法国王室的意图付诸行动之前,仍然有时间使法国致力于另一种政策时,一种不同的行动方针摆在国王面前。这就是以前曾提过的,对我们的课题有特殊意义的莱布尼兹计划。它建议路易十四改变已经制定的方针,把陆地扩张放到次要地位,使发展海洋成为法国最主要的目的。莱布尼兹公开宣称,未来发展的必然趋势是,国家的强大要以控制海洋和贸易为基础。这是时代向法国提出的现实目标。为了达到这种目标,法国不应该再停留片刻,而应当立即征服埃及。埃及面临地中海和东部海洋,控制主要贸易航线。但是这条航线的作用,曾因发现好望角航线而有所降低,当时由于它所处的海域动荡不安,并经常有海盗出没,作用明显降低。但随着一支真正强大的海军占领这个关键地区,这条航线的重要作用在很大程度上将得以恢复。如果有这样一支部队进驻埃及,在奥斯曼土耳其帝国早已衰落的情况下,不仅可以控制印度和远东的贸易,还能控制黎凡特地区的贸易。即使达到这两个目的,这种冒险也不能就此停止,还需要控制整个地中海,并且打通曾经因为关闭,舰船无法通行的红海通道,进而让法国占领位于埃及两边的阵位,使法国像英国在印度那样,逐步占领诸如马耳他、塞浦路斯、亚丁各要点。一句话,从而让法国成为一个海上强国。这一点现在来看是很清楚的,但是听听200年前莱布尼兹试图说服法国国王的一些观点,仍将是很有趣的。

莱布尼兹指出,在欧洲土耳其帝国(即奥斯曼土耳其帝国)已经衰落,加之奥地利和法国的传统盟国波兰已被煽动起来,土耳其的处境更加困难,在说明法国在地中海没有一个武装敌人,

又提出在埃及那边它能得到葡萄牙殖民者的迎合,因为他们渴望有人能在印度抵御荷兰人后,他继续写道:

> 征服埃及,那是东方的荷兰,比征服联合省容易得多。法国需要在西方保持和平,战争应该在远方进行。与荷兰的战争很可能会毁灭新成立的印度公司和法国最近才恢复的殖民地和贸易,而且战争将会损耗法国的资财,增加人民的负担。荷兰人会退守他们的沿海城镇,处于十分安全的防御地位,而当他们在海上采取攻势时,又有极好的成功机会。如果法国不能对荷兰取得决定性胜利,也就失去了它对欧洲的所有影响力。相反,在埃及,法国哪怕被打败了,当然这几乎不可能,也不会造成什么严重后果。如果取胜,法国将会取得对海洋的控制权,从而控制基督教占优势的东方和印度贸易,甚至还能控制在奥斯曼废墟上建立起来的东方帝国。随着占领埃及,也开启了亚历山大大帝的征程,东方各国极为软弱也不再是一个秘密。谁占领埃及,谁就会占领印度洋的所有海岸和岛屿。只有在埃及,法国才能征服荷兰;在那里,荷兰会丢失它繁荣的东方宝库;在那里,荷兰无论如何都无法逃脱受到打击的命运。如果荷兰企图抵制法国侵占埃及,全体基督教徒的一致敌意会使它不知所措。相反,如果在本土进攻荷兰,不但只可能被击退,而且对满怀雄心壮志的法国持怀疑态度的公众舆论,一定会继续支持荷兰报仇雪耻。[1]

莱布尼兹的建议没有起任何作用。"为了消灭一个国家,路

---

[1] 马丁:《法国史》。

易十四做到了野心和人类权谋所能做的所有努力。他在很大范围内都体现出要孤立和包围荷兰的外交战略。路易十四已无法使欧洲各国同意法国去征服西属尼德兰,但他希望劝诱它们坐视荷兰垮台。"路易十四的努力基本是成功的。三国同盟就此破裂;英国国王违背了人民的意愿,与路易十四达成攻守同盟。战争开始后,荷兰发现它除了软弱的西班牙王国和当时还不是一流国家的勃兰登堡之外,在欧洲再没有一个盟友。然而路易十四为了得到英王查理二世的帮助,不仅给予他大量钱财,而且还许诺从法国将来在荷兰和西属尼德兰的占领地中,割让瓦尔赫伦岛、斯卢伊斯和卡德桑德,甚至还割让控制主要贸易河流斯海尔德河和默兹河口的戈里岛和沃恩岛;至于两国联合舰队,则由英国海军将领出任总司令。两国海军次序的问题被搁置,但由于法国没有派出舰队司令,实际上等于放弃了主要地位。显而易见,由于路易十四一心想消灭荷兰,热衷于他的大陆扩张政策,他所做的一切正好将海权直接交给英国人。一位法国历史学家这样说是完全合理的:"对上述谈判,过去都做了错误评价。经常有人反复指责查理二世把英国出卖给路易十四。但这种指责只适用于对内政策。查理二世确实借助外国力量的帮助,密谋策划镇压国内政治和宗教领域的反对势力。但是涉及对外利益,他并没有出卖,因为消灭荷兰会让英国人获得更多好处。"[1]

在此次战争发生的前几年里,荷兰在外交上想尽一切办法,希望能制止这场战争。但由于对查理二世和路易十四的敌意,最后它没有做出任何让步。英国皇家的一艘快速帆船奉命从位于英

---

[1] 马丁:《法国史》。

吉利海峡的一些荷兰战舰旁通过，并向没有降旗的荷兰战舰开炮。1672年1月，英国发出最后通牒，要求荷兰承认英王对大不列颠各海洋的主权，而且命令荷兰舰队向英国最小的军舰降旗致意。这些要求都得到了法国国王的支持。荷兰不断地妥协，但最后认识到了所有的让步都白费功夫。2月，荷兰当局下令，除了一些较小舰船外，将75艘战列舰编入现役。3月23日，英国还没有宣战，就攻击了一支荷兰商船队；3月29日，英王宣战。随后，路易十四于4月6日宣战，并且在28日宣布亲自统率法国陆军。

战争终于爆发了，包括英荷之间的第三次，也就是最后一次大海战。但这场战争不像前两次战争那样，并不是一次纯粹的海战，因此有必要大致谈谈陆战，这不仅是为了给人们留下清楚的印象，而且也能说明荷兰的处境极为艰难。最后，荷兰依靠伟大的海军统帅德·勒伊特手中的海上力量，得救了。

这次海战在许多方面与前两次不同。最大的不同点是，荷兰除开始一次外，再没有派出舰队去迎战敌人。因此，这次海战完全可以称为荷兰人对他们的险要海岸和浅滩的一次战略性运用，他们依靠这些地方进行海战。因为荷兰人被迫在极端不利的条件下战斗，所以不得不采取这种作战方式。但他们并不是只把浅滩当作一个隐蔽所——他们所进行的战争是防守反击战，也就是先组织防御以消耗敌人，等待时机转入攻势。当风有利于英法联合舰队攻击时，德·勒伊特以岛屿为掩护，或至少依靠敌人不敢前往的陆地；当风向可以使德·勒伊特按照自己的方法攻击时，他便转而攻打敌人。在他的身上，明显地体现出一种比较高级的、以前没有过的战术协同迹象。很可能出于政治目的，荷兰舰队对法国分遣队采取规模非常小的特定的局部进攻，只等于示威而已。对荷兰舰队放松攻击法国舰队这个无可置疑的事实，作者在别处没有找到答案，但似乎可能是荷兰的统治者们不希望使敌舰队遭受更大的耻辱，导致激怒最危险的敌人，伤害他们的自尊心，使他们还可以接受荷兰的议和条件。然而在进行这种推测的同时，从军事角度考虑，还有一个令人满意的解释，即德·勒伊特认为法国海军仍缺少战斗经验，所以在大举进攻英国海军的同时，只要能牵制住法国海军就可以了。英国人与过去一样英勇善战，但他们的纪律却不如过去那样严明，而荷兰人的进攻具有持续一致的活力，证明荷兰人在军事上取得了明显的进步。法国人的行动时常被怀疑，据说路易十四命令舰队司令尽量保存舰队的实力，从英国在战争进行两年后，就实际上退出同盟这点来看，可以完全有理由相信，他确实这样命令过。

荷兰当局了解到布雷斯特的法国舰队准备与泰晤士河上的英国舰队会合时，竭力装备荷兰舰队，希望能在两支舰队会合之前，先攻击英国舰队。但是，荷兰海军统帅部缺少集中指挥，这个计划没能实行。由于泽兰省行动缓慢，导致泽兰分舰队——整支舰队的一大部分，没能及时准备好。耽误不只是由于管理不当，主要是由于对政府执政党不满。在法国舰队抵达之前，荷兰海军能用绝对优势的兵力，在自己的海域内，先袭击英国舰队，这是一种正确的军事思维。从战后的历史角度来看，如果能够这样做，可能会对整个战争的进程产生深远的影响。最后德·勒伊特终于来到海上，与英法联合舰队遭遇，尽管他渴望交战，但还是先于敌人撤回本国的海岸。联合舰队没有紧追，而是向后撤退，这显然为了安全考虑，它们退到英国东海岸，泰晤士河口以北约90海里的索斯沃尔德湾。他们分成三个分队在那里锚泊——两个英国分舰队是联合舰队战列线的后卫和中央部分,停泊在海湾北面,南面的前锋是法国分舰队。德·勒伊特尾随其后,1672年6月7日清晨,一艘在港湾北面和东面担任警戒的法国快速帆船发现荷兰舰队,随即打出信号;乘东北风的荷兰舰队驶向联合舰队,此刻联合舰队的一大批小艇和人员正在岸上接收供水。荷兰舰队的作战队形分成两线,前列一线由18艘战舰和一些纵火船组成,荷军共有91艘战列舰;联合舰队总兵力为101艘战列舰。

风向海岸直吹,这片海岸几乎呈南北走向,英法联合舰队的位置不利。联合舰队首先一定要起航,但无法后退赢得编组战斗队形的时间和空间。联合舰队的绝大部分战舰砍断锚链,英舰开始右舷戗风向西北偏北航行,但很快就不得不逆风换戗;法舰左舷戗风航行。因此,联合舰队在战斗之初力量分散。德·勒伊特派一支分舰队对法国舰队发起了牵制性的进攻;荷兰分舰队处于有利的位置,如果其愿意,完全可以选择近战。可双方却只进行了远距离的相互炮击。后来这支分舰队的指挥官班克特并没有受到指责,据此可以推测他是奉命行事。一年以后,班克特实实在在指挥了战斗,并且在泰瑟尔岛海战中,表现出卓越的判断能力和非凡的勇敢精神。同一时间段,德·勒伊特对英国的两支分舰队进行了猛攻,显而易见,他占据了绝对优势。一些英国历史学家声称荷兰舰队对英国舰队的兵力比为3∶2。[1]如果上述情况属实的话,那么它清楚地证明德·勒伊特作为一名将官的优秀才

---

〔1〕《莱德亚德》第2卷,第599页;坎贝尔所著的《海军将军传》。还可参见《海军编年史》第17卷,第121页,理查德·哈多克爵士的信。

干超出同世纪的任何人。

这次战斗的结果仅仅被当作一次简单的交战结果是不正确的。这次战斗双方损失都很大，但荣誉和实质性利益全都属于荷兰，或者更确切地说属于德·勒伊特。他先假意撤退，然后出其不意地返回，使大吃一惊的联合舰队毫无准备，取得了战术上的先手。联合舰队由于调动失误，使占总数2/3的英国舰船先向北然后又向西行驶，而占总数1/3的法国舰船先向东后又向南行驶，造成兵力分散。德·勒伊特将全部力量投入英法舰队间的突破口，只在法军阵前部署一支较小的分舰队，但这支分舰队却占据上风位置，可以选择是否近战。同时德·勒伊特利用余下的舰队主力，以优势兵力进攻英国舰队。保罗·霍斯特说过[1]，指挥法国舰队的德埃特雷海军中将为戗风转变航向，突破挡在他前方的荷兰分舰队，以便重新与联合舰队总司令约克公爵会合，采取了很多措施。实际情况可能是这样的，德埃特雷是个非常勇敢的人，但不是一个地道的海军将领，无法充分估量这样做的危险，他始终无法与英军重新会合，而英国人和德·勒伊特都认为法国舰队只懂躲避不敢近战。如果德埃特雷当真逆风换戗，并且企图用无经验的法国水兵去突破经验丰富、占据有利位置的荷兰海军组成的战列线，将会迎来一场惨败。这种惨败甚至会比125年之后，在圣文森特角海战中，西班牙舰队司令企图突破杰维斯和纳尔逊的密集队形，重新集结被打散的舰队时遭受的损失更加严重。通过对各种互相矛盾的说法的梳理，真相逐渐显露，尽管约克公爵是一名正派的海军将领和一个勇士，但不是一个有才

---

〔1〕霍斯特：《海军战术》。

干的人。他的舰队很好地组成战斗队形，因此遭到突然袭击。由于事先他的命令不明确，致使法国舰队错误领会了他的命令，采取了与总司令相反的航向，导致各分舰队处于分散状态。德·勒伊特能够赢得胜利，正是因为他非常巧妙地利用他早已准备好的突袭方案，以及敌人的差劲行动赋予他的极好机会。如果情况不像实际发生的那样，法国舰队司令利用东北风右舷戗风航行，就能进入大海，获得机动的余地。如果约克公爵也选择这种方法，联合舰队就会一起来到海上，不利的只是风和不理想的战斗队形。不过就算这样，德·勒伊特也能够像一年之后在泰瑟尔岛那样——用少量兵力牵制作为前锋的法国舰队，集中主力攻击联合舰队的中央和后卫。在两种条件完全不同的战役下，使用了类似的行动，表明在索斯沃德湾海战中，荷兰舰队主要目的是消灭英国舰队，对法军只是牵制罢了。

在这次海战中——一般称为索斯沃尔德湾海战，也称索莱湾海战——德·勒伊特表现出的军事才能和魄力，自他去世后，直到絮弗昂和纳尔逊出现之前，再也没有在海上出现过。他在1672年战争中所进行的战斗，绝不是"小心翼翼的"，尽管他在战斗中表现得很谨慎，他的目的就是组织良好的协同动作猛烈攻击，彻底打败敌人。在索莱湾海战中，尽管德·勒伊特的兵力并不比敌人少很多，但还是处于劣势，在以后的海战中，兵力差距就更加明显。

索莱湾海战的实际结果完全对荷兰有利。联合舰队原先打算用进攻泽兰海岸增援法国陆军的作战行动，但德·勒伊特的进攻不但使联合舰队蒙受了相当大的损失，而且使其弹药耗尽，不得不推迟一个月出航。这很大程度上分散了英法联军的兵力，对于在陆地已近绝望的荷兰性命攸关。作为对破坏贸易战理论的一种有益的评论，还可附带提一下，在对敌优势兵力进行令人吃惊的打击后，德·勒伊特与一支荷兰商船队会合，而且安全地将其护送至港内。

　　现在有必要简单介绍一下陆战的进展。5月初，法国陆军分成几个军团向前推进，穿过西属尼德兰郊区，直接从南面和东面进攻荷兰。荷兰执政的共和党曾忽视陆军，当时又错误地把他们现有的兵力分散在许多城镇布防上，希望每一处的守军都能为阻止法军向前推进尽到责任。但是，路易十四接受蒂雷纳的建议，集中精力攻打重点城镇，而次要城镇只要招降就会立即投降。荷兰的陆军和他们的领土，非常迅速地被敌人蚕食。一个月之内，法国就占据了这个国家的中心地带，获得全面胜利，前方已经没有有组织的荷兰部队能阻止法军前进。索莱湾海战后的两个星期里，共和国内部呈现出一派恐怖氛围和骚动。6月15日，荷兰执政得到议会批准，派出一个代表团去见路易十四，乞求他提出能与荷兰媾和的谈判条件。在政客心目中，外国人给予的任何耻辱，都要比自己垮台，让反对党和奥兰治家族掌权稍好一些。尽管谈判在进行，但荷兰的城镇还在不断地向法国人投降。6月20日，几名法军士兵进入通往首都阿姆斯特丹的要地默伊登。他们只是几名掉队的士兵，而大部队就在附近。默伊登的居民受整个国家蔓延的恐慌情绪影响，让他们进入这座城镇。可是当市民知道他们只是几个散兵时，很快就把他们灌醉，然后把他们杀死。这种激励了阿姆斯特丹市民的崇高精神，在默伊登得到发扬。首都急忙派出一支部队去增援，挽救了这座小城。"默伊登靠近须德海，距阿姆斯特丹只有2小时路程，位于几条河流和运河的交汇点，不仅控制几条主要堤坝的水闸，可以利用洪水形成围绕首都阿姆斯特丹的护城河，而且还控制着通往阿姆斯特丹港的交通，所有从北海经须德海到阿姆斯特丹的舰船不得不通过它的炮击范围。默伊登保住了，荷兰人打开堤堰，放水阻止法军的进攻，阿姆斯特丹得到了喘息的机会，并且顺利切断法军的陆路交通，而荷兰人依然能靠海路来维持补给。"[1]这是法国入侵的转折点。如果在这个决定性时刻的两星期前，联合舰队已经在进攻荷兰的海岸，对因失败而士气沮丧的荷兰人和混乱的荷兰议会将会产生怎样的影响呢？从这一点来看，索莱湾海战确实拯救了荷兰人。

谈判继续进行。荷兰的市镇首脑们——代表富人和贸易商的政党——赞成妥协，因为他们担心自己的财产和贸易会受到损失，因此谈判取得了一些进展。可平民百姓和奥兰治党人却在谈判时发动起义，坚决抵抗。6月25日，阿姆斯特丹打开防护堤，其他城市先后效法首都的做法，打开护堤，虽然洪水造成了巨大损失，然而被洪水包围的农村和城市都保住了，它们像屹立在水中的岛屿一样，结冻之前都不可能遭到地面部队进攻。剧变继续发生。7月8日，威廉·奥兰治执政，而且担任陆海军统帅。几个星期之后，共和党首领德·维特兄弟被一伙暴徒杀害。

路易十四提出的苛刻条件，使得出自公众精神和民族自尊心的抵抗意志更加高涨。显而易见，荷兰不是获胜，就是灭亡。与此同时，欧洲其他国家也逐渐意识到，如果荷兰灭亡会给自身带来危险。于是普鲁士国王、勃兰登堡选帝侯和西班牙国王公开声

---

[1] 马丁：《法国史》。

明支持荷兰。瑞典尽管与法国名义上结盟，但也不愿让荷兰被消灭，因为那只会对英国海权有利。第二年，即1673年，法国充满希望的一年开始了，而英王准备履行他在海上的那部分义务。然而，荷兰在威廉·奥兰治的坚强领导下，牢牢地控制住了海洋，他拒绝批准前一年提出的议和。

1673年，一共进行了三次海战，都是在荷兰沿海附近进行的。前两次在6月7日和6月14日，在斯库内维尔德外海进行，两次海战就都以这个地方命名；第三次在8月21日，就是著名的泰瑟尔岛海战。在三次海战中，德·勒伊特按照自己选定的时机发动进攻，并且在适合守卫海岸时撤退。同盟国方面为了达到其目的和在海岸线上进行佯攻并削弱财政紧张的荷兰的海上资源，就必须打击德·勒伊特指挥的舰队。这位伟大的舰队司令和荷兰政府都发现了这个问题，并且决定，"舰队应该部署在斯库内维尔德航道上，或者更南一点接近奥斯坦德，来监视敌军，如果舰队遭到攻击，或者看到敌舰队有意进攻联合省海岸时，应当坚决抵抗，阻止敌舰队的企图，摧毁敌舰。"[1]荷兰舰队在这一带严密戒备，能了解联合舰队的任何调动。

英法联合舰队大约在6月1日出海。舰队司令是国王的嫡亲表弟鲁珀特亲王，由于英国通过出任公职者必须信奉国教的法律《审查条例》，该法直接针对信奉罗马天主教的公职人员，鲁珀特亲王不得不辞去舰队司令职务。法国舰队由德埃特雷海军中将指挥，他曾在索莱湾海战中指挥过这支舰队。一支由6000名英国陆军士兵组成的部队在大雅茅斯准备就绪，如果德·勒伊特被击

---

〔1〕布伦特：《德·勒伊特传》。

败，他们立即可以登船。6月7日，荷兰舰队起锚，停泊在斯库内维尔德的浅水区。联合舰队派出一支分遣队引诱荷兰舰队出来，然而，德·勒伊特根本不用引诱，就主动出击了。荷兰舰队借顺风之势，紧跟这支分遣队，希望在联合舰队还没有组成完善的战列线之前攻击它们。这次法国分舰队占据了中央位置。在这场一支劣势舰队进攻一支优势舰队的战斗中，双方损失相差无几，联合舰队没能达到主要目的，但这是一次决定性的战役。一个星期以后，德·勒伊特再次出击，尽管结果同上次一样，这次海战也没有决定性意义，但它迫使联合舰队返回英国海岸，重新进行装备和补给。6月的战斗中，荷兰人有55艘战舰参战，他们的敌人有81艘战舰，其中54艘是英国战舰。

联合舰队到7月下旬再次出动，这次舰上装载了准备登陆的地面部队。8月20日，联合舰队发现荷兰舰队在泰瑟尔岛和默兹岛之间航行。鲁珀特立即做好战斗准备。当时风向有时是北风，但偶尔会转为西风，使联合舰队处在上风位，有利于它选择进攻方式。德·勒伊特利用自己对当地情况的了解，紧靠海滩航行，使敌军不敢靠近，黄昏时分更不敢逼近。夜间，风向改为东南偏东，到清晨时——引用法国的一份官方记录上的话来说——荷兰舰队"全部满帆顺风航行，勇敢地投入战斗"。

当时联合舰队处于下风位，左舷戗风航行，向南前进，法国分舰队担任前锋，鲁珀特位于中央，爱德华·斯普拉格爵士指挥后卫。德·勒伊特把舰队一分为三，最前方的分舰队只有10艘或12艘战舰，任务是攻击法舰；同时，德·勒伊特用其余的舰队主力进攻位于中央和后卫的英舰。如果我们认可英国对双方参战战舰数量的估计，那英军应为60艘，法军应为30艘，荷军有70艘。

德·勒伊特的进攻计划，与索莱湾海战一样，对法军只用少量兵力牵制，从而使他能以相当的力量与英军交战。由德·马泰尔指挥的法国舰队前锋，自然就成了联合舰队的前导分队，他受命扬帆向前航行逆风换舷，占据荷兰舰队前锋的上风位，要使荷兰舰队处于联合舰队两面炮火夹击中。德·马泰尔做到了这一点。但一年前在索莱湾海战中，曾明智谨慎地进行这种机动的班克特，预料到法军行动会造成的危险时，立刻转舵使船向风，率领12艘战舰穿过德埃特雷指挥的其他20艘战舰。这对班克特来说是一个值得自豪的功绩，但对法军来说是不光彩的。然后，班克特掉转航向，向正与鲁珀特激战的德·勒伊特靠近。德埃特雷没有追击班克特，从而使这支重要的增援部队不受干扰地来到荷兰舰队的主攻方向。这其实表示法国舰队已结束了它在战斗中承担的责任。

鲁珀特在与德·勒伊特交战时，不断躲闪，目的是引诱荷兰舰队远离海岸，这样一旦风向有变，荷兰舰队就不能利用其海岸进行掩蔽。德·勒伊特紧追鲁珀特，从而使中央主队和前锋分离，德埃特雷就把这种情况作为他没能及时回来支援的一个理由。但即使这样，德埃特雷看来也没有阻止班克特与荷兰舰队主力会合。

后卫爱德华·斯普拉格爵士的一次异常行动，使联合舰队的混乱加剧。出于某种原因，他把荷兰舰队后卫指挥官特龙普看成自己的私敌，为了逼迫特龙普参战，斯普拉格使整个英军后卫停在原地。斯普拉格不合时宜的自豪感，似乎是因为他曾向国王许诺，要活捉特龙普本人，或者把特龙普的尸体带回英国，否则他宁可战死沙场。联军后卫的举动，让人想起前一次海战中，年轻的荷兰海军将领不负责任和不听从指挥的行动，不可避免地让后卫孤立，而且迅速偏移至下风位。这样斯普拉格和特龙普都只能依靠自己指挥的分舰队，进行了一场激烈战斗。这两位年轻的海军将军眼中只剩下当前的敌手，旗舰之间的战斗更是如火如荼，以致斯普拉格只得两次换乘其他战舰；第二次他乘坐的战舰被一发炮弹击沉，他本人也淹死了。

鲁珀特被他的前锋和后卫遗弃，发现自己正独自迎战德·勒伊特。德·勒伊特得到了前锋分队的增援，准备切断联合舰队中央主队的后部分队，然后用他直属的30或40艘舰船包围剩下的20艘英舰。由于当时的舰炮射术准确度还不高，因此并没取得更大的战果。然而，需要切记的是，德·勒伊特卓越的军事才华，除了在很短的时间里，几乎都可以让自己在相同的条件下与英军作战。但荷兰舰队总体的数量劣势是不可能完全克服的。所以英军和荷军的损失可能都很大，也可能基本相等。

最后鲁珀特撤出战斗，而当他看到英国舰队后卫没有给最靠近的对手有力还击时，便向那里靠拢，德·勒伊特也在后紧追。敌对双方的主队并列航行，彼此都位于舰炮射程之内，但是可能由于双方都缺少弹药，没有相互射击。16时起，双方的主队与各自的后卫会合。接近17时，新的战斗开始了，这次战斗一直持续到19时。德·勒伊特撤退，撤退的原因很可能是法国舰队逼近。按照法国人自己的战报称，他们大约在此时与鲁珀特会合。随着德·勒伊特的撤退，这次海战宣告结束。这场海战像这场战争前期所有的海战一样，可以算是平局。但是，英国海军历史学家给这次战斗所下的结论很可能是正确的："荷兰人因为舰队司令精明强干，使他们在这次战役中取得了相当好的战绩;他们使完全被封锁的港口重新开放,挫败了一次可能的入侵,迫使敌人放弃了入侵的意图。"[1]

上文的叙述充分体现了这次海战军事上的主要因素:德·勒伊特卓越的才华;班克特的坚定和果断,首先牵制住法国分舰队,然后又穿过其战列线;法国分舰队显然不够可靠,或者至少也是碌碌无为的;斯普拉格不听指挥,而且在军事上犯了严重错误。至于鲁珀特,除了竭力苦战外,其他毫无可取。盟国陷入激烈的相互指责之中。鲁珀特谴责德埃特雷和斯普拉格;德埃特雷觉得与鲁珀特一起驶向下风位是错误的;德埃特雷自己的副司令马泰尔,在一封使他被关进巴士底狱的信中,直截了当地骂他的上司是懦夫。法国国王命令布雷斯特海军总督进行调查。总督递交了一份报告[2],我们的叙述主要是依据这份报告进行的,报告对法国舰队在这次战斗中的不光彩行动毫不怀疑。法国海军历史学家说道:"德埃特雷想让人们都明白国王希望舰队保存实力,而且让人们了解英国人是不能信任的。当他不断收到来自各地的警告,说平民和贵族都在私下抱怨,反对英法同盟,而英国国内也许只有查理二世一人希望维持这种同盟时,他不相信英国盟友的诚意难道是错的吗?"[3]可能并不是这样吧。如果他希望任何一个军人或军人团体完成当时分配给法国舰队司令含糊不清的任务的话,大概联合舰队的损失会更小一些,但他终究是错误的。不忠或胆怯(对后者的推测是不公允的),对目击者来说显而易见,以致荷兰水兵在

---

[1] 坎贝尔:《海军将军传》。
[2] 特鲁德:《1673年法国海上战争》。
[3] 特鲁德:《1673年法国海上战争》。

讨论为什么法国舰队不进攻时，有人说："你们这些傻瓜！还不明白法国人已经雇用英国人为他们打海战，他们在这儿就只会坐山观虎斗。"前面提到的布雷斯特海军总督官方报告的结语里有一种更直接和更有意义的说法："在所有这些海战中，显然德·勒伊特好像从没有真正想要进攻法国分舰队，在最后的战斗中，他只派出泽兰分舰队的10艘（或12艘）战舰牵制它。"[1]在德·勒伊特看来，法国分舰队对联合舰队来说是无关紧要的或者不是可靠的战斗力，甚至不需要强有力的证据证明。

1673年8月21日的泰瑟尔岛海战，标志着另一次海上同盟的结束。这次海战与其他海战一样，充分证明了一位近代法国海军军官对这种同盟的评价完全正确："为了暂时的政治利益而联合，最终在接近敌对状态下决裂的那种同盟，无论在商议时还是在行动时都无法一致，所以不会产生好的结果；或者至少所产生的结果与几个国家联合起来对抗一个共同的敌人是不成比例的。法国、西班牙和荷兰海军都曾在几个不同时代结过盟，结果只是使英国海军取得了更彻底的胜利。"[2]除了已搞清的联盟发展趋势，还需要补充一点，即每一个国家对于邻国势力不断增长都会怀有妒忌心，而且必然不愿意看到同一种族中的另一国家被打垮，而使邻国势力不断加强，它们会采取有力措施使一个国家得到所需要的海军力量。不可能像某些英国人曾想象的那样，可以对付所有的同盟者，但是必须确保其他国家宁可袖手旁观，也绝不会介入破坏政治均势的斗争，这样才可以在有利条件下对付最强的一

---

〔1〕特鲁德：《1673年法国海上战争》。
〔2〕夏伯-阿尔努尔：《1885年海军与殖民地军队人员和装备的核查》。

个。1793年,当法国革命的暴力行为似乎会威胁欧洲社会秩序时,英国和西班牙在土伦海战中结盟。但是,西班牙舰队司令非常直接地告诉英国人,要消灭法国海军,很大程度上取决于西班牙人,西班牙的利益显然会因此受到损害。西班牙司令官因为这种观点放过了最后一部分法国舰船,这种受最高政治因素支配的观点被西班牙非常坚定地执行。[1]

泰瑟尔岛海战结束了荷兰和英国为控制海洋进行的一系列旷日持久的战争。泰瑟尔岛海战,显示荷兰海军拥有最高的效率。荷兰海军最出类拔萃的人物德·勒伊特正当鼎盛,尽管他那时已66岁,但他从未失去军人的气概,作战与八年前一样勇猛,而他的判断力经历上次战争后,显然越发成熟,与以前相比,他有更明确的计划,以及更敏锐的军事洞察力。在德·维特为首的荷兰政府领导下,荷兰海军的纪律不断加强,而且士气旺盛,这些都主要归功于德·勒伊特。德·勒伊特以全部才能投入到两个海上民族之间的最后较量当中,运用他手中那支久经考验,但数量上处于劣势的部队取得的荣耀胜利挽救他的祖国。完成这项任务不是单凭勇气,而是依靠勇敢、深谋远虑和纯熟技术三者结合。在泰瑟尔岛海战中,进攻的基本方针与特拉法尔加角海战一样,放过敌人前锋,集中全力攻击其主队和后卫。与在特拉法尔加角海战中一样,联盟海军的前锋失职,没能履行它的职责,证明这种战术完全正确。但是,德·勒伊特面临的不利条件比纳尔逊多,所以他取得的胜利不如纳尔逊大。在索莱湾海战中,班克特所起的作用,与纳尔逊在圣文森特角海战中,以自己的单舰挡住西班

---

[1] 朱朗·德·拉格拉维埃:《海战》。

牙分舰队去路的作用完全相同。然而,纳尔逊采用这种战法并没有得到杰维斯的命令,而班克特完全按照德·勒伊特的作战计划行动。德·勒伊特又一次取得了辉煌战果,而且是在极为不利的条件下取得的,这位无可争议的英雄人物再次在我们面前显露了才华。

泰瑟尔岛海战之后9天,1673年8月30日,以荷兰为一方,西班牙、洛林和德意志为一方组成了正式同盟;同一天法国驻维也纳大使被撵走了。几乎与此同时,路易十四向荷兰提出了适度的议和条件,但荷兰人因为有了新的盟国,还有曾给予他们有力支援的海洋充当坚固后盾,对路易十四的态度变得强硬。在英国,人民和议会的呼声越发高涨;新教徒的反感和对法国的宿怨,正像这个国家对国王的不信任一样与日俱增。尽管查理二世本人对荷兰共和国的仇恨丝毫未减,可他不得不让步。路易十四看到正在聚集的狂风暴雨,根据蒂雷纳的忠告,决定从荷兰撤兵,离开危险的前沿阵地,并试图在与西班牙、奥地利王室和德意志继续战争的情况下与荷兰单独媾和。这就使路易十四回到黎塞留的政策,让荷兰能够保全。1674年2月19日,英国和荷兰签订了和平条约。荷兰承认英国拥有从西班牙的菲尼斯特雷角到挪威海域的绝对控制权,并支付战争赔款。

战争的后4年,由于英国退出战争,一直保持中立,这场战争失去了海战的性质。法国国王认为他的海军,无论是在数量上还是在战斗力方面,都不能单独和荷兰海军抗衡,于是将海军撤出大部分海洋,把他的海洋计划局限在地中海,同时派一支或两支武装私掠船队远征西印度群岛。荷兰解除了从海上来的威胁,除在一段很短的时间里,曾热衷于进攻法国海岸外,还缩小了舰队规模。战争逐渐变成陆战,而且吸引了越来越多的其他欧洲国家参战。德意志各邦逐渐与奥地利一条心，1674年5月28日，对法宣战。这一代法国人没能很好地完成其国家奉行的政策，奥地利已经在德意志确立了霸主地位，荷兰也没有被摧毁。在波罗的海，丹麦看到瑞典逐渐倒向法国后，匆忙与德意志合作，派出15000人的陆军。在德意志各邦，能够与法国保持同盟关系的只有巴伐利亚、汉诺威和符腾堡。这场陆战让几乎所有的欧洲国家参与了进来，主战场越过法国东部边界，推向莱茵河和西属尼德兰境内。然而，陆战激战的时候，丹麦和瑞典成为交战双方，战争中再一次出现了海上作战活动。对这次海战，除了要注意荷兰曾派出特龙普指挥的一支分舰队与丹麦舰队会合，组成联合舰队，在1676年战胜瑞典，并且捕获10艘瑞典战舰外，其他细节无须赘述。显而易见，荷兰的海上优势极大地削弱了瑞典的作用。

在地中海，由于西西里人起义反抗西班牙统治，引发了另一次海上冲突。法国应西西里的请求给予支援，牵制西班牙。但是西西里的反抗只是枝节问题，它之所以在海上打响，是因为德·勒伊特又一次亲临现场，与他的对手迪凯纳进行了一场较量。迪凯纳被视为可以与那时法国海军将领中名列第一的图尔维尔相提并论，某些人甚至认为他比图尔维尔强。

1674年7月，墨西拿爆发反对西班牙的起义之后，法国国王立即给予其保护。西班牙海军一直表现得很拙劣，效率确实极差。1675年初，法军安全进驻墨西拿。这一年，法国在地中海的海军实力得到迅速发展，而西班牙自己不能保卫西西里岛，只好请求荷兰派舰队进行支援，并且愿意承担所有费用。荷兰经过长期征战，已经"筋疲力尽，负债累累，贸易损失巨大，还必须向奥地利和德意志各邦偿付借款，资财枯竭，已无力装备其曾用来与法国和英国对抗的强大舰队"。尽管这样,荷兰还是应西班牙之请,派德·勒伊特带一支分舰队进行支援,这支分舰队只有18艘战列舰和4艘纵火船。德·勒伊特一直关注法国海军的发展,深知自己力量薄弱,出航时精神压力很大,但他泰然自若地接受了这种经常分配给他的艰巨任务。9月,德·勒伊特分舰队驶抵加的斯。在此期间,法国占领了西西里东南的奥古斯塔港,使它的实力得到进一步加强。德·勒伊特的行动被西班牙政府耽误,直到12月底,他才驶抵西西里北部海岸。逆风行船使他不能进入墨西拿海峡,只好在墨西拿和利帕里群岛之间巡航,准备拦截为陆军部队和补给品运输船队护航的法国舰队。这支法国舰队是由迪凯纳指挥的。

1676年1月7日,法国舰队进入荷兰舰队的视野,一共20艘战舰和6艘纵火船;荷兰舰队只有19艘战列舰(其中1艘是西班牙的)和4艘纵火船。在这次战斗中,荷兰战列舰的状况尽管没有详细资料,但要知道的是,它们通常比英国战舰差,而在这次战斗中甚至比法国战舰更差。第一天双方在机动中度过,荷舰抢占了上风位,但当天夜里起了暴风,迫使西班牙小船与荷舰去利帕里岛暂避。夜晚风向变成西南偏西,法国舰队占据了上风位,有利于它发动进攻。迪凯纳决定利用这一优势,把护航舰队放在前边,组成右舷戗风向南航行的战列线;荷兰舰队采取同样措施,准备应对攻势。

看到伟大的荷兰海军名将德·勒伊特7日放弃争取进攻的机会,一定感到非常吃惊。当天一早,他看到敌人正向他驶来。一份法国史料记录,15时,德·勒伊特改变航向,与法国舰队航向一致,但彼此的间隔超出了舰炮射程。怎样评论德·勒伊特3年前曾在索莱湾和泰瑟尔岛果断进攻，而现在却好像不愿意发起攻击呢？放弃进攻的理由没有被记载下来，可能是这位头脑清醒的海军统帅已经认识到利用下风防御的优势，特别是在准备用一支劣势舰队迎战一支勇敢而冲动、航海技术又不足的舰队时。是否是这种想法影响了他的决策，可从最后的结果来判断。斯特龙博利岛海战部分预示了100年后法国和英国的战术，但是在这次战斗中是法军寻求占领上风位，企图进行猛烈地攻击，而荷军完全采取防御态势。结果正像克拉克在他那本著名的有关海军战术的书中向英国人指出的那样。[1]

如上所述，两支舰队组成右舷戗风战列线向南航行。德·勒伊特没有主动进攻，而是等待法军先攻击。由于他的分舰队位于法国舰队和港口之间，他认为法国舰队肯定会率先投入战斗。上午9时，法国舰队各舰同时成45度角对荷兰舰队实施攻击，这是难以准确进行的机动方式。在这一期间，进攻方会遭到敌人炮火攻击，处于不利位置。在进行这种机动的时候，法国前锋的两艘战舰几乎完全失去战斗能力。"'谨慎'号上的拉法耶特先生首先开始战斗，但是，他已经鲁莽地冲进敌前锋中间，由于舰船被损坏，他只能撤退。"这种混乱的机动打乱了法军的战列线。"指挥前锋的普雷伊利海军中将驶离时，各舰之间的间距太小，所以当再次逆风航行时，战舰都拥挤在一起，位置相互重叠，妨碍射击。拉法耶特从战列线中撤出，使'完美'号处于险境，遭到2艘敌舰的攻击，失去了主桅，不得不撤出战斗修理。"法舰再次分散投入战斗，而不是全体投入战斗，这是实施这种机动通

---

[1] 以下记录全部摘自拉贝鲁兹所著的《法国海军史》。

常都会出现的，甚至几乎没办法避免的结果。在他的部分战舰投入战斗之后，"迪凯纳指挥的中央主队，位置与德·勒伊特的分队成垂直状态，处于敌猛烈炮火打击下"。法军后卫参战的时间比主队还晚，"法国舰队主队的两艘领头舰'兰格龙'号和'贝蒂内'号遭到敌优势兵力致命打击"。法国参战的战舰数量比荷兰多，怎么会产生这种结果呢？原因正像这份报告告诉我们的那样，因为"法军当时还没有把第一次调动后形成的混乱队列整顿好"。虽然形势一度非常不利，但最后所有法舰还是都能够投入战斗，迪凯纳的队形逐渐恢复秩序。荷军沿整个战列线和法舰作战，对抗法舰的进攻，所有各舰全部进行近战。对于劣势舰队的司令和舰长们来说，这样做无可指责。对余下的战斗没有明确的叙述。据说德·勒伊特不断地让前方的两个支队撤退，这是在示弱，还是一种战术行动，不得而知。荷军的后卫与主队之间拉大了距离，德·勒伊特和后卫的指挥官对这种情况都负有责任，但是，法舰企图包围和孤立荷军后卫的意图都没能成功。这可能是因为法舰桅杆损坏严重，因此只有一艘法舰绕过被分开的荷军后卫。除了后卫，其余部分的战斗在16时30分结束。西班牙小船很快驶来，拖走了失去活动能力的荷舰。西班牙人能从容不迫地撤走，证明法舰遭受的损伤一定是非常严重的。

对克拉克1780年左右出版的关于海军战术的著作较熟悉的人，就会清楚地认识到他所描述的斯特龙博利岛海战的所有特点。他在论述他同时代及以前的英国海军和对手们所使用的战术的论题里，要求英国海军界对所有斯特龙博利岛海战的特点给予关注。克拉克的论题假设英国水兵和军官在技术上或士气上，或者两者都比法国强,并且舰船具有较快的速度。英国水兵和军官由于意识到了这种优势,所以迫切希望进攻,同时法国人也因意识到自己的劣势,或由于其他原因,会尽量回避决战。受到这些条件制约,法国人感到他们可以指望英国人进行盲目的猛烈进攻,从而逐渐形成一个巧妙的计划,看上去他们好像在作战,但实际上他们是在尽力避战,同时又尽力去伤害敌人。计划就是要占据下风位,下风位的特点如前文指出的那样,是采取守势等待敌人进攻。按照克拉克的说法,这是法国人从实践中学到的,他们能够利用英国人的失误,使自己的战列线与敌军战列线平行,或者接近平行,然后再一起散开,以舰对舰的方式攻击敌战列线中的对手。这种战术使攻击方不能有效利用绝大部分舰炮,并且还会使他们全部暴露在敌方炮火之下,必然结果就是造成攻击方的混乱。因为在任何时候,保持这种进攻队形都不容易,而且在炮火烟雾之下,帆被破坏,桅杆折断,难度更大。迪凯纳在斯特龙博利进行的攻击恰恰是这样,也正是这个战例体现了克拉克指出的结果——战列线混乱,前锋首先到位并遭到防守方炮火的攻击,几艘战舰失去行动能力,引起后卫慌乱等。克拉克进一步断言,看起来他完全正确,他说,随着战斗渐入高潮,法舰很快离开驶至下风处,引诱英舰反复进行同样方式的攻击。[1]我们看到斯特龙博利岛海战中,德·勒伊特也是以同样

---

[1] 按照克拉克所说,法军的调动不是整条战列线同时进行,而是按一种更科学和军事性的方法进行的。每次由2艘或3艘组成的一组战舰,在烟雾和战列线其余战舰持续不断的炮火掩护下撤退,及时地组成第二条战列线的一部分,这条战列线反过来掩护仍留在第一条战列线的战舰,那些被留下的战舰是在意图暴露的情况下撤退的,需要这种掩护。

的方式作战的，尽管并不知道他这么做的动机。克拉克还指出，假设由于某些战术原因，必须采用下风位，就要把攻击目标对准进攻方的桅杆、帆桁和动力部分，使进攻方的攻势不能再向前推进超过被防御方选中的距离。在斯特龙博利岛海战中，法军战斗力被削弱的情况很明显。因为德·勒伊特已处于下风位，而且已无法支援后卫时，实际上并没有遭到法舰的干扰，所以也没有一艘战舰被击沉。虽然当时还不能肯定地把慎重选择下风位归功于德·勒伊特，这种选择也还没有先例可循，但是非常清楚的是，德·勒伊特取得了下风位的所有优势，而与他同时代的法国军官们的特点是，缺乏海员经验，但有着接近鲁莽的勇猛精神。这恰恰为一支兵力较少采取守势的部队提供了最有利的条件。敌人的素质和特点是一个天才指挥员所考虑的主要因素之一，纳尔逊把这种因素和其他一些因素同样看成是他取得辉煌成就的原因。另一方面，法国舰队司令让人难以想象地采用了一种不科学的单艘战舰对单艘战舰的攻击方法，而不是集中力量攻击敌人的一部分，甚至都没有想到把敌军牵制住，等待墨西拿附近的8艘法国战舰加入战斗。这种战术除了在索莱湾或泰瑟尔岛海战中出现过以外，在别处再也没使用过。但因为迪凯纳是法国在那个世纪除图尔维尔外最好的海军军官，所以这次海战在战术史上还具备一定的价值，无论如何不能完全忽视。舰队总司令享有的声望证明了当时法国海军的最高战术也只到这个水准而已。在结束这个讨论以前，可能会注意到克拉克的补救办法，即进攻敌战列线的后卫舰船，并且最好攻击位于下风的舰船，这样敌舰队余部或者必须放弃后卫舰船，或者就必须顺风向航行进行一次大战。按克拉克的假设，这种大战正是英国海军最渴望的。

战斗结束后，德·勒伊特驶向巴勒莫，他的一艘舰在途中沉没，而迪凯纳去了墨西拿外海，与之前在那里等待的法军支队会合。至于西西里战事的其他事件对于总的课题无关紧要。4月22日，德·勒伊特和迪凯纳再次在阿戈斯塔外海遭遇。迪凯纳有29艘战舰，西班牙和荷兰联合舰队有27艘战舰，其中西班牙有10艘。遗憾的是，这次是由西班牙人担任联合舰队的总司令，而且让西班牙战舰占据战列线的中央位置。德·勒伊特深知这些西班牙盟友是无能之辈，希望把西班牙战舰分散配置在整条战列线上，以便能够更好地支援他们，但西班牙总司令拒绝接受他的忠告。德·勒伊特本人位于前锋，占据上风位置的联合舰队发动进攻，但中央部分的西班牙战舰位于舰炮射程之外，使主要战斗压力都落在位于前锋的荷兰战舰身上。后卫照着舰队总司令的动作，也只进行了一些无关紧要的战斗。此前从未被敌人的舰炮击中的德·勒伊特，在这次令人痛心的毫无希望的战斗中，仍然光荣地履行了自己的职责，在战斗中受了致命伤。一周后，他在锡拉丘兹去世，荷兰和西班牙在海上抵抗法军的最后希望也随之破灭。一个月后，锚泊在巴勒莫的西班牙和荷兰舰队遭到攻击，许多舰船被毁。同一时期，从荷兰派往地中海的一支增援支队，在直布罗陀海峡遇上了法国分舰队，被迫进入加的斯避难。

路易十四始终把西西里的战斗当作一种牵制行动，而且把它放在了极其次要的位置，这清楚地表明了他还是全力进行大陆战争。如果路易十四已经把目光放在埃及和海洋扩张的话，西西里的价值就完全不同。随着时间的推移，英国人的反法情绪越加高涨，他们与荷兰人的贸易竞争似乎已被搁在一边。战争初期，英国曾经以法国盟友的身份参战，在这场战争结束前，很可能就会拿起武器反对路易十四。除了猜忌之外，很可能是由于英国看到了法国海军在不断发展壮大，很快在数量上会超过它。一段时间里，查理二世一直在抵制议会的压力，但是1678年1月，英荷两个海洋国家之间还是签订了攻守同盟条约，这时，国王只能召回加入法国陆军作战的英国部队。当议会在2月召开会议时，查理二世又要求拨款装备90艘战舰和征集3万名士兵。路易十四料到会产生这种结果，立刻命令部队撤出西西里。在陆上，他不惧怕英国，但是，在海上他不能同时对抗两个海上强国。与此同时，他加大对西属尼德兰的进攻。只要还有一线希望能够让英国海军参与战争，他就尽量避免触及英国人敏感的荷兰海岸。但是，当路易十四想要全力进攻荷兰最害怕的地方，让他们惊恐不安的时候，就不能再继续安抚英国人了。

荷兰是反法联盟主力，尽管它的领土面积在反对路易十四的同盟中最小，但其统治者奥兰治亲王性格坚定，目的明确，而且有充足的财富。他们一方面支援盟国的陆军，另一方面又使贫穷而贪婪的德意志各邦王公们忠于这个联盟。荷兰人凭借强大的海上力量、贸易，几乎独自挑起这场战争的全副重担，尽管他们有时十分艰难，叫苦连天，但他们还是经受住了。在以后的几个世纪里，英国同我们现在所说的荷兰一样，强大的海上力量是它对抗法国野心的坚强后盾，但它的损失也是巨大的。荷兰的贸易由于受到法国私掠船劫掠，损失惨重；另一种间接损失是曾经让荷兰兴旺发达的转口运输业逐渐衰败。当英国国旗成为中立国旗帜时，这种有利可图的生意转到了英国船上，由于路易十四渴望安抚英国，在海洋上航行的英国舰船获得了安全保障。也正是这种愿望促使他对英国在贸易条款上的过分要求作了巨大让步，从而极大地削弱了科尔贝尔寻求为了发展那时还很虚弱的法国海权采取的贸易保护政策的效果。但是，这些让步只能暂时抑制英国的反法情绪；英国不是为了自身利益，而是因为强烈的民意在推动英国政府和法国决裂。

在路易十四表示希望议和后，延长战争对荷兰已经不会有任何好处。陆战只能变成一场灾难，而且是荷兰衰败的根源。荷兰因为本国和同盟国的陆军开支，不得不削减海军经费，耗尽了从海洋得到的财富。从路易十四的目的来看，很大程度上说明了奥兰治亲王坚持顽强不屈的反抗态度非常正确，尽管这种态度可能并不明确，这里也没有探讨这个问题的必要。但无须怀疑，一系列战争让荷兰丧失海权，也毁灭了它在世界各国中的领先地位。一位荷兰历史学家说道："坐落在法国和英国之间的北方联合省，在独立之后，不是与英法两国中的这个，就是与那个，一直不断地进行战争，耗尽了财富，拖垮了海军，商业、制造业、贸易迅速衰落。一个爱好和平的国家就这样被无缘无故、持续不断的战争毁了。英国与荷兰的友好态度对荷兰的伤害经常不亚于在对它持敌意的伤害。当一方实力在不断扩张，而另一方实力在不断地削弱时，两者的同盟就成为巨人和侏儒的同盟。"[1] 到这时为止，荷兰一直是英国公开的敌人或者强大的对手，而以后，它又成为英国的一个盟国。无论处于哪种情况，幅员小、人口少和地理位置不利的荷兰都只能变成一个受害者。

一方面由于荷兰已筋疲力尽，他们的商人和主和派不停抗议；另一方面法国灾难深重，财政窘困，除了众多的敌人外，又

---

[1] 戴维斯：《荷兰史》。

遭到英国海军的威胁，使进行这场持久战的两个主要国家都倾向议和。路易十四早已愿意与荷兰单独媾和，但是荷兰一直拒绝。起初是为忠于在它危险时刻加入这场战争的那些国家，后来是由于威廉·奥兰治坚定不移地反对法国。随着两国之间的分歧逐渐消除，1678年8月11日，荷兰和法国签订了《奈梅根和约》。之后，其他国家也很快在和约上签字。主要的受害者当然是幅员广阔，但非常虚弱，以西班牙为核心的君主国，它把弗朗什-孔泰地区和西属尼德兰的一些设防城镇割让给法国，从而使法国的边界向东和东北方向扩展。路易十四为消灭荷兰发动这场战争，但荷兰在欧洲没有失掉一丁点土地；在海外，只丢失了非洲西海岸和圭亚那的殖民地。荷兰在这场战争开始时能确保自己国家的安全，到最后能成功地与法国抗衡，完全归功于其海权。正是海权把它从危险境地中解救出来，而且使它在后来的大战中逃过一劫。可以说海权对正式决定结束大战的《奈梅根和约》起了主要作用。

荷兰在战争中取得的成绩，无法掩盖它实力被严重削弱这一事实，后来许多年间，一些类似的压力终于让它衰落。从另一个角度来看，战争对法国这个大国产生了怎样的影响呢？国王的狂妄野心是不是导致这场耗资巨大的战争的主要原因呢？那些用来证明法国年轻国王统治初期的繁荣景象下的一些有益活动，都远不如科尔贝尔的活动重要、具有明确的指导意义。科尔贝尔的目的首先是让财政状况从混乱中解脱，然后再将其建立在国家财富的稳定基础上。这种财富，当时必定会受到法国可以调动的各种因素影响，要靠鼓励生产的方针，有助于健康发展的贸易，大批商船，一支强大的海军和扩张殖民地来发展。上述各项有些是海权的渊源，其他实际上是组成海权的要素；对一个濒海国家的确可以说，这些即便不是国家力量的主要来源，也永远和它同步发展。经过将近12年的努力，一切都发展很顺利。法国这些方面的重大发展虽然并不是协调一致的，但速度都很快，国王的税收也飞快增加。接着就到了他必须抉择的时刻，究竟是按照自己的野心致力于对外扩张，还是应该控制海洋，再不断鼓励贸易和贸易赖以存在的各项事业发展呢？前者就算付出巨大努力，却无法维系而且会妨碍人民的正常活动，而且由于没有能切实控制住海洋，而使贸易遭到打击。后者一直追求能控制海洋，虽然耗费巨大，但能够使法国的边界保持和平，通过发展贸易和各项相关事业，为国家赢得其所花费的全部或者几乎相等的钱财。以上情况绝不是空谈。由于路易十四对荷兰采取的态度和由此而产生的结果，首先促使英国，在他那个时代沿着科尔贝尔和莱布尼兹希望法国可以成功的道路前进。他使荷兰的转口运输落入英国人手中，允许英国人不受干扰地在宾夕法尼亚和卡罗来纳定居，再去占领纽约和新泽西；他还以牺牲法国贸易发展为代价换取英国中立。所有这些尽管不是立竿见影，但是也使英国非常迅速地进入海上强国的前列。尽管英国曾遭受巨大损失，但是，它即使在战争期间都保持了一派繁荣昌盛的景象。无疑法国不能忘记它的大陆位置，也不能完全摆脱陆战。但是，可以认为，如果它选择发展海权这条道路，可能会避免多次战争，哪怕某些战争不可避免，承担战争的费用也会轻松很多。法国在《奈梅根和约》中的损失是无法弥补的，"农民阶级、贸易、制造业和殖民地同样都受到战争的冲击，媾和条件虽然对法国扩张领土和维持军事实力有利，却不利于它的制造业，而降低保护关税的条件对英国和荷兰这两个海上强国有利"。[1]法国海军颇具成效的发展曾激起了英国人的妒忌，但由于它的商船海运受到冲击，海军就像一棵没有根的树，在战争的冲击下很快就枯萎了。

最后，在结束对法荷战争的讨论以前，谈谈关于法国海军中将德埃特雷伯爵的一份简短评论，将有助于看出许多还没有海员经历的法国海军军官能够身居高位的情况。德埃特雷受路易十四的委派，负责索莱湾和泰瑟尔岛海战中英法联合舰队中的法国分舰队。1667年，德埃特雷第一次出海时已经到了中年，但是，1672年他担任了一个重要分舰队的总司令，而接受他指挥的迪凯纳是一名有近40年海员生涯的海军将领。1677年，德埃特雷再次从法国国王那里得到8艘战舰，并同意由国王支付这些战舰的维修费用，条件是如果获得战利品，国王可以分得一半。他带领这个分舰队轻率地进攻当时属于荷兰的多巴哥岛，这说明了他在泰瑟尔岛令人费解的行动，并不是由于不够勇敢造成的。第二年，他再次出海，使整个分舰队在阿韦斯群岛搁浅。当事人、旗舰舰长的叙述既令人发笑又让人反思。他在报告里说：

> 分舰队搁浅的那天，领航员已经测定了太阳高度，海军中将跟往常一样，叫他们在他的船舱里记下舰船的位置。我正准备进去请示下一步怎么办时，遇上了第三领航员布尔达卢，他边往外走边抹眼泪，我问他出了什么事。他回答说："因为我比其他领航员发现了更多偏离航线的问题，将军像往常一样威胁和辱骂我，然而我只是一个尽力工作的可怜男子汉。"我走进船舱，看到将军很生气，对我说："布

---

[1] 马丁：《法国史》。

尔达卢这个无赖，总是跟我说些无聊的和没用的东西，我要把他赶出舰去。他把我们领到我不知道而魔鬼才知道的航向了。"舰长故作天真地说道："因为我不知道谁对谁错，所以我也不敢多说，就怕将军对我大发雷霆。"[1]

这幕闹剧结束之后几个小时，就像这份摘录的原作者，那位法国军官说的那样，"这件事情现在看起来简直滑稽可笑，但它却是当时海上情况的真实反映，整个分舰队都丧失在名为阿韦斯群岛的一组暗礁上。这就是当时法国海军军官们能干出的事情"。旗舰舰长在他报告的另一部分里说道："舰船失事是海军中将德埃特雷一整套的指挥方法引发的。他仆人的意见，或舰上正式军官们以外其他人的意见总是会在舰上获胜。对德埃特雷伯爵来说，这种行为方式是可以理解的。伯爵不具备所必需的知识，他总是使用一些卑贱的顾问，盗用他们的意见，不让全体船员去了解他的真实才能。"[2]实际上德埃特雷在他第一次出海两年以后，就晋升为海军中将了。

---

[1]古热尔：《海战》。
[2]特鲁德：《1673年法国海上战争》。

第四章

英国光荣革命
1688—1697年奥格斯堡同盟战争
比奇角海战和拉乌格海战

签订《奈梅根和约》后的10年里，欧洲没有发生过大规模战争，然而这一时期欧洲的政局并不安稳。路易十四在和平时期与战争时期一样，致力于将法国边界东扩，并且急迫迅速地占领了和约没有给予他的一些地方。他凭借古代的领属关系不时地对一些地方提出要求，其中包括过去签订的条约中曾经划给法国的城市和地区。[1]有时他采用购买的方式，有时则明目张胆地使用武力，或通过夸耀武力进行威胁的所谓和平方法来取得他声称属于他的各种权利。从1679年到1682年，路易十四都在进行这种扩张。最让欧洲，特别是使德意志帝国震惊的侵略是，1681年9月30日，路易十四占领帝国的斯特拉斯堡；同一天，曼图亚公爵把意大利的卡萨莱卖给了他。这说明路易十四的野心已不止要向北方和东方扩张，而且对意大利也有企图。这两个地方都是极其重要的战略要地，一旦战争爆发，就能对德意志和意大利构成威胁。

---

　　[1] 1680—1683年，路易十四成立"属地收复裁判所"，责令法学家调查和决定，过去哪些地方是历次条约中曾划给法国的城市和地区。以"收复"的名义，路易十四派军队占领了卢森堡、斯特拉斯堡等地。

这两次事件让整个欧洲骚动起来。但路易十四对他的实力深信不疑，不但到处树敌，而且正在疏远他从前的友邦。瑞典国王直接受到侮辱，而且因德邦特斯公爵领地问题受到伤害，所以他像意大利各邦一样，转而反对路易十四。即使路易十四热衷于让新教徒改变信仰，并且准备废除南特敕令，教皇本人仍然站到了他的敌人一边。尽管各国与教廷势力普遍对路易十四强烈不满，但将它们组织起来，最后充分有效地发挥作用，这需要荷兰和威廉·奥兰治再次挺身而出。但是完善组织工作需要一定时间。"迄今为止还没有一个国家把自己武装好。不过，每一个国家，从斯德哥尔摩到马德里，都在谈论、写文章、游说……文战先于武战许多年，已经开始；时政评论家坚持不懈地向欧洲舆论界呼吁：新君主政体的恐怖已经在以各种方式向四方扩散。"众人皆知，路易十四企图让自己或者他的儿子成为德意志之主。这个君主政体正在企图夺取一度由奥地利王室占据的地位。由于各种复杂情况，例如个人利益、资金不足，使路易十四不得不推迟行动计划。尽管威廉·奥兰治本人很希望，但是荷兰不愿意再度负担反法同盟的财政；奥地利由于东部边境受到了反叛的匈牙利人和土耳其人的严重威胁，不敢冒险在西部边境再发动一场战争。

这些年，法国海军在科尔贝尔的精心管理下日渐发展，而且通过不断攻打北非伊斯兰教各国的海盗船和港口，培养了坚强的战斗意志。在这些年间，英国和荷兰的海军，无论数量还是效率都每况愈下。早有传闻说，1688年，当威廉需要荷兰舰船远赴英国时，遭到反对，理由是当时的荷兰海军和1672年迥然不同，"海军实力正以难以预测的速度削弱，一批最有才干的指挥官早已退出了"。在英国，海军纪律松懈，缩减军备的政策，令舰队的舰船数量不断减少，状态不断恶化；在对法国作战呼声于1678年逐渐提高的时候，国王把海军交给了一批新的人员管理。一位英国海军历史学家评论道："这个新的管理机构持续了5年，如果再继续5年的话，很可能会纠正使皇家海军衰退的很多重要弊病，而且会消除未来可能会造成错误的隐患。1684年，一种责任感驱使英王重新亲自掌管舰队，而且让绝大多数老军官官复原职。但是，在他重新掌管舰队还没有取得任何重大进展前，1685年，英王陛下就去世了。"[1]对英国海军而言，王位更迭是一件大事，从最终的用处看，它极大地影响了路易十四的计划和正在着手准备的大规模侵略战争。詹姆斯二世本人出身海军，对其极为重视，而且亲自担任过洛斯托夫特海战和索斯沃尔德湾海战的总司令。他了解英国海军实际是处于被压制状态，所以他立即精心采取各种措施使在数量上和效率上恢复海军。他在统治的3年时间里，确实为英国装备一支舰队做了许多贡献，但这支部队后来率先被用来对付他本人和他最好的朋友。

詹姆斯二世继承王位，对路易十四来说是件好事，但却使得欧洲一起行动起来反对他。因为英国斯图亚特王室与法国国王保持密切的同盟关系，而且詹姆斯二世对路易十四的专制统治非常赞赏，他曾运用国王拥有的巨大权力，从政治和宗教上制止对法国的反对。除了政治同情外，詹姆斯二世对天主教极为虔诚，促使他采取了英国人如此反感的行动，最后结果是他被从王位上赶下来。由于来自议会的一致呼声，他的女儿玛丽的丈夫威廉·奥兰治继承了王位。

---

[1] 坎贝尔：《海军将军传》。

詹姆斯二世继承英国王位的那一年，一个外交上反对法国的广泛联合行动开始了，该行动是从宗教和政治两个方面同时进行的。法国新教徒一直遭受迫害让一些新教国家极为愤怒；随着英国詹姆斯二世的政策越来越向天主教倾斜，这种愤怒情绪也越发高涨。北方新教国家，荷兰、瑞典和勃兰登堡结成同盟，并且期望得到奥地利和德意志诸邦的支持，还期望西班牙和其他罗马天主教国家，出于政治上的忧心和愤怒也支持它们。奥地利和德意志近期已在对土耳其的战争中取得成功，使其可以腾出手来对抗法国。1686年7月9日，神圣罗马帝国皇帝、西班牙国王、瑞典国王和德意志各邦的王公在奥格斯堡秘密签订了一份协议。起初，它的目的只是防备法国，但是，很快就变成一种攻势同盟，名称为"奥格斯堡同盟"。两年之后的大战由此得名，称之为"奥格斯堡同盟战争"。

第二年即1687年，神圣罗马帝国大败土耳其和匈牙利。很明显，法国已经不能够指望奥地利继续因为东方分散注意力。与此同时，英国的不满情绪和奥兰治亲王的野心已表现得愈加明显。奥兰治亲王希望通过继承英国王位，使个人的权力和地位得到不寻常的提高。但是，这位亲王要实现政治理念，就必须永远抑制路易十四的势力，因此他需要荷兰提供舰船、金钱和人员，可是荷兰人犹豫不决，因为他们非常了解，这样做的结果是和宣布詹姆斯二世是同盟者的法国国王开战。最后导致他们采取这种行动是路易十四恰好在此时废除了《奈梅根和约》中曾给予荷兰的贸易特权。由于荷兰的实际利益受到严重损害，荷兰人不再踌躇。一位法国历史学家说道："这样公然违反《奈梅根和约》的条款，是对荷兰贸易的致命打击，使它在欧洲的贸易减少四分之一以上,打消了荷兰在实际利益中仍然会遇到的宗教感情障碍,而且将整个荷兰置于威廉控制下,荷兰再也没有任何理由讨好法国了。"[1]这是1687年11月发生的事情。第二年夏天,一个英国王位继承人的出生,使事态发展到必须解决的地步。英国人的忠君爱国观念已使他们容忍了旧派国王的统治,但现在随着时间的推移,他们已不能再容忍继续忠于罗马天主教的国王。

最终,路易十四和威廉·奥兰治兵戎相见的时刻到来了。他们长期敌对,又因为各自的坚强个性和各自所代表的事业,在许多重大事件中身先士卒,以后许多时代的人都会感受到他们的影响。性格强硬的威廉·奥兰治站在荷兰海岸上,向往着自由的英国,使他与英国分离的狭窄的海峡,构成了岛国的天然防线,而且可能是他实现宏愿的不可逾越的障碍,因为法国国王如果当时有这个意愿的话,能够控制海峡。路易十四把法国权力集中在一人手中,像从前一样,面对东方,眼看整个欧洲联合起来对抗他;在他的侧翼是怀有敌意的英国,正渴望加入反对路易十四的行列,只是现在还缺少一个领导人。是否应听任连接头部和躯干[2]的道路畅通无阻,使荷兰和英国这两个海上强国置于一人的统治之下,由路易十四决定。如果他从陆路进攻荷兰,而且把优势海军派往英吉利海峡,可能会把威廉·奥兰治限制在荷兰本土。把威廉限制在本土的另一原因是受国王宠爱的英国海军现在可能会比昔日更忠于他们的首领詹姆斯二世。但是因为路易十四一生的固执己见,也许他永远不能摆脱这种固执,法国的兵锋再次指向

---

[1] 马丁:《法国史》。
[2] 这里的头部指威廉·奥兰治,躯干指英国。

大陆。1688年9月24日,路易十四对德意志宣战,兵进莱茵河。威廉见实现宏图的最后一个障碍业已消除,欣喜若狂,但逆风使他推迟了几个星期出发。10月30日,威廉终于从荷兰起航了。远征舰队由500多艘运输舰船组成,运载1.5万多名士兵,有50艘战舰护航。这支远征舰队的特点是政治和宗教结合,因为其大部分陆军军官是上次战争后被法国驱逐的新教徒,威廉·奥兰治手下的陆军总司令就是胡格诺派教徒、法国前元帅绍姆伯格。第一次起航由于猛烈风暴没能成功;11月10日,威廉再次起航,顺风驶过英吉利海峡,15日,终于在托贝登陆。詹姆斯二世在这一年底逃出英国。第二年2月,威廉和玛丽被立为大不列颠国王,英国与荷兰结盟。随着威廉入主英国,路易十四立即对荷兰宣战。在威廉筹备远征和因逆风被推迟行动的几个星期里,法国驻海牙大使和法国海军大臣,都曾请求国王用其强大的海上力量制止这次远征——当时法国海军势力非常强,在战争的最初几年里,数量远远超过英国和荷兰的总和。但是路易十四不愿意这样做。看起来,英国国王和法国国王那时同样愚昧糊涂。惊恐中的詹姆斯二世,坚定拒绝法国舰队援助。虽然他企图在舰上举行天主教的弥撒仪式时,曾引起了舰员的骚动和反抗,差点把神父扔进海里,但他仍然坚信英国水兵会忠于他。

　　法国就这样孤独地投入了奥格斯堡同盟战争。"法国政策最为担心的,长期以来都避免发生的事情,终于发生了。英国和荷兰不仅结盟,而且联合起来在同一个人统治下。英国摆脱了斯图亚特王朝的长时间束缚,实现了加入这个同盟的强烈愿望。"至于海战中进行的各次战役,战术价值远不如德·勒伊特指挥的那些战役。在战略性的各个主要问题上,已在海上拥有决定性优势的路易十四都失算了。首先,在詹姆斯二世逃到仍忠于他的爱尔兰时,路易十四完全可以予以支援,但他没有这样做;其次,为了路易十四自己选定的大陆政策进行耗费巨大的战争,使得法国大舰队无法维持下去,逐渐从海洋上消失;最后,不那么重要的一点是,随着大舰队消失,法国的破坏贸易战和私掠巡航战成为仅有的和主要的海战方式。起初,这种私掠巡航战产生的积极作用,似乎与已谈过的没有舰队支援便往往不会产生好的效果的说法互相矛盾。但是我们在对情况进行认真研究之后,就会看到这种矛盾只是表面现象。

如果吸取上次战争的经验,法国国王在自己挑起的这场大战中,首先应当致力于直接对付两个海上强国,反对威廉·奥兰治和英荷同盟。当时在英格兰,仍然有许多詹姆斯二世的党羽,甚至那些请来威廉·奥兰治的人也对他的王权实施戒备性限制。威廉·奥兰治统治最为薄弱的地方是爱尔兰,只要爱尔兰还没能平定,威廉·奥兰治的政权就不牢靠。1689年3月,詹姆斯二世逃离英格兰,在一些法国士兵和一个分舰队护卫下,在爱尔兰登陆。除了新教控制的北爱尔兰,他在其他各地都受到热烈欢迎。詹姆斯二世以都柏林为陪都,并且一直在爱尔兰待到第二年7月。在长达15个月的时间里,法国人在海上具有强大优势,他们曾多次让陆军部队在爱尔兰登陆,而且还在班特里湾海战中战胜了企图阻止法军登陆的英国舰队。虽然詹姆斯二世已经在爱尔兰安顿下来,这对他支撑住局面是极为重要的,但在詹姆斯二世进一步巩固在爱尔兰的统治和伦敦德里经过围攻陷落之前,阻止威廉·奥兰治取得爱尔兰的一块立足之地同样很重要。尽管1689年和1690年间,法国海军力量比英荷两国同盟的海军更强大,但是法国海军却坐视英国海军司令鲁克不受干扰地把增援部队运到伦敦德里,绍姆伯格元帅率领一支小型陆军部队在卡里克弗格斯附近登陆。鲁克切断了爱尔兰和有许多斯图亚特党羽的苏格兰间的交通往来,然后,他又率领一支小型分舰队沿爱尔兰东海岸航行,企图烧毁都柏林港内的舰船,只是由于天公不作美没能得逞。最后他来到詹姆斯二世占领的科克外海,夺取港内的一个小岛,再于10月安全地返回唐斯。这些行动有助于加强对伦敦德里的围困,而且可以使不列颠和爱尔兰之间的交通畅通,这种情况持续了整个夏季,法国却没有试图予以阻止。如果法国舰队在1689年夏天能够进行有效合作,使爱尔兰脱离英国来打击威廉·奥兰治,几乎不用怀疑,法国肯定能击败所有反对詹姆斯二世的海上势力。

第二年,法国在战略上和政治上犯了同样的错误。詹姆斯二世这种依靠一个弱小民族和外国援助的冒险行动,如果不能取得进展,必然结果就是丧失实力。但是如果能和法国和衷共助,尤其是和法国舰队合作的话,形势仍然会对詹姆斯二世有利。公正地说,法国那样一支纯粹为军事目的组建起来的海军,在战争开始时战斗力必然是最强大的,而海上强国联合组织的海军依靠其众多的商船和财富资源,会逐渐赶上甚至超越法国海军。1690年,海军力量的对比仍然有利于法国,但是已远不如前一年了。对法国来说,最重要的问题是如何使用这支海军。按照海军战略的两种观点,有两个主攻方向。一是进攻英荷联合舰队,如果能把它们彻底击败,就可能会使威廉·奥兰治失去他的英国王位;另一个是使舰队成为爱尔兰战役的辅助力量。法国国王选了前者,无疑这是完全正确的。但没有任何理由地,他忽视了切断不列颠和爱尔兰两岛之间的交通线。早在3月，他曾顺利地率一支大舰队，将6000多名士兵和一些补给品，送上了爱尔兰南部港口，但在完成上述任务之后，舰船返回了布雷斯特，直到图尔维尔伯爵集结他的大舰队之前，整个5月和6月，这些舰船都停在港口。在这两个月里，英国正在他们的西海岸聚集一支陆军部队。6月21日，威廉·奥兰治带领他的部队，在切斯特登上了288艘运输舰船，护航战舰只有6艘。24日，威廉在卡里弗格斯登陆。随后护航战舰离开，准备去与英国大舰队会合，然而，图尔维尔的舰队已经出海，而且占领了英吉利海峡以东海区。最令人吃惊的莫过于在争夺爱尔兰时期，双方都对对方和爱尔兰岛之间的交通线心不在焉。特别令人费解的是法国，因为它有更强大的海上力量，而且肯定已收到英国的反对分子提供的有关英国下一步活动的准确情报。看起来有25艘法国快速帆船组成的分舰队，在战列舰支援下，受命前往圣乔治海峡值勤，但实际上它们从来都没有到过那个阵位，当詹姆斯二世在波因河战役中彻底失败时，只有10艘法国快速帆船到达金塞尔。英国的交通线从没有受到过威胁。

图尔维尔的舰队一共有78艘舰船，其中70艘组成战列线，此外还有22艘纵火船。这支舰队是在威廉·奥兰治登上英国舰船后的第二天，即6月22日起航的。30日，法国舰队到达利泽德外海，使得正在怀特岛外海，完全没有准备，甚至不曾向西面派出警戒舰的英国舰队司令惊慌失措。他匆忙出海，驶向东南海区，其后的10天里，不时地有其他舰船加入他的舰队。这两支舰队继续向东行驶，彼此都能看到对方，但是没有交火。

英国的政治形势危机四伏，詹姆斯党人的不满越发公开化，而且多次进行示威游行。爱尔兰叛乱延续了一年有余，威廉·奥兰治当时在爱尔兰，只把玛丽二世女王一人留在伦敦。情况紧急，议会命令舰队司令赫伯特与法国舰队决战。赫伯特受命出航，7月10日，他占领了上风位置，并借助东北风组成了战列线，然后顺风航行，进攻等待他到来的法国舰队，后者正前桅帆逆帆，右舷戗风，先向北然后向西航行。

然后，著名的比奇角海战打响了。参战的战舰，法国为70艘，英国和荷兰按他们自己的统计是56艘，按法国统计是60艘。在联合舰队的战列线中，前锋为荷兰战舰；中央为赫伯特亲自指挥的英舰；后卫为英荷两国的战舰混编编队。战斗各阶段如下：

1. 上风位的联合舰队以横队驶向对方。和往常一样，这种机动完成得并不十分理想，与以往发生的情况一样，前锋先于中央主队和后卫遭到敌舰炮击，舰船受损。

2. 赫伯特海军上将尽管身为舰队总司令，但没有用其中央主队实施有力的攻击，而是使其与法国舰队保持较远的距离。联合舰队的前锋和后卫进行了近战。保罗·霍斯特在《海军战术》一书中，把联合舰队的这种机动，说成这位海军上将想集中主力进攻法军后卫。为此，他让中央主队靠近后卫，而且使其位于射程之外的上风位，从而阻止法国舰队戗风转变航向和折向后卫。如果这就是他的目的，计划总构思的可圈可点难掩细节方面的问题，中央主队进行这种机动时会与前卫之间形成一个较大的缺口。相反，他应该像德·勒伊特在泰瑟尔岛海战时那样，尽可能多地攻击他认为能够对付的法军后卫舰船，撤向联合舰队前锋，指派它去阻止法军前锋。一位舰队司令，在数量上处于劣势，不可能像他的敌人那样，展开一条漫长而密集的战列线，不让敌战列线与他的舰队完全重合是可以允许的,但是,就算为这个目的,也不应该像赫伯特那样,让中央部分形成一个很大的破绽。相反,他应该不断扩大后撤的战舰间的距离。联合舰队的这种做法使前锋和中央两处都面临着被敌军迂回的危险,并且都受到攻击。

3. 法军前锋指挥官看到荷舰向他的战列线逼近,而荷舰的战斗力远不如自己时,就让前方的6艘战舰全速前进,然后逆风换舷,从而使荷舰处于两面炮火夹击之中。

与此同时,图尔维尔击退了敌中央主队的先导分队后,由于赫伯特的部署,图尔维尔发现自己的中央主队已没有对手,因此下令其先导舰加速向前挺进,这支舰队加强了进攻荷军前卫的力量。

于是在两条战列线的前端发生一场混战。混战中,处于劣势的荷舰损伤惨重,幸好风停了。而当图尔维尔本人和其他法国战舰放下小船进行牵引,准备再投入战斗时,联合舰队已敏锐地令所有的战舰抛锚,张帆待航,在图尔维尔还没有看清形势前,西南方的退潮已使他的舰队退出了战斗。最后,图尔维尔在距敌人3海里的地方抛锚了。

21时,当潮流改变方向时,联合舰队再次起锚,向东航行。它们当中的许多舰船遭到严重破坏,英国人宁愿摧毁这些失去战斗能力的舰船,也不愿为保护它们再去大战一场。

图尔维尔进行了追击,但并没有下令全面追赶,而是保持原有战列线,使整个舰队速度放慢,照顾速度较慢的船。实际上这正是进行一场混战的极好机会,而且必须去抓住这个时机。对一支被打败、正在逃跑的敌舰队,应该不遗余力地追击,只需注意让追击的舰船保持相互支援的队形，完全不需要保持战斗开始或进行过程中要求的那种严整的队形。但图尔维尔还是没有下令进行全面追击，这说明他在军事上还不够成熟；这种失误的本身，正像这次海战一样，是发生在他一生中的最重要的时刻。他从没有机会担任这样大规模海战的总指挥官，并且这次海战，正如旗舰上的霍斯特所说，是一次从未有过的大胜仗，但并不是一次决定性的胜利。据霍斯特说，法军不曾损失一艘小船，更不用说战舰了。如果情况属实，图尔维尔漫不经心的追击更应该受到谴责，尽管联合舰队脱逃时，有16艘舰船搁浅并且在敌人视野里被烧毁，但法舰最远却只追至唐斯。英国人承认联合舰队损失了8艘战舰，这种估算可能是因为与法国测算的方法完全不同。赫伯特率舰队驶抵泰晤士河口，利用移动浮标阻止敌人继续追击。[1]

在法国，如果我们把让·巴特为首的著名私掠船船员排除在外，图尔维尔就是这次战争中唯一名留史册的海军将领，而在英国舰队中，卓越的功绩无法归于指挥分舰队的某个英勇大胆的将领。当时图尔维尔已在海上服役近30年，他既是一名水手又是一名军人。他年轻的时候，就曾以卓越的胆识，为人们树立了光辉榜样。他跟着法国舰队参加了英荷、地中海和与北非伊斯兰教各国海盗之间的一系列战争。晋升为海军将官后，在开战最初几年，他亲自指挥过法国历次派出的最大舰队，在指挥上具有一定的造诣。他掌握的知识以理论和实践为基础，同时还因实践对航

---

[1] 莱迪亚德说，移动浮标的命令没有被执行。《海军历史》第2卷，第636页。

海业务非常熟悉，这样他就能在海上最有效地运用战术原则。尽管图尔维尔具备上述许多优点，但是在众多勇士都没有承担重大责任的方面，他似乎也无能为力。[1]在比奇角海战之后，他对联合舰队追击时的谨慎，与两年后他在拉乌格海战中让他的舰队几乎遭到全歼的情况截然不同，但追寻根源都是由于他的性格特点。在拉乌格海战中，他是因为口袋里揣着国王的命令。图尔维尔做任何事都很勇敢，他缺少承担最重要责任的能力。事实上，虽然图尔维尔开创了在未来大行其道的谨慎和熟练的战术风格，但他仍然不失17世纪海军指挥官勇猛苦战的特点。毋庸置疑，比奇角海战之后，他感到已经出色地完成了任务，对自己非常满意，但实际上他做得并不如感觉的那么好。用纳尔逊的话来说就是："如果我们已把敌人的11艘战舰打沉10艘，而让最后能捕获的一艘逃跑了，我绝不能说是成功的一天。"

　　比奇角海战中，法军虽然取得大胜利，但不能说完全成功。这次海战之后，詹姆斯二世在爱尔兰海岸上已经失败。威廉仍然可以不受干扰地把部队运至那里，使他在那里的部队无论数量和质量上都强于詹姆斯二世，至于领导能力，威廉本人也胜过前任国王。路易十四劝詹姆斯二世避免决战，必要时撤往完全忠于他的爱尔兰中部香农地区。虽然要在陪都待一年多，肯定会影响士气，但这样就能达到阻止威廉登陆的目的。詹姆斯二世决定占领波因河一线，以掩护都柏林。7月11日，新老国王的军队在波因河遭遇，结果詹姆斯二世彻底失败。詹姆斯二世本人逃到金

---

〔1〕当时的法国海军大臣塞涅莱，称他为"胆小的司令官"。

塞尔，在那里他找到10艘本来准备控制圣乔治海峡的快速帆船。他登上帆船，再次逃往法国避难，请求路易十四利用比奇角海战取得的胜利，让他自己和另一支法国陆军在英国本土登陆。路易十四气冲冲地拒绝了，而且命令留在爱尔兰的法国部队立即撤回。

当时在海峡两岸，似乎出现了一些对詹姆斯二世有利的机会，但就算这些机会确实出现了，詹姆斯二世也想得过于乐观了。在联合舰队安全退到泰晤士河口之后，图尔维尔按照命令，在英国南部进行了几次示威行动。但这些活动对恢复斯图亚特王朝的统治没有起到任何作用。

爱尔兰的情况则完全不同。波因河战役后，爱尔兰陆军与法国援军一起后退到香农，并在那里坚持抵抗英军。路易十四气消后，继续为詹姆斯二世派遣援军，提供给养。但大陆战争的形势越来越严峻，使他不能为爱尔兰提供足够的支援。一年后，由于阿瑞姆战役的失败和利默里克陷落，爱尔兰的战争结束了。波因河之战，因为特殊的宗教色彩，获得了有些虚假的名声。此后，威廉顺利地当上了英国国王。但实际上，威廉能够成功，以及之后欧洲各国在奥格斯堡同盟战争中集体对付路易十四，主要是由于法国舰队在1690年海战所犯的错误和失职行为，尽管在那次海战中，法国前所未有地战胜了英国，取得了非常引人注目的胜利。一些值得注意的军事行动是，人们惊奇地发现图尔维尔竟听任威廉离开切斯特后起航，并且在波因河之战的前一天到达比奇角。然而，真正的失误在于图尔维尔听任威廉不受任何干扰地把一支强大的陆军运至爱尔兰。如果只让威廉进入爱尔兰，而没有这样强大的援军的话，也许形势能对法国有利。爱尔兰战役的结果是确立了威廉在英国的王位,建立英荷联盟;两个善于航海的民族在同一个君主的统治下联合起来,利用他们的贸易和海上力量,还有从海外获得的财富,确保他们在大陆的同盟国能够成功地进行这场战争。

1691年只有一次比较有名的重大海上军事行动,这就是后来法国人熟知的图尔维尔"远洋"或"近海"巡航。在法国海军的记忆里,这次行动至今是一种非同寻常的战略和战术榜样。前面已经谈到,作为特定国家力量的海权不仅只是一种军事建制,而是建立在民族特性和追求之上的实力。这种实力当时已开始与同盟国一起发挥作用。尽管联合舰队在比奇角失利,但是,1691年,拉塞尔元帅指挥联合舰队的100艘战舰又重新占领了海洋,而图尔维尔只能集结与前一年相当的72艘战舰。"6月25日,图尔维尔率领这些战舰离开布雷斯特。在敌人还没有在英吉利海峡现身时,他已经占领了入口处的巡航海区,并向各处派出警戒船。当获悉联合舰队为掩护来自黎凡特地区的护航运输船队安全通过海峡,已在锡利群岛附近锚泊时,他毫不迟疑地驶向英国海岸,当时正好另一支从牙买加来的商船队也正迅速驶向那里。图尔维尔故意误导英国巡洋舰驶向错误方位,驶抵牙买加商船队附近,捕获了几艘商船,而且在拉塞尔赶来交战之前,将整个商船队冲散。最后,图尔维尔面对联合舰队,纯熟地进行了机动,总是占领上风位,将联合舰队引到远海,消磨了50天时间,却没能找到一次交战机会。在此期间,遍布英吉利海峡的法国私掠船,不断骚扰敌人的贸易,而且保护了本国去爱尔兰的护航运输船队。毫无结果的努力使拉塞尔精疲力竭,最后只能驶向爱尔兰海岸。图尔维尔舰队保护返航的法国护航运输船队之后,再次在布雷斯特锚泊。"

图尔维尔舰队捕获了几艘商船的结果本身没有实际意义，但是它通过牵制同盟国舰队，为法国破坏贸易战做出了巨大贡献。但是，英国这一年的贸易损失比下一年少得多，同盟国损失的主要是荷兰的北海贸易。

在英国王位继承战争期间，尽管陆战和海战几乎同时进行，但它们仍然是互不相干的独立性战争。陆战与我们的课题无关，因此，没必要去展开讨论。1692年，法国舰队在著名的拉乌格海战中，遭到惨痛失利。从战术角度考虑，这场海战没多少可说的，而实际结果却被过分夸大。流传的许多记载使它成为世界上的一次著名海战，所以我们也不能完全不理。

路易十四被从英国传来的报告，尤其是詹姆斯二世的陈述迷惑，詹姆斯二世盲目地认为仍然有许多英国海军军官对他个人的热爱超出对他们祖国的爱。路易十四决定让詹姆斯二世本人亲自指挥入侵英国南部海岸。作为入侵英国的第一个步骤，图尔维尔应当率领50～60艘战舰（其中13艘来自土伦）与英国舰队交战；期望会有许多英舰临阵避战，造成军纪崩溃，从而让法国轻而易举地取得完胜。实施作战计划的第一个障碍是土伦舰队因逆风推迟到达战场，图尔维尔只能率44艘战舰出发，但他收到了国王武断的命令，一旦遇上敌人，不论众寡，也不论情况如何，都要与之作战。

5月29日，图尔维尔发现联合舰队先向北方，然后向东驶去，数量为99艘帆船。当时刮西南风，他有交战的选择机会。但是，他先把所有的将官召集到他的舰上，而且向他们提出是否该进行战斗的问题。他们异口同声地回答不应该，他随即拿出国王的命令，[1]于是没人再敢质疑，尽管他们已经知道带着相反命令的轻型舰船甚至正在搜寻这支舰队。会后，出席会议的军官回到各自的战舰，整个舰队一起驶向联合舰队。正在等待他们的联合舰队，右舷戗风向东南偏南航行，荷兰战舰担任前锋，英国战舰担任中央主队和后卫。当两支舰队进入有效射程时，法国舰队改变航向，右舷戗风占领上风位。图尔维尔由于在数量上处于劣势，不能完全避免敌军战列线延伸到他的后卫，而他的战列线拉得太长，肯定会让整条战列线显得薄弱，但他为避免重蹈赫伯特在比奇角海战的覆辙，命令前锋后撤，扩大舰船的间距，来阻止敌前锋，并用中央主队和后卫实施近战。没必要过多关注这种力量不对等的战斗的各个阶段。但是它的结果却不寻常：战斗持续到大雾弥漫和无风的夜间，炮击停止时，竟然没有一艘法舰降下旗帜，也没有一艘被击沉。双方的海军都不能提供有关军队士气和战斗效率的较有价值的实例。图尔维尔的航海技术和战术才能很大程度上造成了这样的结果，但是这次战斗对联合舰队来说，也绝不是一种荣耀。两支舰队在黄昏时抛锚，一组英舰仍然位于法国舰队的西南方。后来这组舰船砍断缆绳任其漂流，穿过法军战

---

[1]作者在下文会按传统的和被普遍接受的说法叙述图尔维尔的作战命令和动机。法国作家德·克里斯诺伊在一篇有关事前和事中全过程的秘史记载中，否定了许多关于此事的传统说法。据他说，路易十四对英国军官对前总司令詹姆斯二世的忠诚不抱任何幻想；他下达给图尔维尔的命令，尽管在一定条件下是强制性的，但并没有强迫他让法国舰队在这种处境下战斗。不过，国王命令的语气暗示了他对图尔维尔以前在巡航中的行动不满，可能就是指比奇角海战以后的追击，并且对他在战役开始时的魄力表示怀疑。这种耻辱驱使图尔维尔拼死攻打同盟国舰队。据克里斯诺伊说，在舰队司令舱里的军事会议和国王命令产生的戏剧性效果实际上是不存在的。

列线,以便重新与主力会合,在这个过程中它们受到了猛烈的攻击。

  为维护舰队的荣誉,图尔维尔已经尽了很大努力,情况已表明继续战斗没有任何用处,当时他已经想到撤退。到了午夜,法军借助于较小的东北风开始撤退,第二天风向没有改变,法军继续撤退。联合舰队紧追其后,已丧失行动能力的旗舰"王家太阳"号拖慢了法国舰队的行动。因为它是法国海军中最好的战舰,图尔维尔始终不忍心将它毁掉。这时与图尔维尔一起的战舰有35艘,主要撤退方向是海峡群岛,其中20艘顺流通过奥尔德尼岛和大陆之间的危险水道,然后安全到达圣马洛。其他15艘舰船通过之前,潮流改变了方向,落下的锚链浮动起来,舰船随潮流向东漂向敌人的下风位。其中3艘试图在当时既没有防波堤也没有港口的瑟堡避难,其余12艘仍留在拉乌格角。最终这些舰船或是被他们自己的船员,或是被联合舰队船员烧毁。法国海军就此损失了最好的15艘舰船,这些舰船每艘最少装备60门舰炮,但这只略多于联合舰队在比奇角的损失。尽管损失比例不高,但它对一直为路易十四歌功颂德的光荣的民众,产生了非常具有冲击性的影响,而且完全从人们的记忆中抹去了图尔维尔和同伴们的无私奉献精神。拉乌格海战也是法国舰队进行的最后一次大战,以后的年代,法国海军便迅速衰弱。此次战败看似是对法国海军的一次致命打击,但事实上第二年图尔维尔就补充战舰,率领70艘战舰出海了。法国海军的衰败不是因为某一次失败,而是由于法国已疲惫不堪和大陆战争的庞大开支。这次战争主要依靠英国和荷兰两个海洋国家支持,促成它们联合的是威廉在爱尔兰战役中获得的胜利。如果1690年，法国海军的行动换一种指导思想，不用怀疑，结果会完全不同。因此，可以肯定地说，他们的错误决策是导致这种结果的直接原因，而且也是法国海军衰败的最主要原因。

在欧洲各国联合起来武力反对法国的奥格斯堡同盟战争其余5年时间里，没有什么重大海战，也没有十分重要的海上事件。为正确评价同盟国海上力量的作用，有必要简要概括一下，同盟国海上力量从各方面对法国施加的持久压力。海上力量平时的确也一直在悄悄起作用，正是因为这种作用不那么明显，所以没有引起人们关注，因此我们就必须认真地指出。

路易十四的敌人英王威廉三世的兴趣在陆军而不在海军，两者的政策、致力方向不谋而合，使战争更多地在大陆进行而不是在海上。这一时期，同样使战争形势转向的是法国大舰队逐渐退出战争，使同盟国联合舰队在海上没了对手。此外，英国海军尽管在数量上是荷兰的2倍，但当时的战斗力呈下降态势。查理二世在统治英国时期形成的负面效应，在其弟执政的3年时间里没能完全克服，甚至因为英国政治状况的影响，变得更加令人担心，起因就是曾提到的詹姆斯二世相信英国海军军官和水兵对他本人有深厚的感情，不管这种想法是否正确，它都在威廉的头脑里形成了成见，使他怀疑许多军官的忠诚，从而助长了海军管理的混乱。我们得知"商人们的控诉得到全力支持，并且他愚蠢地将一些不合格的人提拔到英国海军指挥机构，然而直到今天这种祸根还没消除，因为一些长期服役、经验丰富的人，被认为心怀不满，而看来要去改变现状的方法反过来使得情况变得比过去更加糟糕"。[1]英国内阁和城市里都是怀疑气氛,军官之间不但存在派系斗争,军官们还优柔寡断;一个在战斗中不太幸运或者无能的人,深知跟着失利到来的就是更严重的被指控为叛逆的下场。

拉乌格海战之后,同盟国海军的军事活动主要致力于三个方向:首先,攻打法国港口,特别是位于海峡和布雷斯特附近的港口。攻击这些港口的目的与其说是局部破坏和摧毁海运,不如说是摧毁法国私掠船经常出入的巢穴,尽管有时舰上装载许多陆军部队,但威廉三世也只是用海军来威胁和牵制法国,迫使路易十四从大陆战场撤出部分部队进行海岸防御。总的来说,在这次战争和以后的战争中,进攻法国海岸的所有行动几乎没有起到什么作用,即使只是一种牵制,也没有迫使法国陆军减弱向其他地区调动部队的势头。如果法国港口防御不到位,或者水道能够直通内地,像美国的切萨皮克湾和特拉华湾以及南部海湾那样,结果可能另当别论。

其次,当路易十四决定在1694年对西班牙发动进攻时,同盟国海军虽然没有进行海战,但直接发挥了重要的军事作用。西班牙尽管自身非常软弱,但因为它的位置靠近法国,令人感到不安,最后路易十四决定把战火烧到西班牙东北海岸的加泰罗尼亚,迫使西班牙议和。他的陆军攻势得到图尔维尔指挥的舰队支援,直到占绝对优势的同盟国海军逼近,迫使图尔维尔退往土伦以前,法国陆军吞并上述难以攻下的地区的行动都进展得很顺利。同盟国舰队的到来,挽救了巴塞罗那,从那时起直至双方

---

[1] 坎贝尔:《海军将军传》。

媾和，同盟国的舰队在西班牙海岸附近活动，并阻止法军向前推进。1697年，威廉三世表示愿意议和，却遭到西班牙拒绝，路易十四再次入侵巴塞罗那，由于同盟国舰队没有再出现，巴塞罗那被法军攻下。与此同时，法国海军成功地到达南美洲的卡塔赫纳。西班牙连续遭到两次重创之后，被迫投降，而法国的两次成功打击完全依赖于法国海军掌握制海权。

最后，同盟国海军还有一个军事作用是保护他们的海上贸易。就这一点来说，如果历史记载可信赖的话，那么他们在这方面相当失败。任何时期进行的破坏贸易战，规模和成就都比不上这一时期。拉乌格海战后很短的时间内，就是法国大舰队逐渐消失那几年，破坏贸易战的范围之广、威力之大，显然与此种战术必须拥有强大的舰队与邻国海港为后盾的断言有些矛盾。现在已经可以针对这些问题进行充分的讨论：一方面私掠船的侵袭让贸易无法进行是海洋国家渴望和平的主要原因之一；另一方面它们的贸易除维持自己的需要外，还要为进行大陆战争的别国陆军筹措资金，使战争能够持续下去，迫使法国接受媾和条件。所以说对贸易的攻击和保卫至今仍然是一个实际问题。

首先，应该看到法国舰队是逐渐衰弱的，而且它在海峡起到的威慑作用，在比奇角的胜利，以及在拉乌格海战中的英勇行为，一段时期里给同盟国舰队留下了难以磨灭的印象。这种印象迫使同盟国舰船只能聚集成舰队一同行动，而不敢分散追逐敌人的巡洋舰。从某个角度来说，这实际上是帮了敌国的巡洋舰一把，等于让它们安心在海上进行另一场战争。另外，我已经提过英国海军的效率很低，而海军行政机构的效率可能更低。与此同时，英国的一些反叛分子为法国提供了具有重要价值的情报。例如拉乌格海战后第二年，法国收到一支庞大的护航运输船队驶向士麦那的准确情报后，命令图尔维尔按他们计划好的那样，在同盟国联合舰队准备把法国舰队封锁在布雷斯特港之前，率舰队出海。由于英国行政机关办事效率太低，护航运输船队推迟出海；更不幸的是，英国政府直到舰队已与商船船队一起起航时，才知道图尔维尔已率舰队离开了布雷斯特。图尔维尔在海峡附近突然袭击了护航运输船队，400多艘运输船中的100多艘被摧毁或被俘，其余全部溃散。这不算是一次纯粹的巡航战，因为图尔维尔舰队共有71艘舰船，但是，它充分说明英国行政机关的无能。事实上，紧接拉乌格海战之后，巡洋舰的劫掠成为同盟国最大的灾难。原因有两个：一是同盟国为了集结部队准备在欧洲大陆登陆，使联合舰队滞留在斯皮特海德两个多月，从而听任法国的巡洋舰不受干扰地大胆行动；二是这个夏天法国无法再派舰队出海作战，因此同意海员为私掠船工作，让私掠船数量大为增加。综上所述，法国破坏贸易的军事行动尽管在英国国内引发轩然大波，但并没有得到制止，而且还在不断扩大。一位英国海军编年史编者说："必须承认，在前一年法国控制海洋时，我们的贸易损失远少于第二年他们的大舰队被封锁在港口时。"显然原因是法国已经没有什么海上贸易，舰队里的相当数量的水手，在舰队搁置不用时，能够转移到巡洋舰上。随着战争压力逐渐加强和路易十四继续缩减现役舰船，破坏贸易战的舰船得到补充。"法国国王的海军舰船和军官，有些按照一定条件，被私人商行雇用，有些被租给渴望从事私掠船事业的公司，甚至连内阁大臣们都不鄙弃参加这种行动。"的确，他们被怂恿这样做是为了讨好国王。参加私掠行动的基本规定是在收益中应提取一份进贡给国王，作为使用舰船的报酬。这种雇用注定会影响舰队的士气，但是这种影响不一定会突然爆发，会暂时给私掠活动精神激励，注入能量，但是不能持久。事实上，国家没有供养海军的经费，使得海军与私人资本勾结，于是他们用闲置的舰船去劫掠，冒着生命危险去追求利润。这种破坏贸易的活动不只是单艘巡洋舰各自为战，有时也会让3艘或4艘，乃至多达6艘的舰船组成的小舰队一起行动，由一个人统一指挥。说得准确些，像让·巴特、福尔班和迪盖-特鲁安等人领导的一支小舰队善战胜于劫掠。1697年，规模最大的一次私掠远征队（也是唯一的一次私掠行动）远离法国海岸，驶向西属拉丁美洲的卡塔赫纳，这支私掠船队除许多小船外，还有7艘战列舰和6艘快速帆船，而且还装载了2800多名陆军士兵。这次远征的主要目的是强迫卡塔赫纳交出贡赋，但它对西班牙政策的影响众所周知，并且最后导致法西议和。私掠活动的特点和一致行动有助于支援舰队，但不能完全取代舰队。尽管同盟国继续使庞大的舰队集聚在一起，但随着战争的继续和行政机关效率的改进，破坏贸易战受到了限制。此外，得不到支援的巡洋舰，有时甚至在极为有利的条件下也会损失很大。为了证实这种情况，我们可以列举英国的一篇记载，即战争期间英国捕获法国59艘战舰，而法国只承认被捕获18艘。一位法国海军历史学家认为，这种数字差别很可能是因为英国人没有严格区分战舰和出租给私人商行的那些舰船。事实上，上述统计并不包括捕获的私掠船。"因此，这场战争中，巡洋舰以分队的形式协同行动，不远离他们的基地是破坏贸易战的显著特点，而敌人认为最好的办法是把舰队集中在别的地方。尽管如此，虽然英国海军行政机关无能，但随着法国大舰队的消失，巡洋舰的活动也越发受到限制。"所以1689—1697年的战争结果并不能推翻以下普遍结论:"要使破坏贸易的巡航战起到破坏作用,必须辅以战列舰分队活动。这些辅助活动能迫使敌人集中兵力,进而使巡洋舰幸运地攻击敌国的贸易航线。缺少这种援助的话,结果只能是巡洋舰被俘获。"战争接近尾声时,形势愈加明朗,而更加能看清楚的是,在下次战争中,法国海军的地位必将进一步削弱。

尽管两个海洋国家遭受了损失,但它们得到了更多好处。战争开始时,法国人采取攻势,结束时他们到处都处于守势,路易十四被迫违背他非常强烈的偏见和合乎情理的政治欲望,承认被他看作篡位者和私敌的人为英国国王。从表面和整体上看,这场战争几乎完全是以陆战形式呈现的,范围从西属尼德兰以南的莱茵河一线,延伸到意大利的萨伏伊和西班牙的加泰罗尼亚。英吉利海峡的海战和更远处规模日益缩小的爱尔兰战役,看上去只是一些插曲,而作为战争基础的商业和贸易活动完全被忽略了,或只有当人们大声述说损失时,才能引起注意。英荷两国的贸易和海运不仅遭受了严重损失,还承担着与法国作战的各国陆军的大部分军费。两个海洋国家的财富源源不断地外流入盟国,决定这种流向的,准确来说加速这种流向的,是由于法国在战争开始时未能正确利用海军优势。一支占优势的精良海军给一支没有准备好的敌舰队以致命的打击,这不仅在战争开始时很有可能,而且后来还是完全有可能的,但是,机会被错过了,原本较强大的、有更好基础的同盟国海军赢得了坚持下去的机会。

1697年在里斯维克签订的和约对法国极为不利,条约使它失去了签订《奈梅根和约》以后19年间获得的一切,唯一重要的例外是保住了斯特拉斯堡。路易十四在和平时期,用诡计或武力取得的利益，又全部放弃了，而且还要给德意志和西班牙巨额的战争赔偿。西属尼德兰获得了战争赔偿，直接受益者是荷兰，实际上对西班牙和整个欧洲都有利。按照条约条款规定，两个海洋国家获得很多贸易利益，这样在有助于它们不断扩大自己的海权的同时，也在不断地损害法国的海权。

法国曾进行了一次大战，当时它是孤军作战，而且后来它又不止一次地独自对付整个欧洲，确实是一件了不起的事。现在可以谈谈荷兰提供的教训，不论一个国家多么积极，多么有进取心，如果它原先人口稀少、幅员狭窄，就不能只依靠外部资源，而法国的情况说明了一个国家无论人口怎样众多、幅员有多辽阔、国内资源多么丰富，也不能只靠自身无限制地维持下去。

据说，科尔贝尔的朋友有一次发现他从窗户向外望去，而当问到他在沉思什么时，他回答说："我在注视我眼前这片富饶的土地，我想起了我在别处曾见到的那些地方。法国是一个多么富饶的国家啊！"这种理念让他在任职期间努力克服因为铺张浪费和国王发起的历次战争而导致的财政困难。从科尔贝尔时代以来，这个国家的全部历史进程已证明了这种信念的正确性。法国拥有丰富的自然资源，人民勤劳、节俭。但没有一个国家，也没有一个人能够在断绝与外界的正常往来后，一直强盛下去。无论生来体质怎样健壮，他也需要有益的周围环境，自由地从各处吸取一切有助于成长、壮大和健康的各种营养。不仅内部的有机组织必须良好地运转，而且还要顺利完成新陈代谢。但是无论精神还是身体，都必须从自身之外吸收、补充各种有益的、不同的营养。法国由于本国各部分之间缺少往来，也缺少与其他国家进行交换，即缺少国内和国外贸易，而耗尽了自己的自然资源。说这场战争是产生这些后果的原因至少部分是正确的,但这没有详尽无遗地阐述这个问题。战争导致了许多大规模的灾难,特别是它让一个国家与世隔绝,只得靠自身力量之时,灾难便更为深重。有些时候这种凶残的打击,确实会暂时起到兴奋剂的作用。但这只是一种特殊的情况,而且持续时间不会很长,所以并不能够证明普遍的看法无效。路易十四后期发动的几场战争,使法国陷于孤立处境,并且几乎毁灭法国,而科尔贝尔一生的主要目标,正是想办法让法国摆脱这种困境。

　　法国只要能将战争推迟到内部和外部建立起流通系统,并且能有效运转之后爆发,战争就不会使它陷入困境。科尔贝尔接任时,这些条件都不具备,为使法国能够经受住战争风暴的打击,不得不创造条件,使它们具有可靠的基础。但是科尔贝尔没有时间去完成这项伟业,路易十四也没有把他顺从和忠诚的臣民产生的活力引向这条轨道,来支持他的大臣的计划。所以当这种严峻考验降临到这个国家的权力机关时,法国不是从各地通过各种渠道吸取力量,也不像英国那样,在类似的困难面前,利用商船和海员的努力,使整个外界都为它提供能量,只能依靠自己,因为英荷两国的海军,以及大陆周围的敌国已经把法国包围起来,使它与外界隔绝。摆脱不断加剧的饥饿现象的唯一方法是,有效地去利用海洋,创建一支强大的海上力量,使其能够保证陆地上的财富和民族工业能够发挥作用。在这一点上,法国的三条海岸线,英吉利海峡、大西洋和地中海海岸,都拥有极其有利的自然条件,而在政治上,法国曾丧失了一个非常好的机会,没能够使自己的海上力量与荷兰联合,与荷兰结成为友好同盟,以此对抗英国。在路易十四实力鼎盛时期,他只知道对王国内部实行绝对控制，抛弃了这种强大的援助势力，并且通过多次侵略，不断激起欧洲各国起来与他对抗。在我们所研究的这一时期，法国坚持与整个欧洲对抗，总的来说是成功的，为自己的自信进行了华丽的辩护。法国没有前进，也没有大幅度衰落。但是，这种耀武扬威让法国筋疲力尽，一点一点地耗尽了国家的元气，因为它完全依靠自己，而不是通过海洋与外界一直保持好联系，依靠外界资源。后来的战争中，我们也看到了法国已经不具有同样的活力，到处挨打，濒于灭亡。国家与人一样，无论怎样强大，与外界隔绝，而且断绝了可以立即得到的支援时，就会衰退。一个国家就像我们早已说明的那样，不能无限期地依靠自己供养自己；使这个国家与其他各地联系，并且使它的力量不断得到补充和恢复的最方便的途径就是海洋。

第五章

1702—1713年西班牙王位继承战争
马拉加海战

17世纪最后三十年，各种武装冲突和外交斗争已经清楚地预示即将出现一件会引发更大争端的事件。这就是当时坐在西班牙王位上的奥地利皇室家族分支没有直系继嗣。西班牙国王即将离开人世，需要决定新的君主是要从波旁王室产生，还是从德意志的哈布斯堡家族推选。不论出现哪种情况，都需要决定继承王位的君主是继承西班牙帝国的全部遗产，还是为了保持欧洲的力量均衡，对全部遗产进行分割。然而这种力量平衡不再只是狭义上的大陆领地分配，人们还进一步密切关注着新的遗产安排分配对贸易、海运，还有大西洋和地中海控制权的影响。两个海洋强国的影响和它们的根本利益已经日趋明显。

为了搞清楚我们现在将要着手讨论的战略问题，有必要回顾一下当时西班牙统治下各国及地区的情况。这些国家及地区包括欧洲的西属尼德兰、那不勒斯和意大利南部、米兰和意大利北部的其他省份，地中海的西西里、撒丁和巴利阿里群岛。科西嘉当时隶属热那亚。在西半球，除了古巴和波多黎各，当时西班牙占据着现在讲西班牙语的拉丁美洲大陆，人们正逐渐了解这些地区的广阔贸易前景。在亚洲的一些群岛上，西班牙也拥有大片的领地，但它们没有卷入当时的斗争。虽然这个帝国极度虚弱，但是到当时为止，其他一些国家正忙于眼前的直接利益，都无心顾及它巨大的领地。尽管这样，当那里可能会出现一个更强有力的政府，而且通过与欧洲的一个主要强国联盟，能够得到它的支持时，这种现象就会马上改变。

为了用和平手段达到政治均势，而把一些人民和领土从一个统治者手中转交给另一个统治者的外交协商与我们的课题无关，无须详细研究。但可以简单概述一下各国的政策要点。西班牙内阁和人民反对任何肢解这个帝国的解决办法。英国和荷兰反对法国在西属尼德兰的扩张和法国垄断对拉丁美洲的贸易，它们担心波旁王室成员继承西班牙王位必然会导致上述结果。一旦西班牙被分割，路易十四会为他的一个儿子争得那不勒斯和西西里，从而使法国在地中海拥有一个强力的阵位。但是，这个要求必须得到海上强国的同意——现实迫使威廉三世默许了这种要求。奥地利坚决反对使地中海的这些领土脱离其家族统治，而且拒绝签署任何分割条约。外交协商没有取得任何结果，西班牙国王就去世了。临终之前，他在大臣们的劝诱下签署了一份遗诏，把他的所有领地遗赠给路易十四的孙子——当时的安茹公爵——后来的西班牙国王费利佩五世。这样安排是希望在防务上谋求位置最近的和欧洲最强大国家之一——法国的支持和援助，以保全西班牙帝国。这里所谓位置最近的国家，并没有将统治海洋的强国考虑在内。实际上对这些海洋强国来说，港口对它的舰船开放的任何国家都不算远。

路易十四既然接受了这份遗产，他就必须在道义上反对所有分割西班牙的企图。两个王国在一个家族统治下联手，对法国非常有利。从此，法国的后方少了一个宿敌，这样当它向东扩张边界时就不再有后顾之忧。事实上，从那时起，两个王国之间的同盟关系就从未中断过，只是由于西班牙的衰弱，这种家族纽带并没有对欧洲其他国家形成威胁。欧洲其他国家很快看清了这种形势，并且看到战争不可避免，只是法国国王把战争推迟了而已。将要发生的战争，必须依靠英荷两个强国的财富支撑，两个国家的政治家建议应把意大利各邦划给神圣罗马帝国皇帝的儿子，西属尼德兰时应该让英荷两国占领，而且建议西班牙新国王不让法国在西印度群岛享有超越其他国家的贸易特权。必须指出，从战后十年的角度看，这个妥协方案总体来说是最好的，这要归功于这些政治家的聪明才智，并且也可从中体会通过海洋进行扩张的价值在不断增加。但是，路易十四不愿意妥协；相反，他受到西班牙地方官们的纵容，占领了西属尼德兰的一些城镇，这些地方按照荷兰和西班牙签订的条约，曾经被荷兰部队占领过。不久，1701年2月，英国议会召开会议，宣布废除允许法国对地中海实施管辖权的任何条约。荷兰开始进行武装，奥地利将部队推进到意大利北部，它们将在这里进行一场对路易十四极为不利的战役。

1701年9月，两个海上强国与奥地利签署了一项密约，为即将进行的战争制定了主要作战方针，但不包括在伊比利亚半岛上的战事。按照密约，同盟国应当共同征服西属尼德兰，以便在法国和荷兰之间保持一道屏障；占领米兰以确保奥地利帝国其他地区的安全；征服那不勒斯和西西里，也是出于这种目的，是为确保大不列颠臣民和荷兰臣民的航海和贸易安全。为了航海和贸易利益，荷兰和英国认为两个海上强国应有权征服西属西印度群岛的一些地区；在那里它们能够占领应该属于它们的，并且可以永远占领的所有地方。一旦战争爆发，同盟国中的任何一个国家都不能不顾其他国家单独媾和，也不可以放弃以下条件：首先，永远阻止法国和西班牙在一个国王统治之下联合起来；其次，永远阻止法国人成为西属西印度群岛的主人，或向那里派出直接或间接从事贸易的舰船；最后，确保英荷两国臣民，在西班牙的所有领地内，享有前任国王统治时期就享有的一切贸易特权。

我们可以注意到所有这些条件都无意反对波旁王室家族成员继承西班牙王位，因为波旁王室是应西班牙政府的要求继承王位的，而且一开始曾得到英国和荷兰的许诺。可是另一方面，神圣罗马帝国皇帝坚持他本人的要求。在这种同盟中，就像保护它们的贸易利益的条约条款说明的那样，海上强国的意见至高无上——尽管它们打算使用德意志的陆军进行陆战，所以不得不考虑德意志诸邦的要求。就像一位法国历史学家指出的：

> 这的确是一个新的瓜分条约……控制一切的威廉三世非常谨慎，他既要设法不消耗英荷两国的实力，同时又要保持西班牙现有的君主制度，还不能触怒神圣罗马帝国皇帝。他的最终目的，是迫使西班牙国王费利佩五世立即保证英国和荷兰在西班牙君主统治的所有地区进行贸易，并且利用他们在大陆和海洋上占据的重要军事地位共同抵御法国。[1]

尽管战争已势在必行，但准备进行战争的一些国家却仍迟疑不决。没有英国，荷兰不会单独行动；尽管英国对法国极为不满，但是制造业主和贸易商对上次战争带来的惨痛印象记忆犹

---

〔1〕马丁：《法国史》。

新。正当局势动荡不安时,流亡法国的詹姆斯二世去世了。路易十四出于同情,在知己的劝说下,正式承认詹姆斯二世的儿子为英国国王;英国人对此异常愤怒,把这当作一种威胁和侮辱,于是他们放弃了所有基于谨慎的考虑。英国上议院宣布:"如果不让西班牙君主国的篡位者变得理智些,安全就得不到保证。"英国下议院除了为德意志和丹麦援军提供财政资助外,还提议征召5万名士兵和3.5万名水兵。1702年3月,威廉三世去世。继承王位的安妮女王[1]也继承了他的政策,而且这种政策已经成为英国人和荷兰人的共同政策。

路易十四为了削弱即将来临的风暴,企图在德意志其他各邦中组建一个中立同盟。但是神圣罗马帝国皇帝巧妙地运用了德意志人的感情,而且通过承认勃兰登堡选帝侯为普鲁士国王,将他拉了过来,这样就产生了一个北德意志新教徒王室,其他新教徒各邦自然聚集在它的周围。至于它成为奥地利最可怕的敌人,就是以后的事情了。勃兰登堡选帝侯成为普鲁士国王的直接后果是法国和西班牙因为众所周知的两顶王冠的原因,投入了除巴伐利亚以外没有任何盟国的战争。5月,荷兰对法国和西班牙宣战,英国也对法国和西班牙宣战。即使宣战时,安妮女王也拒不承认费利佩五世为西班牙国王,因为费利佩五世曾承认詹姆斯三世(老王位觊觎者)为英国国王。神圣罗马帝国皇帝甚至更直接地宣布反对法国国王和西班牙国王。规模宏大的西班牙王位继承战争的序幕就这样拉开了。

---

[1] 安妮女王,是威廉三世的妻子玛丽二世女王的妹妹,英王詹姆斯二世是她的亲生父亲。但由于詹姆斯二世是坚定的罗马天主教徒,而安妮姐妹俩从出生开始就是新教徒,因此双方在宗教和政治立场上完全对立。

在讨论一场大战时，既要分清基本的和与我们的课题密切相关的叙述，同时也不能忽略部分与整体的关系。如果不能做到这一点，就难以达到预期的目的，因为我们不是单纯地写一部海军事件编年史，也不是脱离通史和周围事物的因果关系，去探讨海军的战术和战略问题，而是要正确评价海权对战争的最后结局和国家兴旺的影响。为了使问题更加清楚，我们不妨再次指出威廉三世的目的，也就是他不是要阻止费利佩五世继承西班牙王位——这是与海权毫无关系的事情，他的真实目的是为了贸易和殖民帝国的利益，去夺取他能够夺取的西班牙在拉丁美洲的部分殖民地，同时把这些要求强加给西班牙新君主，或至少使英国和荷兰避免失去其在奥地利哈布斯堡家族统治时期享有的贸易特权。基于这种政策，两个海上强国自然不会把主要精力放在伊比利亚半岛，而是放在美洲；英荷联合舰队很可能不会进入直布罗陀海峡。因为西西里和那不勒斯将划归奥地利，而不会归属英国。后来发生的情况，改变了整个计划，一个新候选人，奥地利大公的儿子查理成为西班牙国王，于是伊比利亚半岛变成了胜负难分的血腥战场。英荷舰队不得不围绕半岛海岸巡航。这样两个海上强国在拉丁美洲就没有进行任何决定性的重要军事行动。英国在这场对决中控制了直布罗陀和马翁港，以后便成为在地中海有强大势力的海上强国。在公开宣布查理继位的同时，英国又与葡萄牙签订《麦特温条约》，使英国实际上垄断了葡萄牙的贸易，而且把巴西的黄金经里斯本运到伦敦——这是一个绝好的条件，有助于在欧洲大陆维持这场战争，同时还能供养海军。在此期间，英国海军的效率不断提高，尽管法国巡洋舰对它造成的损失仍然非常大，但英国完全能够承受这些损失。

战争爆发时，英国根据既定的方针，派乔治·鲁克爵士率领50艘战列舰和运输舰船组成一支舰队，运载陆军部队1.4万人进攻加的斯。加的斯是西班牙的美洲贸易在欧洲的重要集散中心，西欧的硬通货和物产汇集到那里，然后从那里散运到欧洲各地。占据卡塔赫纳也曾是威廉三世的目的，它也是西班牙的美洲贸易在西半球的主要集散中心。为了达到以上目的，威廉三世在临终前6个月，即1701年9月，曾派海军将领本鲍指挥的一支分舰队去那里。本鲍在卡塔赫纳以北遭遇法国支援和加强这座港口的分舰队，与之进行交战；尽管本鲍的兵力占优势，但是他的几位舰长不服从命令，没投入战斗，打乱了他的作战计划。他的座舰孤立无援，本人受了致命的重创，但依然坚持战斗，结果法国分舰队逃脱，英国舰队没能占领卡塔赫纳。本鲍弥留之际，收到法国分舰队司令的一封信，大意是：昨天上午我本来已经绝望，好像只能在你的船舱里吃晚餐了（意思是会成为俘虏）。至于你的那些怯懦的舰长，哪怕看在上帝份上，都该被绞死！他们死有余辜。就这样，最后他们当中的两人确实被绞死了。鲁克远征加的斯，尽管很有把握，但没成功，因为下达给他的命令是安抚西班牙人民，并劝说他们不要服从波旁王室的统治。这种不可思议的命令根本就是一种掣肘。远征加的斯没能成功后，鲁克得知来自西印度群岛的几艘满载着白银和货物的西班牙大帆船，由法国战舰护航进入维哥湾。他立刻前往，发现敌人在那里锚泊。港口通道只有3/4海里宽，而且设有防御工事和密集的栅栏防卫，但鲁克顶着猛烈的炮火，强行通过了密集的栅栏，占领了这个地方，船上的货物和大部分硬通货不是被缴获就是沉到海底。这就是历史上有名的维哥湾大帆船事件。这次战斗在作战技艺上非常精熟，叙述起来也很有趣味，但它除了沉重打击法国和西班牙的经济和两位君主的声誉以外，没有任何军事特色，所以没有必要给予详细阐述。

但是，维哥湾大帆船事件产生了重要的政治影响，而且有助于改变海上强国的上述基本行动方针。葡萄牙国王由于畏惧法国，已经承认费利佩五世，他内心反对，但又害怕法国的影响和势力进入王国。鲁克的一项任务是拆散葡萄牙与法国和西班牙的同盟。维哥湾大帆船事件发生在距葡萄牙边境如此近的地方，使葡萄牙充分认识到了同盟国海军的实力。事实上，葡萄牙距海洋比距西班牙更近，所以它必然受控制海洋的强国影响。尽管同盟国过去曾对葡萄牙国王进行多次劝诱，包括神圣罗马帝国皇帝答应把西班牙的领土割让给他，海上强国承诺给他提供经济援助，但是在奥地利王位要求者查理可能要在里斯本登陆，使同盟国进行一场大陆战争的同时又要投入伊比利亚半岛的战争之前，葡萄牙国王一直不轻易表明态度。查理在维也纳宣布继承西班牙王位，得到英荷两国的承认之后就被送到里斯本，1704年3月，查理在里斯本登陆。这必然使海上强国对计划进行大幅修改。因为同盟国曾发誓坚决支持查理，所以它们的舰队被拴在半岛沿海海域，或用于保护贸易。西印度群岛的战争则成为一场小规模的次要战争，而且毫无结果。从那时起，葡萄牙就成了英国的忠实盟邦，在这场战争中，英国的海权和它的所有对手相比，都占有很大的优势。葡萄牙的港口是英国舰队的避难场所和补给基地，在后来与拿破仑进行的战争中，英国舰队同样会以葡萄牙为基地。一百多年来，葡萄牙从英国那里得到的利益多于从其他任何国家得到的利益，但是它对英国的畏惧也比其他国家更甚。

英荷两国在海权上具备绝对优势，这对这场战争的结果，尤其对英国此后一个世纪成为无可争议的海上帝国至关重要。但尽管如此，英荷两国的海军在这场战争中却没有进行一次具备军事意义的海战。他们与法国大舰队仅交锋一次，可却没有取得决定性的战果。此后，法国便放弃了海上斗争。西班牙王位继承战争的特点代表了18世纪除美国独立战争之外的几乎所有战争的特点。海权具有一种无声的、持久的、令人精疲力竭的力量。它在切断敌人资源供给的同时，保护了自己的资源；它没有直接参加重大战斗，或者只处在不惹人注意的地位去支援战争，偶尔会给予一些公开打击。尽管这些都鲜为人知，但通过此次战争和后来半个世纪的一些重大事件，细心的读者可以看得很清楚，在我们谈到的这段历史时期，英国占绝对优势的海权是决定欧洲历史的一种重要因素，它使英国在国外发动并参与战争，维护其权益，同时又能使国内人民享有和平与稳定的生活环境，正是基于这种强大的海权，英国得以逐步建立起庞大的帝国，但因为英国过于强大而没有敌手，所以海权的作用并没有引起人们注意，而且几乎没有需要英国海军参战的时机。英国海权优势非常明显，致使一些冲突都不能被称为战斗。从1700年至1778年，可能除了宾在梅诺卡岛和霍克在基伯龙湾的战斗（后者成为海军史上最辉煌的篇章）外，没有发生过势均力敌的双方进行的决定性的、具有军事意义的较量。

基于这种特点，考虑到我们的议题，为了避免过多的叙述，我们只对西班牙王位继承战争作基本的概述，并且指出总体的影响，特别是舰队活动的影响。海军自然与在弗兰德斯、德意志和意大利的战争无关，可当他们曾有效地保护了同盟国的贸易，确保陆战所需财政援助充足，从而避免资金紧张的局面发生，他们就已经完成了在战争中的任务。在伊比利亚半岛，情况截然不同。查理在里斯本登陆后不久，乔治·鲁克爵士就驶向巴塞罗那，本来以为舰队一出现，这个地方就会自动陷落。但是，巴塞罗那总督忠实于他的国王，而且把亲奥地利派镇压了下去。因此，鲁克只好改道驶向土伦，那里正停泊着法国的一支舰队。途中鲁克发现另一支来自布雷斯特的法国舰队，便随后展开追击行动，但是没能赶上，结果两支法国分舰队在土伦会合。这里值得一提的事情是，当时英国海军还没有打算像他们后来做的那样，在冬天封锁法国港口。这一时期，舰队像陆军一样，进入冬歇期。春天，英国曾派另一名舰队司令克劳德斯利·肖维尔去封锁布雷斯特，但是他到达的时间太晚，猎物跑了，于是他立刻驶向地中海。那时鲁克深感其兵力不足，不能对付联合起来的两支法国分舰队，就撤回到海峡。因为这时英国在地中海既没有港口，也没有基地，更没有可依靠的盟友，最近的避难场所是里斯本。鲁克和肖维尔在拉古斯外海相遇，并在那里召开了一次军事会议，会议决定，没有西班牙和葡萄牙国王的同意，不准擅自行动。这道命令是一种束缚。但鲁克对不进行任何战斗感到羞耻，对无所作为就回国非常不甘心，最后他决定进攻直布罗陀。理由有三：第一是因为他听说直布罗陀守卫不严；第二是因为直布罗陀对眼下的战争无比重要；第三是因为占领直布罗陀会为女王陛下的武装部队增光添彩。他首先进行炮击，然后用小艇强行登陆攻占。英国占领直布罗陀应从1704年8月4日算起。这一战让乔治·鲁克的名字永垂不朽，英国占据地中海的咽喉要地完全归功于他的当机立断和他勇于担当的精神。

西班牙的波旁国王立即准备夺回直布罗陀,并且请求驻扎在土伦的法国舰队支援。图尔维尔已在1701年去世,法国舰队由路易十四的一个私生子——图卢兹伯爵指挥,当时他才26岁。鲁克也扬帆东进,8月24日,两支舰队在马拉加外海遭遇。同盟国联合舰队利用东北风占领上风位,两支舰队同时左舷戗风向南行驶,然后再向东驶去。对于两支舰队战舰的数量没有确切的记载,通常认为法国人有52艘战列舰,他们的对手可能多6艘。同盟国联合舰队一齐散开,然后各舰寻找其对手,各自交战。显然,鲁克率领的英舰不想组织任何协同战术。这次海战在军事上明显没有任何价值,只是让我们在这次海战中第一次领教了克拉克批评过的英国使用的完全不科学的进攻方式,而且看到,这种方式又得到充分发展,并且在整个18世纪十分盛行。值得一提的是,这次海战的结果与其他按同样原则进行的战斗结果完全一致,这个问题是有教益的。联合舰队的前锋展开,与中央主队分离,中间留有相当大的缺口,而法舰企图只靠战术运动突入这个缺口来孤立敌舰队前锋。我们发现这次海战中根本不存在克拉克后来考虑成熟后,认识到的那种谨慎、纯熟的战术。从蒙克、德·勒伊特和图尔维尔能实施的各种战术协同,退化到只剩航海技术是这次海战最显著的特点,这也算是它在历史上仅剩的"重要性"吧。这次海战使麦考莱曾歌颂过的那种原始的战斗方式真正实现,而且多年都留在英国海军的心中:

双方指挥官命令冲锋;

双方步兵手持长矛盾牌大踏步前进;

双方骑兵的马刺把马踢得流血;

军队面对面边吼边战。

人类并不是永远在进步。在我们这个时代海军期刊的文学作品里就能看到一种类似迹象。马拉加海战很激烈，从上午10时持续到17时，但是完全没有决定意义。第二天风向出现变化，法国舰队占据了上风位，但它们并没有利用有利时机去进攻。鲁克已不能继续战斗，据说他一半的战舰（约25艘战舰）弹药已经全部耗尽，甚至当战斗还在进行时，联合舰队的几艘战舰已被从战列线中拖走，因为这些战舰已经没有可供一次齐射的弹药了。这无疑是因为进攻直布罗陀造成的，那一仗英国舰队共消耗1.5万发炮弹，也由于英国舰队缺少能够当作补给基地的港口——随着新领地的攻克，今后这种困难可能会消除。促使鲁克占领直布罗陀，与南北战争开始时，促使北方联邦占领皇家港的目的是一样的。正是这种目的曾使帕尔马公爵[1]敦促西班牙国王[2]在派出无敌舰队之前，先占领荷兰海岸上的弗拉辛（今弗利辛恩）——如果那时西班牙国王听从这个建议，就不用进行前往北英格兰的、让人心乱如麻的灾难性航行。同样道理，任何试图进攻我们美国沿海的国家，无疑会去占领距中心地区较远的和守卫薄弱的，像加德纳湾或皇家港这些地方。在我们的海军无能为力的时候，它们可以利用自己的舰队占领这些地方供自己使用。

鲁克安全地撤回里斯本，途中把舰队多余的食品和弹药留在

---

〔1〕指第三代帕尔马和皮亚琴察公爵亚历山德罗·法尼斯（1586—1592年在位），以镇压尼德兰革命，为西班牙王室收复南尼德兰（今比利时领地）而出名。

〔2〕指16世纪后半期的西班牙国王费利佩二世（1556—1598年在位），他的统治时期是显赫一时的西班牙帝国最后的余晖。1588年，费利佩二世为了打击觊觎西班牙海上霸权的英国，派出无敌舰队远征英格兰，在英吉利海峡惨败。

直布罗陀。把这次战斗看作是图卢兹获胜的话,他并没有去乘胜追击,而是撤回土伦,只派10艘战列舰去支援对直布罗陀的进攻。法国进攻这一地区的所有计划全都落空,投入的分舰队最后全部被歼灭,地面上的进攻变成了封锁。一位法国海军军官说道:"随着这次失败,在法国开始出现一种令人悲叹的反海军情绪。海军创造的功勋和巨大贡献也被彻底地遗忘。人们已不再相信它的价值。相反,与国家有更直接关系的陆军,却非常受人敬仰和宠爱。当时盛行的一种错误观点是,法国的兴衰依赖莱茵河的某些阵地,这种想法对海洋事业非常不利,而海洋事业已经使英国强盛,使我们衰败。"[1]

1704年布伦海姆战役爆发。这一战,法国和巴伐利亚联军被马尔伯勒公爵和欧根亲王指挥的英国和德意志联军彻底打败。这次战役使巴伐利亚放弃了与法国的同盟,而且使德意志成为大战的次要战场,后来的大战主要在尼德兰、意大利和伊比利亚半岛进行。

第二年,1705年,同盟国兵分两路,进攻费利佩五世——一路从里斯本出发直逼马德里,另一路经巴塞罗那进兵。前者尽管进攻的基础是海洋,但战斗主要还是在陆地进行,最后没有任何成果。这一地区的西班牙人非常清楚地表示他们不欢迎借助外国力量继位的国王。加泰罗尼亚的情况则完全不同,查理亲率联合舰队向那里进发。数量上处于劣势的法国海军,只有躲在港口里不出动;法国陆军也不露面。同盟国陆军部队有3000名水兵助战,并且能靠舰队不断得到补给,很快就包围了这个地区。对同

---

[1] 拉贝鲁兹:《法国海军史》。

盟国部队来说，舰队既是其补给基地，又可以保护其交通线。10月9日，巴塞罗那陷落。所有加泰罗尼亚人热烈欢迎查理，势头一路蔓延到阿拉贡和巴伦西亚，巴伦西亚省的资本家也表态支持查理。

1706年，法国在通往葡萄牙山区的隘口进行防御，对西班牙加泰罗尼亚边境发起猛攻。由于当时联合舰队不在，缺乏舰队支援，同盟国的抵抗无力，巴塞罗那再次被围困。这次法军围攻得到了舰队的支援。这支舰队由30艘战列舰和许多装载补给品的运输舰船组成，从附近的土伦港开来。法军的包围从4月5日开始，一切都相当顺利，查理被围在城中，如能将他俘获会是意外收获。但5月10日，联合舰队出现，法国舰队撤离巴塞罗那，法国陆军撤围散去。费利佩五世不敢退至阿拉贡地区，便经鲁西永退回法国，把阿拉贡让了出来。与此同时，另一支靠英荷两国财政援助维持的陆军从葡萄牙向前推进。这次西路的攻势比较成功，先后攻占埃斯特雷马杜拉和莱昂省的许多城市。同盟国的将军们得知巴塞罗那已解围，立即经萨拉曼卡向马德里逼近。这时逃到法国的费利佩五世已经回到西班牙，但是，在同盟国部队逼近时，他被迫再次放弃首都逃跑。1706年6月26日，葡萄牙和同盟国部队进入马德里。联合舰队在巴塞罗那解围之后，又连续占领阿利坎特和卡塔赫纳。

同盟国军事上的成就到此结束。它们曾错误估计了西班牙人的意向，而且也没有看到他们的决心和自尊，以及他们国家的自然条件。同盟国军队的入侵，激起了西班牙对葡萄牙的民族仇恨，以及对异教徒的厌恶，因为英国将军本人就是一名胡格诺派教徒的难民。马德里和周围地区都非常不满，与此同时，南方各省纷纷向波旁国王表示效忠。盟军不能在充满敌意的首都久留，特别是在这一地区附近找不到补给，而且到处都是游击队。盟军向东退到阿拉贡。1707年4月25日，同盟国陆军在阿尔曼萨遭受惨败，损失了1.5万人。整个西班牙，除加泰罗尼亚省外，重新被费利佩五世控制，后来加泰罗尼亚省一部分地区也被他占据。1708年，法军虽然在加泰罗尼亚取得了一些进展，可仍无力进攻巴塞罗那，但他们攻下了巴伦西亚和阿利坎特。

  1707年，没有任何重要的海战。夏季，地中海的联合舰队离开西班牙海岸，前去支援奥地利人和意大利人攻打土伦。后者从意大利出发沿地中海海岸前进，联合舰队从海上支援陆军侧翼，并且提供补给品。但对土伦的包围没有成功，进行的战役也不分胜负。英国舰队司令克劳德斯利·肖维尔爵士率几艘战列舰回国途中，在锡利群岛搁浅，而且在失事舰上丧生。

  1708年，联合舰队占领撒丁岛。这个岛土地肥沃，物产丰富，而且离巴塞罗那较近，查理只要在联合舰队的帮助下控制海洋，就能让它成为一个取之不尽、用之不竭的宝库。同一年，联合舰队占领梅诺卡岛和良港马翁港，从那时开始，英国控制这个岛长达50年之久。由于占领了直布罗陀，封锁了加的斯和卡塔赫纳，而且用马翁港对抗土伦，大不列颠像法国或西班牙一样，在地中海取得了稳固的基地。同时，它的同盟国葡萄牙控制了里斯本和直布罗陀两地，可以严密监视大西洋和地中海的贸易航线。到1708年底，法国在陆上和海上均遭到大败，国内又出现严重灾害，几乎无望继续进行战争。路易十四不得不提出最具耻辱性的条件谋求和平。他同意交出整个西班牙，只为波旁王室保留那不勒斯。同盟国拒绝，要求法国放弃整个西班牙，连安茹公爵的领地也不例外，拒绝称费利佩五世为国王，而且还增加了一些对法国极其苛刻的条件。路易十四断然拒绝，战争只能继续进行。

以后的几年里，同盟国的海上力量频繁进行各种活动，基本上是大不列颠一国单独行动，荷兰很少帮助。尽管同盟国的舰队比以前更不引人注意，但实际作用不容忽视。查理大部分时间被限制在加泰罗尼亚，他与撒丁和德意志在意大利半岛各省的联系全靠英国舰队。此时，法国海军已彻底没了踪影，路易十四显然不愿意让舰队出海，因此，英国可以缩减地中海舰队的兵力，派更多舰船去执行为贸易护航的任务。1710年和1711年，英国远征法国的北美殖民地，占领新斯科舍，但进攻魁北克的计划没能实现。

1709年冬季，路易十四将法军全部撤出西班牙，从而放弃让他的孙子继承西班牙王位的事业。但正当法国国力已极度虚弱，看来可能被迫让步、沦为一个二等强国时，马尔伯勒公爵在国内失宠，使同盟是否继续维持下去受到威胁。马尔伯勒公爵失去女王的宠爱后，反战派或者更准确地说，反对继续进行战争的一派，掌握了权力。这种变化发生在1710年夏季。因为英国处于有利的谈判地位，而且在当时英国的负担实在太重，所以国内的议和倾向不断加强。很明显，英国承受的重担不能给它带来与之相称的利益。荷兰已逐渐停止提供条约规定的海军，尽管一些眼光长远的英国人，会为能有一个与英国竞争的海洋强国而欣喜，但更多的英国人却只能感到军费开支不断增加。欧洲大陆和西班牙的战争，都主要依靠英国财政援助支持，尽管用在大陆的财政援助对英国人无利可图，但他们清楚，不花费比这场战争军费更多的钱就绝对不能迫使西班牙人拥护查理。不久，英国和法国进行秘密谈判。由于将要继承西班牙王位的查理的兄长德意志皇帝意外死去,谈判取得了意料之外的进展。因为奥地利皇位没有其他男性继承人,查理很快就成为神圣罗马帝国皇帝,不久,他又被推选为德意志皇帝。英国人不希望看到两顶王冠都戴在一个波旁王室成员头上,也不希望看到两顶王冠戴在同一个奥地利人头上。

作为1711年议和的条件,英国提出的要求,表明它已经成为一个名副其实的海上强国。不仅事实如此,而且英国自己也俨然以海上强国自居。它要求不能由一个人同时兼任法国和西班牙国王;西属尼德兰的设防城镇作为抵御法国的一道屏障,应转交给荷兰和德意志,法国应归还从同盟国夺得的一切;必须割让直布罗陀和马翁港给英国,有关这两个地方的战略价值早已经被指出来了;法国放弃劫掠英国贸易的私掠船老巢敦刻尔克港,割让殖民地纽芬兰、哈得逊湾和新斯科舍,后者当时已被英国占领;最后一点,要求与法国和西班牙签订贸易条约,由西班牙垄断与拉丁美洲的奴隶贸易,这份条约后来成为西班牙奴隶贸易条约,1701年西班牙曾经将这种权力交给法国。

尽管敌对行动依旧在继续,但谈判也在进行。1712年6月,英国和法国之间签订了4个月停火协定,英国撤走了在大陆上的陆军,主要指挥官马尔伯勒公爵已在前一年被免职。法国在1712年的战役中占据了优势;英国撤军后,战争的结束只是时间问题。面对荷兰的抗议,英国如此回答:荷兰从1707年至今没有提供应提供的舰船,实际提供的舰船不到定额的1/3,参战的时间不足一半。1712年,英国下议院在致英王的一份上书中抱怨道:

> 整个战争期间,海上勤务从某种意义上来说,对陛下您

的王国十分不利。因为每年必须为各大舰队提供足够的装备，使它们在地中海保持优势，还要抵御敌人可能在敦刻尔克，或在法国西部港口集聚的部队。陛下已做好装备联合舰队中您的那部分舰船的一切准备，但没有说服荷兰也这样做。与陛下每年装备的数量比较，荷兰每年装备的舰船数量都非常不足……所以，陛下已不得不用您的其他舰船补充缺口，而且已迫使陛下的大批舰船不得不持续在远洋和不适合的季节里活动，这对海军危害很大。这种情况已使贸易护航出现困难，王国的海岸也因缺少巡洋舰而容易遭到攻击，同时陛下已经无力骚扰敌人与西印度群岛的贸易，他们的大量财富都要靠这种贸易，没有这些财富他们就会无力承担这场战争的军费。

事实上，1701年至1716年，法国与拉丁美洲的贸易，曾使它获得价值4000万美元的硬通货。对这些抱怨，荷兰赴英国使节只能回答，荷兰的情况已使它无力履行约定。1712年的败仗，坚定了英国议和的决心，也决定了荷兰必须走同一条路。尽管英国对盟国不满意，但仍然一如既往地坚持反对法国，支持荷兰的所有正当要求。1713年4月11日，法国和英国、荷兰、普鲁士、葡萄牙和萨伏伊之间签订了《乌得勒支和约》，这是历史上一个标志全面和平的里程碑。虽然奥地利仍然坚持拒绝议和，但是，英国不再为奥地利提供财政援助，使其陆军行动受到限制，随着海上强国逐渐退出，大陆战争已进入收尾阶段。腾出手来的法国，1713年在德意志打了一个漂亮的胜仗。1714年3月7日，法国与奥地利最终签订和约。战争的余火还在加泰罗尼亚和巴利阿里群岛燃烧，那里的人民仍然坚持他们的宗教信仰，反对费利佩五世。然而当法国武装部队掉头来对他们实施进攻时，反抗很快被镇压下去。1714年9月，法国强行攻克巴塞罗那；第二年夏，巴利阿里群岛也被迫投降。

由这场长期战争造成的，而且经过和约认可的一些政治形势的变更，除了一些不太重要的或可以被忽略的细节外，可以归纳为以下几点：（1）确定由波旁王室继承西班牙王位，西班牙帝国继续保持它在西印度群岛和美洲的领地，当英国答应支援奥地利王子继承西班牙王位，并因此将大部分海军部署在地中海时，威廉三世反对西班牙对上述地区统治的企图也就落空了；（2）西班牙帝国失去了西属尼德兰，海尔德兰将会成为新普鲁士王国的领地，比利时将隶属奥地利，西属尼德兰就此变成奥属尼德兰；（3）西班牙失去了在地中海的一些主要岛屿——撒丁割给奥地利，梅诺卡岛连同良港一起交给英国，西西里让给萨沃伊公爵；（4）西班牙同时也失去它在意大利的领地，米兰和那不勒斯割让给奥地利。这些就是西班牙王位继承战争的基本结局。

法国成功地让波旁王室的费利佩五世登上王位，却被战争折磨得筋疲力尽，而且失去了相当可观的部分领土，波旁王室虽然如愿以偿地抢到了邻国西班牙的王冠，但法国海上力量丧失殆尽，人口大幅减少，财政陷入崩溃。在欧洲它割让了北部和东部边界的领土，并放弃敦刻尔克港的使用权，这个私掠港口曾经让英国商船闻风丧胆。在美洲，法国割让新斯科舍和纽芬兰，成为半个世纪后失去整个加拿大的预兆。不过当时它还保留了圣劳伦斯湾和圣劳伦斯河要隘的布雷顿角岛和路易斯堡港。

英国通过条约和战争获得的利益，几乎相当于法国和西班牙损失的总和，这些都有助于它继续扩大和加强海权。地中海的直布罗陀与马翁港，以及前面提到的一些北美洲殖民地，为不断扩大和保护英国贸易的海上力量提供了新基地。英国除通过这次战争获得大量领地之外，仅次于领土收获的重要一点就是陆战的沉重负担造成法国和荷兰海军的衰败。关于这方面的迹象下文会予以介绍。荷兰完全没有能力按照规定补足在联合舰队中应承担的舰船，即使派出的那些舰船状况也极差，这虽然为英国增添了额外的负担，但是这有益无害，因为它迫使英国海军发展得更快和更有成效。法英之间本来实力就不对等的海上军事力量，由于敦刻尔克被毁变得更加明显了。尽管敦刻尔克本身不是一级港口，水位不够深，可是由于人为的开发，它具备了重要的军事价值，它所处的位置非常适合骚扰英国贸易。敦刻尔克距离南福兰角和唐斯只有40海里，与它正对的海峡只有20海里宽。敦刻尔克是路易十四最早获得的领地之一，所以他对它的发展和开发就像对自己孩子的成长那样关心，现在它的防御工事全被拆除，港口被填堵，这使他蒙受了奇耻大辱。但是英国的有识之士不会把它的海上力量单纯地建筑在军事基地上，也不会仅仅建立在舰船的基础上，而是建立在通过战争和条约获得的巨大贸易优势上。英国获得与拉丁美洲进行奴隶贸易的特权有利可图，随着这种贸易成为与这些国家进行大量走私活动的主要部分，获利就更大，这部分补偿了英国在攫取领地过程中的损失。法国把南美洲的一些领地割让给葡萄牙，但主要的受益者仍是英国，因为它已利用1703年的条约控制了葡萄牙的贸易。被法国割让的北美洲殖民地都非常有价值，不仅是军事基地，还是重要的贸易基地。英国还与法国和西班牙签订了对它极为有利的贸易条约。一位英国大臣说："英国从这个条约中得到的好处，主要表现在会增加我们的财富；最近我们的造币厂铸造了大量金币；议和以来，从事海运、渔业和商业的船舶迅速增长。进口关税和制造业增长明显，出口业也有很大发展。"用一句话来概括，条约在各方面促进了英国贸易的发展。

　　战争使英国加速运转，而且将它放在其后来长期保持的海上霸主之位上，使它一直以来的对手在贸易和斗争中总是被甩开一大截。战争对荷兰造成的影响是，在海上一无所获，既没有得到殖民地，也没有得到军事基地。与法国签订的贸易条约虽然使它与英国享有同等待遇，但在拉丁美洲，它没有像它的盟国那样得到一块立足之地。实际上，在议和的几年前，尽管这个同盟仍然扶持查理，但是英国大臣早已背着荷兰人，与查理签订了一个条约，英国已实际上垄断了西班牙在美洲的贸易，表面看来是与西班牙共同分享，可实际上是它一国垄断。一次偶然的机会将这个条约公开，给荷兰人留下了无法抹去的印象，但因为当时英国对同盟国来说是必不可少的，所以它不会受到被其他盟国抛弃的威胁。荷兰在陆地上的收获只是占领了奥属尼德兰的一些设防地区，即历史上有名的"屏障城镇"，这对增加荷兰的税收、人口和资源没什么用处，也无助于它必须依靠军事机构来增强国家实力。荷兰也许不可避免地放弃了使它在各国中处于领先地位的途径。它在大陆的处境十分危急，曾导致它忽视海军，以致在上次战争中的私掠巡航战时期，它的运输业和贸易损失很大。尽管整个战争期间，它一直强打精神，但虚弱的征兆已经在武装力量的衰退上显现。所以，尽管荷兰达到了发动战争的主要目的，而且没有让西属尼德兰落入法国人手中，可是得不偿失。此后很长一段时间里，它都退出了欧洲的战争和外交舞台，部分原因可能是它发现从战争中所获甚少,更主要的原因是它实际上已十分虚弱,无能为力。在进行了这场艰难战争之后,出现了一种反思,它令人痛苦地揭示了一个领土狭小、人口稀少的国家固有的软弱性。荷兰从签订《乌得勒支和约》开始,明显江河日下,然而,实际上的衰退比这更早。荷兰不再被视为欧洲强国,荷兰海军也不再成为外交斗争中的一种军事因素,随着国家全面衰落,贸易也随之衰退。

接下来简明扼要叙述一下战争对奥地利和德意志各邦造成的影响。按照和约的规定,法国让出了莱茵河屏障和莱茵河东岸的一些设防地区。前面已经提过,奥地利得到比利时、撒丁岛、那不勒斯群岛和意大利北部的一些西班牙领地。但是,奥地利仍在许多方面很不满意,尤其是没能得到西西里岛,因此它一直为此坚持谈判,直到得到此岛。普鲁士的崛起让奥地利对西西里岛的渴望不值一提,对于德意志各邦和整个欧洲来说,这是一个改变欧洲局势的事件。从这场战争开始,普鲁士作为一个新教徒国家和军事王国,注定要加入反对奥地利的斗争行列。

以上就是西班牙王位继承战争的主要结果。"这场战争是十字军东征以来,欧洲经历的规模最大的一场战争。"战争的主要军事行动都在陆地进行——是有史以来两位最伟大的将军,马尔伯勒公爵和欧根亲王指挥的战争。战争中的布伦海姆战役、拉米伊战役、马尔普拉克战役和都灵战役,即便不甚了解历史的读者,对这些名称也不陌生。与此同时,一大批有能力的人在其他战场,譬如弗兰德斯、德意志、意大利和西班牙也屡建战功,名垂青史,而在海上只进行过一次规模虽大,却不值得一提的海战。仅仅根据这场战争产生的直接结果,就能看出究竟是谁从中获得好处。是法国吗？它仅有的收获是使波旁家族的一名成员继承西班牙王位。是西班牙吗？它得到的只是波旁家族的国王取代奥地利皇室的国王而已，再与法国结成较亲密的同盟。是荷兰吗？它确实得到设防城镇充当屏障，但它的海军却被毁灭了，而它的人民也已经疲惫不堪。是奥地利吗？它用海上强国的钱去打仗，而且得到了诸如比利时和那不勒斯这样一些沿海地区。显而易见，得到好处的，难道不是那个逐步把这场战争局限在陆地，让上述各国的目光越来越盯住陆地收益的那个国家吗？或者更确切地说，难道不是英国吗？英国确实为大陆战争付出了不少代价，甚至还动用陆军进行支援，可同一时期，它正逐步建设海军，而且不断加强、扩大和保护它的贸易，占领了一些海上阵地。用一句话概括，就是英国海权的创建和发展是建立在它的竞争对手、朋友和敌人的毁灭上的。强调英国海军的发展，并不是贬低其他国家的收获，把它们列举出来只能更清楚地说明英国的收获巨大。法国的收获是它的后方不再是一个敌国，而是一个友邦，可它的海军和海运却衰败了。西班牙的收获是经过一个世纪的政治僵化后，它能够和法国这样充满生机的国家紧密往来，并且保住了曾受到威胁的大部分领地。荷兰的收获是它最终摆脱法国的入侵，使比利时从弱国转入强国手中。奥地利的收获无疑主要是依靠别国的资金，制止了它的世敌的发展，并且得到西西里和那不勒斯这样的领地，以这些领地为基础，在英明政府领导下，还可能建立起一支可观的海上力量。然而，无论哪个国家的收获，甚至这些收获加在一起，在重要性和可靠性上，都比不上英国的海权，英国海权在奥格斯堡同盟战争期间就无人可及，在西班牙王位继承战争中得到进一步巩固和完善。依靠它，英国运用无人能敌的海上力量，在其他国家筋疲力尽、无暇他顾的情况下控制了公海的主要贸易，并且这种海上力量在当时世界上的争议性地区都有安全可靠的基地。尽管当时英国还没有开始创建它的印度殖民地，可它无比强大的海军优势，能够控制其他国家与这些富饶的边远区域的交通线，并且使它能在不同国家的贸易地区产生的争议中坚持己见。它的贸易支持了国内的繁荣，而且支持它的盟国的军事实力，尽管在战争期间英国人的贸易受到了敌巡洋舰的堵截和骚扰（对此，百忙之中的英国人只能关注局部地区），可当战争即将结束时，却呈现一种全新的局面。世界各国都已精疲力竭，伤痕累累，人们渴望重获富强和从事贸易，但没有一个国家能在财富、资金和海运上，像英国这样准备充分，能促进和取得每项事业的优势，而且凭借这种优势，通过合法和非法手段促进商品交易。西班牙王位继承战争期间，英国利用它聪明的经营手段和其他国家的衰落，不仅使它的海军，而且使它的贸易稳步发展壮大。的确在那些危险海域会经常遭到法国一直派出的巡洋舰的骚扰，这时海军的作用就是安全护航，因此，海军越来越多地为商船护航。英国商船和荷兰商船相比，能受到较好的保护，获得了安全远洋运输公司的美名，转口贸易和运输业也就很自然地越来越多地落入了英国人手中。一旦雇用他们的习惯形成了，就很可能会延续下去。

一位英国海军历史学家说道：

通观全局，我怀疑英国以往的名望是不是能超过这一时期，或人民的进取心是不是比现在更强。我们的武装力量在海上取得成功，我们的贸易需要保卫，而且为了加强海上力量，调动起各方面有利因素，这些都是逐年增强力量需要采取的措施。此后，即1706年底，皇家海军产生了巨大变化，不仅舰船数量而且质量都大大超过光荣革命时期和革命之前。所以我们的贸易在上次战争中没有逐渐减少，反而逐渐增加，并且通过不断地与葡萄牙加强交流，使我们明显获利。[1]

虽然我们通常把海权与海军联系在一起，但是英国的海权不仅在于强大的海军。1688年，法国曾有过这样一支海军，但是，它就像秋天的树叶一样枯萎了。海权也不是单独存在于发达的贸易之中。在我们所谈的这一时期的之后几年，法国的贸易已发展得相当可观，但最初的战争风暴，像克伦威尔时代的英国海军曾一度横扫荷兰贸易一样，摧毁了法国的海上贸易。海权在于强大的海军和海上贸易两者的结合，经过精心培育，英国超过和压倒其他各国获得了海权。这无疑和西班牙王位继承战争有着密切的关系，英国掌握海权的时代也应该从这时算起。战争之前，英国只是海上强国中的一个，战争之后则成为举世无双的海上强国。它独自享有这种权力，既不与朋友分享，也不受敌人制约。它独立而强大，由于它对海洋的控制，拥有庞大的海运事业，它掌握了丰富的资源，以致在海洋上没有一个竞争对手能够对它形成威胁。所以它所获得的海权和财富不但巨大，而且牢靠，全部掌握在它自己手中，而其他国家的收获不仅程度上逊色，稳固性也差，它们的收获或多或少取决于其他民族的友好愿望（不是英国那样完全由自己控制的）。

人们可能会提出疑问，这是否意味着任何国家的强大和繁荣

---

[1] 坎贝尔：《海军将军传》。

都只能取决于海权呢？当然不是。合理使用和控制海洋，只是用以积累财富的商品交易环节中的一环，但它却是中心环节，谁掌握了海权，就能够强迫其他国家向它支付特别税，而且历史似乎已经证明，它是使国家富裕最有效的办法。在英国，对海洋的控制和使用是多种原因综合在一起，自然促成的结果。此外，在西班牙王位继承战争的前几年，它已采取了一系列财政措施，促进海权更加兴盛。麦考莱称这些措施为"在英国出现的，是世界上绝无仅有的最庞大、最繁荣的贸易机构的稳固可靠的基础"。然而，可能有人又会问，是否某些民族热衷于贸易和由于贸易有了发展，而他们的民族特点不便于采取上述措施？是否他们采取的措施，至少不完全是出于民族特点，也不能增强国家的海权呢？那是可能的，我们已经目睹了英吉利海峡对岸，一个在竞赛中比英国起步早的国家——它的地理位置和资源都极其适合通过战争和贸易去控制海洋。法国所处的特殊位置，让它在所有海上强国中，拥有选择的自由。其他国家在进行境外活动时，或只能以陆地发展为主，或只能以海洋发展为主。然而，法国除了有一条漫长的大陆边界线外，还有一条与三个海区相连的海岸线。1672年，它明确地选定通过陆路扩张的政策。那时，科尔贝尔已掌握法国财政12年之久，而且已使法国从可怕的混乱中恢复过来，法国国王的税收比英国国王的两倍还多。这个时期，法国向欧洲其他国家提供财政援助，但科尔贝尔的计划和对法国的希望是建立在使国家成为海上强国的基础上的。与荷兰的战争，使这些计划泡汤，繁荣的上升局面中止了，国家重新回到自给自足、与外界隔绝的时代。路易十四统治结束时的这种灾难局面，无疑是由许多原因综合形成的，例如，连续不断的战争，后半期管理不善，自始至终的奢侈浪费。但实际上法国从未被侵略，战争几乎毫无例外地都是在它的边界或边界外进行的，它的国内工业几乎没有遭到战争的直接破坏。在这些方面它与英国相比几乎一样，而且情况还好于它的对手。但为什么结果不同呢？为什么法国人这样悲惨，疲于奔命，而英国人却喜笑颜开，兴旺发达呢？为什么会由英国提出和约条款，而法国只能接受呢？这显然是财富和储备导致的。法国要单独对付许多敌人，他们之所以能起来与法国对抗，把战争继续下去，完全依赖英国的财政援助。1706年，英国的财政大臣在致马尔伯勒公爵的信里说：

> 尽管英国和荷兰的土地和贸易负担很重，可我们和荷兰的储备仍然充足，而法国人的财政资源几乎全部被耗尽，导致他们向王国外支付一个便士，除非付硬通货，否则不得不付20%或25%的利息。

1712年，法国财政支出高达24000万法郎，而它的税收总额只有11300万法郎，扣除损失和必要支出后，国库只剩3700万法郎。解决财政赤字的办法是提前预征今后若干年间的税收，还要征收一系列名目繁多甚至无法解释的费用。

1715年夏，形势好像已经不能再糟糕了：政府没有储备，私人也没有存款；国家没有更多的净税收；大部分税收没有保证，不得不预征以后年份的税收。劳动和消费都不能满足流通的需要；社会濒临崩溃，高利贷盛行。高物价和货币贬值轮流进攻，终于让人民难以承受。民众不断掀起暴乱，甚至连军队也被卷入。制造业日益衰落，有些工厂被迫停工，很多人不得不以乞讨为生，城市濒临破产。农民由于缺少农具、肥料和牲口，只能任凭土地荒芜，很多房屋都倒塌废弃。看来君主制的法国正在准备和年老的国王一起断气。[1]

这就是拥有1900万人口的法国的情况，而当时整个英国人口只有800万，法国地方辽阔，物产丰富，大革命前就拥有丰富的煤和铁资源。"英国的情况则与之相反，1710年议会的巨额财政援助对法国造成巨大冲击，因为这一时期法国的财政储备很少，或从某种意义上说已经枯竭，而我们的财政储备达到了顶峰。"在西班牙王位继承战争期间，"我们的商人振作精神，他们能卓有成效地进行所有的计划，使整个王国的资金持续流通，并且极大地支持和促进了所有的制造业，乃至后来的人们在困难时期，经常情不自禁地回想起那个时代"。

在与葡萄牙签订的条约中，我们是主要的得利者……葡萄牙人开始感受到巴西金矿和他们紧密相关，而在后来与我们进行的许多贸易中，他们的大部分财产变成我们的资产，此后也一直是这样。不然我们怎么能支付这场战争需要的费用……王国内部增加的流通现金相当可观，很大程度上必须归功于我们和葡萄牙的贸易，而这一点，正如我们已经说过的，应当完全归功于我们的海权（它使葡萄牙脱离了和西班牙的联盟，进入海上强国的保护伞下）。我们经加的斯与西属西印度群岛进行的贸易，在这场战争开始时，曾多次被中断，但后来大部分都被恢复，直接经（奥地利）大公统治地区的一些航线和经葡萄牙的航线，进行了大批走私贸易。与此同时，在同西印度群岛的西班牙人进行的贸易（也

---

[1] 马丁：《法国史》。

是走私）中，我们也是主要的受益者……我们的殖民地，尽管抱怨被忽视，但也逐渐富裕起来，人口不断增加，甚至贸易活动范围比过去更大……有关英国的目的，在这场战争中找到了详尽的答案——我指的是法国海上力量的覆没，因为马拉加海战以后，我们再也听不到法国大舰队的活动情况了。尽管大舰队的消失使法国私掠船的数量猛增，可我们的商船损失，后期却远远少于前期……一件确实令人欣慰的事情是：起初我们曾看到法国在1688年集结了这样一支强大的海军力量，而当时我们却在困难中斗争，当我们于1697年终于摆脱了战争时，我们已负债累累，乃至在和平时期也无法短期偿还。然而到1706年，我们看到的不是法国海军在我们的沿海活动，而是我们每年派出一支强大的舰队不断袭击他们的海岸，我们的海军不仅在大西洋压制他们，在地中海也一样，迫使他们只要见到我们的旗帜就仓皇逃跑……利用这支舰队不但让我们与黎凡特地区的贸易得到保障，而且还加强了我们和意大利境内各邦君主的利益关系。此外，它还使北非各国胆寒，而且迫使土耳其苏丹不敢接受法国的建议。这就是我们的海军力量不断壮大，我们利用它所取得的丰硕成果……这样一些舰队是必不可少的；它们能随时保护我们的国家和盟国，而且使这些盟国从属于我们的利益；最重要的是这些舰队如此有效地为我们的海权树立了威望，甚至时至今日（1740年）我们仍然能够愉快地感受这种威望的作用。[1]

---

[1] 坎贝尔：《海军将军传》。

法国历史学家告诉我们，在那个年代，虽然英国海军那样坚守岗位，但法国的巡洋舰仍然能依靠劫掠英国贸易来养活自己。英国作家承认他们因此损失巨大。依据英国上议院的一个委员会报告，按照1707年的统计，五年之内，即"开战以来，英国已损失30艘战舰，1146艘商船（其中有300艘被夺回），而我们已捕获和摧毁法国80艘战舰、1346艘商船，此外还捕获175艘武装私掠船"。报告中提到的绝大多数法国战舰，如前所述，可能是在进行私掠行动。除了刚才的叙述提供的这些相关数字，已经不需要提供更多材料，可以看出，没有一些大舰队依托，完全靠巡航战是绝不可能摧毁一个海上强国的。让·巴特死于1702年，可他留下了福尔班、杜卡塞和其他一些人，特别是出色的迪盖-特鲁安这样的著名后继者，他们都是世上能够与巴特相比较的破坏贸易战干将。

西班牙王位继承战争最终结束前，迪盖-特鲁安的名字让人想起他最重要的私掠远征行动。在那个时代很少有海员能像他那样远离本土从事私掠行动，还能够取得成功。他再准确不过地证明了那个时代的冒险精神，还有法国政府被迫采取的这种权宜之计。1710年，法国一支小型分舰队曾进攻里约热内卢，由于战败，一些法国人被俘虏，据说他们都已经被处决。迪盖-特鲁安要求国王批准他为法国复仇。国王同意派出舰船和配备船员，国王和被雇用的迪盖-特鲁安公司，签订了一份正式合同，合同规定双方都要为远征提供费用和补给品；我们在合同条款当中发现了奇怪的事务性规定，即上舰的任何一个士兵在巡航期间死亡、被杀或开小差，公司要付30法郎的罚款。国王要求得到1/5的纯利，并且承担任何一艘在战争中失事或被摧毁的舰船的损失。按照一份冗长的合同，迪盖-特鲁安得到6艘战列舰、7艘快速帆船和2000多名士兵组成的一支部队。1711年，他率这些舰船和部队一起驶向里约热内卢，进行了一系列战斗后，他们夺取了这个地方，而且同意葡萄牙用500箱糖，再加40万美元（相当于19世纪末的100万美元）赎回这个地方。私掠公司在这次冒险活动中净利润率为92%。因为返航之后，有2艘战列舰的情况从此没了消息，所以在抵扣损失后，国王获利可能很少。

　　正在整个西欧忙于西班牙王位继承战争时，一场会对这次战争的结局产生极大影响的斗争，正在东方进行。瑞典和俄国正在交战，匈牙利人已经反叛奥地利，1710年底之前，土耳其也终于被卷入了这场斗争。一旦土耳其帮助匈牙利，就会发生历史上曾多次发生的、对法国有利的一种牵制。英国历史学家提醒人们注意，土耳其由于惧怕英国舰队，所以在一切重大事件中都不敢轻举妄动，匈牙利也因此被迫屈服奥地利的统治。瑞典和俄国之间的战争，产生的后果是俄国在波罗的海占据优势；法国的老盟国瑞典沦为二等国家；俄国闯入欧洲政坛。

第六章

法国摄政时期
西班牙大臣阿尔罗韦尼
英国沃波尔和法国弗勒里的政策
波兰王位继承战争
英国在拉丁美洲的非法贸易（1715—1739年）
大不列颠与西班牙的战争

《乌得勒支和约》签订不久，英法两国国王相继去世，安妮女王于1714年8月1日去世，路易十四在1715年9月1日病故。

　　继承英国王位的是来自德意志的乔治一世。尽管他是英国人自己选的国王，可他们并不十分喜欢他。但英国人宁愿容忍将来不可避免的不幸，同意接受一个新教徒来当他们的国王，也不愿接受一个罗马天主教徒继承王位。乔治一世除了感受到支持者的冷淡和不悦外，还发现一个规模相当大的不忠诚团体，这个团体希望詹姆斯二世的儿子继承王位，他的政权明显不够稳固。相反，法国的王位继承人没有任何争议；问题是继承人只有5岁，是个孩子，因此法国人非常担心摄政会拥有一种比英王更强大的专制权力。得到和执行摄政权的是王位第二继承人奥尔良公爵菲利普，但他不得不担心的是，不仅国内的对手企图动摇他的地位，而且在位的西班牙国王费利佩五世对他抱有很深的敌意——这种敌意似乎起源于上次战争期间，奥尔良公爵阴谋取代费利佩五世继承西班牙王位。所以，在英国政府和法国政府中都存在着一种不安和恐惧，正是这种感觉影响了两国政府的政策。至于法国和西班牙的关系，尽管会按照路易十四的愿望，因为家族关系,暂时保持友好,但现实是,统治者之间的相互仇视肯定会对两国的实际利益造成损害。

法国摄政奥尔良公爵接受当时最有才能和声望的政治家杜布瓦神父的忠告,表示愿意与英国结盟。他首先采取的措施是一般英国人都可以接受的商业让步,禁止法国舰船到南部海洋从事贸易活动,否则处死。此外,他还降低了英国煤炭进口税。起初,英国人慎重地接受这种友好,对此,法国摄政并没有失去信心,还进一步迫使英国王位觊觎者詹姆斯三世撤到阿尔卑斯山外。他还同意填塞马迪克港,这是一个新发掘的港口,法国政府企图用它来代替失去的敦刻尔克港。我们能看出,所有这些让步,除去一条,都是以牺牲法国海权和贸易利益作为代价的,诱使英国同意签订一份条约。依据条约,两个国家为了各自的利益,互相保证执行《乌得勒支和约》的条款,特别是有关路易十五去世时,如果没有后嗣则应由奥尔良家族继承法国王位的这一规定,同样也保证将由新教徒继承英国王位。荷兰被战争搞得疲惫不堪,一开始不愿意与这两个国家签订新条约,但最后因为对荷兰进入法国的某些商品实行免税,才同意签署这份条约。这就是1717年1月签订的三国同盟条约,此后若干年内这份条约一直使法国被英国束缚。

正当法国主动向英国示好的时候,西班牙在另一位有才能的教士领导下,也在寻求这种同盟,并致力于提升国家力量,以期收复失去的意大利各邦。新大臣阿尔韦罗尼主教向费利佩五世承诺,如果能有五年的和平时间,就可以收复西西里和那不勒斯。他为增加税收、重建海军和陆军勤奋地工作,与此同时,他还提倡发展制造业、贸易和海运事业,而且西班牙在这些方面都已经取得明显的进步。因为失去直布罗陀，西班牙收复其失去的领地，并利用它们确立地中海势力的野心，已经严重受挫，费利佩五世不合时宜地企图推翻法国奥尔良公爵，主教的承诺没能兑现。阿尔韦罗尼被迫疏远法国，而法国和西班牙的海上力量都密切关注着西西里，看它能否被友邦掌握。阿尔韦罗尼不得不博取海上强国英国和荷兰的欢心，以代替与法国的天然同盟。他还通过贸易妥协来达到这个目的，允诺立即让英国享有《乌得勒支和约》规定的那些特权，而这些特权西班牙一直没有兑现。作为回报，西班牙要求英国在意大利起有益的作用。眷恋德意志的乔治一世，由于同时身为圣罗马帝国皇帝的奥地利大公查理六世在意大利辖区内受到不友好的对待，对西班牙的一系列示好态度冷淡。阿尔韦罗尼被激怒了，撤回原来的所有条件。三国同盟保证执行现行的法国王位继承顺序，更激怒了一心想要维护自身权力的费利佩五世。所有谈判的结果是使英国和法国一起对付西班牙——实际上这是因为两个波旁王国都采取了一种盲目愚昧的政策。

由于各国统治者所怀的不同目的和感情，形成了当时欧洲主要态势：奥地利和西班牙都想得到西西里，但《乌得勒支和约》已规定把它交给萨沃伊公爵；法国和英国都希望看到西欧保持和平，因为战争会让国内的反对派有机可乘。但是英王乔治一世的地位还是要比奥尔良公爵牢靠得多，所以后者的政策倾向于跟随前者，这种倾向由于西班牙国王的不友好行动变得越来越明显。乔治一世，作为一个德意志人，希望查理六世成功，而英国政要自然希望看到西西里掌握在他们新近的盟国和可靠的朋友手中，而不是让西班牙人来统治。法国，由于摄政地位不稳，违背了它的正确政策，也持同样观点，而且建议修改《乌得勒支和约》，把西西里从萨沃伊转交给奥地利，而把撒丁作为补偿交给萨沃伊。然而，各国又必须考虑西班牙已经拥有一定的军事实力，而且其实力令那些熟知西班牙在上次战争中的拙劣表现的人十分惊讶。然而，西班牙当时还没有做好战争准备，因为阿尔韦罗尼要求的五年和平时间还只过了一半。可是，他更不愿意放弃他的雄心壮志。一件微不足道的小事致使战争突然爆发。一位西班牙高级官员，由罗马经陆路返回西班牙，路经奥地利所辖的意大利各邦。城邦按照查理六世的命令，把他当成叛臣抓了起来。费利佩五世对这样的羞辱非常恼怒，派出一支12艘战舰和8600名士兵组成的部队征讨撒丁，阿尔韦罗尼也无法劝阻他这么做。当时撒丁还没有移交给萨伏伊，西班牙军队在几个月之内，攻占了该岛。这是发生在1717年的事情。

无疑，西班牙会立即入侵西西里，法国和英国积极调停，企图制止行将发生的大战。英国向地中海派出一支舰队，而且在巴黎、维也纳、马德里和各方举行会谈。会谈的结果是英国和法国达成一项协议，尽快实现前面提到的撒丁和西西里的交换，作为补偿，他们把意大利北部的帕尔马和托斯卡纳割让给西班牙，并且规定查理六世应该永远放弃他提出的令人不愉快的对西班牙王冠的无理要求。如果必要的话，这些协定将诉诸武力强制执行。一开始，查理六世不愿接受，但是，鉴于阿尔韦罗尼的准备工作正不断完善，他不得不接受这种有利的提议。由于荷兰也同意这个协定，历史上就称之为"四国盟约"。西班牙人固执己见，由于阿尔韦罗尼在发展西班牙实力方面取得了显著成效，乔治一世热情地表示愿意放弃直布罗陀换取西班牙的同意。如果法国摄政奥尔良公爵了解这一点，就会在某种程度上证明他促成这种谈判的合理性。

阿尔韦罗尼企图通过外交活动让整个欧洲支持他的军事行动。在此期间，欧洲政坛风云变幻：为了让斯图亚特王朝复辟，俄国和瑞典联合起来；在荷兰，由于政府当局的原因，"四国盟约"的签署被推迟；在法国，出现了反对摄政的阴谋活动；土耳其人被煽动起来反对奥地利；整个英国都充满了对国王的不满；一些国家在努力说服萨沃伊公爵。1718年7月1日，3万名西班牙陆军，由22艘战列舰护航，来到巴勒莫。萨沃伊的部队撤离这座城市，并且几乎放弃了西西里，抵抗力量集中在墨西拿城堡。墨西拿被围后，直到英国的海军元帅宾[1]锚泊在那不勒斯之前，这座城市一直很担心会遭到西班牙攻击，因为西西里国王当时已同意"四国盟约"的条款，2000名奥地利士兵搭乘宾的战舰想在墨西拿登陆。可城堡被包围后部队才抵达，奥地利大公于是只能写信给西班牙将军，建议停火2个月。这个建议当然遭到了拒绝，所以奥地利部队再次转到意大利雷焦登陆，而宾通过墨西拿海峡搜寻已向南脱逃的西班牙舰队。

后来进行的交战几乎不能称为海战，尽管当时已经濒临全面战争，但实际上双方还没有宣战。这种形势虽然可能会发生一些冲突，可对英军来说，他们的进攻能到什么程度才算适度可不好说了。似乎可以断定，宾事先就决定俘获或歼灭西班牙舰队，而且他的命令证明了他是个真正的军人。西班牙人不愿进行任何方

---

[1] 即后来的托林顿勋爵（初代托林顿子爵）乔治·宾（1663—1733），1757年被枪决的约翰·宾海军上将的父亲。

式的战斗,他们兵力不足,而被阿尔韦罗尼仓促恢复的海军又很可能不像陆军那样有强大的战斗力。英国舰队气势汹汹地逼近,一艘或多艘西班牙战舰开火射击,于是英舰顺风向航行,使西班牙战舰遭到毁灭性打击,只有几艘逃到瓦莱塔港。西班牙海军实际上已被彻底打垮。对这次战斗相当重视的一些作者,对宾在这次进攻中为什么不组成战列线难以理解。事实上,他面对的,是一支数量上和纪律上都处于劣势的乱七八糟的舰队。似乎能更确切地说,他的功劳在于他愿意承担一个更加谨慎的人会想方设法回避的责任。在这次战斗和整个战役期间,他为英国做出了巨大贡献,由于他消灭了这个即使不是当下的,也可能是潜在的对手,英国的海权得到进一步加强,他因为这次突出贡献获得贵族爵位。有关这一天的成就被写在一份报告里,得到了英国历史学家的一致赞美。英军派出一名资深海军上校率一支分遣队去追击逃跑的西班牙舰船。上校给舰队司令的报告这样写道:"长官,我们已捕获或摧毁了在海岸附近的所有西班牙舰船,数字见每页的边白。G. 沃尔顿敬上。"一位英国作者撰写报告,而另一位英国作者做批注,这种多此一举的做法是对法国的嘲弄,如果在法国,这种边白上的船只注释叙述起来可能会写成很多页。[1]这份报告如此写法也可能是英国人感到这场所谓的帕塞罗角"战斗"不值得进行过多的叙述。沃尔顿上校也可能是这样认为的。但是,如果所有的海军报告都模仿他这样写,那么海军历史就无法依据官方材料来编写了。

1718年8月11日,西班牙海军就这样在帕塞罗角外海完败。

---

〔1〕坎贝尔:《海军将军传》。被马洪勋爵在他的《英国历史》中引用。

如果说之前西西里的命运仍然悬而未决的话，那现在一切已经明朗化。英国舰队在西西里附近巡弋，表示对奥地利的支持，同时对西班牙人进行封锁，在议和之前不许一个西班牙人离开。阿尔韦罗尼的外交计划接连失败了。第二年，为执行盟约，法国入侵西班牙北部，并且摧毁了那里的造船厂，除烧毁7艘舰船的设备外，还把船坞史的9艘大舰也都烧光了，这些都是在一位随同法国司令部的英国武官教唆下完成的。西班牙海军被彻底摧毁。一位英国历史学家说，这种做法是出于保护英国海权的目的。法军司令官贝里克公爵、斯图亚特王室的一个私生子写道："英国政府这样做，是为了向下一届议会表明，它不会放弃削弱西班牙海军的任何一次机会。"正像英国海军历史学家所说的，宾爵士的行动使这一时期英国的目的完全暴露。正当奥地利人、英国人和撒丁人围攻墨西拿的城堡和要塞时，对防波堤内的西班牙军舰归属问题产生了争议。"宾自己反复斟酌，如果让这些舰船完好地回到西班牙人手中，守军可能会停止抵抗，但他绝对不能容忍这种事情发生。另一方面，在这个关键时刻，如果在有关的诸方势力对军舰归属权引发一场激烈争论，最后决定这些军舰不能为英国所有，那最好也不要归属其他任何一国。想到这点，他建议奥地利将军默西伯爵构筑一座炮台，将停泊在港内的军舰全部摧毁。"[1]其他几方面的主官尽管提出异议，最后还是同意了宾的意见。如果说具备这种持续的细致和处处提防的精神应该取得成功的话，那么英国得到海权确实理所应当。然而，对法国这一时期在这方面所做的蠢事，我们能够说些什么呢？

---

[1] 坎贝尔：《海军将军传》。

一连串败北，同时没有海军，根本不可能去争夺远方的海上领地，终于使西班牙停止抵抗。英国和法国坚持要求将阿尔韦罗尼撤职，而费利佩五世只得屈从"四国盟约"提出的条款。英国占据直布罗陀和马翁港后，必定会支持英国和奥地利在地中海中部的那不勒斯和西西里牢固地确立自己的势力。当时英国执政大臣罗伯特·沃波尔，后期没能支持这种有利的联合，而且因此完全背离了国家的传统政策。撒丁从那时起开始置于萨沃伊家族统治下。

与阿尔韦罗尼主持内阁和西班牙一度壮志满怀的小插曲同时发生的，是波罗的海沿岸的一场争斗，我们必须予以注意，因为它再次强有力地说明英国的海权在北方和南方都一样，英国海军只要稍微活动一下，就会让人惊恐不安。1718年瑞典和俄国之间的长期对抗暂时中止，为谋求和平，两国结盟，企图共同解决波兰王位继承问题和斯图亚特王室在英国的复辟问题，并进行了一系列的谈判。对于这个计划，阿尔韦罗尼曾寄予很大希望，但最后这个计划由于瑞典国王战死而化为泡影。战争继续进行，沙皇看到瑞典已筋疲力尽，决定执行他的全部征服计划。随着波罗的海的力量平衡被打破，它将成为俄国的一个湖泊，然而英法两国都不愿意看到这种结局，尤其是英国，因为平时和战时它的海上力量赖以生存的海事补给品主要来自这一地区。这两个西方王国都通过外交途径进行了干涉，同时，英国还派出了舰队。丹麦当时正准备投降，但彼得大帝最后在英国海军舰队司令受命率舰队加入瑞典一方，而且准备在波罗的海重演帕塞罗角海战的历史之前，急忙撤走俄国舰队。他对受到这种暗示式的高压非常恼怒。这件事情在1719年发生，彼得大帝虽然受挫，但并没有被制服。

翌年，英国再次进行更有力的干涉，尽管没能及时使瑞典沿海地区免遭严重破坏，却使沙皇意识到他不得不与英国坚定而毫不动摇的决心较量，而且他通过观察和亲历，了解到英国海上力量的效率，最后只得同意议和。法国称是因为双方使用外交手段，才获得这种满意的结局，并且声称英国对瑞典的支援是无力的；法国希望瑞典放弃位于波罗的海东岸的一些省份，这样俄国就拥有自己的出海口，会使其丰富的内陆资源更方便对英国贸易开放。这可能是真的，英国正在寻求自己的利益，特别是有关贸易和海权的利益。但是以彼得大帝那种倔强好斗的个性，对他影响最大的还是英国舰队的军事实力和逼近俄国门户的能力。从彼得大帝好斗不屈的个性完全可以证明这种论点是正确的。瑞典按照1721年8月30日签署的《尼什塔特和约》放弃了波罗的海东岸的利沃尼亚、爱沙尼亚和其他一些省份。这样的结果无法避免，对某些小国而言，能够保全自己是一件一年比一年困难的事情。

显而易见的是，"四国盟约"十分苛刻的条款让西班牙心怀不满。其后的12年虽然被称为和平时期，但却完全不和平，各种战争危机四伏。西班牙最为不满的原因主要有三条：奥地利占领了西西里和那不勒斯；英国掌握了直布罗陀和马翁港；英国的船只在西属拉丁美洲大量走私。人们觉得英国人是这些损害西班牙行为的积极支持者，所以说，英国是西班牙的主要敌人，但西班牙却不是英国唯一的敌人。

阿尔韦罗尼下台后出现的这种平静，主要取决于法英两国执政大臣的性格和政策。他们都希望出现一种全面和平。法国摄政的政策和希望和平的理由前面已经叙述得很清楚了。在上述理由的促进下，而且为消除英国可能进行的意外攻击，杜布瓦除了为英国取得《乌得勒支和约》给予它的贸易利益之外，还让西班牙向英国做出更大的让步，同意它每年派一艘船到西印度群岛从事贸易。据说这艘船在锚泊以后，会持续不断地得到其他舰船供应货物，以至于为了尽快装运一边到达的鲜货，只能将另一边的旧货先送到岸上。杜布瓦和摄政奥尔良公爵，在主政8年后，在1723年下半年相继去世。其间，他们完全改变了黎塞留的政策，与英国和奥地利结盟，并且牺牲了法国的利益。

法国的摄政权在名义上是传给王室家族的另一名成员，但实际统治者是主教弗勒里，他是当时年仅13岁的年轻国王的导师。尽管其他人挖空心思要取代这位导师，但是最后的结果却是国王在1726年给了他宰相的权力。这时罗伯特·沃波尔已经成为英国首相，从他的影响和权力来看，他实际上已完全主导了这个国家的政策。沃波尔和弗勒里最大的愿望是和平，特别是西欧的和平。于是法国和英国为了和平目的继续采取一致行动，尽管他们两人不能完全制止各种抱怨，但几年来他们成功地制止了战争的爆发，尽管两位执政大臣的目的看上去一致，但是激励他们的动机却完全不同。沃波尔期望和平，是看到英国王位继承问题仍没有解决；英国的贸易在和平时期得到了迅速发展，这是以前从没有过的；还可能是由于他的个性使他不能容忍政府里出现能与他相抗衡的人，害怕战争会使他的周围产生更强大的人。弗勒里认为国内不存在王位继承问题，而且他的权力也相当牢靠，但像沃波尔一样，他也希望国家在和平时期得到迅速发展，他年事已高，自然喜欢宁静，惧怕战争。他成为大臣时就已73岁，去世交出权力时已90高龄，在他的温和管理下，法国复兴了。进入法国的游客可以看到这个国家和人民的面貌发生了改变，不过人们可能会提出疑问,即这种变化是否归功于弗勒里领导的政府,或只应归功于法国人民的天赋,他们既不愿被战争再度拖垮,也不愿脱离世界其他各国。当时法国当局声称,整个法国的农业尚未恢复。但是,法国海运业的确得到了发展,出现了令人惊诧的兴盛景象,原因主要是路易十四去世后,政府立即废除了对贸易的各种限制。当时,法属西印度群岛发展特别快,自然会与宗主国共同分享这种繁荣。马提尼克岛、瓜德罗普岛和路易斯安那[1]的热带气候,以及奴隶们的辛勤耕作,都有助于当地的准军事政府获得良好的成就。当时法国的所有殖民地都建立了这种准军事政府,然而,在气候寒冷的加拿大,效果不太令人满意。此时,在西印度群岛,法国对英国占据绝对优势,单单半个海地的产值就等于英国在西印度群岛的全部收益,而且法国的咖啡和砂糖正在把英国挤出欧洲市场。据一些法国历史学家所说,法国在地中海和黎凡特地区的贸易也同样超过英国。与此同时,法属东印度公司开始复兴,法属东印度公司所在地——布列塔尼亚地区的洛里昂很快发展成一座雄伟的城市,"洛里昂"法文原意就是"东方",名字指出了它与东方的关系。位于科罗曼德尔海岸的本地治里和位于恒河边的昌德纳戈尔,是法国在印度的权力机关和贸易中心所在地,都得到迅速发展;波旁岛(今留尼汪岛)和法兰西岛(今毛里求斯)的地理位置有利于对印度洋的控制,其中一个已经成为富饶的农业殖民地,另一个已经成为强大的海军基地。法属东印度公司的垄断权力被限制在国内与印度主要基地之

---

[1] 旧地名,18世纪的旧路易斯安那总面积比现在的美国路易斯安那州大很多倍。

间的贸易方面,整个印度洋的贸易对私人企业开放,并且得到迅速发展。这种大规模发展完全出于自发,而政府甚至对此投以不信任的眼光。最典型的例子是迪普莱克斯和拉布尔多奈两人。前者在昌德纳戈尔,后者在法兰西岛,他们是各项事业的指路人和领导者。这些事业逐步确立了法国在东方海洋的权力和威望。这些活动后来让法国成为英国在印度半岛上的竞争对手,并且使法国曾一度幻想得到一个大帝国,但这个大帝国已经把一个新头衔赠给英国女王。法国的这种幻想面对英国的海权,最后只能消失。法国贸易范围能不断扩大,是因为和平和取消各种限制的关系,并不是因为政府有保护贸易的意识。路易十四去世时,法国只有300艘商船,20年后已增加到1800艘,这就是法国贸易范围迅速扩大的最好证据。一位法国历史学家称,这个事实有力地反驳了"那些可悲的偏见,即因为法国的不幸而不适合海上贸易,但只有贸易才能不断增加一个国家的力量和活动范围"。[1]

弗勒里完全不能接受法国人民从事的这种自由愉快的活动,他的看法,好像一只孵出小鸭的母鸡,对小鸭不信任一样。沃波尔和弗勒里本人都赞成和平,但沃波尔不得不去面对英国人民的质疑,他深知,不管出于什么原因,如果在海上和贸易中出现竞争者,英国人民会对此不满。弗勒里曾继承路易十四的错误政策,眼睛只盯着大陆。但是,他的确不希望像前任摄政那样与西班牙发生纷争,而是希望与西班牙保持友善,尽管一时他还不能为此牺牲他的和平政策,因为西班牙对英国极为仇视,所以他的注意力主要放在加强法国在大陆的地位上,在他力所能及的

---

〔1〕马丁:《法国史》。

地方建立波旁王室的诸侯国，而且通过家族联盟，使它们团结起来。但与此同时，他却任由海军更加衰落。"正值法国人民自己积极努力地通过私人活动重新得到海洋时，法国政府却把它放弃了。"当时法国海军军力已经减到只有54艘战列舰和快速帆船，并且绝大部分状况很差。

在这一时期，沃波尔由于需要依靠与弗勒里的合作，因此坚决反对英国与西班牙公开进行战争。但西班牙国王及其家族联盟不时形成的威胁和令人恼怒的行动往往给沃波尔的和平方针带来困扰。这种困扰常会引发英国海军的示威性行动，并且暂时被它成功制止，它提醒人们，不要忘记很多国家都曾领教并且向英国屈服的那种海权。1725年，费利佩五世和查理六世同意舍弃旧恶，在维也纳签订了一个条约。条约中有一项秘密条款规定：如果需要的话，奥地利应当用武力支持西班牙对直布罗陀和马翁港的要求，俄国也表达了愿意参加这个同盟的倾向。于是在英国、法国和普鲁士之间形成了一个与之直接对立的同盟，英国派出一支舰队到波罗的海向女沙皇（叶卡捷琳娜一世）示威，另一支舰队到西班牙沿海制止该国政府的行动和保卫直布罗陀，第三支舰队被派到靠近南美洲北岸的贝卢港（今巴拿马境内的港口），封锁聚集在那里的帆船队，切断它们的补给，即时告诫西班牙国王，他离不开美洲的硬通货，也离不开英国控制的西班牙与美洲之间的交通线。沃波尔下达给贝卢港的英国舰队司令不许交战，只能进行封锁的严格命令，清楚地说明他反对战争。由于舰队长期滞留在疾病流行的沿海地区，大批水兵的死亡使英国举国震惊，这也是若干年后导致首相下台的许多原因中的一个。在这次封锁行动期间3000～4000名官兵，包括舰队司令霍西尔将军本人都死在他乡。但是，沃波尔的目的达到了。尽管西班牙经陆路对直布罗陀进行了不明智的进攻，但英国舰队的存在，不但保证了要塞的补给和粮食供应，而且阻止了战争正式爆发。奥地利退出同盟，在英国的威逼下，取消了查理六世曾批准的、以奥斯坦德港命名的、在奥属尼德兰成立的东印度公司许可证。英国商人不仅要求除掉这个竞争对手，而且还要求取消在丹麦成立的类似竞争公司。在荷兰支持下，英国谈判成功。只要英国贸易没有受到严重破坏，沃波尔的和平政策，随着多年来的富裕生活和国民的普遍满足，就能顺利地维持下去，即便西班牙不断威胁，而且对直布罗陀提出无礼的要求也不能造成丝毫影响。但不幸的是，英国当时深陷一种会给贸易带来麻烦的行动之中。这就是前面已经提到的非洲奴隶贸易和每年派舰船到南美洲的特许权，虽然这些特权只是英国在这些地区进行贸易的一部分。西班牙与各西属殖民地之间的贸易极其有限，而且具有排外性，但是它在企图使殖民地与外国断绝贸易时，忽略了为其提供必需品。结果，西属美洲涌现了大量的走私和非法贸易。走私贸易主要是英国人干的，他们利用供应非洲奴隶和每年派舰船进行合法贸易的机会，从事不合法的，或者至少是没有得到允许的贸易。这种贸易方式肯定对一些西班牙殖民者的大集团来说是有利的，因此受到他们的鼓励，就连殖民地总督也纵容这种做法，这时是为了钱，有时是受当地舆论影响，有时甚至连他们自己都不知道，对情况很难了解。但是，一些西班牙臣民，看到他们自己的生意，由于英国人使用和滥用特权受到了严重伤害，而且走私和非法贸易偷漏税款，使西班牙政府在经济和名誉上都受到严重伤害。西班牙开始收网，曾经废弃的一些法规又重新生效，开始执行。"条约的精神实质被放弃了，但它在形式上当时仍被执行着。尽管英国舰船仍享有可随时进入西班牙港口进行休整和补给的特许权，可它们没有受到友好对待，也没有得到贸易往来的利益。它们受到一种审慎戒备的监视，还有海岸警备队的严格检查。除每年允许派出的舰船外，（西班牙）采取一切有效措施阻止英国与西属殖民地之间的任何贸易。"如果西班牙人能够将自己的行为限定为更密切的监视，还有在本国水域内强行执行一些与当时认可的关税规定，可能不会给西班牙带来更大损害。然而，当时的形势和西班牙政府的特点，让他们不可能就此罢休。但是要把守而且有效封锁住一条长达几百海里、有无数入口的海岸线是不可能的。英国贸易商和海员认为，追求利润是他们的权利，绝不能被惩处吓倒，也不会考虑西班牙人敏感而容易被伤害的感情。西班牙的实力不够迫使英国内阁接受西班牙的海运规定，也不能让英国内阁不顾商人的感情停止乱用条约许可的特权。于是，较弱的国家蒙受委屈，遭到骚扰，被迫采取了完全非法的做法。西班牙战舰和海岸警卫队接到命令，或至少经过上级默许，在西班牙管辖外的公海上，拦截和搜查英国商船。西班牙人傲慢的秉性，不受软弱的中央政府限制，让多次检查，包括合法的和不合法的检查，都变成侮辱性甚至暴力性事件。与上述这些完全一致的原因，产生的某些类似灾祸，已经在我们这个时代的西班牙官员与美国和美国商船之间发生。有关这些暴力行为的传闻传到英国各地，由此引发财产被没收和贸易困难造成的损失，肯定会激怒英国人民。1737年，西印度群岛的商人向英国下议院申诉说：

> 许多年过去了，他们（英国贸易商）的船舶不仅经常被强制停船和搜查，而且经常在公海上被西班牙的巡航船只以

看来有理的保护自己国家海岸为借口，暴力任意拘捕。船舶的主管和船员受到非人虐待，他们的船舶被带到西班牙的某一港口，西班牙人会在那里宣布他们的货物被没收。很明显，这种行为完全违背了两位国王间现存条约的规定；陛下的大臣们在马德里提出的抗议没有受到重视，这种侮辱和抢劫肯定会迅速摧毁他们的贸易。

1729年以后的十年时间，沃波尔为了制止战争不知疲倦地努力着。那一年他在塞维利亚签订了一份条约，声称会控制住上述事件，恢复四年前的贸易形势，而且规定6000名西班牙陆军部队可以立即占领托斯卡纳和帕尔马。沃波尔向本国人民争辩说，战争会使他们失去已经在西班牙领地获得的贸易特权。在这一时期，他不断与西班牙进行谈判，寻求西班牙的让步和赔偿，以平息国内的呼声。这时，波兰王位继承战争爆发。法国国王的岳父要求得到王位，而奥地利却支持他的对手。由于法国和西班牙都敌视奥地利，两国再次团结起来，而撒丁国王希望从奥地利手中夺取米兰，将这一地区并入皮埃蒙特地区，于是也参加了这个同盟。英国和荷兰得到了法国不进攻奥属尼德兰的承诺而保持中立，法国对奥属尼德兰任一部分的占领都会被英国当成对其海权的威胁。1733年10月，法西撒三国同盟对奥地利宣战，盟国的陆军一道进入意大利。但是，西班牙军和同盟国部队分开了，其目标是那不勒斯和西西里。因为入侵者已经控制了海洋，所以他们迅速而轻松地占领了这两个地方，而且受到那里全体居民的欢迎。西班牙人宣布西班牙国王的第二个儿子为当地国王，称为卡洛斯三世。这样就出现了两西西里（西西里和南意大利那不勒斯等地合称为"两西西里"）波旁王国。因为沃波尔厌恶战争，他放弃了一个长期盟邦,结果是将地中海中部让给一个肯定对英国不友好的国家控制。

沃波尔就这样舍弃了奥地利,但他本人也被弗勒里出卖。法国政府一边公开与西班牙联合反对奥地利,一边又同意签订一项直接针对英国的秘密条约。密约写道:"无论什么时候,只要看来对两国都很有利时,就立刻废除已经在蔓延的滥用贸易特权的行径,特别是英国人滥用特权的做法;如果英国人反对,法国将通过陆路和海洋不遗余力地还击他们的敌对行动。"就像霍克勋爵的传记作者指出的那样,"这份协议是在法国与英国公开保持密切同盟关系时签订的"。[1]"于是威廉三世当初要求英国和欧洲武装起来反对法国的政策最终成为现实"。如果沃波尔对这份秘密条约早就知道的话,这很可能是他赞成和平的另一个原因,因为他敏锐的政治嗅觉告诫他存在一种潜在的危险,他告诉下议院,"如果西班牙人私下没有得到实力比他们自己强大许多的国家怂恿和支持,他们绝不敢去做已在你们的高等法庭上得到证实的那种侮辱和伤害行为",并且他认为,"英国不是法国和西班牙的对手"。

弗勒里确实让这位经常打交道的老朋友难堪。引起历时两年的波兰王位继承战争的原因,就是为一个注定要从欧洲国家名册上很快消失的无所适从的王国挑选统治者。这似乎是一件小事,但反过来由于参加这场战争的强国的行动所引发的欧洲政局的变化,使这场战争拥有不同凡响的重要性。法国与奥地利在1735年10月达成一项协议,撒丁与西班牙均表示赞同,这份协议的主要

---

[1]伯罗斯:《霍克勋爵传》。

内容是：列琴斯基放弃继承波兰王位的要求，但可以得到在法国东部的巴尔和洛林公爵领地，在他死后，这些领地会完整无缺地交给他的女婿法国国王；进一步明确了西西里和那不勒斯两个王国归属于西班牙的波旁亲王唐·卡洛斯，而奥地利收回帕尔马。撒丁国王增加了在意大利的领土。偏爱和平的弗勒里让法国加强了巴尔和洛林的势力，这是许多好战统治者曾梦寐以求却无法达到的。与此同时，弗勒里用牺牲英国的利益来加强法国自己的对外地位，把地中海中部的控制权转交给它的盟国西班牙。但弗勒里的内心深处可能会提心吊胆，因为他没有忘记和西班牙签订的压制英国贸易的秘密协议，在法国海军衰退的同时，英国的海权却在不断强大。法国和西班牙之间的秘密协议，后来得到两西西里王国的同意，当时英国和西班牙关系正处于紧张时期，协议本身孕育着英国和波旁王室之间的几次大战。大战的结果是英帝国的诞生和美国的独立。

在英国，终结西班牙暴行的声音此起彼伏，而且得到沃波尔的反对派的大力支持。当时沃波尔已年过六旬，很难改变他的固有信念和当初的政策。面对各国和各民族间的无法调和的矛盾，他只能在短时间里采取镇压加妥协的办法。英国人投入全部身心从事开辟西印度群岛和拉丁美洲贸易市场的事业，而西班牙政府则竭力阻止。对这种阻挠政策不利的是，西班牙人不仅在公海上对英国船舶进行非法搜查，还对英国海员暴力相向，从而使沃波尔政敌的势力不断加强。一些英国海员被带到下议院的高等法庭，证明他们不但被抢劫一空，而且受到了虐待，被关进监狱，他们被迫在令人憎恶的条件下生活和工作。最有名的事件出自一艘双桅商船船主詹金斯的陈述，他说，一名西班牙军官扯掉他的一只耳朵，命令他把它拿回到主子那里去，还说如果英国国王在场的话，也会受到同样的对待。当他被问及在危险和痛苦中的心情时，他回答："我把生命交给上帝，并且把我的事业献给我的国家。"这种巧妙的戏剧性表述，从这种地位的人嘴里说出来，使人们对整个故事多少有些怀疑。但完全值得注意的是，在一场激进的公众运动中，它是一种重要的战争呼吁。抗议的怒火终于把沃波尔拼凑的和解方案烧个精光。1739年10月19日，英国终于对西班牙宣战。英国发出最后通牒，坚持要求西班牙正式放弃它提出和实施的搜查权，而且要求西班牙就英国对北美的要求给出确切答复。其中一条要求和英国当时刚刚建立的和西班牙的佛罗里达领地毗邻的佐治亚殖民地的领土范围有关。

英国违背了首相的决定，全力主张和进行的这场战争要到什么程度才算得上正当，引起英国国内激烈的争论。西班牙和本国殖民地进行贸易的法律规定与英国在《航海条例》中声明的贸易规则没有什么实质性的区别，而且西班牙海军军官发现他们当时的情况与半个世纪后在西印度群岛指挥一艘快速帆船的纳尔逊的情形几乎完全相同。那时的美洲商船和商人在离开祖国后，喜欢凭借殖民者的身份继续进行贸易活动大家都知道，纳尔逊在当时热心为英国争取贸易利益。他强制执行《航海条例》，后来发现西印度群岛和殖民地当局对他的这种做法非常厌恶，而他似乎没有进行非法搜查，因为凭英国的实力，没有必要使用不正当的手段，就足以保护海运利益。与之相反的是，在1730年到1740年间，西班牙却一直冒险搜捕那些曾损害过它的商船，不论它们在什么地方，即使不在合法管辖范围以内的，它也不会放过。

读完伯罗斯教授的《霍克勋爵传》，里面有关沃波尔那些主张开战的对手对情况充满同情心的声明以后，一个外国人依据当时公认的宗主国对殖民地的权力指出，那样指责西班牙人是非常不公平的，然而没有一个国家会容忍西班牙人主张的那种搜查权。与我们的课题紧密相关的问题是，要注意这种争执主要是一个海事问题，它的根源在于英国人民为了扩大他们的贸易和殖民利益不可压制的冲动。英国人认定，法国的行动可能也是出于同样的动机；但弗勒里的性格和他的基本政策，还有法国人民的天性，不一定会让他们那样去做。那个时候法国没有议会，也没有表达人民意愿的反对党派，而后来，有人对弗勒里的性格和执政提出过完全不同的评论。英国人相当重视弗勒里为法国取得洛林，还有为波旁王室争得西西里的能力，并且谴责沃波尔贪图成功而导致失败。法国人对弗勒里的评价是，"他整天只是为了寻求能够安度晚年。他用麻醉剂让法国昏昏沉沉，而不是努力治疗、恢复。他在去世以前，已经无法再让这种沉寂继续下去了"。[1] 英西战争爆发时，"西班牙要求得到它和法国结成防御性同盟应该得到的好处。弗勒里不情不愿地派出了一支分舰队，表现得十分小气"。这支分舰队有22艘舰船，任务是把集合在费罗尔的西班牙舰队护送到美洲，并充当阻止英国进攻的援军。"弗勒里仍在向沃波尔解释，并且希望和平解决。这其实是一种没有任何道理的希望，曾经令我们的海上利益遭受毁灭性打击，而且会妨碍法国在战争初期，为保障在东方海域的优势采取的各种措施。"但另一位法国人说："随着沃波尔下台，弗勒里认识到自己任由海军走下坡路是错误的。不重视海军的重要性后

---

〔1〕马丁：《法国史》。

来给了他沉重打击。他非常清楚那不勒斯和撒丁国王放弃和法国的同盟关系，是因为英国的一支分舰队威胁要炮轰那不勒斯和热那亚，而且会让一支陆军入侵意大利。因为法国缺少强大的海军力量，只能忍受莫大的屈辱，而且只能抱怨英国巡洋舰抢掠我们的贸易，破坏各国法律的暴行。"[1]这一切都发生在表面上的和平正在消失的时期，也就是从法国舰队只局限于保护西班牙防备英国进攻到战争正式爆发期间。解释这些不同的看法似乎并不困难。两位执政大臣已经达成了默契，他们无论如何都不愿超出彼此默许的边界。也就是说，只要法国不引起英国人的妒忌，就可以在大陆自由发展，而沃波尔自己很清醒地意识到英国的利益是通过海上竞争得到的。这种观点就像弗勒里所想的那样。一方面是通过海洋寻求权力，另一方面是通过陆地扩张。哪一个更加明智些呢？战争会让一切都见分晓。由于西班牙是法国的一个盟国，战争肯定会发生，而且一定会在海上进行。两位执政大臣都没能活着看到自己政策的结果。沃波尔1742年下台，在1745年3月去世；弗勒里1743年1月29日在任上去世。

---

[1]拉贝鲁兹：《法国海军史》。

第七章

1739年大不列颠和西班牙之间的战争
1740年奥地利王位继承战争
1744年法国与西班牙联合反对大不列颠
马休斯、安森和霍克进行的海战
1748年的《亚琛和约》

前文我们已经说到一系列大战的开始阶段，这些战争注定会持续近半个世纪，尽管其间会有短暂的和平时期。在大战的许多使人费解的细节当中，有一个主要特征使它们有别于从前和以后的战争。这场战争波及全世界，但其他各地的战斗只是细枝末节，最主要的战争在欧洲发生。它决定了一些影响世界进程的问题，例如争夺海洋霸主与控制某些远方国家，以及对殖民地的占领和依靠这些源源不断地增加财富等，但十分奇特的是，直到战争行将结束时才出现大舰队交战，而且使战斗转移到合适的战场——海洋上。海权的重要作用，从一开始就非常清楚地显示出来，但在很长的时期内，并没有发生任何一场产生影响的海战，原因是法国政府还没有了解这个真理。拓展殖民地的运动在法国普遍受到欢迎，几位知名人士曾论述过这个问题。但统治者对这项事业的态度既冷漠又多疑，因此忽视海军，这个主要问题预示着法国的最后失败，还暂时毁了它的海上力量。

这就是即将爆发的一系列战争的特点。英国、法国和西班牙这三个主要强国，除了欧洲，世界其他各地也将卷入这场战争，因此，了解它们彼此的态势十分重要。

英国当时在北美洲占据着从缅因至佐治亚的13个殖民地，即后来美国最早的13个州。英国殖民地的特有发展模式可以在这些殖民地中看到，一些基本上自治和自立的自由民团体仍然效忠英国，涉及的职业主要是农业、贸易和航海。从这些地区的特点和产品，它们漫长的海岸线和有防护的港口，以及人民来看，殖民地拥有发展海上力量的一切因素，而且确实有了较大发展。依靠这样的地区和人民，英国皇家陆海军在西半球就拥有牢固可靠的基础，而英国殖民者非常留心防备法国人和加拿大人。

法国在北美洲占据加拿大和路易斯安那，当时后者包括的地域比现在更加广泛。按照最早发现权，以及连接圣劳伦斯河和墨西哥湾的需求，法国人要求占领整个俄亥俄河流域和密西西比河流域。这个中间地带当时还没有完全被占领，英国人也没有承认法国人的要求，而英国殖民者坚持他们无限制向西扩张的权利。法国人在北美的稳固殖民地是加拿大；圣劳伦斯河为他们进入中心地区提供了便利的通道；尽管已失去纽芬兰和新斯科舍，但法国人仍然控制着布雷顿角的关键港湾和河流要道。加拿大具有法国殖民体系的特点，是建立在不是很适宜的气候条件上的。愚蠢的殖民政府阻碍私人事业和自由联合行会的发展。法国殖民者放弃了贸易和农业，只生产足够消费的食品，而且沉溺于武器和打猎，他们从事的主要贸易是皮毛交易。因为他们自己的制造工业几乎没有，所以他们只好从英属北美殖民地购买部分舰船，从事境内航运。加拿大力量的主要组成部分是军队，全民都要服兵役，每个人都是战士。

除了继承宗主国的敌意外，两种社会和政治体制之间，必然存在对抗。加拿大远离西印度群岛，冬季气候寒冷，从海军的角度来看，它对法国所起的作用远不如英属北美殖民地对英国所起的作用。此外，加拿大在资源和人口方面也弱于英属北美殖民地。1750年，加拿大总人口为8万，而英属北美殖民地人口为120万。因为力量和资源相差悬殊，加拿大支援法国海军的唯一方式就是直接控制邻近海洋，或者通过在别处进行有力牵制，减轻对法国的压力。

在北美洲大陆，西班牙除占领墨西哥及其以南的一些地方外，还占领了佛罗里达，它包括这个半岛没有明确归属的大片地区，这些地区在战争中一直没起到什么重要作用。

在西印度群岛和南美洲，西班牙除占领古巴、波多黎各和海地一部分外，主要占领地是那些至今仍然被称为西属美洲的国家；法国占领瓜德罗普、马提尼克和海地西半部；英国占有牙买加、巴巴多斯和一些较小的岛屿。这些小岛土地肥沃，物产丰富，气候条件也不是那么恶劣，它们将成为殖民战争中各方都想要占领的目标。但实际上除西班牙希望收复牙买加外，其他国家都没有采取过武力征服的尝试，也没有打算占领一些较大的岛屿。原因可能是由于英国拥有强大的海权使它成为主要的侵略者，加上大批英国人愿望的影响将英国的力量集中在北美洲大陆上。西印度群岛的每一个岛屿都很小，除非一个国家有效控制住海洋，否则无法牢靠地占领它们。但是这些岛屿在战争中具有双重用途：一是为控制它的国家提供军事基地；二是贸易上的用途，或者用它来增加自己的资源。争夺这些岛屿的战争，可以看成是贸易战，而这些岛屿可以被看成是满载敌人财产的舰船或运输船队，所以它们就像筹码一样轮转个不停，当和平到来时，总是恢复原状，然而最后结果是绝大多数岛屿都被英国人控制。事实上每一个在这个贸易中心有利益的列强都会引来一些舰队，尤其是在大陆上不适合军事活动的季节，而在西印度群岛经常出现的舰队活动就是这一系列战争的最好范例。

在遥远的印度，英国和法国之间也在进行一场战争。那里和在北美洲一样，最后谁是胜者将由这场战争来决定。在印度，两个敌对国家的代表是各自的东印度公司，它们直接掌管殖民地的政权和贸易。当然，双方背后都有宗主国为后盾，但是与土著统治者直接接触的是公司指定的总督和官员。此时，英国在印度拥有的主要殖民地是西海岸的孟买、东海岸的加尔各答和马德拉斯（今印度金奈）。加尔各答处于恒河下游，距海洋有一段距离。在此期间，马德拉斯稍南一些的另一个城镇和基地，英国人一般都称它为"圣大卫堡"，有时也被称为"古德洛尔"，不久也变成了英国的殖民地。此时，孟买、加尔各答和马德拉斯三个辖区相互独立，而且只对在英国的董事会负责。

法国在恒河上游的根据地是金德讷格尔，在东海岸它占领了位于马德拉斯以南80英里的本地治里，在西海岸它还有一个不太重要的、位于孟买以南很远地方——马埃。前面已经提过，法国在印度洋已占领中央位置和邻近法兰西岛及波旁岛的一些岛屿，这使它具有较大优势。法国人更幸运的是那时负责印度半岛和印度洋法属岛屿事务的迪普莱克斯和拉布尔多奈是拥有声望和才干的人。英国在印度的官员，没有人的才能和魄力与他俩相当。如果这两个人能够携手合作，可能会摧毁英国在印度的殖民地。但是这两个人意见不合，心存芥蒂，对根据法国自身的地理位置，它的主要力量究竟是应该放在陆地上，还是应该投入海洋，两人有分歧。迪普莱克斯尽管不是对商业利益漠不关心，但他的目标和精力主要集中在怎样建设一个强大的帝国上,法国国王应当成为统治当地各方诸侯的君主。在追求这个目的时,他表现得精明练达,而且显示出孜孜不倦的活力,那也许是一种眼光远大的狂想。拉布尔多奈比较坦率和正确的观点是为取得海上优势,应当把统治建立在与本国拥有自由可靠的交通线的基础上,他不主张与印度东部各邦结盟,认为这样的统治是建筑在沙滩上的,完全不可靠。一位认为拉布尔多奈有远大抱负的法国历史学家说道:"海军劣势是阻碍他雄图的主要原因。"[1]然而海军优势正是拉布尔多奈明确追求的目的。与英属北美殖民地相比,由于加拿大软弱无力,海上力量已经不能改变北美争夺战的实际结果。但在印度,当两国能够在同一起跑线竞争的情况下,一切都取决于对海洋的控制。

上述内容就是英国、法国和西班牙在国外主要战场上的相对态势。没有提及非洲西海岸上的殖民地,是因为它们只是一些贸易站,不具备军事上的重要性。占领好望角的荷兰没有积极参加早期战争,但长期以来它对英国保持善意中立,使它在本世纪的前几场战争中,依靠英荷两国同盟而幸存下来。在这儿有必要简要谈一下各国海军的情况,但因为当时海军的重要性还没有被认识到,所以既不能提供确切的舰船数量,也不能详细描述舰船的性能,但相互间的实力对比情况可以适当地估计出来。那个时代的英国海军历史学家坎贝尔说,1727年,英国海军拥有配备60门以上舰炮的战列舰84艘,配备50门舰炮的战列舰40艘,还有54艘快速帆船和一些小型舰船。到1734年,战列舰已降为70艘,此

---

[1]马丁:《法国史》。

外还有配备50门舰炮的战舰19艘。1744年在与西班牙进行四年战争之后,英国有90艘战列舰和84艘快速帆船。他估计同一时期法国海军有45艘战列舰和67艘快速帆船。1747年,第一场战争即将结束时,西班牙海军的战列舰降为22艘,法国海军的战列舰为31艘,而英国战列舰已增加到126艘。虽然法国作者认为这些数字不是太准确,但是同意法国海军舰船的数量已锐减到少得可怜的程度,而且舰船的性能也极差,造船厂还缺少设备和物资。在整个战争过程中,法国一直不重视海军,直到1760年,这个国家才认识到海军的重要性,但是为时已晚,不能让法国免遭最严重的损失。英国与法国一样,由于长时期和平,纪律和行政管理逐渐松懈,派出去的舰船武器装备极不适用,这一点得到的评价很差,让现在的人追忆起克里米亚战争[1]爆发时的那些丑闻。由于法国过去使用的舰船几乎消失了,必须由新舰接替,于是驶向海洋的战舰都比较现代化,设计得也比较科学,以致每一艘军舰都比英国同级的旧舰性能好得多。但是,我们在听取个别作者的抱怨时必须十分小心,法国作者声称英国舰船速度较快,而与此同时,英国人却抱怨他们自己的舰船速度较慢。普遍被接受的实际情况是1740—1800年间,法国建造的舰船与英国同级舰船相比,设计更好,船体更大。但英国水兵和军官的素质肯定占有优势。因为英国长期保留一些舰队去海洋上执行任务,无论这些舰船是好还是差,都能够让军官不完全脱离航海业务,而法国,据说1744年军官人数还不到编制的1/5。英国由于不断用优势兵力封锁

---

〔1〕1853年到1856年间,英、法、土耳其和撒丁王国等同盟国和俄国为争夺巴尔干半岛控制权爆发的战争。

法国军港，使优势得到保持和扩大，而敌人的分舰队一旦出海，就立刻会发现自己的实际操作能力明显处于劣势。另一方面，尽管英国海员数量众多，但是贸易对海员的需要量非常大，甚至当战争爆发时，英国海员分散在世界各地，而且部分舰队总是由于缺少舰员处于瘫痪状态。海员经常被商船雇用，可以保证他们掌握航海技术，可由于舰队水兵空额太多，不得不无选择地强征兵源，于是就不可避免地拉进一批可怜多病的人，严重削弱了官兵的战斗力。为了解当时全体舰员的情况，有必要阅读一下送给准备进行一次环球巡航的安森的报表，或送给正在准备战争的霍克的报表。现在看来这些报表简直让人无法相信，而且说明情况是极为糟糕的。它不只是卫生机制的问题，即使在最有利的条件下，物质条件也完全不符合海上生活的需要。法国和英国海军的军官都需要进行大换血。这个时期是宫廷和政治影响力最大的时期；此外，经过一段长时期的和平后，不可能从表面看来最合适的人当中，马上就挑选出能够经受时间考验，而且能完全负起战争责任的人。这两个国家都有同一种倾向，即依赖那些前一代最强的军官，而结果是非常不幸的。

  1739年10月，英国人已向西班牙宣战，他们最初的目标，自然是直接进攻引发争执的西属美洲殖民地，期望在那里不费气力就能得到珍贵的战利品。同年11月，弗农司令官率领第一支远征军出海，经过一次突袭，占领了贝卢港。但是，在西班牙大帆船已经驶离的港口里，他只找到为数很少的约1万美元战利品。弗农返回牙买加时，得到大批增援舰船和一支1.2万人的地面部队。1741年和1742年，他企图带领部队进攻卡塔赫纳和圣地亚哥。但是他在这两个地方都打了败仗；海陆军将领之间发生争吵，这在各自还不能理智地理解对方职责的时代里并不少见。马里亚特用一种幽默的夸张手法来描绘这种误会时，似乎已经考虑到进攻卡塔赫纳时的情景："陆军认为海军可能已经摧毁了10英尺厚的石制护墙，而海军却质疑为什么陆军没能登上30英尺高的堡垒。"

1740年进行的另一次远征，由于指挥官安森表现出的持久耐力和韧性而受到广泛称赞，而且因为它的艰苦性和最后取得的杰出成就而举世闻名。它的任务是绕过合恩角，进攻位于南美洲西海岸的西班牙殖民地。由于行政部门的低能，这支远征分舰队在1740年底才踏上征程。在一年里气候最恶劣的季节通过合恩角，舰船一直都在遭受最猛烈风暴的袭击，分舰队被迫分散开，所有的舰船再也没有重新集结起来过，而安森经过艰险的航行之后，终于让部分舰船在胡安费尔南德斯群岛会合。其中2艘驶回英国，第3艘在奇洛埃以南失踪。安森率领余下的3艘舰只沿南美洲海岸航行并抢夺了一些战利品，还劫掠了佩塔镇，他打算靠近巴拿马，并与弗农联手，如果可能的话，占领巴拿马和中美地峡。当他得知弗农在卡塔赫纳大败之后，就决定横渡太平洋，伏击每年从阿卡普尔科驶向马尼拉的2艘西班牙大帆船。在航行途中，他发现和他一起行动的2艘舰中的1艘情况恶化，他不得不将其摧毁。他与另一艘舰船成功地完成了最后的任务，捕获1艘装有150万美元硬通货的西班牙大帆船。这次远征除了一直遭到不幸，还有使西班牙殖民地惊恐不安之外，在军事上没有什么成就可言。但是，正是因指挥官坚韧的举动战胜了航程中的困难，并取得了巨大成功，行动得到了应得的声誉。

1740年发生的两件大事，把欧洲拖进了一场大战，影响了西班牙和英国之间早已进行的战争。这年5月，腓特烈大帝成为普鲁士国王。10月，奥地利的查理六世去世。因为他没有儿子，按照遗嘱，他要把全部统治权交给他的长女，著名的玛丽亚·特蕾莎。多年来，查理六世的外交政策，一直致力于确保他女儿继承皇位这个目的。玛丽亚·特蕾莎继位曾得到一些欧洲强国的赞同，但由于她的统治地位极为不稳，激起了其他各国统治者的野心。巴伐利亚选帝侯对全部继承权提出要求，得到了法国的支持；普鲁士国王要求占领西里西亚省；其他国家，不论大小都与上述这些国家中的某一个有关联；英国由于国王也是汉诺威选帝侯，使玛丽亚·特蕾莎的处境变得复杂化。尽管英国感情上倾向于奥地利，但它还是因为国王的选帝侯身份签订了一份赞成选举皇帝的中立条约。在此期间，英国几次远征拉丁美洲均遭失败，而且贸易受损严重，国内一致反对沃波尔的呼声日益高涨，沃波尔被迫在1742年初辞职。英国在新内阁统治下，公然成为奥地利的盟国；议会不仅投票通过给玛丽亚·特蕾莎财政援助的提案，还派出一支陆军部队援助奥属尼德兰。与此同时，荷兰在英国的影响下，同样因为受到原有条约的约束，支持玛丽亚·特蕾莎继位，而且也通过投票决定给她提供财政援助。这里再次出现上文曾提到的那种国际关系的微妙前景。英荷两国就这样加入了反对法国的战争，不是作为战争主力，而是派遣部队参战，国内仍处于和平状态。这种不确定的形势，最后只能出现一种结果。在海上，法国早已按照防御同盟成为西班牙的援兵，尽管仍然在伪装与英国保持和平友好关系，前面已提过，1740年一支法国分舰队支援一支西班牙舰船分队前往美洲。1741年，西班牙已作为奥地利的一个敌人卷入当时的大陆战争，并派出1.5万人的陆军部队离开巴塞罗那，进攻意大利境内的奥地利领地。英国地中海舰队司令哈多克中将搜寻并找到西班牙舰队，但是发现还有由12艘法国战列舰组成的分舰队和西班牙人一起行动。法国分舰队司令告知哈多克，他也在进行远征，而且接到命令，如果西班牙人遭到攻击，他将向英国人开火。鉴于法国和西班牙联合舰队的兵力几乎是他的2倍，哈多克被迫返回马翁港。不久他就被免职，由马休斯将军担任地中海总司令和英国驻撒丁王国首都都灵的外交使节。1742年，地中海舰队的一名舰长把几艘西班牙大帆船追进法国的圣特罗佩港；他不顾法国的所谓中立，撵着它们进入港内，还把它们烧毁。同一年，马休斯派出一支分遣队，由马丁海军准将指挥，驶向那不勒斯，迫使西班牙国王撤回他在意大利北部与西班牙陆军一起进攻奥地利人的2万部队。西班牙政府企图进行谈判，马丁回答说只有撤走他们的警戒舰船才能谈判，而且限定西班牙政府于1小时内达成协议。西班牙政府别无他法，只能屈服。于是英国舰队在港内停留24小时后就离开了，它为奥地利解除了危险。很明显，由于英国掌握了制海权，控制了那不勒斯，西班牙派出的部队必须绕道法国才能进入意大利。先后在圣特罗佩和那不勒斯发生的这两件事情，虽然给弗勒里留下深刻的印象，使他认识到一支有良好基础的海上力量可以活动的范围和重要性，但时间已经太晚了。英法相互抱怨的事件不断增加，所以两国必须迅速摆脱只充当战争辅助力量的伪装。但在这之前，依附奥地利的撒丁国王，再次感受到了英国控制海洋的实力和英国财富的作用。正当撒丁国王为究竟是和法国结盟还是和英国联手犹豫的时候，一项财政援助和在地中海保持一支强大舰队的许诺让他做出了决定。作为回报，他答应派4.5万名陆军参战。这个协议在1743年9月达成。10月，路易十五与西班牙签订一份条约，按照条约规定，他答应向英国和撒丁宣战，并且支持西班牙对意大利、直布罗陀、马翁港和佐治亚的要求。战争处于一触即发的状态，可是英法仍然迟迟没有正式宣战。不过，在维持名义上的和平时，双方进行了一次最大规模的海战。

  1743年下半年，西班牙曾企图在和奥地利人不友好的热那亚共和国海岸登陆。但这次行动被英国舰队挫败了，西班牙舰队被迫退到土伦。由于英国舰队数量上占优势，西班牙舰队躲在港口里，在那里停泊了4个月之久。进退维谷的西班牙宫廷向路易十五求援，于是路易十五给德库特将军指挥的法国舰队下达了护送西班牙舰队前往热那亚湾或返回他们本国港口的命令，至于具体要返回哪个港口还不是很明确。德库特已经是80高龄的老人，他是路易十四时代的一名老兵。他接到的命令是除非被攻击，否则不准开火。德库特也许不太相信西班牙人的战斗力，为能够与他们精诚合作，他像德·勒伊特那样，建议把西班牙舰船分散在他自己的舰队里部署。但是西班牙舰队司令纳瓦罗拒绝接受他的建议，法西两国舰队组成的战列线由9艘法舰充当前锋，中央主队有6艘法舰和3艘西舰，后卫是9艘西舰，共有27艘战舰。1744年2月19日，联合舰队就以这种队形离开土伦。它们受到一直在耶尔外海巡航监视的英国舰队追击。22日，英国舰队的前锋和主队追上了联合舰队，但后卫当时落后几海里，处于上风位，完全离开了支援距离，当时风向为东风，两支舰队都向南行驶，英国舰队占据了上风位。两支舰队数量相差不大，英国29艘，联合舰队27艘；英国舰队数量略微占优势，但这种优势由于后卫舰船没能跟上而转到对手那边去了。人们普遍认为后卫队司令（即理查德·莱斯托克将军）这样做是因为对马休斯不满，尽管他申辩说当时他已经尽力让后卫分队靠拢。但是之后当他能够进行攻击时，却并没有这样做，他的借口是组成战列线的信号与交战的信号同时发出。意思是说，他不能违反组成战列线的指示去作战。然而后来这种借口被军事法庭作为辩护依据接受了。当时的实际情况是，马休斯受到这位副手的坑害和干扰，担心如果时间拖得太长，敌人会逃之夭夭，所以当他的前锋追上敌人中央主队，与之平行前进时，他就发出了交战信号，而且立即使他自己配备90门舰炮的旗舰离开战列线，攻击敌战列线配备110门舰炮的西班牙旗舰"王家腓力"号。马休斯在进攻的时候得到了旗舰前后舰船的得力支援。5艘西班牙战舰远远落在后面，他们的司令官只能得到旗舰前后两艘战舰的支援，另外3艘西舰和法舰一起继续前进。英国舰队的前锋继续沿原航向航行，与联合舰队主队进行战斗。这时联合舰队的前锋没有交战对象，因此，想先一步戗风转向占据英军战列线前方的有利位置，对英军实施夹击，但英军3艘领航舰的舰长们的明智行动使他们没能得逞。3位舰长不管进攻信号，坚守重要的阵位，而且阻止敌人的迂回企图。因此，他们曾被军事法庭撤销职务，但后来很快复职。这种谨慎但合乎情理的无视信号的行动，被主队的所有舰长和前卫的一些舰长不加分辨地模仿了，也让那位继续冷眼旁观的后卫队司令找到了借口。他们进行了远距离炮击，而他们的舰队总司令却在进行近距离的激烈战斗。一个最惹人注目的例外是霍克上校（后来成为一名十分杰出的舰队司令），他效仿总司令的模式，并且在迫使他的第一个对手退出战斗以后，离开前锋位置，与1艘战斗力较强、5艘英舰都无法迫近的西班牙战舰进行近战，而且将其俘获——这是那一天英军仅有的战利品。英军前锋司令和他的部下们也都斗志昂扬地进行了近战。这次海战没有必要进一步叙述，作为一次军事事件是乏善可陈的，它最主要的成果是出现了做出巨大贡献的霍克，国王和政府将永远牢记他在这次海战中的功勋。宣战后的5年中，英国舰长普遍不称职，而且战斗力不强，在一定程度上说明了英国为什么会在这场战争中，无法靠它的海军优势，取得它所希望的成功。这场战争是长达40年戏剧的第一幕，它给军官们一次重要的教训：如果不愿意看到自己对战斗毫无准备，而且很可能在战时蒙受耻辱，就必须研究他们那个时代的战争情况，让自己在思想上做好充分准备。不能设想这么多英国水兵表现不佳，而且发生这样少有的失误仅仅是由于胆小怕事，实际上是由于舰长们思想上不够重视和缺少军事能力，加之舰队司令的错误领导，和部下可能对他的粗暴和傲慢态度的挟嫌报复，造成了这次让人下不了台的失败。谈到这里可以借此机会请大家注意高级军官对待部下的热情和好意能够起到的作用。也许这并不是军事胜利的必需因素，但是，无论如何都能在精神上，为其他成功因素提供必不可少的东西，能够使不可能变成可能。它会使人勇于奉献，而且能够取得即使执行最严格的纪律也无法取得的成就。毫无疑问，这是一种天赋的才能。众人皆知，纳尔逊在这方面是海军军官中最好的榜样。当他在特拉法尔加角海战以前来到舰队的时候，在旗舰上集合的舰长们对他的来临渴望已久，在表达高兴心情的时候，好像都忘记了他的司令身份。在这次海战中阵亡的达夫上校写道："这个纳尔逊是一个非常令人推崇的卓越人物，是一个非常和蔼的指挥官，以致我们都希望能做得比他提出的要求更好一些，并且能在他提出的规定期限以前完成任务。"纳尔逊本人意识到了这种魅力和它所起的作用，他在给豪勋爵的信中，谈到尼罗河之战时，这样说道："我有幸能够指挥这一帮兄弟。"

马休斯在土伦外海海战中出了名，但并不是因为他在战斗中的出色指挥，也不是因为战果辉煌，是在国内引起的一片哗然，并且主要是因为战后军事法庭开庭的次数和调查结果。舰队司令和副司令，还有29名舰长中的11人都被起诉。舰队司令因破坏战列线而被撤职。这是因为司令官离开战列线去攻击敌人时，舰长们没有跟随他一起行动造成的后果，所以这个判决实质上是自相矛盾。按照既有的法律条款，副司令被判无罪。因为他与主队距离比较远，逃过了破坏战列线的错误。11名舰长中1人死了，1人开小差，7人被免职或被停职，只有2人被宣判无罪。法国人和西班牙人彼此也都不太满意，互相指责。法国舰队司令德库特被免去司令官职务，但西班牙政府却授予舰队司令维多利亚侯爵爵位，这次海战最多也只能算不分胜负，而西班牙政府授予他这样高的爵位，确实非常离奇。另一方面，法国人都宣称这位西班牙舰队司令以轻伤为借口离开了甲板，战斗实际上是由恰好在他旗舰的法军上校指挥的。

这次战斗是马拉加外海海战以来的首次大海战，它"唤醒"了英国人民，并且带来了一种有利的反应。这次海战引发的对作战方式选择的讨论还在继续，但是成果姗姗来迟，对现实战争没有产生应有的作用。那时英国海上力量所显示的力量，不是通过进行有缺陷的海战，而是通过过去和后来所取得的那些令人瞩目的成就体现出来的，就像某些出色的本领一样，拥有时感觉不到它的作用，然而一旦没有，就非常渴望能得到它。当时英国之所以成为海上霸主，是由于敌人的无能，而不是由于它已经掌握一支训练有素的舰队。所以它没有从制海权当中获得它应得到的利益。最为实质性的胜利应该是1745年新英格兰殖民地部队占领布雷顿角岛。皇家海军在这一战中确实提供了不少有益的帮助,因为舰队对处于这种地位的殖民地部队来说就是一条交通线。英军军官在西印度群岛和印度又重复了他们在土伦外海犯过的错误,以致在印度失去马德拉斯。其他一些原因,加上海军军官们的低效,妨碍了海军充分发挥作用。英国本身情况也并不稳定,斯图亚特家族仍然在密谋复辟。1744年英国打败了萨克斯元帅指挥的1.5万部队,功劳一部分应归于英国海峡舰队,而另一部分是由于风暴破坏了集结在敦刻尔克外海的许多侵略军运输舰船,很多人丧生。第二年,当只得到少数人支持的小王位觊觎者[1]在苏格兰登陆,王国北部同他一起叛乱时,真正的危险显现。他一直入侵到英格兰内地。一些理性的历史学家已经意识到,他一度有过成功的可能。另一种制约英国充分运用兵力的因素是它将注意力集中到法国在陆上的作战活动,而且采用了错误的对抗举动。法国不顾德意志的反对,攻打奥属尼德兰,英国出于对海上利益的考虑,不愿看到这个地方被征服。安特卫普、奥斯坦德和斯海尔德河如果落入法国的手里,它的贸易优势就会直接受到威胁。虽然最好的对应措施是占领法国在其他地方的一些有价值的领地,拿这些地方逼迫法国就范,但是英国政府的软弱和当时海军的无能,使它不能使用这种方法。与此同时,汉诺威的形势又影响了英国的行动。虽然两个国家只是依靠共同君主的纽带维系着,但君主对大陆统

---

〔1〕查理·爱德华·斯图亚特(1720—1788),英王詹姆斯二世之孙,老王位觊觎者詹姆斯·爱德华·斯图亚特之子,自称英王查理三世。

治的热衷,还有对故土的依恋,在这个随波逐流的软弱内阁里鲜明地反映了出来。由老威廉·皮特[1]强烈的英国情结引发的对汉诺威的忽视,激怒了国王,导致他长期不顾英国的需要,亲自总理政务。国内意见不统一,对奥属尼德兰的关心,与汉诺威的关系等,这一切都妨碍了英国内阁为海战提供一种正确的决策和注入良好的精神。但是,如果海军自身情况较好,能取得比较令人满意的结果,可能会更好地发挥作用。事实上,战争结果对英国和它的宿敌之间的斗争几乎没有什么影响。1745年以后,欧洲大陆的问题可以归纳为两个——奥地利领地的哪一部分应当割让给普鲁士、西班牙和撒丁;法国打算怎样让英国和荷兰同意议和。海洋国家像以前一样承担了军费开支,这次的主要承担者是英国。整个战争期间,在弗兰德斯指挥法国陆军的萨克斯元帅只用一句话就向国王概括了当时的形势:"陛下,和平就在马斯特里赫特的城墙里。"这座坚固的城市是默兹河[2]航道的门户,也是法国陆军从后方进入荷兰的通道,因为英国舰队与荷兰舰队一起阻止了来自海上的进攻。虽然同盟国很努力,但是到1746年底,法国几乎掌握了整个比利时。直到此时,尽管荷兰用财政援助支援奥地利政府,而且荷兰陆军正在尼德兰为奥地利而战,但是荷兰和

---

〔1〕老威廉·皮特(1708—1778),第一代查塔姆伯爵。英国的辉格党政治家,1756—1757年主持外交部,成为英国政府的主要决策者之一。辞职后仅数月又复职,领导外交与军事部门(1757—1761),是七年战争的主要组织者和领导人,1766—1768年任首相组阁,后来因病去职。他的儿子小威廉·皮特(1759—1806),后来也成为英国首相,领导英国在最关键的时刻对抗拿破仑。

〔2〕西欧流经法国、比利时和荷兰的一条河流,上游在法国境内为默兹河,下游也称马斯河。

法国在名义上仍然保持和平状态。1747年4月,"法国国王入侵荷属弗兰德斯,宣称他不得不派法国陆军进入荷兰共和国领土,以阻止荷兰国会为奥地利和英国部队提供保护,但是他无意与荷兰绝交;只要荷兰可以证明自己已停止援助法国的敌人,他就会把占领的地方和省份立即归还给它"。这是一场没有正式宣战的事实战争。这一年法国占领了很多地方,成功使荷兰和英国倾向于议和。谈判了一个冬季,一直到1748年4月,萨克斯元帅包围马斯特里赫特,才最终迫使英国和荷兰媾和。

这个时期,尽管战争规模逐渐缩小,但海洋上并不是完全没有事情发生。1747年,英法两国的分舰队之间发生过两次遭遇战,交战的法国海军彻底覆没。两次遭遇战中,英国海军都占据绝对优势,在交战中有几位舰长表现很出色;法军数量处于劣势,但他们却显示了坚忍不拔的英雄气魄。从海战的战术角度来看,这两次遭遇战仅有的贡献就是提供了一个教训。这个教训是,当敌人或由于战败,或因为实力处于明显劣势,不能保持队形逃跑时,必须放弃其他关于队形的考虑,并且命令对敌人进行一次全面追击。比奇角海战之后人们早已注意到图尔维尔在这方面所犯的错误。

在我们所说的第一次遭遇战中,英国的安森将军以14艘舰对8艘法舰,法国舰队无论从整体,或是单舰的战斗力来说,都较弱;在第二次遭遇战中,英国的爱德华·霍克爵士以14艘舰对9艘法舰,单舰而言,法舰略大于英舰。在这两次战斗中,英国指挥官都发出了进行全面追击的信号,并且使战斗变成了一场混战。当时已经不能去考虑其他的问题,当务之急就是要追击正在逃跑的敌人,而且唯一的办法,就是让速度最快的或状况最好的舰船领头，最快的追击舰的速度必然要比最慢的被追舰快得多，这样敌军要么必须放弃最后面的舰船，要么使整个舰队陷入绝境。

在第二次战斗中，法国分舰队司令伊艾蒂安杜尔准将没有被长时间尾追。与他一起行动的是一支250艘商船组成的运输船队，他派遣一艘战列舰继续为船队护航，让他自己和其余8艘舰挡在运输船队和敌人之间，张开中桅帆等候进攻。英舰一艘接一艘逼近，分散在法军纵队两边，让法军两面受敌。经过一阵坚决抵抗后，法军6艘战舰被俘，但运输船队平安无事。战斗中，英舰同样严重受损，以致剩余的2艘法舰能够安全返回法国。因此，如果说爱德华·霍克在进攻中表现出了标志着杰出军官才具有的判断力和冒险精神的话，那兵力上处于明显劣势的伊艾蒂安杜尔在这场戏剧中成了主角，而且表现毫不逊色。一位法国军官公正地评论道："他保护他的运输船队就像在岸上保卫阵地一样，为了保护友军的一个军或是为了确保自己所部的队形和机动能力，他甘愿牺牲自己。战斗从中午持续到20时，由于伊艾蒂安杜尔和他指挥的舰长们发挥牺牲精神，顽强阻击英国舰队，运输船队终于得救了，250艘商船完好地保存下来。这种牺牲精神不容怀疑，因为8艘舰对14艘舰作战幸存的机会简直微乎其微。伊艾蒂安杜尔不仅加入了他原本可以逃避的战斗，而且还深知怎样去鼓励忠于他的部下。所有人都以参加这场战斗为荣，虽然最后投降，但事实不可否认地证明了他们的保卫战打得果敢、积极、出色。4艘战舰的桅杆全部被打断，2艘只剩下前桅。"[1]这次海战，根据双方的表现，为研

---

〔1〕特鲁德：《1673年法国海上战争》。

究怎样利用原先的或后来取得的有利条件提供了一个非常好的战例，也为研究一个勇士，为了特定的目的甚至在防御都毫无希望的情况下可能取得的结果，提供了很好的材料。此外还要补叙一笔，霍克由于进行了激烈战斗，已经精疲力竭，没有能力继续追踪，于是向西印度群岛派遣了一艘战时用来传送文件的单桅纵帆船，传送运输船队接近的消息，由于采取了这个措施，法国部分运输舰船被英军俘获。至此，对这次海战的叙述才算比较完整，军校的学生们也会感到满足，因为他们喜欢看到历史上的英雄人物竭尽全力、英勇地执行他们的重要任务。

在结束对这场战争的叙述，再谈和约签署之前，必须介绍一下印度发生的事情，在那里英国和法国当时的势力是五五开。前面已经提过，那里的一切事务均由两国各自的东印度公司负责；法国在半岛的代表是迪普莱克斯，在印度洋岛屿的代表是拉布尔多奈。后者是在1735年奉命出任这个职务的，他精力充沛，才华已经在行政管理的多处细节中表现出来，他表现更突出的还是要把法兰西岛建成一个重要的海军基地———项必须从零开始的工作，一切必要的东西都没有，仓库、船坞、防御工事、水兵等都需要由他筹措。1740年，当法国和英国之间可能要爆发战争时，他从东印度公司得到一支分舰队，尽管比他要求的小，可他仍打算用它去破坏英国的贸易和海运。但是1744年战争正式开始时，他却接到不准进攻英国人的命令，尽管当时两国已处于交战状态，但法属东印度公司希望位于遥远地区的两国东印度公司能够继续保持中立。鉴于荷兰对法国不易捉摸的态度，名义上保持和平，同时又派遣部队加入奥地利陆军，所以法国人的这种主张似乎并不荒谬。但这个命令对在印度诸海域处于劣势地位的英国来说非常有利。英属东印度公司接受了这个"中立"建议，同时宣称这个建议不能约束国内政府和英国皇家海军。拉布尔多奈的前瞻性获得的有利条件完全丧失了。尽管他首先看到了这个问题，而且长期独自坚持自己的意见，但是他遇到了太多掣肘。在此期间，英国海军部派出一支分舰队，任务就是去捕获位于印度和中国之间的法国舰船，直到这时，法属东印度公司才恍然大悟。英国分舰队完成其任务之后，驶向印度海岸；1745年7月，这支分舰队在法属印度的政治首府本地治里外海出现，准备支援马德拉斯总督从陆路进行的一次攻击。拉布尔多奈的机会终于到了。

在此期间，迪普莱克斯一直为在印度半岛大陆确立法国的优势做考虑，而且已经奠定了可靠的基础。迪普莱克斯刚进公司时只是一个低级办事员，他的能力令他被迅速提升为金德讷格尔贸易企业的主持人，并使公司得到显著发展，严重影响别国贸易，甚至可以说摧毁了英国的贸易。1742年，他成为法属印度总督，并被调到本地治里。他开始在这里推行他的政策，目的就是把印度纳入法国的势力范围。他看到欧洲通过在世界各海洋上的竞争不断发展壮大，东方民族必然会迅速加强与欧洲的联系，而且他断定，过去经常被征服的印度，将会再一次被欧洲人征服。他认为法国将会在这次争夺中胜出，而且看到英国是法国的唯一对手。他的计划是插手印度政治。首先，他应该成为一个独立的殖民地领导，实际上他已经是了；然后是成为莫卧儿皇帝的诸侯，这是他早就打算好的。他对印度境内的封建王公进行分化和征服，通过慎重结盟，扩大法国的势力范围和影响，利用法国人的胆识和技巧对一方或另一方产生影响，使原来平衡的局势发生改变——这些就是他的目的。本地治里尽管不是一个良港，但非常适合他实施政治方案；因为它远离莫卧儿帝国首都德里，法国的侵略扩张在强大到暴露真实意图之前可以一直进行下去，而且不会引起人们的注意。所以，迪普莱克斯当时的目的主要集中在印度东南部，在本地治里周围建立起一块法国的巨大领地，同时在孟加拉（此地理意义上的孟加拉包括现在的孟加拉国和印度的西孟加拉邦）保持现有的一些阵地。

我们应该注意，为证明叙述这些与我们的课题紧密关联的计划是正确的，虽然起初这种关联可能并不明显，这种评论是必要的——迪普莱克斯面对的问题核心，不是要在印度地区和各族之中建立一个帝国，而是怎样摆脱和最终完全逐出英国势力。他企图在印度建立统治的梦想，其实并没超出几年后英国的实际行动。如果不是由于其他欧洲人的反对，凭借着欧洲人的才能，他肯定能够取得成功，而英国或法国能否取得胜利，都取决于对海洋的控制。在让白种人难以忍受的气候里，数量不多的人在极为不利的情况下，在这样的战场上，面对各种困难，英勇坚持战斗，他们必须一直得到补充。海权在这里的作用，和在其他地方一样，而且总是那样不显眼和不受人关注。为证实海权所起的决定性作用，我们不必贬低这一时代英国的英雄人物、英属东印度帝国的缔造者克莱武的才能和经历。虽然英国海军军官在最初的交战中表现得效率低下，而且他们进行的海战很少具有决定性意义。如果1743年后的20年时间里，法国舰队已经取代英国舰队控制印度半岛沿海，控制半岛与欧洲之间的各海洋，迪普莱克斯的计划会彻底落空吗？一位法国历史学家公正地说："主要是因为法国海军的低能，阻碍了迪普莱克斯的霸业。在他那个时代，法国海军没有在印度海域露过面。"尽管如此,仍然需要介绍当时的情况。

1745年,英国海军支援地面部队,准备包围本地治里。此时迪普莱克斯政治方案的作用立刻呈现出来。卡纳蒂克省纳瓦布威胁要进攻马德拉斯,使英国被迫终止这次行动。第二年,拉布尔多奈来到印度海岸,他指挥的分舰队和佩顿准将指挥的英国分舰队之间进行了一次战斗;这次战斗胜负未分,英国海军军官在战斗之后,放弃印度海岸到锡兰(今斯里兰卡)避难,把制海权交给了法国人。拉布尔多奈在本地治里落锚,在那个地方他与迪普莱克斯争执不休,这种争吵由于来自本国的相互矛盾的指示愈演愈烈。9月,拉布尔多奈从陆海两面同时进攻马德拉斯,并且占领了这个地方,但是他与英国总督签订了可将这个地区赎回的协定,于是英国总督交出了200万美元的赎金。迪普莱克斯得知此事,非常恼火,要求废除协定的条款,理由是一旦这个地方被占领,怎样处置占领区该归他管。拉布尔多奈反对这一做法,因为不履行诺言会让他的信誉受到伤害。正当二人争执的时候,一阵猛烈的风暴彻底摧毁了拉布尔多奈的2艘战舰,其他舰船的桅杆也被刮断了。很快他就返回法国,在法国,他的行动和热情受到指控,得到的"报酬"是3年软禁,最后他在软禁中去世了。在他离开后,迪普莱克斯废除协定,占领并控制了马德拉斯,驱逐英国移民,而且一直加固防御工事。之后,迪普莱克斯又转而去攻打圣戴维堡,但是由于一支英国分舰队的逼近,他不得不在1747年3月解围。

前文已经叙述过,这一年由于法国海军在大西洋一直都很倒霉,英国人不受任何干扰就控制了海洋。第二年冬天,他们向印度派遣了一支在东方从来没有过的欧洲最大的舰队和一支庞大的陆军,由博斯科恩将军指挥,他佩戴海军军衔,还得到了指挥陆军的权力。这支舰队于1748年8月驶至科罗曼德尔海岸[1]。本地治里同时遭到海陆两路进攻,但迪普莱克斯进行了成功的抵抗。英国舰队遭到风暴的袭击,10月,英国人放弃对本地治里的包围。不久就传来双方已经签署了《亚琛和约》的消息,欧洲的战争结束。随着迪普莱克斯与本国的交通恢复,他能够继续顽强而巧妙地为得到一个尽可能远的、可以躲避海战的地方性基地努力。遗憾的是,他不寻常的创造力和耐性,已经完全成为徒劳;除非他能得到一支海军支援,否则其他任何力量都不能抵御海上的进攻,但法国政府不能提供舰队支援。要议和,就必须把马德拉斯归还英国以交换路易斯堡,北美英国殖民者在战争中夺取了它,他们像迪普莱克斯不愿放弃马德拉斯一样,也不愿放弃这个地方。这个例子实际上证明了拿破仑宣称他要在维斯瓦河畔夺回本地治里不是在说大话。然而,尽管英国的海上霸权使它对路易斯堡的控制比法国对马德拉斯和印度其他殖民地的控制更加牢靠,但是进行这种交换无疑对英国更有利。然而英国殖民者却不会对此满意,他们相信英国的海军力量,而且他们能在距离殖民地海岸不远的地方再次重复他们夺取路易斯堡的行动。他们对这种情况非常了解。但是马德拉斯的情况不是这样。当地诸侯对法国放弃马德拉斯肯定是十分吃惊的,他们看到迪普莱克斯在胜利即将来临的时候,被一种他们不能理解的力量逼迫,放弃了他夺取的战利品,他本人的形象和法国人在他们中间已形成的印象大

---

〔1〕印度德干半岛南部孟加拉湾海岸的一部分,北起奇斯特纳河口,南抵卡利梅雷角,长约700千米。

打折扣。他们是正确的，他们通过这种神奇的力量产生的影响认识了它，虽然他们还没有认识到这种力量不是取决于某个人，不是取决于国王或政治家，而是取决于制海权。法国政府很清楚，正是制海权的神奇力量，使得法国不能保留那块远方的属地，与英国舰队抗衡，而迪普莱克斯本人却没能看到这一点。若干年来，他一直把自己的高楼大厦建筑在沙滩上，他还空想它能经受住肯定会发生的暴风雨的突然袭击。

《亚琛和约》首先在1748年4月30日签署，先是英国、法国和荷兰在条约上签字，最后所有的国家于同年10月在条约上签了字。除奥地利的几个地区被割让外——西里西亚割让给普鲁士，帕尔马割让给西班牙，皮特蒙特以东的一些意大利领地割让给撒丁王国，和约的基本精神是将一切都恢复到战前状况。"也许从未有过这样的战争，在经历许多重大事件，而且造成大量的生命财产损失之后，结果却是各参战国又都恢复到战前的原始状态。"至于谈到法国、英国和西班牙，实际上，在英西战争爆发后，接着发生的奥地利王位继承战争，已经完全改变了所有国家的真正企图。它使一个争议的解决推迟了15年，这个争议比玛丽亚·特蕾莎的继承权问题与各国的关系更密切。当法国的宿敌奥地利遇到困难时，很容易引起法国进攻，而且也很容易招致英国反对法国影响和支配德意志事务的意图——这是英国国王为德意志利益考虑而极易采取的方针。人们可能会问，是否法国的真正策略是经莱茵河和德意志，把战火烧到奥地利的核心地区，或者像法国最后做的那样，烧到奥地利最遥远的领地奥属尼德兰。前一种情况，它可以依靠友好的巴伐利亚地区，再帮助当时已开始表现出军事实力的普鲁士。这就是最初的战场。后一种情况，即法国把矛头指向奥属尼德兰，这样无论后来主战场转移到什么地方，法国在奥属尼德兰不仅可以进攻奥地利，而且还可以攻击总在那里防备它入侵的海上强国。它们是与法国作战的核心，不但为它的敌人提供财政援助，还使法国和西班牙的贸易遭受巨大的损失。路易十五向西班牙国王说明了迫使他缔结和约的困难。明显因为当时他的武装部队已经占领了奥属尼德兰和荷兰本土的一些地方，所以要说服西班牙国王在这种情况下同意接受上述条件，一定非常困难。虽然路易十五在大陆取得巨大成功，但是他的海军被消灭了，因此和殖民地的联系也被掐断，虽然可能有人会怀疑，由于海军覆没，当时的法国政府是否还有向外殖民的野心，无论如何，法国的贸易损失确实非常大。

这就是法国当时面临的情况，形势迫使它必须议和。1747年，英国发现由于拉丁美洲的贸易争夺和海军表现不佳，英国已被卷入了陆战。这场战争给它带来了巨大灾难，导致近8000万英镑负债，而且看到它的盟友荷兰正遭受入侵威胁。和约的签订是在法国使节的威逼下进行的，如果再拖延片刻，法国会摧毁被占领城镇的防御工事，而且会立即入侵荷兰。英国自己的资源已被耗尽，可荷兰还准备向它借贷。据我们所知，"城市里从来没有这样缺钱，哪怕提出12%的利息也借不到钱"。因此，如果当时法国有一支能够抵御英国进攻的海军，即便力量上处于劣势，因为它控制了奥属尼德兰和马斯特里赫特，就可以强行提出自己的停战条件。另一方面，尽管英国在大陆已经陷入困境，但由于海军控制了海洋，它仍然可以获得平等的议和条件。

三个国家的贸易损失非常大，但是损失与获利相抵后，英国还有大约200万英镑顺差。换一种说法，据说战争期间，法国和西班牙的贸易损失合计为3434艘商船，英国为3238艘。但是在考虑这些数字时，不能忘记它们与每一个国家总的商船数的关系。同样是1000艘舰船，但是占法国船舶总数的比例，要比占英国船舶总数的比例大得多，也就意味着法国的损失比英国严重得多。

"在伊艾蒂安杜尔的分舰队惨败之后，"一位法国作家说，"法国国旗再没有出现在海洋上。现在法国海军只有22艘战列舰，而60年前它曾有过120艘。武装私掠船几乎没有什么战利品。由于它们在各地都得不到保护，几乎总是被英国人捕获。英国海军几乎在海上没有任何对手，可以自由地不受任何干扰地在各海洋上航行。据说一年之内，他们已经让法国贸易额减少700万英镑。尽管这支海上力量本可占领更多的法国和西班牙殖民地，但因为缺少统一和连贯的指导，实际收获的领地很有限。"[1]

整体来看，法国因为缺少一支海军，不得不放弃它在战争中获得的一切，而英国利用海权保住了它的地位，尽管它还没能够使海权发挥最大的作用。

---

[1] 拉贝鲁兹：《法国海军史》。

第八章

1756—1763年的七年战争
英国势不可当的力量和它在各海域、北美洲、欧洲、印度和西印度群岛的征服行动
在梅诺卡岛外海的海战
霍克和康弗朗斯的海战
波科克和德·阿赫在印度进行的海战

奥地利王位继承战争的主要参战国急迫地希望媾和，把它们之间许多还没有确定，但需要彻底解决的问题，特别是引发英国和西班牙战争的那些问题全都搁置了。看似这些国家都不敢大声地讨论那些日后会引起争执的事情，就怕争论会拖延当时正在进行的战争。英国媾和，绝不是因为它已经满足，或者放弃了它1739年对西班牙提出的要求，而是如若不然，荷兰必定崩溃。英国寻求在西印度群岛海域享有免于任何搜查，可以不受干扰地航行的权利，这个问题还没有解决。此外，像靠近加拿大的俄亥俄河流域，还有新斯科舍半岛陆地的英法两国殖民地的边界问题，都没有定论。很明显这种和平是不能持久的。尽管正式战争已经停止，但是斗争还在世界各地继续。

在印度，迪普莱克斯不能再公开攻击英国人，便寻求按照他的固有方针、政策来削弱他们的力量。他巧妙地介入周围印度各邦诸侯的争端，同时不断扩张自己的势力，1751年，他在政治上迅速地控制了印度最南部——一个几乎相当于法国大小的地方。"在他看来，一种纯粹的贸易政策是空想；对印度除了征服和放弃，不可能有一种折中的办法。"同一年里，由于得到了更多权力，法国的势力从印度中部的广大地区，扩大到包括奥里萨所有海岸在内的北部和东部地区，迪普莱克斯成为在印度排名第三位的统治者。为庆贺胜利，也许同时是为了遵守他要给当地人民留下深刻印象的政策，他兴建了一座城镇，并树起一根纪念柱来彰显他的成就。但是他的这种做法引起了公司董事们的忧虑，他们不向他提供他要求的支援，而是促使他去议和。当时才26岁的克莱武开始显露才华。他领导英国人支持当地的反法力量。形势开始逆转，法国本土的东印度公司机构，对迪普莱克斯的政治规划没有什么兴趣，而对股息下跌非常恼火。为此，谈判在伦敦开始进行时，法国政府下令召迪普莱克斯回国。1754年，在他出发回国两天以后，继任他职务的人与英国总督签订了一项条约，完全放弃了迪普莱克斯的政策，规定无论哪一个公司都无权干涉印度内政，并将在卡纳蒂克战争期间夺得的领地全部归还给莫卧儿帝国。就这样，法国放弃了足够建立一个帝国的领地和人口，而法国历史学家们悔恨不已地指责这种让步充满屈辱，但英国海军已切断了他们热切期盼的增援，法国人又怎么能守住这个地方呢？

在北美洲，新的麻烦又产生了。这个麻烦源于殖民者、殖民当局对祖国的深厚感情，以及对形势的敏锐嗅觉。北美的殖民者坚持着他们种族的固执秉性。富兰克林写道："对于我们13个殖民地来说，只要法国人控制着加拿大，就不会有平安。"准确地说，也就是双方都想占领俄亥俄河流域。如果英国人成功了，加拿大将在军事上与路易斯安那分离；如果法国人占领这个地区，就能把两个最边远的法国领地连在一起，还会把阿勒格尼山脉[1]和海洋之间的英国殖民者围困起来。尽管那时在美洲的法国人清楚地看到战争即将来临,而且也看到他们在人口和资源等方面上和英国殖民者有很大差距,而加拿大必须依靠的海军也处于劣势,但是,法国却看不见本土政府对殖民地的作用和要为其斗争的事实。法国世袭的中央集权统治制度,曾教育殖民主义者要考虑本国利益,而本国却没有很好地考虑过他们。当时法国在加拿大的总督们是谨慎而有才干的军事人员,能尽一切努力去弥补各种欠缺和弱点,他们的行动比英国总督们更协调,计划性更好。由于两国本土政府漫不经心的态度,一场无法控制的斗争很快就会到来,但两国政府却都乐意避免这场冲突。

法国的总督们在某些有争议的地区建立基地,1754年在对其中一个地区的争夺过程中,华盛顿的名字第一次在世界历史舞台上出现。当时在新斯科舍的一些纠纷,使英法两国政府开始醒悟。1755年,布拉多克的灾难性远征目标直指迪凯纳堡(现在的匹兹堡)。1755年下半年,英法两国殖民者在乔治湖附近又进行了一次对决。这一年5月,一支规模较大的法国分舰队起航,绝大部分战舰都增员卸炮[2],携载3000名陆军部队,新任加拿大总督德·沃德勒伊随分舰队从布雷斯特起航。已经晋升为英国海军中将的博斯科恩先于法国舰队率领舰队出航,先一步停泊在圣劳伦斯河口外阻击法军。直到这时英国和法国都没有开战,并且法国人确实在行使自己分内的权力,在向自己的殖民地派遣一支守

---

〔1〕北美阿巴拉契亚山系西北部的分支,在今美国宾夕法尼亚州、马里兰州、弗吉尼亚州和西弗吉尼亚州境内。

〔2〕指舰上装备舰炮,但是绝大部分没有安装到炮架上,目的是增加舱室搭载陆军部队。等部队上岸后,会再把舰炮安装在炮架上。

备队。1755年6月8日，2艘法舰被英国分舰队发现并捕获。消息一传到欧洲，法国便立刻召回驻伦敦大使。7月，爱德华·霍克爵士率舰队出海，受命在韦桑岛和菲尼斯特雷角之间巡航，捕捉他能看到的任何法国战舰。此外，8月份，他又受命搜捕法国的所有各类舰船，包括各种商船、私掠船和战舰，并将它们送到英国的港口。到了这年底，法国有300艘商船被捕捉，价值600万美元，且有6000名水手被囚禁在英国，这些人员足够配备10艘战列舰。6个月之后，英法两国正式宣战。

　　法国表面看上去一直在被动挨打，但它实际上正在等待时机，并且正小心地准备进行一次猛烈攻击。法国连续不断地将一些规模不大的分舰队和分遣支队派往西印度群岛和加拿大。同时，它的布雷斯特船厂也在大张旗鼓地准备，部队在英吉利海峡岸边聚集。英国发现自己正在遭受入侵的威胁——这是英国人特别敏感的问题。英国政府的软弱，它的贸易和大片领地，它在世界各地的贸易商船水手数量短缺严重，让英国一时举步维艰。地中海因此被英国忽视，而法国，一方面在海峡上进行声势浩大的示威行动；另一方面又在土伦秘密装备了12艘战列舰，由拉·加利索尼埃将军指挥，于1756年4月10日起航，为150艘运输船和由黎塞留公爵[1]指挥的1.5万名陆军护航。一个星期后，这支部队被安全送到梅诺卡岛，并且迅速包围了马翁港，同时，舰队也开始封锁港口。

　　事实上，这完全是一次突然袭击，虽然法国的行动终于引起英国政府的警觉，但是英国的行动太拖拉了。梅诺卡岛的守备

---

　　[1] 第三代黎塞留公爵，著名的黎塞留公爵的曾甥孙，法国陆军元帅。

队没得到增援，而且总数不到3000人，其中35名军官因休假不在岗，包括总督和所有各团的团长。由英国的宾将军率领的10艘战舰，在法国舰队离开土伦3天之前才离开朴次茅斯港。6星期后，当宾将军驶抵马翁港附近时，他的舰队已增加到13艘战舰，还搭载了4000人的陆军部队，可惜时间太晚了，其实一个星期前要塞就已经陷落。当英国舰队进入视线时，拉·加利索尼埃就离港迎战，并且堵住了进港的通道。

之后进行的战斗，在历史上很有名。这次海战不同于马休斯在土伦外海的海战，但整个交战期间，宾将军经常不断地提到马休斯由于没有保持战列线而受到指责的事，他认为如果自己不坚决保持战列线，肯定会重蹈覆辙。5月20日上午，两支舰队都进入对方视野，在经过一系列机动后，双方都左舷饨风乘着东风向南行驶，法国舰队位于下风位，处于英国舰队和港口之间。宾组成战列线偏离风向，向南全速前进，法军保持原来航向。所以当宾发出作战信号时，两支舰队不是并列行驶，而是形成了30°～40°的夹角。依照宾制订的进攻计划，是让每一艘舰攻击敌战列线中与其相对应的那艘敌舰。这在任何情况下都难以实施，而此时由于两支舰队后卫之间的距离大于前锋间的距离，对后卫来说困难更大，于是宾的整条战列线就不能同时投入战斗。当作战信号发出时，英军前锋各舰按信号离开了战列线，并向法舰冲去，舰艏对法舰，几乎与其垂直，以致很大程度上让它们的舰炮失去了作用，反而遭到来自法舰舷炮的纵射攻击，桅杆严重受损。中段一艘英舰的前中桅被打折，变成顶风向后漂移，挡住了后卫，还和后卫挤在一起。这时宾树立标志，并且带动舰队行动，就像法拉格特[1]在莫比尔海战所做的那样，当第二艘舰停住，打乱战列线时，全力以赴地去战斗。于是这场海战完全变成了非决定性战斗，英军的前锋和后卫分离，并且孤军投入了战斗。一位论述海战的法国权威人士提出，拉·加利索尼埃认为，支援对马翁港的地面进攻，即便因此使他遭到攻击，也比摧毁英国舰队更为重要。

"法国海军总是认为占领或保护一片占领区要比捕获一些舰船更光荣，但事实上捕获舰船更加理智，更接近战争的真正目的。"[2]这种结论的正确性，取决于对海战真正目的的理解。如果海战只是确保一个或多个岸上阵地，海军就成为特定情况下陆军的一个分支，并相应地使它的活动处于附属位置。如果真正的目的是战胜敌国的海军，从而取得对海洋的控制权，那么敌人的战舰和舰队就是各种情况下都要攻击的主要目标。如果海战是一种阵地战，那么舰队的行动必须服从对阵地的进攻和防御。如果海战的目的是摧毁敌人的海上力量，切断敌人与其他占领地之间的交通线，让敌人能从贸易中得到的财源枯竭，并且尽可能地封锁敌人的港口，那么进攻目标，必须是活动在海上的敌军有组织的军事力量，简单来说，就是它的海军。

无论有多少其他原因，正是这后一种方针使英国取得了海洋的控制权，在这场战争结束时，英国迫使法国归还梅诺卡岛。梅诺卡岛海战中，如果拉·加利索尼埃被打败，法国就会失去黎塞

---

[1] 大卫·法拉格特（1801—1870），美国南北战争时期北方联邦的著名海军将领，美国海军第一个获得海军少将、海军中将和海军上将军衔的海军军官，也是作者本人敬重的前辈。

[2] 拉马杜埃尔：《海军战术》。

留和他的1.5万各法军。但是，它留给法国和公众的印象很淡，以致一位法国海军军官说："看起来好像无法让人相信，在取得了马翁港外海海战胜利后，海军大臣不是受一种进步的爱国热情影响，去利用这次胜利推动法国建设海军，而是认为可以出售我们港口里现存的舰船和帆缆。我们很快就会看到我们政治家们的胆怯行为造成的灾难后果。"[1]马翁港外海海战的胜利并不抢眼，也不值得过分夸耀。但完全可以想象，如果法国舰队司令少考虑一下马翁港，利用这种极好的机会去捕获或者击沉四五艘敌舰的话，法国人民一定会提前爆发出对海军的热情。虽然这种热情最终在1760年出现，但已经太晚了。在这场战争的其余时间里，除了在印度，法国舰队都在全面追逐战中被英国舰队追逐。

对法国舰队行动产生影响的因素，就是法国政府的政策。约翰·克拉克的说法可能是正确的，梅诺卡岛外海的行动中，法国舰队使用的战术，显然早就确定了，而不是偶然出现的——按照它的权限和目的原本就是一种防御战术。[2]法国舰队处于下风位，舰队司令不仅要掩护马翁港，而且还占据了一个有利的防御阵位，迫使其敌人必须冒各种风险发动攻击。克拉克似乎要提出充分的证据来证明位于前部的法舰对英舰的攻击略作抵抗后，确实很机灵地后退了，从而迫使进攻一方再次攻击并取得相似的结果。小心谨慎，尽量保住战舰，进行防御战仍然是法国海军当局的既定目的。这样做的根据毫无疑问就是当时海军的格里韦尔将军提出的说法：

---

〔1〕拉贝鲁兹：《法国海军史》。
〔2〕克拉克：《海军战术》。

如果两个濒海国家交战，舰船非常稀少的一国，必须一直避免没有把握的交战。当它为执行任务只能去冒交战的危险时，应通过机动避免作战，或者在最坏的情况下，一旦被迫交战，也要确保使它自己处在有利位置。采取的态势基本上应该依据敌人的实力。请允许我们不厌其烦地重复，根据法国不得不对付的一支劣势或优势的敌人，需要采取两种完全不同的战略——大战和巡航战，方法和最后的结果也会完全不同。

20日那场海战后，宾召开了一次军事会议，会议决定不再做任何事情，并且决定英国舰队应该立即驶向直布罗陀，以保护要塞。在直布罗陀，霍克取代了宾的职务，并将他遣送回国受审。军事法庭明确宣布宾胆怯和不忠，宾因为没有尽力去击败法国舰队和解救马翁港守备队，被判死刑。

这次海战以马翁港被攻陷，梅诺卡岛落入法国人之手结束。

英法两国之间的纷争，以及纷争发生的地点清楚地揭示了这场斗争的特定性质，通过海军的大型作战行动，以及随后使两个国家的殖民地和海外领地产生的一些重大变故，我们完全可以确定地说，当时正处于一场海洋战争的最初阶段。这两个国家，只有英国认识到了海洋的重要，法国因为某些原因，再次离开了海洋，它的舰队几乎再没有出现过，它失去了对海洋的控制权，放弃了它的一个又一个殖民地和在印度的全部希望。这场战争后期，法国把西班牙拉进来充当盟国，而这只能使西班牙被外部力量摧毁。另一方面，英国能够依靠海洋提供保护和给养，到处取得大胜，而它本土安全无事，繁荣兴旺，使它可以用钱支持法国的敌人。七年战争结束时，大不列颠王国已经成为大英帝国。

没有一个盟友的法国绝不可能在海洋上成功压制住英国。1756年法国海军有63艘战列舰，其中45艘状况良好，但是缺少装备和舰炮。西班牙有46艘战列舰，可是根据西班牙海军过去和当时的表现来看，非常令人怀疑其数量是否与实际战斗力相符。这时英国有130艘战列舰（4年后其中还有120艘战舰在役）。如果一个国家，无论陆上或是海上力量，都处于法国当时的那种不利境地，当然没有成功的希望。

然而战争初期，法国获得的有利条件很多。它在占据梅诺卡岛后，同年11月，又得到了科西嘉。由于法国拥有土伦、科西嘉和马翁港，它牢牢控制了地中海。1756年在加拿大，蒙卡尔姆指挥的法军，尽管数量上处于劣势，但是却取得了胜利。与此同时，印度的一位本地诸侯的进攻，削弱了英国在加尔各答的势力，为法国提供了一次很好的机会。

在此期间，英国宣布"所有法国港口处于被封锁状态，所有驶向这些港口的舰船，将视为合法的战利品，进行没收"。英国这种用实力为基础的侵略性行动，可能已成为法国用来拉拢西班牙和其他国家与它结盟共同对付英国的理由。

法国没有集中力量对抗英国，而是结成一个新的、不同寻常的同盟发动另一场大陆战争。奥地利诱使法国与奥地利结盟，一起对付普鲁士。俄国、瑞典和波兰也加入了这个同盟。奥地利大公玛丽亚·特蕾莎极力主张两个罗马天主教国家应该联合起来，从一个新教徒国王（普鲁士国王腓特烈大帝）手里夺回西里西亚，并且表示愿意割让法国早就垂涎的奥属尼德兰的一部分领地。

腓特烈大帝得知法奥正准备结盟对付他，不是坐视事态发展，而是着手调动普鲁士陆军，并于1756年10月进攻波兰国王统治的萨克森。这次军事行动，标志着七年战争的开始，它使一些国家各自改变了最初的想法。法国当时已经卷入与海峡对岸邻国的冲突，完全没必要介入另一场斗争。英国此时却早已清楚地看到了它的利益所在。它将陆战完全放在附属地位，把主要力量集中在海洋和殖民地。与此同时，它用金钱支持腓特烈。这样就严重牵制和分散了法国的力量，而英国其实只要进行一种战争而已。同一年，英法战争的决策权从软弱的内阁手中移交给大胆和强硬的老威廉·皮特，直到1761年英国的战争目的基本达到。

1758年，圣劳伦斯河进入加拿大腹地的航线被英军打通了，而且为英国舰队和陆军开辟了一个新基地。

第二年，沃尔夫指挥了魁北克攻势。他的所有作战行动都依赖舰队，舰队不仅把他的陆军运送到战场，而且还在这条河中来回航行，进行各种他要求的佯攻。决定性的登陆战也直接从舰船上发起。蒙卡尔姆的才华和决心曾经在1756年前堵住了英国人经尚普兰湖进行的攻击，此时他不得不写信告急请求支援，但却被法国陆军大臣拒绝，回答是，除了其他一些原因外，主要是怕英国很可能会在中途阻截。也就是说，加拿大的归属取决于海上力量。

1760年，英国人控制了以路易斯堡为一端，魁北克为另一端的圣劳伦斯河航线，似乎已经在那里站稳了脚跟。但加拿大总督德·沃德勒伊仍然在蒙特利尔坚持抵抗，而且殖民者仍然在盼望来自法国的援助。1760年9月8日，蒙特利尔投降，法国对加拿大的占领就此宣告终结。

在世界上的所有其他各地，英国海上武装力量在老威廉·皮特上台之后，都武运兴旺，只是在开始时，遭受过一些小挫折。在欧洲大陆，海权没有对欧洲的这场争斗产生直接影响，但作用间接地体现在——由于英国攻击法国殖民地和本土沿海，法国陷入困境，法国的贸易遭到破坏，取消了它本来就不愿用于海军建设的经费。由于法国不断受到英国海上力量打击，尽管它的统治者目光短浅，而且极不甘心，也不得不采取一些措施来应对。用一支劣势海军，不能应对世界各地的复杂局面，因此他决定把力量集中到一个目标上，而这个被选中的目标就是英国本土。这个决定很快被英国人发觉，而且引发了恐惧。连续几年，它使英国海军的一些大规模作战活动都集中在法国海岸和英吉利海峡。

在介绍这些作战活动以前，首先应简要叙述一下指导英国运用海上力量的总体计划。

除前文已讲过的英国在北美洲大陆的作战活动外，这个计划包含：

1. 有效地监视大西洋沿海的法国港口，特别是布雷斯特港，进而使法国大舰队或小型分舰队不经一番苦战不能离港。

2. 用快速机动的分舰队进攻法国的大西洋和海峡海岸，随后不时地用少量地面部队进行突袭，使敌人难以预见攻击的方向，主要意图是迫使敌人把现存的部队分散部署在许多点上，从而削弱其用以进攻普鲁士王国的力量。这些作战行动，对整体战争进程几乎没有产生什么明显作用。

3. 在地中海和直布罗陀附近部署一支舰队，阻止法国土伦舰队驶向大西洋。这支舰队好像从来没有打算去截断法国与梅诺卡岛之间的交通。地中海舰队的行动，尽管是独立指挥的，但它是大西洋军事行动的辅助部分。

4. 派远征军攻打法国在西印度群岛和非洲沿海的殖民地,并且在东印度公司保留一支分舰队,以保障对附近海洋的控制权,进而支持在印度半岛上的英国人,截断法国人的交通线。

战争期间,英国最先有组织的军事活动,是严密封锁布雷斯特的法国舰队,这可以当作一种防御性行动,而不是一种进攻行动。此次战争和后来历次战争的封锁,使法国海军的舰船操作技术长期处于劣势,尽管表面看来法国舰船性能也很好,或者数量上也能与英国媲美。布雷斯特坐落的地理位置决定了在强西风危及封锁方时,被封锁的舰队也不能出港。所以这时,通常封锁方会离开布雷斯特外海,驶向英国西南部的托贝或普利茅斯港,而在法国那支虽然庞大,却管理不善的舰队的大部分舰船离港前,英国舰队肯定会警惕地乘东风返回封锁阵位。

1758年下半年,法国人对他们在大陆的败北深感沮丧,尤其对英国人这一年不断袭击他们的海岸羞惭气恼,他们也渐渐意识到,以法国的实力无法同时进行陆战和海战,因此决定直接对英国本土进行攻击。法国的海上贸易几乎被完全摧毁,而敌人的贸易却成长迅猛。伦敦商人自夸道,在老威廉·皮特领导下,贸易和战争结合得非常好,而且战争使贸易更为繁荣。[1]正是繁荣的贸易,使它能够为法国的敌国提供足够的金钱,所以说它也是陆战的重要支柱。

这个时候,路易十五任命了一位思维活跃的新大臣舒瓦瑟尔执政。从1759年初开始,他着手在大西洋和英吉利海峡各港口进行准备,又在勒阿弗尔、敦刻尔克、布雷斯特和罗什福尔令人建造运输

---

[1] 马洪:《英国史》。

陆军部队的平底船。计划运载5万多人的陆军部队入侵英国，同时用1.2万人的部队进攻苏格兰。法国海军一共装备了两支分舰队，每支分舰队的实力都相当可观，一支在土伦，另一支在布雷斯特。这次重大的冒险行动的第一步，是让两支分舰队在布雷斯特会合。

因为英国人占领直布罗陀，而且拥有优势海军，这个计划刚起步就被挫败。似乎不可思议的是，连坚定而自信的老威廉·皮特，在1757年都提出把英国用来俯视地中海与大西洋之间通道的灯塔（就是直布罗陀）交给西班牙，来当作它协助收复梅诺卡岛的报酬。幸运的是西班牙拒绝了。

1759年，博斯科恩将军担任英国地中海舰队司令。在对停泊在土伦锚地的法国快速帆船的一次攻击中，他的一些舰船遭到严重损坏，他被迫率领整支分舰队驶向直布罗陀休整。他离开之前，采取了一些防备措施，在各处部署了一些快速帆船进行警戒，如果敌人逼近，就按照规定利用舰炮及时通知他。8月5日，趁博斯科恩不在之机，法国分舰队司令德·拉克律按计划率12艘战列舰离开土伦港，并于17日到达直布罗陀海峡，一阵猛烈的东风把他送进了大西洋。大雾和夜幕掩护着法国舰船，没有让岸上的敌人发现，同时也没有妨碍他们彼此之间的视野。就在此时，一艘英国快速帆船隐约在附近出现，并且用舰炮发出了信号。法国分舰队就算追踪这艘英国帆船也于事无补，剩下的选择只有逃跑。

德·拉克律知道英国舰队一定会在后面追击，便率法国分舰队向西北偏西的公海方向行驶，并实施灯火管制，但是12艘舰船中有5艘驶向北面，剩下的舰船都与他失去了联系。天亮时，分舰队司令的实力已经被严重削弱。8时，德·拉克律发现了博斯科恩的警戒舰，总共14艘战列舰，正在全速追击自己。法舰组成迎风航行队形逃跑，它的速度当然远不如拥有最快速度的英舰。

在追击方处于绝对优势时，进行全面追击的一般原则，是必须保持队形，使前面的舰船与后面速度较慢的舰船能位于可以相互支援的距离之内，免使前面的战舰，在后面的舰船驶抵前落了单，反而受制于敌军。博斯科恩的行动就遵循这一原则进行。法军后卫舰船竭力仿效伊艾蒂安杜尔在拯救他的运输船队时的做法。法军的一艘后卫舰被英军的前锋舰赶上，还被4艘英舰包围。这艘后卫舰的舰长戴萨布拉进行了长达5个小时的拼死抵抗，仅是希望能较长时间地拖住敌人，使一些较好的舰船能够跑掉。就这个目的来说，他成功了，这要感谢他对英舰造成的损害和法国舰船的较快速度。如果那天法军后卫舰聚集在一起逃跑，结果肯定是全部被英军捕获。当戴萨布拉降下旗帜时，舰上的3根中桅已经不在了，后桅也很快就倒下了，而且船舱已经灌满了水，这艘舰已无法在水面上漂浮。戴萨布拉在拼死抵抗中，身上11处负伤，他用实际行动证明了一艘后卫舰在阻截追击时的职责。那天夜里有2艘法舰改变航向驶向西边，并因此脱逃。其余4艘继续按原方向逃跑，但第二天上午，分舰队司令失去了逃脱的信心，率舰队驶向葡萄牙海岸，4艘舰船在拉克什和圣文森特角之间搁浅。

英舰不顾葡萄牙的中立立场，追踪并攻击了这些舰船，捕获2艘，烧毁2艘。对于这种侵犯主权的行动，英国除进行一次正式道歉外，没有向葡萄牙进行赔偿，因为葡萄牙过于依赖英国，使得它不被英国重视。老威廉·皮特就此事写信给英国驻葡萄牙公使，告诉他要缓解葡萄牙政府感情上的痛苦，但一定不能放弃这些舰船，也不能让那位杰出的舰队司令遭到指责。[1]

　　法国土伦舰队要么被歼灭，要么被驱散，使法国中止了对英国的进攻，但在布雷斯特附近巡航的爱德华·霍克爵士，对进入加的斯的那5艘法舰还是不放心。舒瓦瑟尔的主要计划受挫后，仍然坚持入侵苏格兰。布雷斯特的法国舰队由20艘战列舰和一些快速帆船组成，由康弗朗斯元帅指挥，他是一位领陆军军衔的海军军官。舰载陆军部队的数量说法不一，为1.5万～2万人。最早的目的是除用一些小型舰船外，只用5艘战列舰护送运输船队。康弗朗斯坚持整个舰队应该一起出航。海军大臣认为，这位舰队司令不是一位有着纯熟技能可以阻止敌人前进的战术家，也不能确保护航船队躲过一次决定性的遭遇战，就能够安全到达靠近克莱德的目的地。由于相信一次大海战无法避过，所以康弗朗斯认为战斗最好在陆军部队起航以前进行，因为哪怕海战惨败，运输船队也不会蒙受损失，战斗取得决定性胜利，会使这条航线畅通无阻。最后运输舰船在远至卢瓦尔河口以南的一些港口里集结。就这样法国舰队抱着寻找敌人作战的想法和目的离港了，但随后的海战进程很难与上述目的一致，也很难与起航前舰队司令发布的具体作战命令相一致。[2]

　　在与强西风搏斗3天后，爱德华·霍克率舰沿着下风位驶入托贝，在那里等候风向改变，而且让舰队做好立即起航的准备。这阵剧烈的西风，不仅迫使法国舰队返回布雷斯特港，而且为邦帕特指挥的从西印度群岛驶来的小分舰队溜进布雷斯特港提供

---

[1] 马洪：《英国史》。
[2] 特鲁德：《1673年法国海上战争》。

了很好的机会。康弗朗斯积极忙于准备工作,把邦帕特的舰员分配到他自己的一些人员不齐的舰船上,于14日乘东风出海。康弗朗斯迅速向南面行驶,自以为已经摆脱了爱德华·霍克的监视。14日,霍克很快到达阵位,得知原来向南航行的敌人已转向东行驶,他很快就料定法国舰队准备驶向基伯龙湾,于是改变原航向,满帆驶向同一个地点。19日23时,法国舰队司令估计他所处的位置距托贝岛西南偏西70海里,这时又突然刮起一阵西风,法舰司令命令收帆顶风航行,风力越来越猛,风向变成西北风。

　　黎明时候,法军看到前面有几艘舰船,证实他们是封锁基伯龙湾的英国达夫准将的分舰队。康弗朗斯发出了追击信号,英舰分成2个分队逃跑——一个顺风向逃离,另一个迎风向南驶去。法国舰队的大部分舰船在英军第一支分队身后,继续沿着原来的航向驶向海岸,一艘法舰迎风追击第二支分队去了。紧接着法国后卫舰船发出迎风航行的信号,在旗舰桅杆高处可以看到这个信号。就在同一时刻,英国舰队前方的警戒快速帆船通知舰队司令霍克将军驶向下风位,霍克努力追上了康弗朗斯。康弗朗斯当时命令后卫分队迎风航行支援向东南方追击的那艘法舰。片刻后,他发现迎风驶来的敌军总数为23艘战列舰,英舰当中还有一些三层甲板帆船,法国仅有21艘战列舰。康弗朗斯赶紧召回了进行追击的舰船,并且做好战斗准备。他处在自己事先没有预料到的情况下,需要确定航向。

　　当时来自西北偏西的大风更强劲了,天气随时可能会变坏,这支舰队距一个下风岸不远,又有一支数量占优势的敌舰队虎视眈眈——除了霍克的23艘战列舰外,达夫还有4艘装有50门舰炮的战舰。所以康弗朗斯决定避开敌舰队，率领他的分舰队进入基伯龙湾，寄望于霍克在这种气候条件下不敢追到海湾内部。法国权威人士描绘这个海湾的浅滩、暗礁与礁石相连，航海的人看到它都不能不满怀恐惧，通过时无不胆战心惊。正是在这种可怕的险境，44艘大型军舰要在这里进行一场混战，这个地方实在过于狭窄，不适合战舰机动。正当康弗朗斯率领他的舰队绕过基伯龙湾入口处最南面的暗礁时，英国前锋舰与法军后卫已经投入战斗。这是另一种以一场混战结束的全面追击战，海面波涛汹涌，靠近下风海岸，高速航行的舰船，组成了一幅罕见的壮观场面。一艘配备74门舰炮的法舰，由于遭到敌舰紧追，寡不敌众，冒险打开下甲板舱口，海水涌进船舱，全部舰员与战列舰一起葬身海底。另一艘被霍克旗舰的炮火击沉。另外2艘，其中一艘悬挂着分舰队的司令旗，降旗投降。其余的舰船全部被杀散了。7艘向东北方向逃逸，后来在维莱讷河口处锚泊，乘河水两次涨潮的高水位成功地驶入了这条小河——这是从来没有过的奇迹。另外7艘躲在罗什福尔东南方向。一艘因为严重受损，在卢瓦尔河口附近搁浅，并且被弃舰。与图尔维尔同名的旗舰在拉乌格被烧毁。黄昏时，锚泊在卢瓦尔稍北一点的克鲁瓦西克外海的"王家太阳"号，在那里躲过了一夜。

　　第二天早上，法国舰队司令发现他只有自己的一艘旗舰了，为了不使这艘旗舰落到英国人手中便任其搁浅了。法国大舰队彻底覆灭，没有被捕获和摧毁的14艘战舰被一分为二，位于维莱讷河的那些舰船，在其后的2年时间里，只有2艘一起成功逃跑。英军只损失了2艘搁浅在浅滩上的战舰，而英军的作战损失几乎可以忽略。

随着法国布雷斯特舰队被歼灭,法国入侵英国的可能性全都不复存在了。1759年11月20日的特拉法尔加角海战,尽管英国继续对停泊在维莱讷河和罗什福尔的少数法舰进行封锁,但是,英国舰队当时已经可以随意地,以从未有过的规模,大举进攻法国殖民地,后来还包括西班牙殖民地。英国这一年经历了这场大海战,还攻克魁北克,又占领了西印度群岛的瓜德罗普岛和非洲西海岸的戈雷岛。法国分遣舰队司令德·阿赫和英军司令波科克之间发生了三次非决定性战斗后,法国放弃了对印度诸海域的控制权——这肯定会导致法国丧失在印度的势力,并且永远不能再次拥有。

西班牙国王卡洛斯三世继承王位。这位新登基的国王内心深处对英国也没有好感。由此,就更容易使法国和西班牙团结起来。卡洛斯三世起初准备进行调解,但老威廉·皮特不愿意。皮特把法国当作英国的主要敌人,而且把海洋和殖民地看成实力和财富的主要来源,当时法国已经在走下坡路,但他希望将来法国被更加彻底地削弱,而且希望把英国的伟业牢牢建立在法国的瓦解上。1760年10月25日,英王乔治二世去世,而皮特的影响也开始变弱,因为新国王对战争的决心不大。但随着欧洲大陆上战争的继续,法国不再着力与英国斗争和发展海洋事业了。

大规模远征殖民地的时机已经迅速到来,由于英国依靠海权战胜了联合起来的法国和西班牙,战争的最后一年不同寻常。

海权在东方的印度半岛起到了完全相似的作用。

迪普莱克斯被召回法国,而他执行的政策完全被抛弃,使得英法两国的东印度公司一时间处于力量平衡状态。但1754年条约的条款没有完全执行。德·比西侯爵是一个智勇双全的斗士,曾经担任过迪普莱克斯的助手，完全拥护迪普莱克斯的政策和雄心，他仍然留在迪普莱克斯曾统治过的广大地区。1756年，英国人与当地诸侯之间发生了矛盾。孟加拉纳瓦布已经去世了，他的继承人派兵进攻加尔各答。加尔各答进行了一阵无力抵抗后，在6月份陷落，陷落之后，发生了著名的"加尔各答土牢"悲剧[1]。8月，消息传到马德拉斯，经过一段让人难熬的长时间推迟后，克莱武终于和沃森舰队一齐出发。这支舰队12月进入恒河，并且于1月出现在加尔各答，英国人又不费吹灰之力很快地将加尔各答夺回手中。

孟加拉纳瓦布恼羞成怒，向英国人发起猛攻，与此同时，他还请位于金德讷格尔的法国人来协助他战斗。让人惊奇的是，法属东印度公司在英法处于战争状态时，依然希望和平，它没有吸取1744年的经验教训，而是拒绝了这位纳瓦布的邀请，并且向英属东印度公司提出保持中立的建议。克莱武长驱直入，与印度军队交战，打败了他们，纳瓦布立即要求议和，而且寻求与英国结盟，放弃了他早先进攻加尔各答时提出的要求。在经过一番交涉之后，他的建议被接受了。然后，克莱武和沃森又转而进攻金德讷格尔，使法国殖民者投降。

孟加拉纳瓦布并不希望英国人占领金德讷格尔，对此非常生气，于是就和德干高原的比西秘密往来。克莱武对这位纳瓦布在背后进行的各种小动作了如指掌，他看到只要在这个纳瓦布统治

---

[1] 孟加拉新纳瓦布达乌拉攻下加尔各答后，将146名英印军战俘关押在一座小土牢里，牢房环境极为恶劣。据后来幸存的战俘、英国外科医生约翰·霍尔威尔称，6月20日，共有123名战俘在牢房中窒息而死，史称"加尔各答土牢事件"，但历史学家对具体死亡人数一直都有争议。

下，和平和贸易就没有希望，于是战争再次打响。克莱武率领3000名（含1000英国人）军人，对抗拥有1.5万骑兵和3.5万步兵的纳瓦布，并且炮兵亦远远逊于对方。1757年6月23日，克莱武取得了普拉西之战的胜利——一般把这个日期视为英帝国开始在印度统治的日子。这样英国人就控制了孟加拉，这是他们在印度取得的第一个成果。一位法国历史学家说："克莱武已经领悟而且运用了迪普莱克斯的方法。"

这是事实，甚至可以说，如果英国没有掌握海洋，它在印度的基业根本就建立不起来，就算能够建立，也不可能持久。印度的情况是，少数欧洲人在一些精明大胆的人领导下，分享他们能够取得的胜利，通过明智的联盟才能在那里坚持下去，尤其是在力量极其不对等的时候，更要这样做。但他们必须避免同伴的反对，少数同伴能够让这种本来就左右摇摆的天平偏向另一方。

就在克莱武对孟加拉采取行动时，德·比西入侵奥里萨（印度的一个邦，在德干高原东北，濒临孟加拉湾），他将英国的一些工厂没收，并成为马德拉斯和加尔各答之间许多沿海地区的统治者。同一时间，一支由9艘舰船组成的法国分舰队，其中绝大部分舰船属于东印度公司，而且远非一流战舰，满载着1200名正规军——当时欧洲人参加印度之战的最庞大的陆军驶向本地治里。印度沿海的英国海军，尽管数量不多，但他们足可抵御前来的法国分舰队。

1758年4月26日，法国分舰队出现在本地治里以南的科罗曼德尔沿海，并于28日在英国基地圣大卫堡附近锚泊。其中2艘舰船继续驶向本地治里，舰上的新总督德拉利伯爵希望立即赶到殖民政府所在地就职。正在这时，英国舰队司令波科克已收到了敌人接近的情报，为了保住这个基地，他也向那里航行，而且在4月29日先于载有总督的2艘法舰离开以前到达。法国舰队立即起航，右舷戗风驶向海洋，航向东北，风向东南，并且发出召回护送总督德拉利的舰船和快速帆船的信号，但是由于德拉利的命令，这些舰船无视司令官的信号，没有返航。这一行动，就算不是起因，也必然会让新总督和分舰队司令德·阿赫之间的矛盾恶化，他们两人的不和致使法国在印度的战役最终失败。

英国舰队与法国舰队一样右舷戗风航行占据了上风位，然后按当时惯用的进攻方式攻击，并且取得了意料之中的结果。英军的7艘战舰奉命阻止7艘法舰靠近，前方的4艘战舰，包括舰队司令的旗舰，非常谨慎地投入了战斗，但后面的3艘，都没能准时参加战斗。法国分舰队司令发现敌前锋和后卫之间出现缺口，随即制订了分割他们的计划，并且发出一起转向下风位的信号。但生性急躁的他没有等到其他舰船回复，就转舵让舰艇转向下风，后卫舰马上模仿他的行动，而前锋舰则继续向前航行。英国舰队司令对这一时刻的描述如下：

> 16时半，法军战列线的后卫舰已相当靠近其旗舰。而我们后卫的3艘舰也接到了近战的信号。很快德·阿赫就离开战列线，而且顺风航行。位于他后面的第二艘舰，在这次海战期间的绝大部分时间都紧跟在"雅茅斯"号（英军旗舰）后面，和它并排进行炮击，然后改变航向驶向下风位，几分钟后，敌前锋舰也改变了航向。

法舰在经过英国舰船时进行了集中攻击。然后法舰顺风驶向与它们分开的2艘舰，刚刚与它们交战过的英舰，由于负伤航行缓慢，已无法跟上它们了。这次海战阻止了英国舰队救援圣大卫堡，致使圣大卫堡的守军不得不在6月2日投降。

圣大卫堡陷落后，英法两国的分舰队分头回到各自港口维修，然后又返回各自的阵位。8月，几乎在一样的条件下，双方以相同的方式进行了另一次战斗。法军旗舰在意外遇到一连串不幸事故后，分舰队司令退出战斗。但进一步分析他撤退的缘故，则能够最大限度揭示法国在印度的事业最终必定会失败的原因。法国的一位作者说："谨小慎微使他不得不进行长时间战斗，而战斗时间一长，舰船不但会因为受损影响效率，而且难以在一个几乎完全无法供应补给的地方进行维修。"海军需要的物品极度匮乏，清楚地表明了法国对海战始终坚持一味保全舰船的方针，肯定会导致灾难性的前景，这种前景不但是必然的，而且是有前兆的。

德·阿赫返航回到本地治里后，看到损坏的桅杆和帆缆虽然可以维修，但缺少粮食和其他必需品，舰船还要堵漏。尽管他一度计划留守到10月15日，但是，在召开一次军事会议后，他取消原先的计划，提出舰船不能在这片海岸上久留，因为本地治里不但帆缆短缺，补给品也匮乏，他们不能进行第三次战斗。于是他放弃保护总督，于9月2日起航驶向法兰西岛。德拉利失去分舰队的支援后，放弃进攻马德拉斯，将兵力转到内地。

在德·阿赫到达法兰西岛时，那边的情况再次充分说明当时法国海军的基本方针政策软弱无力，缺乏远见。德拉利不赞成德·阿赫离开印度，他抵达法兰西岛也并未受到欢迎。当时的法兰西岛各种物资都短缺。来自本土的3艘战列舰使这支分舰队的兵力增加，他们耗尽了岛上的资源，以致岛上的居民要求分舰队司令立即离开这个岛。因此舰船维修工作只能加速提前完工。

11月，为寻找粮食，几艘法舰驶往荷兰殖民地好望角，但是，得到的粮食很快又被耗尽了，这种境况再次迫使分舰队离开。法舰的处境和殖民地一样朝不保夕，舰队司令不得不催要粮食和补给品。情况是这样严峻，德·阿赫只好下令取下帆缆上的索具，封存一些舰船，将这些装备安装到其他舰船上。在返回印度之前，德·阿赫在致海军大臣的信上说："分舰队准备离开，唯一目的只是使舰员免于饿死，如果没有补给品，就不必对这支分舰队抱有什么指望，因为这里的人员和物资情况已经糟得不能更糟了。"

鉴于这种情况，1759年7月，德·阿赫离开了法兰西岛，并且在9月驶抵科罗曼德尔外海。在他离开的这一年，德拉利曾在东北季风季节包围马德拉斯达2个月之久。由于这个季节海军不适合在当地沿海行动，英法两国的分舰队都不在这里。首先回来的是英国舰队，德·阿赫返回时，他的舰船在数量和等级上都占据极大优势。然而在两支舰队遭遇时，英军指挥官波科克不急于用他的9艘舰攻打数量占优的法舰。双方于1759年9月10日进行了一次战斗，与前两次战斗一样，没有决定性意义，德·阿赫在这场血战之后撤走了。

之后，德·阿赫先抵达本地治里，10月1日又从本地治里驶向法兰西岛，丢下法属印度殖民地，让其自生自灭。从那时候起，结局就已经被注定。英国人不断得到来自本土的增援，而法国人得不到任何东西，德拉利的对手在能力上也高出他一头。各个地方接连被英国人占领。1761年1月，本地治里的陆路被围，海上交通线也被截断，德拉利被迫投降。这标志着法国势力在印度的结束，因为本地治里和其他一些领地，尽管在议和时被归还，但英国人事实上占领了那些地方，就算他们遇到精明强干的絮弗昂的进攻时，他们的地位也没有动摇过。20年后，絮弗昂遇到与德·阿赫一样的困难，但他却用德·阿赫所没有的活力和积极性，克服了德·阿赫在更有希望时都不曾克服的困难。

由于法国不能有效通过海洋在远方行使权力，使它失去了加拿大和印度，所以西班牙看来绝不会选择这个时候靠它那衰败的海军和分散在各处的领地介入这场战争。的确如此，法国海上力量的枯竭人所共知，而且得到了海军历史学家们的充分证明。一位历史学家说："法国的资源枯竭，1761年这一年只有几艘单舰离开过它的港口，而且都被捕获。与西班牙的同盟缔结得太晚。1762年偶尔出海的一些舰船也被捕获，当时一些仍属于法国的殖民地也无法逃过一劫。"[1]甚至早在1758年，另一位法国作者就写道："由于缺钱，本来就不景气的贸易被英国巡洋舰卡死了，再加上缺少良好的舰船、补给品短缺等，使法国内阁不可能集结起强大兵力，只好施行一些计谋，用一系列小规模战斗取代唯一合乎情理的大战——'小打小闹'不可能达成主要目的。那个时候，甚至连4艘战列舰避过敌人到达路易斯堡，都被当成是一种罕见的运气……1759年西印度群岛护航船队侥幸到达，让商人感到异常惊喜。因为在英国分舰队所向披靡的海洋上，这种机会已经非常罕见。"[2]这是德·拉克律和康弗朗斯惨败前的事情。法国贸易被摧毁，是从商船被俘开始的，因为殖民地不断减少，被毁程度也随之达到极限。

---

[1] 特鲁德：《1673年法国海上战争》。
[2] 拉贝鲁兹：《法国海军史》。

许多国家都希望法国海军能够恢复，并且促成中立国家结为同盟。除西班牙外，它们也都有理由反对英国。一位英国历史学家承认："在对法国的战争时期，英国巡洋舰从未尊重过西班牙的旗帜。"[1]另一位历史学家说："1758年这一年，至少有176艘中立国家的舰船，连同船上装载的法国殖民地的丰富物产，还有陆军和海军军需品，都落入英国人手中。"[2]上述情况早已存在，乃至20年后波罗的海国家提出"武装中立"，直接针对英国在海上提出的各种要求。由于英国当时是真正意义上的海上强国，拥有无限权力，所以它几乎从不尊重其他国家的利益。因为它在海洋上无人可敌，所以它能主张夺取装载在中立国舰船上的敌国财产，使这些国家不仅舰船被扣留，而且还失去了这种赚钱的贸易手段。也正因为如此，战争初期，英国曾对法国港口实施名义上的封锁（即只是放言而并不实行的封锁）。

中立国家遭到这种苛刻待遇自然非常恼火，但选择1761年进行武装对抗是错误的，而且在所有这些国家中，西班牙如果开战，面临的危险最大。当时英国除一些预备役舰船外，仅现役战列舰就达120艘，这些舰船由受过严格检验，并且由经过5年持续海战锻炼的7万名水兵操纵，他们受到胜利的鼓舞，士气高昂。1758年，法国海军还有77艘战列舰，而1759年除了8艘战列舰和许多快速帆船被毁外，还有27艘战列舰变成英国海军的战利品。法国的海军已被连根铲除。西班牙海军约有50艘舰船，但人员的情况很糟。

---

[1]马洪：《英国史》。
[2]坎贝尔：《海军将军传》。

由于缺少一支有力的海军，西班牙帝国极其虚弱。虽然西班牙就算保持中立，也不时会被凌辱，但中立对它来说好处很多，不但能恢复它的财源和贸易，而且也能重新开发国内的资源，这些事情都需要长时间保持中立。但是西班牙与法国在1761年8月15日签订了两个君主之间的"家族协定"。那不勒斯国王加入了这一协定，保证这两个王国动用所有力量来保障其领地。协定本身就是一种重要承诺，但是秘密条款进一步明文规定，如果英国在1762年5月1日还未与法国议和，西班牙就要向英国宣战。这种性质的谈判很难保密，老威廉·皮特对此一清二楚，有充足的理由让他确信西班牙想要成为英国的敌人。

老威廉·皮特以他一向的高傲性格，决定抢先宣战，对西班牙先发制人。但是，在新国王的国会里，反对他的势力过于强大。老威廉·皮特没能得到内阁支持，于是在1761年10月5日辞职。他的先见之明很快得到证实。在来自美洲的装运战争急需的硬通货的运宝船到达之前，西班牙一直在热情地向英国表示友好。9月21日，西班牙的大帆船队安全地在加的斯锚泊。11月2日，英国驻西班牙大使向本国政府报告："来自西印度群岛，满载极贵重货物的2艘帆船安全到来，从而使来自拉丁美洲的全部财产安全地送到西班牙。"在同一份公文里，他报告了西班牙内阁在措辞上的惊人变动，还列举了当时他们使用的傲慢言辞。[1] 西班牙的不满突然爆发，它与英国之间的争执加剧，以致英国新内阁，虽然急切希望和平，也不得不在这一年快到年底时，召回驻西班牙大使，后来在1762年1月4日对西班牙宣

---

[1] 马洪：《英国史》。

战。虽然英国采取了老威廉·皮特的政策，但是时间太晚了，不能取得他曾期望得到的效果。

不管英国方面的行动怎样拖拉，都不会改变两国之间实力和备战上的质的差别。老威廉·皮特的计划，基本上被他的继任者所采用，而且依据当时英国海军的备战情况，被迅速地执行。3月5日，从印度返回的波科克，从朴次茅斯起航，护送一支进攻哈瓦那的运输舰队。英军这样做是为给西印度群岛增强兵力，由波科克指挥的部队除了19艘战列舰外，还有一些较小的船只和1万名陆军士兵。

1761年1月，著名海军将领罗德尼指挥的英国西印度群岛舰队，已经和地面部队一起攻下马提尼克岛，它是法属诸岛中的一颗明珠和巨大堡垒，还是大量私掠船的基地。据说这次战争期间，在西印度群岛海区，英国有1400艘商船是被以马提尼克罗亚尔堡为主要港口的法国巡洋舰捕获的。随着法国失去了这个重要基地，依托它的私掠船体系也就不复存在了。2月12日，马提尼克岛被攻陷。随着这个重要的贸易和军事中心的丢失，法国被迫放弃那些较小的岛屿，譬如格林纳达岛、圣卢西亚岛、圣文森特岛。由于英军占领了这些岛屿，英国殖民地安提瓜、圣基茨岛和尼维斯岛，以及前往这些岛屿进行贸易的舰船便不再受威胁，英国的贸易取得爆发性增长，而且整个小安的列斯群岛（又称向风群岛）都成了英国的领地。

5月27日，英军舰队司令波科克在圣尼古拉斯角外海，与来自西印度群岛的援兵会合，由于天气很好，他率领的大舰队没有沿古巴南部航线航行，而是取道已经废弃的巴哈马海峡。在观测设备极差的年代，这一行动被公认为是伟大的奇迹，而且没有发生任何的意外。警戒舰和测深船在前头开路，快速帆船紧随其后，小船或单桅小帆船锚泊在浅滩上，并且仔细安排白天或夜间使用的信号。不到一周舰队就顺利地通过了巴哈马海峡，来到了哈瓦那港外。经过40天围困，7月30日，英军占领了莫罗堡；8月10日，哈瓦那落入英军手中。西班牙人不仅失去这座城市和港口，还损失12艘战列舰。此外，西班牙国王还失去300万英镑现金和货物。哈瓦那的重要性不仅仅在于它的占地多少，或它占据了一块辽阔富饶的已开发区域的中心位置，而在于它是那个时代控制运宝船和其他舰船从墨西哥湾前往欧洲的唯一通道的必经港口。由于哈瓦那落入敌国手中，西班牙舰船必须在卡塔赫纳（这里的卡塔赫纳，应指哥伦比亚北部濒临加勒比海的港口）集结，从那里要顶着风斜向行驶——这种航行通常都极为困难，而且会使舰船长时间待在暴露海域里，容易被英国巡洋舰捕获。哪怕是对地峡的进攻都不曾给西班牙造成这样沉重的打击。这种杰出的成就，只属于一个确信其海上力量已经控制交通线的国家，这种令人欣慰的结果应该完全归功于海上力量，而英国的另一个卓越成就是及时护送4000名北美殖民地的地面部队人员补充因战争和热病造成的英军减员损失。据说在攻下这座城市时，仅2500名人员还能进行战斗。

正当英国海上力量到达远方的西印度群岛，在那里建功立业的时候，它的威力在葡萄牙和远东也得到了进一步宣扬。起初，结盟的法、西两个王国，曾邀请葡萄牙参加同盟，一起反对曾被它们称为"海洋暴君"的国家。法、西两国帮助葡萄牙追忆英国怎样垄断它的贸易，搜刮它的钱财，还有博斯科恩率领的英国舰队是怎样公然侵犯它的中立地位。葡萄牙首相对这些情况十分清楚,而且深有感触,但这位首相正确地判断出他的国家更惧怕的是英国和它的舰队,而不是西班牙的陆军。于是法西同盟对葡萄牙宣战,战争打响,法西同盟一度取得了进展,但是"海洋暴君"应葡萄牙请求,派出一支舰队,又派8000人的陆军部队在里斯本登陆,他们把西班牙人赶出境外,把战火烧到了西班牙本土。

与此同时,马尼拉也是战火纷飞。英国需要做的事情非常之多,以致不可能再从本土抽调部队和舰船。英国人在印度取得的成就和在那里建立起来的绝对安全的统治,还有他们在当地对海洋的控制,支持驻印度的英国官员进行殖民远征。1762年8月,远征部队起航,19日驶抵马六甲,在这个中立港口,它得到了要围攻马尼拉所需的各种补给品。尽管荷兰人对英国人的行动非常戒备,但却不敢贸然拒绝他们的要求。英国这次远征完全依赖舰队,最后的结果是整个菲律宾群岛在10月投降,而且支付了400万美元的赎金。与此同时,舰队还捕获了载有300万美元货物的"阿卡普尔科"号大帆船,在大西洋的一支英国分舰队也捕获了一艘从利马来的为西班牙政府服务的运宝船。

西班牙殖民帝国从来没有遇到过这样的打击。如果西班牙适时地介入战争,可能会改变战争的命运,它介入太晚,对法国起不了任何帮助作用,可却及时地分担了法国的霉运。更令人担心的是巴拿马和圣多明各受到威胁,而且英裔美洲人正准备入侵佛罗里达和路易斯安那……哈瓦那沦陷,已在很大程度上中断了资源丰富的拉美殖民地与欧洲之间的交通。菲律宾群岛投降,又使西班牙在亚洲被驱逐出去。这两件事结合在一起,中断了西班牙的贸易通道,并且使庞大的、各不相连的西班牙帝国各部之间无法相互往来。[1]

老威廉·皮特内阁对攻击目标的选择从战略角度来看也很有策略，因为有效地破坏了敌人力量的支柱。如果他的计划能彻底实施，而且还占领巴拿马，胜利将更具决定意义。英国也曾失去了抢在西班牙之前宣战，先发制人，实施有效突袭的有利条件，但在这场短暂的争夺战中，它的武装部队获得完全胜利，它的各种安排都能迅速付诸实践，这都应归功于海军和行政机关的优越效力。

随着马尼拉被征服，战争中的军事活动也随之结束。从1月英国正式宣战开始，9个月的时间足以使法国最后的希望彻底破灭，并且让西班牙被迫同意议和，而且在和约中不得不放弃它曾经的任何要求。在对这些事件进行扼要概述后，好像已没必要再指出，英国能速战速决和尽善尽美地完成任务，完全要归功于它的海上力量了。它使陆军部队能在距离遥远的古巴、葡萄牙、印度和菲律宾群岛进行大范围的行动，却完全不用担心交通线会受到严重破坏。

在叙述标志这场战争解决的和约条款以前，有必要简单讲解一下战争对贸易、海权基础和国家兴旺的影响。

这场战争中的一个突出特点给人留下了深刻印象，那是一种令人吃惊的，而且自相矛盾的陈述，即英国的巨大损失能证明它的繁荣兴旺。

一位法国历史学家指出：1756—1760年，法国私掠船一共捕获2500多艘英国商船。可以这样说，1761年，虽然法国在海上没

---

[1] 马丁：《法国史》。

有一艘战列舰,而且英国已经捕获法国的240艘私掠船,但是法国还是捕获了812艘英国商船。这些捕获数字说明英国舰船出现了奇迹般的增长。据说,1760年英国人在海上有8000艘舰船,虽然他们有护卫舰和巡洋舰,但法国还是捕获了他们1/10的商船。1756—1760年,法国只损失了950艘商船。[1]

对于了解实情的人来说,法国私掠船成倍增长的确并不是好兆头,它说明在它们背后的商船无事可做,船员和船主为了谋生,被迫从事冒险的抢劫活动。这种冒险不会完全白费力气。这位作者承认1759年英国商船损失与战舰损失之比相差悬殊。当时法国人费尽心机试图重新获得海上均势和弥补他们蒙受的损失,但是完全不见成效。相反,他们等于"只是努力为英国舰队建造和装备舰船"。另一方面"尽管英国巡洋舰英勇善战、高度戒备,但法国私掠船数量太多,使得法国在这一年共捕获240艘英国商船,主要都是沿海港口间的贸易船和小船"。损失如此之大,原因有三种:(1)商船对护航舰船的队形并不在意;(2)活动在各海洋上的英国船舶数量太多;(3)敌人把全部残存兵力用在从事私掠活动上。上述三种原因中只有第一种情况是能够预防的。1761年,英国海军仅损失1艘独桅小船。在此期间,虽然进行过多方面的交换俘虏,但英国仍然关押了2.5万法国俘虏,而法国的英国俘虏只有1200人。这些就是此次海战的结果。

此外,英国从西班牙得到大量硬通货。一位作者说:这些硬通货拓展了贸易,而且促进了工业发展。给外国的财政援助,大部分是居住在外国的拥有英国制造企业股份的商人用票据支付的

---

[1] 马丁:《法国史》。

汇款。英国的贸易逐年增加，并且在发动一场长期性的高代价血战的同时，国家所呈现的这种繁荣景象是世界上任何国家都没有出现过的。

英国由于贸易逐年增加，武装部队的胜利几乎一直无法动摇。看到法国海军的实际覆灭，曾经一度使英国感到前途难测，而且曾引起整个欧洲惶恐不安的法西同盟，被大不列颠认为已经不足为惧，也就不足为奇了。西班牙的政体和帝国的分散状态，使它在受到一个海上强国进攻时很容易门户洞开，老威廉·皮特看到时机已经成熟。1739年他就曾希望抓住这种机会，但错过了。当时处在和平时期，而且一位主要大臣的固执偏见，使他们的舰队实力被减弱。现在英国把手伸了出去，而且还占领了它向往的地方。如果不是因为内阁对国家利益再次不忠的话，没有什么力量能够限制英国的掠夺。

葡萄牙的处境以及与英国的关系，前面已经提过，但作为一个例子，值得特别注意的是，无论是事出必然，还是经过审慎考虑，葡萄牙取得一种海权要素的方法，不是利用殖民地，而是利用同盟关系。前面已谈到的贸易关系"由于牢不可破的政治关系得到进一步加强。两个王国所处的位置让其彼此之间不必担心，并且会相互给予很多照顾。葡萄牙的港口为英国舰队提供掩蔽场所和补给品，英国舰队相对应地保护葡萄牙与巴西的大量贸易。葡萄牙和西班牙之间水火不容的恶劣关系，必然使葡萄牙需要一个强大但相距甚远的盟国。没有什么比这样的同盟对英国更有利了，因为它在与南欧国家作战时，可以并且总是从葡萄牙得到巨大利益"。

这是英国人的看法，但在其他人看来，这是一头狮子和一只羔羊间的同盟。如果声称,像英国这样拥有舰队的国家,距像葡萄牙这样一个海洋小国"遥远",完全是谎言。英国舰队早已能够,而且在那个时代可以随意抵达任何地方。在法国和西班牙国王以邀请为名,命令葡萄牙对英国宣战的备忘录里对这件事情的相反观点,同样说出了这种同盟的作用。

备忘录的背景前面已说过,即英葡关系给葡萄牙带来的好处并不对称,而且英国还漠视它的中立权。但葡萄牙国王拒绝放弃与英葡同盟,公开的理由是这个同盟由来已久,并且完全是防御性的。对此,法西两国国王的答复是:根据葡萄牙的地理位置和英国实力的特性,这种防御性同盟事实上是一种进攻性同盟。如果没有葡萄牙的港口和支援,英国分舰队不能一年四季长期在海上行动,也不能在法国和西班牙的主要沿海海域巡航,乃至切断它们的海上航道。如果葡萄牙的全部财富没有经过英国岛民之手,它们也不能对欧洲的所有海运造成伤害,这种财富为他们提供了从事战争需要的东西,而且使这个同盟实际上成为一个十足的进攻性同盟。

两种争论中,位置和实力的逻辑推理占了上风。葡萄牙认为英国比西班牙离它更近,更具威胁,并且几代人都保持了这种经过严格考验的同盟。这种关系对英国来说,与英属殖民领地的用处类似,当然这种作用取决于特定时间段的主要作战地点。

1762年11月3日,各国在枫丹白露签署和约预案,第二年的10月2日各国在巴黎签订了正式条约,条约由此得名《巴黎和约》。

按照和约条款,法国放弃对加拿大、新斯科舍和圣劳伦斯湾内所有岛屿的一切要求;除加拿大外,它还割让俄亥俄河流域和密西西比河以东,除新奥尔良外的所有领地。与此同时,作为英国归还哈瓦那的对等交换条件,西班牙放弃佛罗里达,包括它管辖的密西西比河以东的所有大陆领地。于是英国得到了一个殖民帝国,包括从哈得逊湾开始的加拿大和今美国密西西比河以东的全部地区。

在西印度群岛,英国把重要的瓜德罗普和马提尼克岛归还法国。小安的列斯群岛的4个所谓中立岛屿被两国瓜分,圣卢西亚由法国管辖,英国拥有圣文森特、多巴哥和多米尼加,同时还保留格林纳达岛。

法国又将梅诺卡岛归还英国,因为法国曾把让该岛还给西班牙作为它与西班牙结盟的一个条件,由于它不能兑现过去的诺言,只好把密西西比河以西的路易斯安那割让给西班牙。

在印度,法国收复了迪普莱克斯开始扩张计划之前占领的领地,放弃了在孟加拉建立防御工事,或在孟加拉驻军的权利,并导致金德讷格尔阵地处于无防卫状态。一句话,法国为其贸易争得了诸多方便,但实际上放弃了对政治影响的要求。不言自明的是,英属东印度公司将保存所有的战利品。

过去法国在纽芬兰沿海和圣劳伦斯湾享有捕鱼权,现在按该条约仍然享有这种权利,但西班牙没有获得这种权利,虽然西班牙也曾为它的渔民提出过要求。这种让步备受英国反对派攻击。

英国普通公众和最有名望的政治家老威廉·皮特都极力反对这个条约的条款。老威廉·皮特说:"法国作为一个海洋国家和贸易国家,是我们最难对付的敌人,我们在这方面所取得的成就中什么是最宝贵的?那就是利用已取得的战果去损害它。你们为法国留下了复兴海军的可能性。"事实上,从海权的观点和那个时代的精神所激励的民族猜忌观点来看,这些话尽管褊狭,但严格来说无可非议。归还法国在西印度群岛的殖民地和它在印度的阵地，同时又将它从前在美洲领地享有的重要的捕鱼权归还给它，使法国面前出现了复兴海运、贸易和海军的可能性，提醒它放弃大陆扩张的野心，这种野心曾对它的利益造成致命伤害，而且使英国的势力在海洋上得到空前发展。英国国内反对派和一些内阁阁员还主张保留像哈瓦那这样的控制险要海区的重要据点，他们认为用佛罗里达那样的未开发地区交换哈瓦那是得不偿失。

不可否认的是，英国在军事上掌握了制海权，当时确实控制了许多重要位置。由于它的海军占有数量上的压倒性优势，而且贸易昌盛，国内一片兴旺发达，于是能够提出一些更严格，而且更为周全慎重的条款。英国内阁以债务大幅增加为理由，为他们议和的急切心情和让步精神辩护。当时英国的债务总额达到1.22亿英镑，无论从任何方面考虑，这个数字当时看来都已非常巨大，它也迫切要求获得军事形势能够提供的最大利益。内阁没有做到这一点。至于债务，一位法国作者的研究很到位，他认为："在这次战争中和以后的相当时间内，英国曾发现，没有什么比征服美洲和发展东印度公司更重要的事情了。利用这两个地区，不但能让它的制造业和贸易获得充足的销售渠道，而且能弥补它蒙受的大量损失。眼看欧洲海洋事业逐渐衰落——它的贸易被毁，制造业几乎停止发展——英国怎么会对充满广阔前景的未来不担心呢？"可惜的是，这个国家的政府缺少一位倡导者，而人民选择的代言人，也许是唯一能好好利用这种有利形势的人，偏偏又不受宫廷待见。

不管怎样，英国都得到了巨大的收获，这不仅是指领土范围的不断扩大，也不单是它在海洋上取得优势，而在于它赢得了威信和地位，这些国家面对它的丰富资源和强大实力已经完全敞开了国门。利用海洋取得的这些成就与大陆战争的结果，形成了一种对比。法国与英国一起退出战争，参加这场战争的其他各方的和约，在《巴黎和约》缔结5天之后签订。和约条款规定，各国的疆域完全恢复战前状态。普鲁士这个人口500万的王国，在这场战争中死伤的士兵就有18万，同一时期，俄国、奥地利和法国共死伤46万人。把这一切简单地仅归为陆战和海战可能产生的不同结果，不完全合理。腓特烈的雄才，再加上英国出钱充当后盾，已经证实他完全有能力和组织力量，对抗只是数量上占优却总是无法齐心合力的同盟。

似乎可以得出一个合理的结论，即某些国家如果有一条良好的海岸线，甚至于再有一个或两个方便进入海洋的出海口，那对它们来说就最有利，通过海洋和贸易来寻求兴旺和扩张，胜于在某一些国家已经长期拥有各国承认的权利并且产生民族忠诚感，或者在能通过政治纽带联系的地区，扰乱和改变它们的政治体系。从1763年签订《巴黎和约》以来，世界上一些没有开发的地方已被迅速占领，北美大陆、澳大利亚，甚至南美洲也被占领。当时，在绝大多数被丢弃的地方，普遍实行一种名义占据，以及或多或少有些明确的政治占据。这些地区还有一个共同的特点，即这些地方软弱无力，不能够自卫。大家都很熟悉的声名狼藉的例子就是土耳其帝国，它能够存在下去完全是利用对立各方对它施加的压力，利用各国在对待它的问题上没有协调一致，而是互相疑忌。人们已经意识到理智利用制海权，将在未来引起不可避免的巨大变化。

在西半球，中美洲和热带的南美洲一些国家政局非常不稳定，严重影响了贸易以及和平时期资源的开发利用。在很长一段时间里，一些政府较稳定的国家公民一直在寻求开发利用自己的资源，而且承担了他们在国内混乱情况下发生的损失。北美和澳大利亚仍然可以为移民和开发性事业提供很多机会，但这些地方已被迅速占据。在秩序混乱的地方，必须有一个比较稳固的政府，以保护人身安全和体制的相对稳定性，使得商人和其他人员对未来能抱有希望。可以预见的是，一些美洲热带国家的稳固政府得到目前美洲或欧洲一些稳定强国的"保护"的时刻将会来到。根据这些国家的地理位置、气候条件，人们立即会清楚地看到海权在这个地区，甚至在土耳其，外来势力将会成为支配性力量——不是实际占据，而是靠对当地政府的影响。美国的地理位置和它内在的实力，给了它一种无可置疑的有利条件，但是，如果组织起来的暴力机构非常低劣，就会使有利条件无法发挥作用，这是从英国国王统治时期，直到美利坚合众国时代仍然争论不休的问题。对我们来说，这里存在七年战争仍在起作用的重大影响。在七年战争中，我们已经看到而且注意到，英国拥有的陆军和其他国家比起来规模比较小，今天它还是如此，可它却首先成功地保卫了英国本土的海岸，然后又能把它的武装部队运送到四面八方去，将它的统治和威望扩大到远方，不仅迫使远方的敌人服从，而且让殖民地为它的富饶、实力和荣誉纳贡。

因为英格兰民族的天性和老威廉·皮特的激情，英国在七年战争后仍继续保持当时致力的方向，这对后续的政策产生了深远影响。英国是当时北美的霸主，而且利用它的公司主宰印度。它已被当地王公承认的占领区，拥有比大不列颠本土还多的

2000万以上人口和与本土政府相等的税收。除此以外，英国还拥有分散世界各地的许多富饶领地。过去的历史为它提供了一个教训，即西班牙由于衰落，只能被那个分散的庞大帝国拖累。英国海军历史学家对西班牙评述道："西班牙正是英国与其对决总能取得最大预期收益和荣誉的国家。这个庞大的君主国心力衰竭，资源来自远方，所以无论谁控制海洋，都能够控制西班牙的财源和贸易。它汲取资源的领地距首都相隔着遥远的海洋，这些地方各自之间的距离也非常远，使它比其他国家都更加要顺应事态变化，直到它能让它庞大但各不相连的帝国各部分行动起来。"[1]

称英国心力衰竭不符合事实，但涉及它对外界的依赖性，正是上述陈述的一种必然启发。

英国没有忽略这种类似的处境。从那时起直到我们这个时代，它已采用了将凭借海权获得的领地与海权结合为主导的政策。通往印度的道路——在克莱武时代是一条漫长和危险的航程，在这条航线上它没有自己的停泊地——后来因为取得圣赫勒拿岛、好望角、毛里求斯得到机会改变。当蒸汽轮船使红海和地中海航道通航时，英国占据亚丁，后来它又在索科特拉岛获得立足之地。法国大革命战争期间，马耳他就已被英国掌握，而且由于它在反拿破仑联盟中充当支柱的领导地位，它在1815年的和约中正式要求得到马耳他。因为马耳他距离直布罗陀不到1000海里，由这两个地方实施的军事控制能够相互连接。它的势力已经从马耳他延伸到苏伊士地峡。尽管法国心怀忌恨，埃及还是交给

---

[1] 坎贝尔：《海军将军传》。

英国控制，拿破仑和纳尔逊都知道这个位置对印度的重要性，因此尼罗河之战刚结束，纳尔逊就立即派一名军官把英军取胜、拿破仑宏图破灭的消息经陆路送到孟买。它的海上力量和资源战胜了德·阿赫的软弱和絮弗昂的精明，从雄心勃勃的法国手中夺取了印度半岛。

英国获胜，完全归功于它政府的优势。英国政府的优势在于能利用它威力巨大的海权这个武器。海权使英国富饶，反过来又保护让它致富的贸易。利用海权获取的金钱，英国支持和鼓励了为数不多的援军，主要是普鲁士和汉诺威。它的舰船能到之处，就是它的势力范围，而且没有国家能在海洋上与它对抗。它的大炮和部队能够到达它想去的任何地方。通过这种流动，它的部队可以成倍增加，而使敌人兵力被分散。英国是海洋的统治者，它控制住海上的所有交通线，敌舰队无法会合，大舰队都不能出海；哪怕能出海，也只能用未经实战的军官和舰员，去对付那些历经风暴和战火的英国士兵。战争中，除梅诺卡岛被法军占领外，英国不仅保住了自己的海上基地，而且还急迫地去占领敌人的基地。直布罗陀好比法国土伦分舰队和布雷斯特分舰队之间的一头凶恶拦路虎。当英国舰队控制住路易斯堡时，法国派到加拿大的增援部队还能有什么希望呢？

英国一国能赢得这场战争的胜利，是因为和平时期利用海洋获得财富，战争时期利用它规模庞大的海军，依靠大批生活在海上或靠海洋维生的臣民，以及利用它众多遍布世界各地的作战基地统治海洋。然而这些作战基地之间的交通线如果不通，那么就失去了作用。正因如此，法国丢掉了路易斯堡、马提尼克、本地治里，英国自己也失去了梅诺卡岛。基地和机动部队之间，港口和舰队之间是会互相影响的。在这方面，海军事实上是一支轻型部队，它保持自己港口间的交通畅通，在敌军的交通线上设置障碍。此外，它还能为地面部队除掉海上障碍，帮助本国控制地球上人们可以生存和致富的未开发的地区。

第九章

从《巴黎和约》到1778年的事态发展
美国独立战争引发的海战
韦桑岛外海的海战

因为《巴黎和约》，法国有大量理由对所处的地位感到极为不满。英国获得的几乎都是法国失去的，甚至连西班牙把佛罗里达割让给英国，也是法国以路易斯安那为代价交换的。当时法国的政治家和人民不得不屈服并承受战败的沉重负担，指望报复和获得补偿。

舒瓦瑟尔公爵虽然专断，但是相当有才能，多年来一直主管政务，而且孜孜不倦地努力恢复法国被和约削弱的实力，与奥地利结盟已经不再重要，在他1758年上任时，这种同盟早已成为既定事实并发挥作用。但舒瓦瑟尔早就认识到英国是法国的主要敌人，而且试图倾全力指挥法国武装部队与之对抗。康弗朗斯失利使入侵英国的计划严重受挫，他又积极主导了西班牙与法国结盟。联合两个王国的力量，还有两国各自都拥有的理想海岸线，如果可以有足够的时间准备，加上得力政府的领导，就可以派出一支能与英国海军相对抗的舰队。可惜这样的同盟，无论是对法国，还是对西班牙都出现得太晚了。1759年，法国舰队实际上毁灭确实曾激发出一股全民海军热潮，并且也得到舒瓦瑟尔的推波助澜。许多城市、公司和私人团体纷纷慷慨解囊募集资金。不久前还萧条的港口突然呈现出活跃景象，到处都在修造舰只。舒瓦瑟尔同样意识到不仅要恢复舰船的实力，还要重振海军的纪律和士气，但留给他的时间已经不多。西班牙的情况略好一些。英国海军历史学家估计战争爆发时，西班牙共有100艘各型舰船，其中可能有60艘战列舰。尽管在英国众多的敌国阵营中又增加了西班牙，可能会使英国的处境更加困难，但英国海军在数量、技术纯熟度、经验和威望等各方面的优势是无法动摇的。拥有7万名老水手的英国，只需维持它早已经取得的地位，结局就是人所共知的了。

议和后，舒瓦瑟尔一直明智地坚持他自己原来的想法。复兴法国海军的工作在继续，在海军军官中出现了一种努力钻研专业知识和好学向上的精神。法国继续热情地大举建造战舰，1761年开始的这项运动，让法国在战争结束时，拥有40艘情况良好的战列舰。1770年，当舒瓦瑟尔被免职时，法国海军在海上已经有64艘战列舰、50艘快速帆船，兵工厂和仓库都被塞得满满的，而且储藏了大批的造船木料。

与此同时，舒瓦瑟尔意图通过抑制贵族出身的军官们的傲慢态度，以提高军官们的工作效率。这种傲慢态度体现为对非贵族出身的高级军官和其他等级军官的歧视。这些军官不是由于出身，而是因为才干，才被要求留在舰船上的。受等级观念影响，各种不同等级的军官当中形成了一种奇特的平等感，严重破坏了军事组织本身的上下级关系。

这种顽固的等级观念遭到舒瓦瑟尔改革的强烈冲击，只有全国一致行动起来，才能将这种陋习扫除，不过就船员层面来说他已经取得了很大进步。1767年，他重新改组了舰载炮兵，由1万名炮手组成的炮队，在与英国再次作战前的10年间，坚持每周进行一次系统训练。

舒瓦瑟尔认真对待他计划中的每一个组成部分，在发展法国海陆军力量的同时，特别注意与西班牙结盟。虽然法国仍然维持着与奥地利的同盟，但舒瓦瑟尔将主要希望寄托在西班牙身上。他曾一度明智地看出英国是法国各个仇敌的核心力量，这样的高瞻远瞩，已被七年战争的全过程证明完全正确，并且进一步使法国人觉悟。西班牙是法国最可靠的盟邦，这两个国家的领土邻近，加上它们港口的相对位置，使海军的形势特别有利。

《巴黎和约》之后的那些年间，一连串任期短暂的英国内阁把精力主要放在国内政策、不十分重要的党派和解问题上，使英国的对外政策和老威廉·皮特奉行的非常有活力的、傲慢的、直白明确的政策完全不同。国内动荡容易引起大战，最早公开化的是本土与北美殖民地的矛盾，加上其他一些原因的综合作用，束缚了英国的手脚。在舒瓦瑟尔执政时期，至少有两次机会可以让坚定的、准备充足的、不是太谨慎的英国政府卷入战争，特别是这两次都牵扯到英国比其他国家更密切关注的目标——海权问题。

第一次机会出现在1764年，热那亚人对他们无法有效控制科西嘉不满，再次要求法国重新占领它在1756年曾派兵守卫的一些港口。科西嘉人也向法国派出一名使节，目的是请求它承认科西嘉的独立。热那亚深感自己已无力夺回这个岛屿，就从现实角度出发，最后决定把它割让给法国。割让以安全问题为借口，目的是向奥地利和英国掩盖法国的扩张。英国人不断抗议，并且恼火地议论这件事，尽管伯克说，"科西嘉成为法国的一个省对我们来说太糟糕了",却发现只有资深海军将领查尔斯·桑德斯爵士赞同道,"宁可与法国开战,也比同意它占领科西嘉好得多"。[1]当时人们已完全认识到英国在地中海的利益,很明显科西嘉处于优越的位置,既能影响意大利海岸又可控制梅诺卡岛上的海军基地。如果英国对战争已经有充分的准备和意愿的话,绝不会让它落到一个强国手中。

第二次机会发生于1770年,英国和西班牙因为马尔维纳斯群岛(英称福克兰群岛)的所有权引发争端。英国和西班牙在那里都有自己的一块殖民地,两国国旗都在岛屿上空飘扬。英国在当地的海军基地由一名海军上校指挥。1770年6月,一支西班牙远征军突然出现在英国殖民地的埃格蒙特港面前,这支远征军于布宜诺斯艾利斯就装备齐全,由5艘快速帆船和1600名陆军士兵组成。对于这样一支部队,规模很小的英国守备队无能为力,他们打了几枪后,就易帜投降了。

10月,殖民地陷落的消息传到英国,英国人得知后,表达了强烈不满,这说明侮辱比实际损害更让他们难以接受。科西嘉落入法国人手中,在政府机关之外,几乎没有引起震动,但西班牙进攻埃格蒙特却激怒了全体国民和议会。英国驻马德里公使奉命要求西班牙立即归还英属岛屿。英国也不等西班牙回应,在很短时间内,一支强大的舰队已经在斯皮特海德集合完毕,准备对这种侮辱进行报复。西班牙人仗着波旁家族的协议和法国的支持,倾向强硬立场,但是法国国王路易十五反对战争,而且舒瓦瑟尔已被免职了。随着舒瓦瑟尔下台,西班牙的希望也随之破灭,无

---

[1]马洪:《英国史》。

奈之下，它只得立即答应英国的要求，但保留了有关统治权的问题。这种结局清楚地说明，尽管英国仍然拥有一支高效的海上力量能控制西班牙，但是它并不热衷于去打一场只为挫败海军竞争对手的战争。

1774年5月10日，正值北美洲殖民地的纠纷迅速发展，即将到达白热化的时候，路易十五去世。法国在年轻的继任国王路易十六统治下，继续执行维持大陆和平、与西班牙缔结友好同盟、建立一支庞大而高效的海军的政策。舒瓦瑟尔制定的外交政策是直接对抗法国的主要敌人英国的海权，并且致力发展作为国家主要支柱的法国海权。

法国在发展海军这件事上，由于经过长达15年和平时期的积极准备，已经取得了令人满意的结果。1778年，法国已经有80艘情况良好的战列舰，而在海军征募名册上登记注册的海员已经有6.7万人。1779年，西班牙以法国盟国身份参战时，港口里有约60艘战列舰。英国面对的法西联合舰队战舰总数为228艘，其中战列舰约150艘。尽管舰船数量几乎没有差别，但是法国和西班牙战舰在吨位和舰炮总数上占据优势。从另一方面看，英国海军同属于同一国家，目的一致，所以相对联军而言，英国海军的战斗力稍胜一筹，而法西同盟舰队则具有了人所共知的多国海军联合的弱点。必须公正地指出，这两个国家都缺少海上活动的能力。路易十六坚持执行统治最初时的海军政策。到1791年，即法国三级会议召开后两年，法国海军共有86艘战列舰，舰体和式样都胜过同级的英国战舰。

一个交战国拥有不受约束的权势，以及因而产生的自我膨胀，也许已经清楚地说明海权的巨大威力和影响，但这样的结论，即使再惹人瞩目，也不会比一支海上力量正在和劲敌对决的宏伟表演更生动有趣。因为当时的形势，不仅让英国最重要的殖民地，而且让英国本土的海岸都面临危险，这激励了这支海上力量为了英国的权利而斗争。战事开始以后，根据英帝国的一贯特征，战争同时在世界各地进行，这使研究者的关注点，时而集中到东印度和西印度群岛，时而又被吸引到美洲沿海，然后又被吸引到英国沿海，以及从纽约和切萨皮克湾到直布罗陀和梅诺卡岛，再到佛得角岛、好望角和锡兰。这是两支规模大致相等的舰队的对决，尽管也不时出现标志着霍克、博斯科恩和安森作战特征的全面追逐和混战，但舰队绝大部分时间都在进行十分慎重的复杂机动。法国一流的战术学，使法国海军作战方针独具特点，而且在这场战争中得到运用。

在给布雷斯特派出的第一支舰队的司令官德·奥维利埃伯爵的命令中，海军大臣以国王的名义写道：

> 你当前的职责是恢复法国国旗曾一度光辉的荣耀；过去的不幸和错误绝不能重演；只有通过最辉煌的战斗，海军才有为国争光的希望。陛下有权期望他的军官们付出最大努力……无论处于怎样的情况下，国王的舰队都要勇往直前，在陛下的多次命令中，都特意责令我要求你们和所有担任指挥官的军官们，切记在各种场合，哪怕是最为艰难的困境当中，陛下的战舰都要以最强的魄力进攻，同时保护好这些战舰。

在司令官德·奥维利埃出航以前，路易十六的豪言立即引起共鸣，大家都充满高昂的斗志。德·奥维利埃得知国王已对英国舰队的实力有所了解，他根据国王的命令掌握了法国能够安排的所有海军兵力之后，能够审慎地进行指挥。事实上，英法两国舰队的实力几乎旗鼓相当。因为不了解每一艘战舰的武器装备，所以很难肯定哪一支舰队更强一些。

依据1777年11月，法国参战以前几个月，英国海军大臣在上议院所作的报告，当有人抱怨海峡舰队规模太小时，他回答说："大不列颠现在服役的战列舰有42艘（不计算国外服役舰只），其中35艘舰员配备齐全，一切就绪，闻警即可出海……我不相信法国或西班牙会直接和我们为敌；但根据现在我向你们指出的状况，我受权断定，我们的海军胜过整个波旁王室的海军。"[1]

然而，第二年3月受命出任海峡舰队总司令的凯佩尔海军上将并没有如此乐观，而且（用他自己的恰当表达方式来说）"只用一个水兵的眼光"来看待他的舰队。[2] 6月，在他出海时，只能率领20艘舰船。

在北美，如果这13块殖民地都是一些岛屿，大不列颠的海上力量早就将它们彻底孤立，逐一打垮。这块狭窄的带状地区当时被英国移民占领，而且被许多海湾和能航行的河流分割，实际上已经处于岛屿状态，就相互支援这点来说，这些起义的殖民地，大部分都没能到可以单独支撑下去的地步，然而如果它们丢失，对英国的事业将是一个沉重打击。众人熟知的是，纽约湾的哈得逊河航道，从一开始就被英国人控制。1776年9月，《独立宣言》发表后两个月，英军就再度占据纽约城。控制了哈得逊河航道，英国就能运用强大的海上力量，不时地用战舰和随

---

[1] 马洪：《英国史》。
[2]《凯佩尔的辩护词》。

同的大型划艇控制哈得逊河和尚普兰湖，从而支援一支强大的陆军在哈得逊河源头和尚普兰湖之间行动，同时截断新英格兰[1]与哈得逊河西岸各州之间的水路交通。

1777年，伯戈因将军从加拿大强行穿过尚普兰湖，到达哈得逊河。与此同时，克林顿爵士率领3000名陆军士兵从纽约向北机动，到达西点，从那里派出一部分部队，到哈得逊河上游距奥尔巴尼40英里的地方。在这里，他得知伯戈因在萨拉托加已经投降了，所以只好返回，但是他已经做到率领只有3000人的支队能做到的极限，这说明如果有更好的部署，战果可能会更理想。克林顿在哈得逊河行动的时候，美洲英军作战部队总司令已精心运用本国的海上力量，将陆军主力——1.4万人的部队从纽约运往切萨皮克湾，从背后奇袭费城。这种不按常理的行动，就战术而言是成功的，这一决定是出于政治考虑，因为费城是美国国会所在地，但却犯了战略错误，因为英军被就此分散，各军之间无法互相支援，而且失去了对哈得逊河交通线的控制。此时，率7000名正规军和一些辅助部队的伯戈因，为占领哈得逊河源头正向南进军，而哈得逊河口1.4万人的主力部队被调到切萨皮克湾，这样就使留在纽约城和附近的8000英军，被新泽西州的美国陆军牵制住了。次年5月，英军撤出费城，华盛顿的陆军紧追不舍，英军取道新泽西，经历了一次痛苦而冒险的行军后，重新占领纽约。

至于海战，殖民地居民无力对抗英国舰队，最后只得让其掌握制海权，殖民地人民主要依靠武装私掠船进行巡航战，他们

---

〔1〕美国最东北部地区，包括缅因、新罕布什尔、佛蒙特、马萨诸塞、罗得岛和康涅狄格六州。新英格兰全部位于哈得逊河以东。

的航海技术和冒险精神非常适合这种巡航战,而他们利用这种战法,确实给英国贸易造成了不小的损失。根据英国海军历史学家估算,截至1778年底,美国私掠船已捕获近1000艘英国商船,价值约200万英镑。

英国海军大臣在议会所作的报告,提到一个重要迹象,暗示当时英属北美殖民地的航海从业人数,"由于美洲人没有参加,海军征用的水兵比上一次战争少了1.8万人"[1]——对一个海上强国来说,这是一个不可能忽略的损失,特别是当他们加入敌军阵营时,问题更加严重。

北美事态的发展,使得舒瓦瑟尔意图进行清算和复仇的时刻即将到来。巴黎方面早就在考虑应当采取什么态度,应从北美的叛乱中获得怎样的利益。法国政府在不和英国绝交的情况下,尽可能给北美各种支援。为达到目的,法国政府给一个名叫博马歇的法国人提供资金,用于建立一个能够为北美供应军需品的商行。法国出资100万法郎,西班牙也提供等额资金,允许博马歇从政府兵工厂里购买军需用品。与此同时,商行还在合众国找了一批代理商,对法国官员为商行提供的便利,政府完全不加阻挠。博马歇的商行在1776年设立,同年12月,本杰明·富兰克林来到法国,1777年5月,拉法耶特又来到美国。

在这一时期,英法战争的准备工作,特别是对海战的备战工作正抓紧进行,海军在不断扩充兵力。尽管真正的海战应该会在殖民地进行,但法国已做好从英吉利海峡发动进攻的所有准备。在北美,法国处在一个不会有任何损失的第三方位置。由于加拿

---

[1] 1778年《年鉴》,第201页。

大已经被英国夺走，法国有充分的理由相信，只要在欧洲保持中立，同时与美国人保持友好，而不是为敌，这样重新进行一场战争就不会丧失法属岛屿。尽管他们知道美国人不像20年前那样坚持要求占领加拿大，但也不会同意让法国人收复那个地方，法国也曾明确表示对此不抱任何希望，但要求在即将到来的这场战争中，占领西印度群岛的任何英属领地。

西班牙的处境则完全不一样。它憎恨英国，希望夺回直布罗陀、梅诺卡岛和牙买加——这些地方不仅是国王王冠上的宝石，而且是西班牙海权的基础。即便这样，它还是意识到英属殖民者起来反抗，如能战胜宗主国迄今为止无人可敌的海上力量，那这对自己每年财政收入丰厚的庞大殖民体系来说，也是一个危险的预兆。如果英国同它的海军遭到完全失利，西班牙又会得到什么好处呢？前文已经提到，西班牙政府的收入，来源并不是王国的工业和以贸易为基础的强大海权取得的税收，而是通过几艘运宝船，装载的通过狭窄水域运输的、从殖民地掠夺来的源源不断的金银。西班牙得到越多，失去得也越多。和1760年一样，它仍然是英国与之相争就能够获得最大利益的国家。在对英关系问题上，西班牙遭受英国的不断损害和与法西王室之间的协调一致起了决定作用。西班牙受法国驱使，加入了反对英国的秘密敌对行动。

伯戈因投降的消息就像引发以后的这些爆炸性事件的星星之火。过去历次战争中与北美敌对的经验已使法国人明白美国人的作用，因此法国期望在他们当中找到可靠的帮手，来实现向英国复仇的计划。美国人认为只靠自己也能处理好他们的事情，所以他们拒绝缔结任何同盟。这个消息在1777年12月2日传到欧洲。

16日，法国外交大臣通知美国国会议员们，国王准备承认美国独立，还准备和他们签订一项贸易协定和军事防御同盟条约。上述事务进展这样快，说明法国早已下定决心。条约在1778年2月6日正式签订，给后世带来了重大影响。

不必逐一介绍条约的条款细节，但重要的是，首先要看到法国明确表态放弃加拿大和新斯科舍，预示了现在世人皆知的门罗主义的政治理论要求。当然，这种要求没有一支足够的海上力量是不可能实现的。其次是美国与法国结盟，到后来再和西班牙联合，给美国人带来的是一支他们最急需的能与英国抗衡的海上力量。

讨论这场海上战争以前，当时世界各地的军事形势与1756年的七年战争已有了不同之处。

这场海战与七年战争开始时完全不同的三个突出特点是：美国与英国的敌对关系；西班牙较早地与法国结盟；其他欧洲大陆国家保持中立，使法国在大陆没有后顾之忧。

在北美大陆，美国控制波士顿已长达两年。纳拉甘西特湾和罗得岛仍由英国人占领，他们还控制了纽约和费城。切萨皮克湾和它的入口，因为缺少坚固要塞，任何来进攻的舰队都能控制它。在南方，英军从1776年进攻查尔斯顿失败后，再没有进行重要军事行动，直到法国宣战前，重大战事都主要集中在切萨皮克湾北部（从巴尔的摩开始）。另一方面，在加拿大，美国已经失败，直到战争结束，那里一直都是英军的可靠基地。

在欧洲，同以前的战争相比，最值得注意的因素是，法国海军早就做好准备，而且西班牙海军同样也做了充分准备。英国完全处于守势，并且没有盟友。波旁王室两位国王的目的是夺回直布罗陀和马翁港，并且入侵英国。问题是，西班牙真正关心的是前两个目标，法国在乎的是后一个目标。这种目标上的差异，使海上联合行动难以取得成功。

在西印度群岛，交战双方在陆地上的控制能力基本不分高下。在向风群岛，法国和英国都有稳固的基地，法军基地在马提尼克岛，而英军基地在巴巴多斯。必须注意的是，巴巴多斯相比其他各岛，占据上风位的有利位置，这在帆船时代，具有一种决定性的战略优势。碰巧战斗几乎全都局限在小安的列斯群岛附近。英属多米尼加岛位于法属马提尼克岛和瓜德罗普岛之间，所以战端刚启，法军就觊觎这个岛，并将它占领。马提尼克岛以南是法属殖民地圣卢西亚岛。它下风面牢不可破的港湾被称为格罗斯伊洛湾，是一处险要，从这里可以监视法国海军在马提尼克岛罗亚尔堡的各种行动，英国人拿下了这个岛屿。罗德尼在1782年著名的作战行动之前，就以此为安全锚地，监视及跟踪法国舰队。再往南的岛屿没有任何军事价值。至于一些较大的岛，西班牙控制得可能比英国多一些，因为它已经占领古巴、波多黎各，并且和法国一起拥有海地，而英国只有牙买加。在美洲，西班牙武装部队非常了解，唯一的要点是密西西比河以东的广大地区，也就是当时通称佛罗里达的地区，尽管它也是英国的一块领地，但并没有加入美国。

在印度半岛，根据1763年《巴黎和约》，法国曾收复了它的一些领地。尽管法国控制了印度半岛的一些地区，但是无法撼动英国在孟加拉的统治地位。在后来的几年，英国不断扩大和加强势力，殖民地的主要代理人克莱武和沃伦·黑斯廷斯的才能和声誉，对推动这项工作十分重要。但当地势力强大的法国已在半岛南部起来对抗他们，为法国在战争爆发时在东部和西部重新恢复影响力提供了很好的机会。可法国政府和人民，仍对这片广大区域可能发生的变化漠不关心。英国却并非如此，1778年7月7日，战争爆发的消息传到加尔各答的那一天，黑斯廷斯马上命令马德拉斯总督进攻本地治里，同时通过占领金德讷格尔杀一儆百。在这里每个国家的海上力量都微不足道，但法国分舰队司令，在进行短促的战斗后，放弃了被陆海两面包围70天的本地治里。1779年3月，法国最后一块殖民地马埃被攻陷，法国国旗再次在印度消失。同一时期，休斯将军指挥的6艘战列舰组成的强大英国分舰队来到这里。因为那里已经没有任何法国海军部队，所以直至3年后絮弗昂到达以前，英国一直掌握着印度海域的控制权。在这期间，荷兰也被卷入战争，而且它在科罗曼德尔沿海的讷加帕塔姆，还有位于锡兰的极其重要的亭可马里都已被占领。这两次行动的顺利完成，使英国在印度半岛的军事处境无懈可击，但仅一个月后，当絮弗昂到来时，战果就扑朔迷离了。絮弗昂完全了解自己拥有一支绝对强大的分舰队，但无论法国还是西班牙，都缺少一个进攻英军的作战基地。

战争共有4个主要战场，其中的两个是北美洲和西印度群岛，由于这两个战场距离比较近，不出意料，两地的战事互相掺杂且互相影响。欧洲和印度的战争情况就不是这样。所以论述自然就分成3个主要部分进行，在某种程度上，也可将它们看作独立进行的战争。对这3个部分分别进行研究后，再指出它们的相互作用，能从这种大规模联合作战的利弊成败中，以及海权能起到的作用中，收集到一些有用的经验。

1778年3月13日，法国驻英国大使通知英国政府，法国已承认美利坚合众国独立,并且与美国签订了一份贸易条约和防御同盟条约。英国立刻召回驻法国大使。6月,英国的凯佩尔将军率领20艘战舰从朴次茅斯出港进行巡航,在与法国2艘快速帆船遭遇时,英军舰炮打响了战争的第一炮。凯佩尔从报纸上得知法国有32艘战舰停泊在布雷斯特,因此立即返航请求增援。他再次出动时,共有30艘战舰,在韦桑岛以西水域,他与由德·奥维利埃指挥的法国舰队遭遇。当时刮的是西风,因此法国舰队处于上风位。7月27日,这场战争中首次海战开始了,这场海战通称为韦桑岛海战。

  英法双方各有30艘战列舰参加的这次海战,是一次完全不具决定性结果的战斗。没有舰船被俘或被击沉。两支舰队脱离接触后,各自返回母港。

  从战术观点来考虑,这次海战的一些特点令人很感兴趣,而且还牵涉一个至今仍然存在的问题。凯佩尔位于下风位,但他希望强行投入战斗。为了这样做,他发出全面追击上风位的敌舰的信号,这样能让最快的英国战舰超过敌军最慢的战舰。如果原本舰队速度相同,这样做无可非议。位于上风位的德·奥维利埃无心作战,除非完全对法军有利。情况通常都会变成这样,攻方舰队往往都能实现企图。27日拂晓,两支舰队都左舷戗风,乘西南风向西北偏西航行。英军后卫已经落在下风位,随后,凯佩尔就向后卫的6艘舰发出占领上风位的信号,以便它们能够占据比较好的位置,一旦投入战斗时,就能立刻支援主力。德·奥维利埃发觉英军的行动,认为英军将用优势兵力进攻法军后卫。因为当时两支舰队相距6~8海里,他一直使舰队依次船艉向风,从而退到下风位,不断靠近敌人,以便更好地观察敌情。在他变换队形结束时，风向转为南风，对英军有利。所以凯佩尔没有逆风换舷，继续按照原航向航行了半个多小时，然后又一起舷风变向，尾随法国舰队。这加重了德·奥维利埃的顾虑，那天早晨的风向确实对英军很有利，西风使得他们能停驶等候法军后卫，德·奥维利埃使他的舰队尾部一起转向，从而使其余战舰能够支援当时已变成前锋的后卫舰，并能阻止凯佩尔全力进攻或者突破法军后卫。两支舰队就这样迎面驶过，[1]双方的舷炮进行了无效的炮击，虽然法国舰队得益于顺风航行，拥有进攻能力，但它却没有利用这个机会。随后德·奥维利埃向前锋（先前的后卫）发出船艏转向当时位于法舰主力下风的英国舰队后卫的信号，企图使自己仍处于上风位，并由此可对英军两面夹攻。但是，那个分队的指挥官是一位王族出身的军官，不服从命令，于是错过了有利时机。英国舰队也企图进行类似的机动。英军前锋指挥官和他的一些战舰刚脱离炮击，就舷风变向，并且紧跟法军后卫。但由于大部分帆缆被毁，它们无法舷风变向，再加上舰船一起从后面驶来，不能使船艏同时转向下风。法舰当时位于下风，并且再次组成战列线，英军却不具备进攻条件。这就是海战的最后结局。

---

[1] 两支舰队的前导舰彼此错开，按照法国人的说法，是因为英军前锋驶离；按照英国人的说法，是因为法军前锋转舵。

第十章

1778—1781年北美洲和西印度群岛的海战
海战对美国独立战争进程的影响
英法两国舰队在格林纳达、多米尼加和
切萨皮克湾外海的军事行动

1778年4月15日，法国舰队司令德埃斯坦伯爵，率12艘战列舰和5艘快速帆船从土伦出发，驶向美洲。随德埃斯坦一同前往的有一位奉命去与美国国会谈判的外交使节，他受命拒绝回答就财政援助提出的所有要求，也避免签订关于占领加拿大和英国其他领地的相关协议。一位法国历史学家说："凡尔赛对即将使美国感到焦虑并不觉得遗憾，因为它将会使美国领悟到与法国结为同盟的作用。"[1]虽然美国人知道，许多法国人对他们的斗争非常同情，但美国人不能无视法国政府为自身利益考虑的那一面。他们也不该去吹毛求疵，因为法国人的责任就是要优先考虑法国的利益。

德埃斯坦的舰队行动十分缓慢。据说他在训练上，甚至是在没有必要的训练上浪费了许多宝贵时间。他们在7月8日才到达目的地特拉华角——共航行12个星期，进入大西洋就花了4个星期。英国政府早已知晓他准备出发的情报，实际上，英国政府早在召回驻法国大使时，就命令位于美国的部队撤出费城，

---

[1] 马丁：《法国史》。

向纽约聚集。对英国人来说走运的是，豪勋爵的行动与德埃斯坦相比，显得更加壮大、有序。他首先将舰队和运输舰船在特拉华湾集中，然后迅速装载各种补给品，在陆军离开费城向纽约进发时，他也离开了那里。他只用了10天时间，就到达特拉华湾出口。[1]虽然他比德埃斯坦晚出发，却比德埃斯坦还早到了10天。豪勋爵离开特拉华湾以后，因为顺风，整个舰队在两天内到达桑迪胡克。战争是无情的，因为姗姗来迟，德埃斯坦错失了本该到手的战利品，他夺取纽约和罗得岛的计划也落空了。

在豪勋爵率舰队到达桑迪胡克次日，英国陆军经过长途跋涉，摆脱华盛顿部队的尾追后，抵达纳夫辛克高地。由于英国海军积极配合，这支陆军已于7月5日被运到纽约，然后豪勋爵又返航去扼守通往纽约的航道，以防范法国舰队。豪勋爵面对的任务是，用6艘装备64门舰炮的战舰和3艘装备50门舰炮的战舰，扼守一条可通行的航道，他面对的法国战舰中8艘装备74门甚至更多舰炮、3艘装备64门舰炮和1艘装备50门舰炮——也就是说，他要对付的敌舰队兵力几乎相当于他自身兵力的2倍。

7月11日，德埃斯坦锚泊在桑迪胡克以南海面上，22日之前他一直在那里停泊，且对那里的沙岬进行了探测，所有迹象表明他决意进入港湾。22日，一阵强劲的东北风掀起大潮，沙岬上水位达到30英尺。法国舰队起航，逐渐转向上风位，占据了适合通过沙岬的位置。因为领航员缺乏勇气，德埃斯坦也随之失去信心，他放弃进攻，驶回南面。

豪勋爵比德埃斯坦幸运得多，只需要致力于军事目的。他的

---

〔1〕这次航行时间较长是因为无风造成的，《绅士杂志·豪的信件》。

不懈努力，挽救了纽约。这种类似的迅速调动，使他赢得了解救罗得岛的很多荣誉。从英国出动的一支被分散的舰队的部分战舰已开始抵达。7月28日，豪勋爵得知曾消失在南方海域的法国舰队正驶向罗得岛。4天之内，他的舰队就做好出海准备，但由于逆风，直到8月9日他才率舰队驶抵朱迪斯角。他在那里锚泊，得知德埃斯坦已经在前一天通过炮兵阵地，在古尔德岛和卡诺尼卡特岛之间锚泊，法舰还占领了锡科奈特和西面的航道，而且法国舰队已经做好准备，支援美国陆军进攻英军防御工事。

豪勋爵到达目的地后，连同援兵，英国舰队的兵力仍不超过法军的2/3，然而他的抵达却打乱了德埃斯坦的计划。强劲的夏季西南风直吹至港湾，使得德埃斯坦很可能面临遭遇敌人袭击的危险。但当天晚风出乎意料地变成了北风，于是德埃斯坦立即起航驶向海洋，豪勋爵尽管对敌人的意外行动很吃惊（因为他觉得自己还无力攻击），还是起航保持已经占据的上风位置。之后的24小时，双方都在为取得有利位置不断机动，但8月11日晚上，一场狂风吹散了双方的舰队。双方舰船都受到严重损坏，其中装备90门舰炮的法军旗舰"朗格多克"号失去所有的桅杆和船舵。大风刚过，英军战斗队形里2艘装有50门舰炮的战舰，一艘遇上"朗格多克"号，另一艘遭遇装备80门舰炮只剩一条桅杆的"雷鸣"号。鉴于这种情况，2艘英舰都发起了进攻，但在天黑时，它们停止了进攻。第二天早晨，其他法舰也赶到，战机已经失去了。

英国人退至纽约。法军再次在纳拉甘西特湾入口集结，德埃斯坦由于分舰队遭受的损失，决定于8月21日起航，前往波士顿。罗得岛又回到英国人手中，他们占领那里长达一年，直到后来由于战略原因，才从那里撤走。豪勋爵努力修复舰船，当他听说法国舰队停泊在罗得岛时，再次驶向那里，但中途遇上一艘小船，得知法国舰队已经离开那里驶向波士顿，便跟在后面。他发现法舰在港口里部署得很有章法，不敢轻易开战。

两支舰队之间几乎没有进行炮击，但兵力较弱的一方的指挥才能完胜较强的一方。除德埃斯坦离开纽波特之后为占据上风位的机动，而这种上风位置也没能保住，和豪勋爵在纽约湾等待预料之中的攻击外，这些军事行动的教训不是战术上的，而是战略上的，并且在现在也适用。无疑这些教训当中最有价值的是速度和警惕性，这些都与个人专业知识有着密切关系。德埃斯坦离开土伦后3周，豪勋爵收到国内来的消息，得知自己的处境非常危险。他不得不从切萨皮克湾和附近海域聚集巡洋舰，不得不从纽约和罗得岛调来战列舰，装载了供1万名陆军士兵使用的补给，驶向南部的特拉华——无疑要用去10天时间——而且不得不再次绕道纽约。德埃斯坦在他10天后到达特拉华，比他晚12天来到桑迪胡克，而且只比他早一天进入纽波特，在进入这个港口前德埃斯坦已经在港外停泊了10天。有人在谈及从6月30日英国陆军抵达纳夫辛克，到7月11日法国舰队抵达，英国舰队坚持不懈的努力时说："豪勋爵像往常一样以身作则，他亲临现场，极大地激励了军官和士兵们的热情，使他们更加勤奋工作。"他在这方面的长处与他那和蔼可亲但比较懒散的弟弟陆军将军豪完全不同。

这种勤奋和警惕性后来仍然是豪勋爵作战行动的主要特点。当法国舰队向南撤退时，英军哨船便立即随后跟上，而且做好了继续追击（主要使用纵火船）的准备。从英国来的最后一艘战舰通过沙岬到达纽约后，在7月30日和舰队会合。8月1日，舰队与4艘纵火船做好了出海准备。意外的大风延误了豪勋爵的后续行动，但实际上他只比敌人晚一天进入纽波特，当时他的劣势兵力无法阻止敌人进入。虽然他无力进攻敌人占领的纽波特港，但他的出现却极大地干扰了法国人。德埃斯坦一进纽波特港就希望赶紧出来。豪勋爵占据了极佳的战略性位置。他根据当时盛行的风向，占据可以饨风航行的位置，使法国舰队难以凭借通过至港口的狭窄水道打退英国舰队，而法国舰队自身会在英国舰队的进攻面前暴露，哪怕风向不利，这位英国舰队司令凭借自己的技术也能够挽救这支分舰队。

对于英国舰队来说，法国舰队突围后的暴风、暴风造成的损失通常可以被称为运气问题，但如果豪勋爵没有出现在朱迪斯角外海威胁法国人的话，法国舰队会在其锚地上安全躲过这场暴风的袭击。豪勋爵的进取精神和身为海军将领的自信曾使他交好运，但如果否定他的积极主动给他带来好运是不公平的。如果没有他，单靠这场暴风是不能拯救纽波特的英国舰队的。

11月4日，已经修复舰船的德埃斯坦，率领全部舰船一同驶向马提尼克岛。同一天，英军分舰队指挥官霍瑟姆海军准将，率领5艘装备了64门或50门舰炮的战舰，和一支护送5000名陆军远征圣卢西亚岛的运输船队，一起离开纽约前往巴巴多斯。途中一阵强烈的风暴使法国舰队遭到比英国舰队更加惨重的损失，法军旗舰失去了主中桅和后桅。法军部分舰船的桅杆遭到损坏，但是并没有妨碍12艘战舰到达马提尼克岛。法国舰船到达马提尼克岛，只比英国59艘运输船组成的船队到达巴巴多斯早一天。法国舰队的差劲表现，说明其专业技术糟糕，而这些技术，不论在当时还是现在的海战中，都是一种决定因素。

巴巴多斯的英军指挥官巴林顿将军表现出与豪勋爵同等的活力。运输舰船在10日抵达，部队继续留在船上。12日上午，运输舰船驶向圣卢西亚，13日15时在那里锚泊。当天下午，一半地面部队已经登陆，剩下一半在第二天上午登陆。他们立即占据了一个较好的港口，巴林顿打算在德埃斯坦来阻击他以前，把运输舰船移往这个港口。整个晚上，英军用绞船索把运输舰船拖曳到战舰队列内侧，战舰停泊在港湾的入口处，特别加强了战列线两端的部署，防止敌人像英国舰队1798年在尼罗河战役时那样，从战列线迎风一端自内侧通过。法国舰队的兵力是英国舰队的2倍多，如果英国舰队被歼灭，它的运输舰船和地面部队将陷入困境。

德埃斯坦两次从英军泊地向南沿英国战列线顺风航行，实施远程炮击，但并没有抛锚。后来他放弃了进攻英国舰队的打算，转移到另一个海湾，让一部分法军士兵登陆，袭击英军的阵地。法国陆军再次失败后，德埃斯坦就撤退到马提尼克岛，而已被驱赶到圣卢西亚岛内陆的法国守备队投降了。

巴林顿将军勤奋和巧妙的部署，使他赢得了具有战略意义的胜利，这是毋庸置疑的事实。圣卢西亚岛是紧挨着马提尼克岛南面的一个岛，坐落于它北端的格罗斯埃洛特港，非常适合用来监视法军在西印度群岛的主阵地罗亚尔堡。1782年罗德尼在进行大战之前连续追击法国舰队正是基于此次行动。

德埃斯坦这次耻辱性失败的原因，在于他两次位于射程之内沿敌战列线航行，却没能发动一次决定性战斗。他的作战方针遭到他麾下一位舰长——絮弗昂的严厉批评。

英军又收复了9月8日曾被法国西印度群岛总督占领的多米尼加。因为当时那里没有英国分舰队，所以法军便轻松地将此地夺回。多米尼加对法国的作用十分重要，要占领这些小岛完全要依靠海军优势。

英军攻克圣卢西亚后，出现了近6个月的平静时期。英国人得到拜伦舰队的支援，并由拜伦出任总司令，但因为法军也增派10多艘战列舰，所以他们仍然占有数量优势。6月中旬左右，拜伦率领舰队护送一支庞大的商船队驶向英国，一直送到它离开西印度群岛为止。德埃斯坦乘机派遣的一支规模很小的远征军，在6月16日轻松拿下圣文森特岛。6月30日，德埃斯坦倾其全部舰队进攻格林纳达。7月2日，他锚泊在乔治敦外海，并派兵登陆；4日，700人的英国守军放弃该岛。

与此同时，拜伦得知圣文森特岛丢了，格林纳达又可能被攻击的消息，就率领一支庞大的运兵船队并21艘战列舰，企图收复圣文森特，救援格林纳达。途中，他得知法国舰队已到达格林纳达的确切情报，于是继续向那个岛前进。7月6日拂晓，他迂回到该岛的西北角。德埃斯坦前一天已接到拜伦逼近的报告，就严阵以待，他担心如果起锚，潮水和微风会让他向下风方向漂移太远。当英国舰队出现在视野里时，法国舰队才匆忙起航，由于法舰的整个队形极为混乱，拜伦无法立即看出双方的数量差距，实际上法军有25艘战列舰。拜伦发出进行全面追击的信号，法国舰队混乱无序，被迫在下风位重新组织战列线，而英国舰队则轻松获得上风位的有利条件，并逐渐逼近法舰。因此，战斗开始时，法军位于西面，战列线尚未完全成形，右舷戗风向北航行，后卫杂乱无序，它们位于前锋和中央主队的上风位。英国舰队位于格林纳达岛和法舰之间，顺风左舷戗风向西南航行，带头的英舰以一个很小的角度逼近，直冲法国舰队仍没有组成战列线的后卫驶来。此时，英国运输船队位于本方舰队和格林纳达岛之间，由特地指定的3艘战舰护卫。因为此前发出了进行全面追击的信号，英国3艘最快的战舰，其中包括副司令巴林顿将军的旗舰，遭到法国舰队主力和后卫的炮击，它们由于突得太猛，因此友舰无法支援。法军集中火力攻击这3艘英舰，使它们损失惨重。当英国舰队追上最后方的敌舰时，船艉向风与敌舰同舷戗风，位于敌舰的后方和上风位向北航行。

大约同一时刻，拜伦发现要塞上空飘扬着法国国旗，而此前他并不知道要塞已经失守。紧接着他发出各舰依次舰艏转向下风的信号，命令前方的战舰组成相互支援的战列线，停止全面追击。正当英军主队左舷戗风，继续向南航行时，"康沃尔"号、"格拉夫顿"号和"狮子"号3艘英舰严格遵照近战信号指示，已经位于其他英舰下风处很远的位置，遭到敌战列线绝大部分火力攻击，舰上的人员、桅杆遭到严重损坏，好在它们最后得到前锋的英舰解救，因为这些逼近的英舰是从南面相向驶来的，当它们舰艏转向下风后已跟不上舰队了，落在后面，并且靠近法舰。上述3艘舰、巴林顿指挥的位于前锋的3艘舰以及另2艘后卫舰均遭到重创。这2艘后卫舰看到前锋已在激战，就没有继续前进，而是直接离开队伍，驶向纵队前方。

直到这个时候，法国舰队仍遵循它们的传统政策，一直严格处于守势。尽管法舰没能组成良好的战斗队形，可动力却几乎没受损伤，而英国舰队，由于进行了不恰当的攻击，已有7艘战舰负重伤，其中"蒙茅斯"号、"格拉夫顿"号、"康沃尔"号和"狮子"号丧失了战斗力。到15时，后3艘舰落后了3海里，位于英军战列线下风很远的地方，实际上它们距法军战列线比距英军战列线更近，而英国舰队必须减速，以便与战列线中因受损而航行缓慢的舰船保持一致速度。由于英国舰队遭受的损失集中于几艘舰船，10艘或12艘几乎分毫未损的战舰不得不减速适应负伤舰船的航速。这时德埃斯坦有25艘战舰，而拜伦能够集中起来的战舰只有17艘或18艘，与法军相比既慢又行动不便，它们位于法国舰队的上风位。为照顾处于上风位的运输船队和下风位的3艘失去战斗力的舰船，英军的处境极为艰难。

德埃斯坦命令舰队一起戗风转向，靠近背风舰组成战列线，并且再次顺风驶向南面。英国舰队除因严重受损无法机动继续向北航行的前锋舰"蒙茅斯"号和3艘被分隔的舰船，也模仿法军进行这种机动。这3艘战舰中的2艘继续向北航行并再次遇到法舰舷炮齐射。不能顶风航行的"狮子"号转向顺风位穿过敌舰舰艉，驶向1000海里以外的牙买加。法军唯一的战利品是一艘运输船。指挥法军前锋舰的名将絮弗昂写道："如果这位舰队司令的航海技术能与勇气相称的话，我们就不会让4艘断桅的英舰逃走。""德埃斯坦年过30岁时从陆军调到海军，佩戴海军见习少将军衔。战争爆发时，海军并不相信他的航海能力，完全有把握地说，他在战争中的行动证明海军的看法完全正确。"[1]"德埃斯坦像他的佩剑一样勇猛，他一直是士兵崇拜的偶像，也是水兵崇拜的偶像，但是他对他的军官们的这种精神上的权威，通过一

---

[1] 舍瓦利耶：《法国海军史》。

系列事件后，逐渐丧失，尽管国王很明显地在不断庇护他。"[1]

法国历史学家普遍认为，德埃斯坦在这种时机没能起到重要作用，除因他不是称职的海军将领外，还有另一个更重要的原因。他们说，德埃斯坦把格林纳达看成他应该致力的真正目标，而把英国舰队当作次要目标。一位曾在这次战争中服役、后来在法兰西第一帝国时期成为作家的海军战术家拉马图尔，在提及此事时说，实际上，损失几艘舰船对英国人能造成什么影响呢？重点在于要在他们的领地攻打他们，直接伤害他们的贸易资源和海上力量的源泉。1778年的战争，恰恰证明了法国海军将领对国家真实利益的忠诚，诸如守住格林纳达岛，削弱约克城，迫使英国陆军投降，攻克圣克里斯托弗岛。取得这些重要战斗成果的，恰恰在于宁可让敌人不受干扰地撤退，也不能给他一次援助被进攻地点的机会。

在约克城战役中，预期的战果是捕获康沃利斯的陆军，目标是消灭敌军在岸上的有组织军事力量。在格林纳达的目标是占领一块没有特别军事价值的地方，因为必须注意，整个小安的列斯群岛，如果完全用武力控制，必须派出成倍的陆军分遣队，而他们之间的相互支援完全要依靠海军。如此众多的分遣队如果没有海军支援，极易被各个击破。相反，要是能保持海军优势，敌人的海军就会被打垮。格林纳达靠近且位于被英军牢牢控制的巴巴多斯和圣卢西亚的下风位，是法军非常薄弱的据点，而对这些岛屿应当采取的正确军事方针，需要一到两个工事坚固、有守备队保卫的海军基地，其他事情都依靠舰队。此外，还需要防备巡洋

---

[1] 盖朗：《海洋史》。

舰和武装私掠船的进攻。

德埃斯坦在格林纳达的情况是，供他选择的目标是海上的有组织部队和一个富饶但缺乏军事价值的小岛。据说格林纳达已经成为一个坚固的防御阵地，但如果这个阵地没有战略价值，它的内在实力也就不重要了。为了这个岛屿，他拒绝使用命运赐予他的数量上对英国舰队的巨大优势。然而这些岛屿的作用却取决于两支海军之间的争夺战。要想确保西印度群岛，首先需要一个强大的海港，这个法国已经拥有；其次，是掌握制海权。掌握制海权绝不是在群岛成倍增加分遣队，而是消灭敌海军。这里的海军可以准确地拿来比作陆战中的野战军，而那些岛屿只相当于一些富有的城镇，只需要一个或两个设防的城镇或哨所就可以了。

在德埃斯坦的心目中格林纳达无疑是极其宝贵的，因为他在那里取得了仅有的一次胜仗。德埃斯坦拥有天赋的才华和有感召力的勇敢精神，他担任舰队司令时，身先士卒，亲自指挥攻打圣卢西亚和格林纳达的战壕，几个月后他又对萨凡纳进行了不成功的进攻。

1778年冬，英国人利用没有驶向西印度群岛的几艘战舰取得制海权，决心把北美的战争转移到据说有大批亲英分子的南部各州。远征目标直取佐治亚州，就这一点来说，他们非常成功，萨凡纳在1778年底落入他们手中，然后整个佐治亚州迅速归顺。从那时起，军事行动延伸到南卡罗来纳，但英国人没能够攻取查尔斯顿。

美国公众对法国的埋怨，随着南卡罗来纳和北卡罗来纳岌岌可危的消息一起传到西印度群岛的德埃斯坦耳中。美国公众谴责法国人抛弃了他们的盟友，不来援助他们。相反，法国人已经利用波士顿人的慷慨支持，使他们已失去行动能力的舰队得以重整装备。美国人声称法国人没有给予援助，实际上是一种刺激，鼓动德埃斯坦不顾已收到的立即率领一些战舰返回欧洲的命令，而是率22艘战列舰向美国海岸推进。当时他有两个目标——救援南方各州，以及协同华盛顿的陆军进攻纽约。

9月1日，德埃斯坦驶抵佐治亚外海时，英国人全然不知，但不够敏锐已经成了这位勇士在指挥方面最致命的弱点，他再次错失良机。他在进攻萨凡纳前浪费了宝贵的时间，情况再次发生变化，加上天气不好的时节日渐临近，迫使他草草发动进攻。纵使他依然表现得非常勇敢，与美国将军一样在纵队前方作战，也难逃败局。围攻结束以后，德埃斯坦立即赶回法国，不仅放弃了进攻纽约的计划，而且还把南部各州都交给了敌人。英国人得知法国舰队到来时，匆匆放弃了纽波特。虽然他们早就决定撤出纽波特，但德埃斯坦的到来，使撤退变为溃逃。对一直都在败退的美国人来说，英国人的举动足以证明强烈要求法国强大的海上力量提供帮助所起到的作用。

在德埃斯坦率整支法国舰队离开后，那些没有返回法国的战舰又回到了西印度群岛，英军由此重启曾经中止的对南部各州的攻击。1779年的最后几周，英国舰队和陆军离开纽约向佐治亚推进，他们在泰贝集结后，取道埃迪斯托进犯查尔斯顿。在海上无能为力的美国人，除了派出单艘巡航舰偶尔捕获一些落单的小船外，对英军的行动只能听之任之。3月底，英军开始围攻查尔斯顿——英舰毫发无损地顺利通过沙岬和莫尔特里要塞，很快就在港口锚泊，舰炮对准了查尔斯顿。英军迅速攻下莫尔特里要塞，查尔斯顿城在经过40天围困后，在5月12日被攻下。整个南卡罗来纳州也迅速被英军占领，并且处于军事管制当中。

德埃斯坦留下的那一部分战舰，与从法国来的戴吉尚伯爵指挥的增援舰队会合。1780年3月22日，戴吉尚伯爵继任西印度群岛海域法军总司令。第二天，他率舰队驶向圣卢西亚，一心想来个出其不意，但一位执拗、善战的传统型英国海军宿将——海德·帕克爵士已将他的16艘战舰部署在锚地严加防范，率领22艘战舰的戴吉尚不敢轻举妄动。之后，戴吉尚率部返回马提尼克岛，27日在那里锚泊。同时，圣卢西亚的海德·帕克与新任舰队总司令罗德尼会师。

罗德尼此时已经62岁，他拥有超越常人的胆略和专业素质。1780年1月，罗德尼率领20艘战列舰，前去救援被牢牢围困的直布罗陀。在加的斯外海，他遇上了拥有11艘战列舰的西班牙舰队，这支舰队开始一直艰难地坚守阵位，后来还是逃跑了。[1]罗德尼发出进行全面追击的信号，并且驶向下风位，突然插入敌舰队和港口之间。尽管是在一个狂风暴雨的黑夜里，他却成功击沉1艘敌舰并且捕获6艘敌舰。然后，他火速救援直布罗陀，使港口摆脱了因为补给缺乏而产生的困境，他把战利品和舰队的大部分战舰留在直布罗陀，然后率其余战舰驶向他的阵位。

尽管罗德尼勇敢非凡，技艺纯熟，而且他运用的战术超出同时代的大多数英国人，但作为舰队总司令，他还是属于法国式的谨慎稳重型战术家学派，而不是激进的、不受条框制约的纳尔逊那样的激情派。以戴吉尚的军事素质，在他们刚交锋时，就看出

---

〔1〕德林克沃特在他的历史著作《直布罗陀被围记》中解释道，这位西班牙舰队司令深信罗德尼不会随运输船队驶入这个海峡，应当早已离开。等他发现自己错了，已经为时太晚。

罗德尼的目的是要打败他，而不是没有意义的武力炫耀。不论命运可能在路上给予他什么意想不到的恩赐，他的目光一直没有偏离法国舰队这个目标——打击在海上的敌军。康沃利斯投降后，法国没有抓住绝好的机会，没有进攻面临不利形势的罗德尼。后来罗德尼取得胜利，从而使英国人跳出了忧虑的泥潭，英军夺回除多巴哥以外的那些同盟国曾经占领的岛屿。

戴吉尚与罗德尼首次遭遇是1780年4月17日，在罗德尼到来的3周之后。正当法国舰队位于马提尼克和多米尼加之间的海峡迎风换舷时，英国人已在东南方集结。为占领上风位置，双方进行了一整天的机动，最后还是罗德尼占领上风位。当时两支舰队都位于岛屿的下风处，右舷舷风向北面驶去，法国舰队位于英国舰队舰艏的下风处，罗德尼满帆航行，向舰队发出准备倾其全部兵力攻击敌后卫和中央主队的信号，当到达他认为合适的位置时，他命令舰队一起偏离8个罗经点（90°）。戴吉尚注意到后卫的危险，立刻命令他的舰队全部舰艏转向下风，并顺风航行去救援后卫。罗德尼发现自己的意图失败后，再次舰艏转向下风与敌舰队一同顺风航行，两支舰队一起驶向东南方。一小时之后，已到中午，罗德尼再次发出交战信号，按照他的命令："每一艘舰要全力驶向敌战列线，找到自己的对手作战。"（引自他自己的公文）这种情况听起来像过去的舰对舰交战。罗德尼解释说，他已经指出了此刻他要找的对手不是敌战列线中按顺序对应的战舰。用他自己的话说："敌我双方的位置交错，我前方的战舰可以攻击敌中央主队的前几艘战舰，这样整支英国舰队就只需要对付三分之二的敌舰。"后来的困难和误会似乎主要是由于旗语通信手册的缺陷造成的。前方的英舰没有按照舰队司令的意图去做，而是满帆以便到达它们预先设定的位置,按照它们在队形的顺序从敌战列线中寻找相应的战舰并行。罗德尼后来指出,在他进行第二次攻击时,法国舰队的战列线延伸得很长,如果他的命令能够被执行,法国舰队的中央和后卫,在前锋与它们会合之前,肯定会失去战斗力。

戴吉尚一眼就看穿了罗德尼的战术极为可怕,在英国舰队第一次离开时,他已有六七艘舰船已无法参战。后来他捎信给罗德尼说,如果罗德尼的命令被执行,他可能已经成为罗德尼的俘虏。在两人以后的遭遇战中,戴吉尚都小心翼翼地不敢处在下风位,可见戴吉尚已经意识到了他的对手是怎样地危险。尽管罗德尼的周密计划被打乱,但他执行这些计划时完全表现出了斗士般的勇敢和刚强,他使自己的旗舰靠近敌舰,一直坚持到敌舰改变航向避开,他旗舰前桅和主帆的桅横杆都被打断,而且船壳损坏严重,这艘舰几乎不能在海面上漂浮。

在以后的一个月里,戴吉尚和罗德尼又遭遇两次,但每次法国舰队司令都没有占领法军偏爱的下风位。此时,一支12艘战列舰组成的西班牙舰队正赶来和法国舰队会合。罗德尼为阻截它们,在马提尼克岛上风海面巡航。西班牙舰队司令带队一直向北航行,在即将到达瓜德罗普岛时,给戴吉尚发送一份急件,戴吉尚与西班牙人会合后,把他们护送到港内。法西两国舰队的会合让其在数量上占据极大优势,使英属各岛惶恐不安。但是它们缺少协同导致的拖延和犹豫,以及西班牙舰队爆发的一种可怕的流行病,使所有预定作战活动都变成了泡影。8月,戴吉尚率领15艘战舰驶向法国。罗德尼既担心北美大陆,又担心牙买加,只好把舰队一分为二,一半留在这些岛屿,亲自率领其余一半开赴纽约。9月12日，罗德尼驶抵纽约，他这样做风险很大，而且简直非常不合适，所幸这次兵力分散并没有产生不好的结果。如果戴吉尚打算进攻牙买加，或者像华盛顿所期盼的那样进攻纽约，罗德尼舰队的任何一部分都不能抵挡。把不多的兵力分散到两个战场，而不是集中全部兵力于一个战场的后果十分严重。

罗德尼有充分的理由担心北美洲。因为这年7月12日，美国期盼已久的法国援军终于到来，那是由罗尚波指挥的5000名法国陆军和由德·泰奈指挥的7艘战列舰。此后，尽管英国人仍在海上占有优势，但是他们被迫把兵力集中到纽约，而且无法加强他们在南卡罗来纳作战的部队。经陆路调兵不仅距离较远，而且困难更大，相比之下借助海上力量调兵更加有利，因此拉法耶特敦促法国政府派出更多舰队。法国很自然，也很正当地更加关注它在安的列斯群岛的切身利益，所以认为当时还不是解救美国的时候。

罗德尼离开了西印度群岛，因此躲过了1780年10月的强飓风。这一年底他又返回西印度群岛，不久后，他就得知英国和荷兰之间爆发了战争。两国在1780年12月20日宣战，引发战争的原因以后将会提到。此间，这位舰队司令除捕获了价值1500万美元的多艘商船外，还立即占领荷属西印度群岛的圣厄斯塔岛和圣马丁岛。尽管这些岛屿当时仍保持中立，但是它们起到了美国南北战争期间拿骚曾起到的作用，而且已成为一个巨大的走私货物仓库，在被占领后，大批走私货物都落入英国人之手。

1780年对美国人来说，相当令人沮丧，卡姆登战役似乎已决定了英国人对南卡罗来纳的统治，而且英国人得寸进尺，希望控制北卡罗来纳和弗吉尼亚。随后发生的阿诺德叛变[1]让美国的处境更为严峻，只是由于美军在国王山的胜利，形势多少得到缓解。在这种局势下，法军的大力支援就成了最振奋人心的事情。但是就连这种支援也蒙上了阴影，准备进行支援的法国海军第二支分遣队被英国舰队封锁在布雷斯特港内。美国人热切期盼戴吉尚能率舰队返回，但这个期望最终落空，因为他们盼来的是英军的罗德尼。

进行激烈决战的时刻即将来临。1781年3月底，德格拉斯伯爵率领26艘战列舰和一支庞大的运输船队从布雷斯特出发。当德格拉斯到达亚速尔群岛外海时，絮弗昂指挥的5艘战舰脱离舰队前往印度。4月28日，德格拉斯进入马提尼克岛海域。英军分舰队司令胡德正在封锁罗亚尔堡（罗德尼仍留在后面的圣厄斯塔岛），这是法国位于马提尼克岛背风面的港口和军火库，当英军哨船报告发现敌舰队时，法军港内还有4艘战列舰。胡德面对着两个目标——一是阻止被封锁在港内的4艘战列舰与前来的法国舰队会合；二是拦截前来的舰队，把它挡在英军和圣卢西亚格罗斯埃洛特湾之间的海域。接下来的24小时里，胡德没能达成目标，因为在戴蒙德礁的上风海面迎风换舷时，他的舰队位于下风位太远，使29日通过海峡的德格拉斯能够驶向罗亚尔堡，法国运输船队与舰队又趁机占领了和马提尼克岛之间的有利位置。胡德因为关键时刻位于错误的位置受到罗德尼的严厉指责。罗亚尔堡港的4艘法舰则出海与主力会师。英军当时仅以18艘舰对法军的24艘舰，而且后者还占据了上风位。虽然两军战舰的数量比为4∶3，

---

[1]指1780年9月，美国大陆军的本尼迪克特·阿诺德少将带兵叛降英军。

法军拥有进攻的实力，可是德格拉斯无意开战，他因为担心运输船队暴露，错失了这次有利的进攻机会。

4月30日，已经错过机会的德格拉斯企图跟踪胡德，但后者已没有任何理由再去交战，因为29日他的几艘舰船已经严重受损，使原本的兵力劣势更加明显。德格拉斯的很多舰船没有用铜板包底，航速较慢，追不上胡德。这是一个值得注意的事实，尽管从舰型和体积上看，法舰一般都比英舰速度快，但法国政府在采取新的改进措施方面行动迟缓，使得这种优势丧失了。

胡德与罗德尼在安提瓜岛会合，德格拉斯在罗亚尔堡稍事停留后，企图进攻格罗斯埃洛特湾，因为英军占领这个地方，能监视法国舰队的一切行动。德格拉斯在这里受挫后，就转攻多巴哥，于1781年6月2日攻陷该岛。在进行了一些小规模战斗以后，德格拉斯率舰队离开了那里，于7月26日在海地岛的法兰西角（现在的海地角）锚泊。在这里，他遇到一艘从美国来的正在等候他的法国快速帆船，给他带来了华盛顿和罗尚波的急件，按照这些急件，他将加入其他法国海军将领在这场战争中都没有进行过的最重要的战斗。

英国人入侵美国南部各州最早以佐治亚为突破口，然后占领查尔斯顿，对两个最边远的州实施军事控制。入侵的英军继续向北推进，经卡姆登进入北卡罗来纳。1780年8月16日，美国的盖茨将军在卡姆登大败亏输。随后9个月里，康沃利斯指挥的英军一心横扫整个北卡罗来纳。康沃利斯在一系列战斗中曾连战连捷，之后他退往沿海，最后进入威尔明顿，那里已经建造了许多应对意外事件所需的军需仓库。他的对手格林将军当时已把美军调到南卡罗来纳。康沃利斯的兵力太弱，甚至不敢梦想进入一个不友好的地区。他不得不再返回查尔斯顿，保障英国在那里和南卡罗来纳危在旦夕的势力，或者向北移动再次进入弗吉尼亚，与菲利普斯和阿诺德将军指挥的、在詹姆斯河行动的小型远征军会合。他必须在这两个方案之间进行选择。后撤等于承认过去几个月疲惫不堪的行军和战斗都毫无结果，这位将军相信哪怕不得不放弃纽约，切萨皮克湾仍是合适的战场。总司令亨利·克林顿爵士并不同意他的看法。亨利·克林顿写道："在切萨皮克湾作战要冒很大风险，除非我们在海上长期保证优势地位。我对可能导致的后果非常担心。"但是由于康沃利斯独断专行，他的部队已经在1781年4月25日从威尔明顿出发，5月20日与已在彼得斯堡的英军会合。两支英军会合后的全部兵力有7000人。他们从南卡罗来纳的开阔地被赶到查尔斯顿，当时英国还有两个势力中心——纽约和切萨皮克。因为美国人控制着新泽西和宾夕法尼亚，所以两地之间的交通往来只能全部依靠海洋。

尽管亨利·克林顿对康沃利斯的行动作出了负面批评，但他自己还是冒险向切萨皮克派出一支较大的分遣队。本尼迪克特·阿诺德将军率领的一支1600人的军队占领詹姆斯河地区，又在这年1月烧毁里士满。美国人一心俘获阿诺德，就命令拉法耶特率领一支1200名士兵组成的核心部队进军弗吉尼亚。3月8日晚间，在纽波特的法国分舰队为配合上述行动，一起离港以便控制切萨皮克湾水域。停泊在加德纳斯湾[1]的英国舰队司令阿巴思诺特根据哨船的报告，得知法国分舰队已经出海，于10日早晨前往追踪。或者是由于孜孜不倦，或者是由于幸运，他对时间拿捏得

---

〔1〕位于长岛东端。

恰到好处，两支舰队在切萨皮克岬附近发现对方时，英国舰队位置靠前。英国舰队立刻逆风换舷迎战敌人，依英国舰队司令的说法是敌人组成了一条战列线。此时风向为正西，所以哪一支舰队都不能直接驶入海湾。

两支舰队的实力几乎相等，双方各有8艘战舰，但英军战列线有1艘装备90门舰炮的大舰，法军队中有1艘大型快速帆船。这次战斗最突出的问题就是法军通常采用的作战方针改变了，那位斗志昂扬的总司令决定求战。当时天气非常恶劣，暴风雨即将来临，经过一两次风向变化之后，最后刮起东北风，海面上浪涛滚滚，此刻非常适合驶入港湾。当时两支舰队都左舷戗风驶向海洋，法国舰队位置领先，距离逆风的英国舰队船艏大约1个罗经点。在这个位置上，法舰依次舰艏转向下风，位于英国舰队前方，占领了下风位，它们可以利用因上风位置的巨浪而无法使用的较低位舰炮。英国舰队继续向同一方向航行，直到与敌舰队并行，然后同时舰艏转向下风并很快利用它们惯用的方法进攻，取得了和往常一样的结果。

虽然英军的3艘前锋舰桅杆受损严重，但同时它们也能集中火力打击法军的2艘先导舰，严重破坏了对方的船体和帆缆，影响其航速。法军前锋当时已经离开，陷入困境的阿巴思诺特再次命令前锋变向迎风行驶。德图什利用单列航行进行了娴熟的调度。他用信号通知前锋用另一舷迎风行驶，他率领分舰队的其余几艘战舰，从失去行动能力的英舰身边通过，这些充满活力的法舰在对英舰进行了连续的舷炮齐射后，舰艏转向下风，驶向海洋。

尽管英军在战斗中一如往常那样不屈不挠，但他们没有去海上追踪敌人，便驶入海湾与阿诺德会合，从而打乱了法国人和美国人的计划,华盛顿曾对此抱有巨大期望。在这次战斗中,两名司令官都改变了他们国家一贯的海军作战方针。

由于海路正在被打通,而且由友军控制,3月26日,2000多英军驶离纽约抵达弗吉尼亚。5月,随着康沃利斯的到来,英军兵力增加到7000人。8月初,康沃利斯根据亨利·克林顿的命令,率部队撤到约克河和詹姆斯河之间的半岛上,并且进占约克城。

5月21日,华盛顿与罗尚波会面,两人决定法国西印度群岛舰队抵达时,如果形势需要,就进攻纽约或者切萨皮克。这就是前面曾提到的,德格拉斯在法兰西角看到的急件内容。与此同时,盟军的将军们率部队向纽约靠拢,那是他们现在前进的一个目标。

照华盛顿和法国政府看来,两次战斗的结果都将由优势的海上力量决定,但罗尚波已私下通知舰队司令,他本人倾向选择切萨皮克为决定胜负的战场。此外,法国政府曾拒绝为全力包围纽约提供各种支援。以大规模的协同军事行动形式为前提的冒险是否能成功,取决于安全、迅速的调动,以及对真正作战目标的掩护——一支具备特殊素质的海军最适合达成以上目标。舰队到切萨皮克湾的距离更短,那里的水较深,更便于领航,等等,这些都是应把这个计划交给海军将领判断的充分理由。德格拉斯欣然接令,没指出任何会引起争议和推迟行动的困难,也没有提出任何修改。

做出决定之后,法国舰队司令以准确的判断力、迅捷的速度、断然的魄力采取行动。送来华盛顿急件的那艘快速帆船又被派回送信,所以到8月15日,盟军的将军们就知道这支舰队即将到来。由于西班牙分舰队在德格拉斯已占领的地方锚泊,因此法兰西角总督就能抽调3500名士兵随他一同行动。德格拉斯还从哈瓦那总督那里筹集到了美国人急需的资金。此外，德格拉斯命令运输船队驶回法国，但没有削弱他自身的实力，正如凡尔赛希望的那样，他把每一艘可用的舰船都派到了切萨皮克。为了尽可能长时间地保密，他率28艘战列舰经很少使用的巴哈马海峡，于8月30日锚泊在恰好位于切萨皮克范围之内的林黑文湾。8月27日，由8艘战列舰、4艘快速帆船和18艘运输舰组成的纽波特法国分舰队，在德巴拉斯率领下驶向集结地，为躲避英国人，它们不得不绕大弯出海。因为船队装载着法国攻城炮，所以取道这条航线非常必要。华盛顿和罗尚波指挥的部队已在8月24日渡过哈得逊河，向切萨皮克湾前进。各种武装部队，陆军和海军，都正向他们的目标康沃利斯所部汇集。

罗德尼得知德格拉斯出动以后，便派出14艘战列舰，由胡德指挥，驶向北美大陆，而他自己因为健康原因，于8月返回英国。胡德取最佳航线，比德格拉斯早3天到达切萨皮克湾，当他发现那里没有法舰的踪影时，就转而驶向纽约。在那里他遇到格雷夫斯指挥的5艘战列舰，因后者资历更深，整支舰队理所当然地由格雷夫斯来指挥。8月31日，他们一起离开纽约前往切萨皮克湾，希望在德巴拉斯和德格拉斯会合前拦截他，而亨利·克林顿爵士在两天之后才确定盟军已前去攻打康沃利斯，并且已经走远，无法追击了。

格雷夫斯到了切萨皮克湾，发现里面有一支舰队锚泊，大吃一惊，从数量上推断，它只能是一支敌军舰队，但他仍然驶入海湾试图与敌交战。法国舰队起航后，格雷夫斯通过观察，清楚发现自己在数量上处于劣势：19艘对24艘，这并没有阻止他发动进攻。他的做法笨拙,使他的勇敢毫无用处,没有取得任何有利条件,反而许多舰船被损坏。德格拉斯盼望着德巴拉斯到来,在湾外停留了5天,只是牵制英国舰队,无心作战。当他返回港内时,发现德巴拉斯已安全在那里锚泊。格雷夫斯向纽约返航,随着他的离去,康沃利斯最后的希望也随之破灭。美法盟军稳扎稳打,由于法军已经掌握制海权,这一战就只有一种结果,1781年10月19日英军投降。随这次惨败一起而来的,是英国镇压殖民地起义的希望彻底破灭。

英军进行的这些军事行动,结局非常不幸,这既是由于指挥不力,也有一定客观原因。如果罗德尼的命令能被执行[1],来自牙买加的几艘英舰,可能会加强胡德分遣队的兵力。罗德尼还向纽约地区指挥官格雷夫斯派出了送信船,可是他却因为另有任务,直到8月16日才看到这份急件。胡德发送的他即将到来的情报也被法军截获。胡德到达之后,应该并没有耽误出海,但好像这支舰队的航向出了问题。英军得知德巴拉斯已经率8艘法舰离开纽波特,可能驶向切萨皮克湾去和德格拉斯会合,而且已经明智地指出,如果格雷夫斯在这两个海角附近离岸较远的海区巡航,肯定能以绝对优势兵力与德巴拉斯遭遇。现在在了解了所有这些情况后,我们可以说他就应该采取上述这些措施,但英国舰队司令得到了不确切的情报。他没料到法军会在某个地方拥有与他同样的兵力,格雷夫斯没有收到他本应得到的有关敌舰数量的情报,这是由于切萨皮克外海巡洋舰的疏忽。它们早已接到起航的命令,然而德格拉斯出现截断了它们退路时,这2艘巡洋舰还

---

[1]《罗德尼传》第2卷,第152页;克拉克:《海军战术》,第84页。

在亨利角海面锚泊,结果一艘被捕获,另一艘被赶到约克河口。这两位下级军官的疏忽,使格雷夫斯失去了最重要的情报,致使英军遭受了无比巨大的损失。

至于舰队司令的战术问题,完全可以说,格雷夫斯这次使用的战术几乎和宾将军在梅诺卡海战中使用的一样,导致的灾难后果也非常相似。而且还可以说,在用19艘舰去进攻24艘舰时,他采用的这种部署,使得力的军官胡德指挥的7艘舰没能参战。

法军方面的预判和坚强决心必须归功于德格拉斯,尽管他在其他场合经常失败。他决定率领所有战舰北上,这样就不会受德巴拉斯可能会发生的失败影响。为了隐蔽动向,他途经巴哈马海峡,他还从西印度群岛的西班牙和法国军事当局要到了他所需要的金钱和地面部队。早在3月29日刚离开布雷斯特,他就写信给罗尚波,提出应把美国海岸领航员派到法兰西角;在德巴拉斯分舰队潜入港口以前,他一直沉着冷静地戏弄格雷夫斯,所有这些动作都是可圈可点的。德格拉斯动用他的权力扣押法属西印度贸易公司的200艘商船,让它们在7月到11月一直留在法兰西角,直到他的军事行动结束,能脱身来为它们提供护航为止。这件事情说明了一个重商国家的代议制政府,同一个纯军事化国家相比,有一个很大的弱点。那个时代的一位军官写道:"如果英国政府曾经批准,或者英国舰队司令采取以上措施的话,政府就可能会垮台,而那位舰队司令将可能被绞死。"[1]而就在同一时期,虽然已经有6艘战列舰跟随从牙买加出发的贸易船队一起回国,罗

---

〔1〕怀特:《海军学术研究》。

德尼仍觉得有必要派5艘战列舰护航。

英国在1780年和1781年，接连把舰队分散在西印度群岛和北美大陆之间，反映出它所处的困境。这种困境反映出英国在这场实力不对等的大战中，为了照顾在世界各地的殖民地，在军事上要面对的难题。英国已经成为一个殖民大帝国，它有许多位置暴露的阵位，每个阵位都在战争中被抑制，而且处境尴尬。在欧洲，海峡舰队不止一次被敌方压倒优势的兵力赶回母港。直布罗陀水陆两路都遭到严密封锁，英国水兵凭借纯熟技术，在冒险的反击中，战胜了协同不力的敌方拙劣的联合舰队，才得以幸存。在印度，爱德华·休斯爵士遭遇数量上就像德格拉斯对胡德一样占据优势且能力超过自己的对手絮弗昂。英国政府很早就舍弃的梅诺卡岛，面对优势敌军只得投降，不是太重要的英属安的列斯群岛，也接连失守。从法国和西班牙公然与英国进行海战开始，除了在北美大陆，英国在各处都处于守势，所以从军事角度来看，这根本就是一种失误。它在各地穷于应付，而敌人可以在选择的地点和时机，每次都使用优势兵力进攻。其实在北美大陆也不例外，虽然英军在这里发动了一些攻势，但英军对真正的对手，即敌方海军，根本形成不了伤害。

在这种状况下，就算把民族自尊心或民族敏感性问题暂放一旁，军事界的能人能为英国开出何种解救方法呢？这个问题为军事研究者提供了可贵的研究课题，但是答案却无法随便给出，然而，一些事实上的处置方法是可以指出的。第一，应该确定帝国遭到攻击的哪一部分需要保卫。在当时的英国人眼中，英伦三岛之后，北美大陆是最重要的领地。第二，根据它们固有的重要性，应该确定哪些地方最值得保卫，而哪些地方根据它们的内在实力或帝国的实力,主要是海军实力,最有把握控制。比如在地中海,直布罗陀和马翁港都是非常重要的阵地。这两个地方都能守住吗?哪一个舰队更容易抵达,而且容易支援呢?如果不能同时控制这两个地方,就应果断地放弃其中一地,再把当地的守备队和物资用到另一处。所以在西印度群岛,巴巴多斯和圣卢西亚极其有利的战略位置,决定了只要舰队在数量上被敌方压倒,哪怕敌舰队还没有出现,守备队也应迅速弃守其他小岛。至于牙买加这样一个大岛和它与整个局势的关系,则须另当别论。这样一个大岛,鉴于它可以自我供给,因而,除非敌人大举进行多次进攻,它都能抵挡一般的攻击,而且能够把位于巴巴多斯和圣卢西亚上风位的全部英军恰当地撤到这个岛。

如果英国能这样集中防御,那么,它的有力武器——海军,就能全力用在进攻上。经验已经告诫我们,一些国家政府几乎都不敢调动位于入侵者和本土海岸之间的部队。所以在敌人会合之前,派出海峡舰队主动寻找敌人,无论在军事上多么明智,英国也不会这样去做。但在一些不那么重要的地点,英国应该抢在盟军之前制敌机先。上述情况最适合现在研究的这个战场。如果北美大陆是放在首位的重要目标,牙买加和其他岛屿就值得冒险去保护。罗德尼应有权申辩1781年他下达给牙买加和纽约海军将领的命令没有得到执行,从而使格雷夫斯舰队数量上处于劣势。

但是,在戴吉尚离开这里驶向欧洲,罗德尼从1780年9月14日至11月14日对北美进行短期巡视期间,英军在数量明显处于优势时,他却为何不去歼灭纽波特法国分舰队的7艘战列舰呢?这些法舰7月份就来到那里,尽管它们抓紧时间建造土木工事,正在加强阵位，可是罗德尼出现在海岸附近的消息仍然让法军大惊失色。罗德尼在纽约逗留了两个星期，法国人也因此忙活了两个星期，如他们自己所说的，这两个星期让他们敢于面对全部英国海军。法国分舰队参谋长写道："我们两地都很担心，而最担心的一次是罗德尼到达时，英国人可能会在锚地进攻我们，这段时间进行这种攻击完全不是一种轻率的行动。但是现在（10月20日），我们的锚地已经修建了防御工事，所以我们敢于在那里对付整个英国海军了。"

法国这样修建的阵地无疑极为坚固。它形成了一个90多度的凹角，由戈特岛到当时称作布伦顿角（今亚当斯堡）为一边、戈特岛到罗斯岛为另一边的两条线构成。这个阵地右翼的罗斯岛有一座36门24磅炮炮台，左翼的布伦顿角上，配备12门同型火炮。位于罗斯岛和戈特岛之间的4艘法舰，沿着西北偏西方向列成一条线，封住入口，可对进逼的敌舰队进行纵射火力打击，另外3艘位于戈特岛和布伦顿角之间的战舰，舰炮可以和前4艘形成十字交叉火线。

风经常直吹进入口处，而且风力通常很大，因此哪怕失去活动能力的进攻方舰船也能顺风到达预定阵位，一旦驻泊战舰和敌军战舰形成混战，岸基炮台就没有任何用处。罗斯岛上的工事高度肯定不如一艘战列舰上层的两组舰炮，布伦顿角上的工事也可能是这样，而且数量和舰炮相差很多。罗斯岛和布伦顿角上的防御工事还没有炮塔保护，所以无须怀疑它们可能会被进攻舰上的霰弹打哑。从正面和西侧可以迫近罗斯岛200码以内，而从北面可以逼近到0.5海里以内。因此法军右翼，包括战舰组成的战列线，无法避免遭到占据罗斯岛西面阵位的英舰纵射炮火打击，最终被其打垮的命运。这些距离较近和位置较高的火力点可能是英国舰队以20：7的优势攻打的主要目标，如果成功摧毁法舰且拿下罗斯岛，英军就可以在海湾上方觅得一块锚地，等待有利的风向撤退。按当时英军一位非常熟悉这一海区的著名海军军官的看法[1]，进攻毫无疑问能成功，他不断建议罗德尼实施攻击，主动请求愿为领头的舰船领航。法军在这个阵位上的安全感和英军的裹足不前，清楚表明了这场战争与纳尔逊和拿破仑之战在精神气质上完全不同。

这里倡导的这种精神气质，不仅对某一次单独的作战行动很重要，而且与所有战争都紧密关联。英国由于数量的劣势，处处都得保持守势。处在这种境地，只有抖擞精神进行近乎孤注一掷的战斗才能自救。英国海军大臣写给罗德尼的信非常切合实际："对于我们来说，要想在各处都有一支优势海军根本不可能，除非我们的舰队司令们都像你做的那样，认识到他们有责任为保卫国王陛下的所有领地殊死斗争，否则我们的敌人一定会看出我们在哪些地方准备不足，而且会达到攻打我们的目的。"[2]这些进攻仅从其本身考虑可能不合理，对英国指挥官来说，则是难于登天。法西海上联军是扭转形势的关键，对它的一些大型分遣队，如纽波特分遣队，英国海军无论冒任何危险，都要将其歼灭。然而在这种形势下适合担任总司令的英国军官，除了胡德，大概就剩下豪勋爵了。罗德尼当时年老体弱，虽然很有

---

〔1〕小托马斯·格雷夫斯爵士（前文提到的托马斯·格雷夫斯将军的儿子），后来在1801年哥本哈根进攻战中，出任纳尔逊的副司令官，那次战斗中的领航工作比这里提到的困难大得多，纯属一次孤注一掷的冒险行动。

〔2〕《罗德尼传》第1卷，第402页。

才能,是一个精明的战术家,但却不是一个伟大的海军将军。

格雷夫斯的失败和因此导致的康沃利斯投降,并没有让英国海军在西半球的作战行动结束。相反,一个最大的战术成就和整个战争最辉煌的一次胜利,仍为在西印度群岛飘扬的英国国旗增添荣耀。但是,由于约克城发生的一系列事件[1],美国人对英国的忠心算是终止了。在结束关于独立战争的叙述之前,必须再次肯定它的成功结果,至少这场战争能这样尽快结束,完全归功于掌握住制海权——归功于法国手中的海上力量,以及英国当局对海上力量的不恰当分配。华盛顿完全支持这种断言,他比任何人都了解这个国家的资源、民族特性和斗争的艰难,而他的名字在美国至今依然是明智、沉着、果决和爱国主义的最高象征。

华盛顿有关这方面所有言论的主要精神,都体现在1780年7月15日签署的《与法国陆军协作议定的作战计划要领》中,它是拉法耶特亲自转送的:

> 德·拉法耶特侯爵非常愿意将写在末尾的以下基本观点转告罗尚波伯爵和泰奈爵士。
>
> 在任何行动中,以及在任何条件下,一支决定性的优势海军,被视作最基本的重要力量,而且每一种成功的希望,最后都一定会由它来决定。

华盛顿在这里最正式地明确表达了他的观点,但它只是许多次阐述中的一次。1780年12月20日,他在给富兰克林的信中这样写道:

---

[1] 指1781年9月进行的约克城会战,英军由于海军的一系列失误,一时丧失了制海权。英国海军未能解救约克城之围,康沃利斯被迫投降,美法联军取得的这场决定性胜利为整个独立战争的胜利奠定了基础。

我们对法军的第二个陆军师被封锁在布雷斯特港动弹不得觉得失望，但更为殷切期望能够形成海军优势，以此为轴心能带动所有计划运转起来。我们在起初阶段曾经估计得很乐观，但已被迫打了一场被动的战役……后来我们又被迫眼睁睁看着英国从纽约来援助康沃利斯勋爵的陆军支队接连到达。由于我们的海军无力和我们的大部分陆军在政治上被瓦解，我们的力量无法在南方与敌人抗衡，也难以在这里获得优势。

约一个月后，即1781年1月15日，华盛顿在致派往法国执行特殊任务的劳伦斯上校的一份备忘录中写道：

在获得贷款以后，最重要的是在这些沿海地区长期保持一支优势海军。这样就能立即让敌人陷入一种困难的防御状态……确实无法设想，如果我们能控制海洋，截住他们从欧洲获得补给的常备运输线，他们还怎样在这一地区维持巨大规模的兵力呢？有了海军优势，再加上金钱援助，我们就能把这场战争变成一场充满活力的攻势作战。对于我们来说，海军优势似乎是两个决定性因素之一。

4月9日，在他给当时在巴黎的同一人的另一封信中写道：

如果法国在我们形势的紧要关头耽误及时而有力的援助，那么哪怕以后它打算再这样做，对我们也将无济于事……在一句话就能说明我们就快成为俎上鱼肉非常需要援助的时候，哪里还要我事无巨细地阐述呢？如果能在这些海洋上经常保持一支与整体作战计划匹配的优势舰队，而且法国能尽快给我们一些资金，让我们可以采取主动，用英国人的办法让英国人吃到苦头，那一定会非常简单。

华盛顿呼吁的重点是舰队和资金。1781年5月23日，华盛顿在致拉卢泽恩爵士的信中写道:"我认为如果我们在这些海洋上的海军不掌握优势,就不能给南方各州有效的支援,也不能避免正在威胁我们的那些灾难。"便于主动进攻的季节提前到来,华盛顿更频繁、更急切地表达他的建议。1781年6月1日,他在给正在南卡罗来纳与困境拼搏的格林少将的信中写道:"我们已从每一种角度认真地审视了我们的形势,而最后决定在南方投入行动之前,应首先尝试占领纽约,因为我们还没有解决制海权问题。"6月8日,华盛顿在给杰斐逊的信中写道:"如果能按照我期待的方式得到相邻几个州的支援,敌人一定会像我期望的那样,调回他们在南方的部分力量支援纽约,否则他们就要冒从那个对他们来说非常重要的基地被赶出去的极大风险,而如果我们所有的事情都交好运,能够得到一支优势海军,他们的崩溃将难以避免……反之,如果我们在海上仍然位居劣势……拯救南方的策略就要采用牵制手段,而不是立即向处境危险的地区派遣援军。"6月13日,华盛顿在致罗尚波的信中说:"阁下一定可以记起,在当时情况下,我们把纽约当作唯一可行的目标,但如果我们得到一支优势海军,可能会找到其他更可行而同样适合的目标。"到8月15日,华盛顿收到德格拉斯正在开赴切萨皮克湾的信件,于是从那时起,华盛顿的通信内容全是关于抓紧为弗吉尼亚战役进行准备的情况,这场战役的决定因素是姗姗来迟的舰队。德格拉斯信心不足,当得知位于纽约的英国舰队已经加强的消息后,他打算驶向海洋,为此华盛顿于9月25日写了一封语气恳切的信。约克城的英军投降后,第二天,他写信给德格拉斯:"约克城英军的投降……荣誉属于阁下,它让我们(时间方面)最乐观的预期大为提早。"由于离适合海战的季节还有些时间,他敦促继续在南方采取深入的军事行动:"在你到来之前,英国人总体上在海上占优,为他们在向南方迅速调动部队和补给方面提供了决定性的便利条件,而我们的援兵从陆路经过长途跋涉,无论怎样看都太过缓慢,代价非常高,我们将逐个受到打击。所以结束这场战争,就要靠阁下了。"德格拉斯拒绝了他的要求,但表示愿意在第二年的战役中协同行动,华盛顿当即应允:"对阁下,我不必坚持要求您在这些海域必须保持绝对优势的海军……您可能已经注意到,无论陆军怎样努力,在目前的对决中,海军将会是决定成败的那一票。"两星期之后,11月15日,华盛顿写信给即将回法国的拉法耶特:

> 由于您表达了希望了解我对下次战役计划的看法,那我不用冗长乏味地论证,一言蔽之,战役必须完全依靠明年在这些海域行动的海军。除非有一支优势海军配合,否则陆军无法投入决战……如果德格拉斯伯爵能够将他的协同行动多延续两个多月的话,人们过去不怀疑,现在也不会怀疑的是,卡罗来纳和佐治亚的全部英军都不能避免彻底覆灭的结局。

按照这位备受尊敬的美国陆军总司令的观点,以上这些看法就是海权对这场对决的影响,他以这样超人的才能和巨大的耐性指挥了这场对决,使这场经受过多次考验和沮丧的斗争得到了辉煌的结局。

尽管同盟国的巡洋舰和美国的武装私掠船使英国贸易损失惨重,但它还是给美国的战争带来了许多困难。这个事实和受破坏贸易战思想支配的巡航战在这场大战中所起的作用,有力地证明了巡航战政策对这场大战的结果只起到一种次要的非决定性作用。

第十一章

1779—1782年欧洲海战

上一章以华盛顿曾用多种方式多次表达关于海权对美国独立战争的影响的话语结束。欧洲战争的结局则完全取决于海权这一因素。在欧洲同盟国有三个不同目标,而英国每个地方都完全处于防御态势。其中第一目标是英国本土,包括发动入侵前的准备,即歼灭英国海峡舰队;第二目标是攻占直布罗陀;第三目标是占领梅诺卡岛。同盟国只成功达成最后那个目标。英国曾三次受到一支庞大的优势舰队威胁,但每次都几乎未受损伤。尽管直布罗陀曾三度陷入困境,而且每次都要对付兵力具备压倒优势的敌军,但全力以赴的英国海军幸运地让它幸免于难。

从韦桑岛外海海战以后,1778—1779年的上半年,欧洲海洋上的两支舰队没有发生过大规模遭遇战。在这一时期,西班牙和英国的关系逐渐破裂,而且在积极谋求与法国结盟。西班牙于1779年6月16日对英宣战,但早在4月12日,西法之间就已签署了一项包括积极对英作战内容的条约。按条约规定,联军准备对大不列颠或爱尔兰发起攻击,会尽一切努力,让西班牙夺回梅诺卡岛、彭萨科拉和莫比尔,而且两国宫廷都保证,在收复直布罗陀以前,既不会议和也不会停战,同样也不会中止对英国的敌对行动。

　　西班牙在做好备战工作之前，一直没有宣战，但毋庸置疑，英国政府对于英西两国之间的紧张关系早有戒心，而且会对阻止法西两国舰队会合早做准备。可是，实际上它并未有效封锁布雷斯特，导致前一年凯佩尔的对手德·奥利维耶率28艘法国战列舰在1779年6月3日毫无阻滞地出海了。这支舰队驶向西班牙海岸，准备在那里择机和西班牙舰队会师，但直到7月22日所有分舰队才集中起来，夏季宝贵的7个星期时间就这样白白浪费了。更大的问题是法国舰队离港时只带了13个星期的补给，（除了浪费掉的几个星期）这支66艘战列舰和14艘快速帆船组成的庞大舰队最多还能维持40个工作日。此外，疾病在这支舰队肆虐，尽管这支舰队乘英国舰队在海上时，足够幸运地进入了海峡，但数量只相当于它一多半的英国舰队，却成功地从它附近溜走了。法西联合舰队组织松散，加之准备不足，导致它战斗力疲软、动作迟缓。超过15星期的巡航，法国舰队仅存的收获是在英国沿海地区造成一种极大的、反常的慌乱，只捕获1艘战列舰。联合舰队让人失望的表现是因为准备不足，主要是西班牙方面几乎没有进行任何准备，虽然法国海军部没有满足舰队全部的迫切需求，但失败的责任"理所当然"地就要无辜的舰队司令奥维利耶来承担。他只好放弃了指挥权，去一座修道院隐居。

　　1780年欧洲海域的零星海战都集中在加的斯和直布罗陀周边海域。战争刚开始，西班牙人就立刻进攻直布罗陀，虽然英国人成功地挡住了西班牙人的直接进攻，但粮食和弹药的供应情况令人忧心，要解决这个困难既十分费力又很危险。1779年12月29日，为解决补给问题，罗德尼指挥20艘战列舰和一支装载援兵的大规模运输船队，计划先驶向直布罗陀、梅诺卡岛，然后再前往西印度群岛。1月7日，运输船队和增援部队由4艘快速帆船护航，离开编队。次日上午，罗德尼舰队遭遇并捕获7艘战舰和16艘给养供应船组成的西班牙分舰队。其中12艘运送粮食的供应船被送到直布罗陀。16日13时，由11艘西班牙战列舰组成的舰队再度在东南方出现。西班牙舰队看到有些船只正在逼近，以为那就是开往直布罗陀的给养供应舰船，不会有大型战舰，因此坚守阵位，等到官兵们醒悟时，已经晚了，乃至都来不及逃跑。

西班牙人的错误在于他们没有派出执行侦察任务的快速帆船，而更不幸的是西班牙舰队司令唐胡安·德兰加拉意识到自己的错误时，一心想要逃跑。英舰都用铜板包底，速度较快，罗德尼已发出全面追击、超越敌舰队的信号，英国人无视阴冷多风的黑夜，也不顾下风岸和危险的浅滩，冲进西班牙舰队和港口之间，成功地捕获西班牙舰队总司令和他的6艘战列舰，并击毁1艘战列舰。几艘英舰情况危急，但它们幸运地脱险了。几天后，整支英国舰队驶入了直布罗陀湾。然后罗德尼向梅诺卡岛派出运输舰船，2月13日，当为运输舰船护航的战舰返回后，他率领4艘战列舰驶向西印度群岛，其余战舰和战利品一起，由迪格比将军指挥向英国返航。

鉴于当时英国的政治和党派形势，以及海峡舰队无法避免的劣势，很难找到愿意担任海峡舰队总司令的海军将领。令人钦佩的军官、圣卢西亚的征服者巴林顿，宁愿出任副司令甚至更低一些的职位，也不愿意出任第一把手。盟军舰队的36艘战列舰在加的斯集合，但它们的巡航行动被限制在葡萄牙沿海，而它们唯一重要的任务是将英国驶向印度和西印度群岛的运载大量军需品的运输船队一网打尽。当捕获的60艘舰船和近3000名俘虏进入加的斯时，西班牙人欢呼雀跃，纷纷庆祝这一胜利。10月24日，戴吉尚和罗德尼对决之后，率领西印度群岛分舰队的19艘战列舰也驶进这个港口，但是盟军在此集结这么庞大的兵力，却根本没有任何行动。1781年1月，法舰回到布雷斯特。

　　1780年，欧洲海域没有发生具有重大军事意义的行动，但却发生了一件大事。这就是《武装中立宣言》发表，武装中立的首倡者是俄国，后来瑞典和丹麦也加入了。英国主张没收敌国在中立国家舰船上装运的货物，这对中立国家来说是一种无法承受的压力，特别是对波罗的海国家和荷兰而言。战争已经让欧洲的许多运输业落到以上这些中立国家之手，而波罗的海的物产，海军军需品和谷物，正是英国对敌人实行禁运的重点。最终由俄国发表，瑞典和丹麦共同签署的宣言总计为4条：

　　1. 中立国的船只不但有权驶进没有封锁的港口，而且也有权在交战国的港口之间行动。换句话说，即有权从事与交战国的海上贸易。

　　2. 属于一个正在进行战争的国家的臣民的财产，在中立国家的船只上应确保其安全。这就是现在大家最为熟悉的"自由舰船装载自由货物"原则。

　　3. 除武器、装备和战争军需品外，其他物资一概不能禁运。这一条规定除非属于交战国政府所有，所有海军军需品和粮食都不得禁运。

　　4. 必须由一支能胜任的海军在被封锁港口邻近的海区执行有约束力的封锁。

　　当时，上述各缔约国都保持中立，但它们保证要用一支固定的、数量很少的武装联合舰队来执行这些原则，所以协议得名《武装中立宣言》。

以上宣言内容是否适当属于国际法范畴，但显而易见，像当时英国那样的海上强国是不愿屈服于第一条和第三条的。政策只能引导它这样做。虽然并不直接反对这些宣言，但英国内阁和国王都决定不去理会——这种方针原则上甚至得到当时一些顽固的知名反对派人士支持。对于这个宣言，荷兰的态度暧昧。虽然它和英国结盟已经长达一个世纪，可国内和路易十四时代时一样，仍分为亲英派和亲法派，这引起了英国的极大关注。荷兰曾被要求加入"武装中立"，人们犹豫不决，多数省份都赞成参加。因一艘荷兰军舰反对英国人搜查它护航的商船，一位英国军官就采取过激行动对它开火。不管这种行为正确与否，但它促使被激怒的荷兰人普遍起来反对英国。英国政府决定一旦荷兰加入"武装中立"，就对其宣战。1780年12月16日，英国内阁接到荷兰议会已经决定准时在《武装中立宣言》上签字的通知，于是立即命令罗德尼去攻打荷属西印度群岛和荷兰在南美洲的领地，东印度分舰队也接到了相似命令，英国召回了驻海牙大使。4天后，英国对荷兰宣战。

所以《武装中立宣言》的主要作用是在英国巡洋舰的战利品中加入了荷兰的殖民地收益和荷兰的海贸易。新加入的这个敌人，对英国来说无足轻重，英国的地理位置可以有效防止荷兰舰队和其他敌国舰队会合。荷兰分散在各地的领地，除得到法国保护的以外，接连被英国拿下。1781年8月，英荷两国分舰队在北海进行了一次不起任何作用的血战，这次海战在军事上唯一值得一提的是，老朽荷兰海军的勇敢和坚毅精神。

1781年是美国独立战争的决定之年,它在欧洲海域战役的标志是法西大舰队进行了声势浩大的调动,但战果却无关痛痒。3月底,德格拉斯率26艘战列舰从布雷斯特出发。29日,他派5艘战列舰由絮弗昂率领,驶向印度海域,而他自己继续向前航行,去迎接约克城之战的胜利和接手西印度群岛战争失败的烂摊子。6月23日,戴吉尚率18艘战列舰离开布雷斯特驶向加的斯,在那里和30艘西班牙战舰会师。7月22日,这支规模巨大的舰队驶向地中海,运送了14000人的部队在梅诺卡岛登陆后,继续向英吉利海峡航行。

1781年,英国海军最重要的任务是防止直布罗陀发生变故。这个遭到围困的要塞,自前一年1月得到罗德尼援助后,一直没有再得到任何给养,而当时物资更是极度匮乏,粮食不足而且质量非常糟糕,饼干长满了象鼻虫,肉已经腐烂,因此,城中更加饥苦难耐。直布罗陀经历了历史上时间最长和最令人瞩目的围困后,整座城池处于恐怖和混乱之中。在直布罗陀,被围的除战斗人员,还有平民,其中包括军官们的眷属。3月13日,28艘战列舰组成的一支大舰队从朴次茅斯港出发,任务是为97艘驶向直布罗陀的运输舰船和供给舰船护航,此外还要护送300艘开往印度和西印度群岛的商船。由于在爱尔兰沿海的拖延,它幸免与在之后9天出发的德格拉斯舰队遭遇。这支大舰队到达圣文森特外海时,没遇到任何敌人,但当它向加的斯港张望时,发现了锚泊的西班牙大舰队,后者没有任何反应。4月12日,英国舰队司令德比将军没有遇到任何骚扰,就把给养送入直布罗陀。与此同时,他和德格拉斯一样,也向印度派出一支小型分舰队,不久这支分舰队与絮弗昂相遇。照道理说,西班牙政府急切盼望收复直布罗陀，西班牙舰队在数量上哪怕并不占优势，也与英国舰队相当，但它们竟然没有任何行动，只能证明西班牙舰队司令对自己和指挥的这支舰队缺乏信心。德比在成功救援直布罗陀和梅诺卡岛后，于5月返回英吉利海峡。

同年8月，当约50艘舰船组成的联合舰队靠近时，德比退入托贝港，他指挥30艘战舰在港口里锚泊。前文已经说过，出任总司令的戴吉尚在和罗德尼交战时过于小心翼翼，这时他主张主动寻机开战，但西班牙海军军官几乎全都反对。波旁同盟又一次没能发挥同盟应有的作用，原因是内部的混乱失序和守军的众志成城。直布罗陀得到了拯救，英国本土也没有被侵犯。同盟国以一次耻辱性的灾难结束了这一年。戴吉尚率领17艘战舰离开布雷斯特，护卫一支大型商船船队和一些满载着军需补给品的舰船，这支舰队被肯彭费尔特将军指挥的12艘英国战舰追击。这位将军得以名传后世，并不是因为他高超的军事技术，而是因为关于他悲剧性意外死亡的诗歌。[1] 他在韦桑岛以西150海里与法国人遭遇，尽管他的战舰在数量上偏少，但他阻截了法国的部分运输船队。几天后，一场风暴驱散了法国舰队。150艘舰船最后只有2艘战列舰和5艘商船到达目的地西印度群岛。

1782年初，英国人丢失了马翁港。这个港口在被围6个月后，于2月被攻陷。导致陷落的原因是缺乏蔬菜，在敌人的凶猛炮击下，守军被迫躲在空气污浊的避弹所和掩蔽部，因此诱发了坏血

---

〔1〕1782年8月29日，肯彭费尔特的旗舰"皇家乔治"号在朴次茅斯检修船底，突然发生事故沉没，肯彭费尔特本人与舰上的900名人员，包括参观的平民同时遇难，这起事故仅有230人幸存。诗人威廉·考佩尔的纪念这起事故的诗作《丧失"皇家乔治"号》使这起事故和肯彭费尔特的名字广为人知。

病。最后一天晚上防御警卫需人员415名，而当时还能履行职责的士兵只有660名，无法进行轮换。

这一年联合舰队有40艘战列舰在加的斯集结。预计在荷兰舰船到达后，舰队数量还会增加，但是荷兰舰船被豪勋爵指挥的一支英国分舰队赶回母港。联合舰队确实没有计划主动冒险进犯英国沿海，整个夏季它们只在海峡出口处和比斯开湾巡航。它们的巡航行动，使开往本土和外国的商船得到保护，同时又对英国贸易构成威胁。尽管如此，豪勋爵和他的22艘战舰不仅能够在海洋上长期游弋、躲避交战，而且还成功地把从牙买加来的舰船接回港内。可以说，双方在贸易和军事海洋运输上的损失大致相当，但荣誉应归于成功运用海上力量并已取得重要成就的较弱的一方。

当直布罗陀持续3年的围城大战即将结束时，出现了许多光辉的斗争奇迹，它是对英国守军的坚忍耐力的考验，他们已经到了极限。无法推测守军还能坚持多久，但英国海上力量已成功使联合舰队切断要塞交通线的努力完全落空。虽然交战双方都筋疲力尽，预示着这场战争即将结束，但要征服这座要塞，必须投入主力部队，否则完全没有把握破城。因此西班牙加倍努力备战，而且精心进行军事策划。同一时期，这里吸引了欧洲其他国家的一些志愿者和名流。两位法国波旁亲王的加入和到来，为行将到来的战争增加了更为浓重的戏剧色彩。王室成员驾到足够为这次巨大的攻势增辉，围攻方乐观自信，似乎已经胜券在握。

直布罗陀和大陆相连的地峡除了工事以外，还安置了300门大炮。围攻方主要依赖10座精心设计、能炮击又能防火的装载154门重炮的水上浮动炮台。它们锚泊在工事以西900码，从南到北面对工事组成密集阵线。除掩护这次进攻和扰乱守军的战列舰外，西军还得到40艘炮艇和40艘臼炮船支援。增援西班牙发动总攻的法军部队有1.2万人。总攻时间定在炮击重创守军，而且让守军陷入混乱之后。此时英国守军总兵力为7000人，而他们在地面的对手有3.3万人。

英国人率先拉开了戏剧的最后一幕。1782年9月8日早晨7时，要塞司令埃利奥特将军开始对地峡上的工事发动了猛烈的破坏性炮击。目的达到后，他就停止射击。第二天早上，敌人开始还击，并持续了4天，在地峡上每天连续发射6500发实心炮弹和1100枚开花弹。9月13日最后的压轴大戏开演了，7时，湾头的10艘浮动炮台起锚向南驶向它们的阵位。9时至10时间，它们抛锚，并且立即开始大规模炮击。英国人进行了同样猛烈的还击。连续几小时的炮战好像已经基本证明提出建造浮动炮台的构思是正确的，英国人发射的实心弹有的掠过炮艇，有的虽然命中舷侧，但无法打穿，自动灭火装置又使赤热弹不能发挥作用。

14时前后，舰队司令的旗舰开始冒烟，火势持续蔓延，这种不幸也落到了其他舰船上。到傍晚，英国的炮击占据了明显优势，到凌晨1时，绝大多数浮动炮台都着火了。因为指挥英国炮艇的海军军官在浮动炮台战线的侧翼占领了阵位，对它们进行了有效的纵射打击，拥有大量炮台的西班牙舰队处境越发困难。照理说西班牙炮艇应该能够阻击英军的行动，但却没发挥作用。最后10艘浮动炮台有9艘在锚地爆炸，西班牙大约损失1500名官兵，还有400人被英国水兵从烈火中解救出来。英军乘小艇强行登上第10座浮动炮台，将其烧毁。西班牙的希望随着浮动炮台被毁彻底破灭。

西班牙仅有的希望是利用饥饿迫使守军屈服。联合舰队为了达到这个目的竭尽了全力。情报显示,豪勋爵正率一支由供给舰船和34艘战列舰组成的大舰队离开英国。10月10日,一阵猛烈的西风让联合舰队的舰船受损,被吹到岸边的1艘船在直布罗陀的炮击下,被迫就地投降。第二天,豪勋爵的舰队出现了,而且运输舰船得到了一个极好的落锚机会,可是因为大意,除了4艘舰船,其余全部错过了这个好机会。它们和战舰一同被风向东吹进地中海。13日,联合舰队尾随豪勋爵的舰队而来,虽然联合舰队处于港口和英国增援部队之间,而且不像英国舰队那样受供给舰船拖累,但它们一心放过运输船,企图与英舰交战,结果适得其反,英军全部溜进港内,安全落锚。这样一来,不但粮食和弹药,就连战舰装载的地面部队也没受到任何拦阻就安全登陆直布罗陀了。

19日,英国舰队在一周内圆满完成任务,让直布罗陀再度赢得可以安全维持一年的时间,随后乘着东风越过海峡回国。联合舰队在其后追踪,20日,双方进行了一次远程交火,联合舰队虽然处于上风位,却没能向前推进发动近战。最后英军成功地守住直布罗陀。这次战斗,共有83艘战列舰出战,同盟国49艘,英国34艘。同盟国的49艘战列舰仅33艘投入战斗,因为同盟国剩下的行动较为迟缓的帆船,可能会加入战局,所以豪勋爵根据自己的处境,没有与不急于作战的联合舰队进行战斗,这可能是正确的。

欧洲海域大规模争夺战的显著特点是,同盟国努力使战役规模庞大,但实战却协同不力,散乱无章;英国虽然战舰数量完全处于劣势,但英国人目标明确,勇往直前,航海技术纯熟。可是还不能说英国议会的军事构思和内阁海军的管理运用，与英国水兵们的纯熟技术和献身精神是相匹配的。对英国来说，英国与敌方的差距并不是很大，并不像盟军舰炮和舰船那些令人吃惊的数字表现出的那样。虽然必须公平指出英国初期的犹豫不决事出有因，但联合舰队过去几年一贯的举棋不定和低效率，已将它们的弱点完全暴露。德埃斯坦、德格拉斯和戴吉尚已如此清楚地证明法国人不愿用自己的舰船冒险，西班牙人的懒散和低效必然激励英国人执行传统政策，攻打敌人在海上的有组织力量。一个事实，而且很可能是一种规律，即每次战役开始时，英国人都会发现敌人处于分散状态——西班牙舰队在加的斯，法国舰队在布雷斯特。为了在法国舰队出动之前实施全面封锁，英国已经尽其所能。由于它不知道这支大舰队的准确位置，所以当它能够在公海自由活动时，约束它运动的顾虑也随之消失。在布雷斯特外海，英国舰队部署在法西两国舰队之间，通过哨船，能早于法国人得知西班牙舰队靠近。它有对付单独任何一方的足够兵力，与法西任何一方相比，它的战舰数量都更多，而且单舰战斗力也更强，而便于西班牙舰船出港的大风，可能会使法国的舰船被困在港里。

　　英国最典型的失误案例是，1781年3月，让德格拉斯未遇阻碍就出海了。因为一支在力量上占优势的英国舰队，已先于德格拉斯9天离开了朴次茅斯，但由于海军部的原因，它在爱尔兰沿海耽误了时间。那年年底，当派遣肯彭费尔特用劣势兵力阻截戴吉尚时，英国仍有足够的战舰可供使用。肯彭费尔特出发时，随罗德尼驶向西印度群岛的几艘战舰也同时做好了准备，但实施的行动和罗德尼的战役目标并没有关系。如果这两支部队联合出击，足以消灭戴吉尚的17艘战舰和价值极为重要的运输舰船。

直布罗陀确实是英国军事行动的一个沉重负担，但基于民族本能要坚守这个要塞无疑是正确的。英国政策的失误在于企图保卫的其他陆地据点太多，精力主要集中在这些地方，反而在这一时期，忽略了对联合舰队分遣队的进攻。局势的关键在于海洋，只要在海洋上取得大胜，其他还在争夺的地方自然能够夺取。但如果企图在各地都显示其武力，那就绝不可能取得一次大胜。[1]

北美问题依然是英国的重大障碍，而且英国人无疑错估了当地人民的感情。英国傲慢、不明智地进行这场战争。虽然同盟国中的某些人和某些阶层非常同情北美人民，但他们的政府之所以会去重视，只是因为北美人民会削弱英国的势力。那里的军事行动，正像已经说明的那样，要依赖制海权，而且为确保制海权，英国从与法国和西班牙作战的舰船中抽调了一些大规模分遣队。如果能够打胜这场战争，使美国再度成为依恋大不列颠的一块领地，成为英国海权的稳固基础，那么为它做出再大、再多的牺牲都值得，但这已经绝对不可能了。英国由于自己的过错，在北美的殖民者中间已失去影响力，但过去这些殖民者也曾经为英国占领了一些港口和海岸，而这些地方仍然在英国手里。英国在哈利法克斯、百慕大和西印度群岛还拥有非常强大的军事基地。但这些地方充当海军基地却并不合适，只有在周围存在一个友善的、能够提供丰富资源和人口的国家时，它们才能够成为坚实的港

---

[1] 这是对战争原则最严重的违反，在漫长的边界展开了一条无所不备、无所不寡的薄弱战线。商界和当地各行各业的呼吁，往往使尊重公众意见的政府特别容易倾向这种做法。

口。放弃争夺北美大陆，会使英国的实力比同盟国的实力增强更多。其实，英国在那里的一些大型海军分遣队，就像1778年和1781年曾出现过的那样，往往会被敌人从海上发动的突袭击败。

因为军事征服绝不能使北美殖民地恢复过去的忠诚，除了被迫放弃北美大陆，还应该暂时放弃那些阻碍兵力集中，又不能增强军事实力的占领地。安的列斯群岛中的绝大部分岛屿都存在这个问题，要想保住它们完全取决于海上战役。英国当然还能抽调巴巴多斯、圣卢西亚、直布罗陀，或许还有马翁港的守军加强它们的兵力，但要想用增加守军的办法有效守住这些地方，只有在海洋帝国已经确立起来的前提下才可行。此外，还可以放弃一两个像纽约和查尔斯顿这样的在北美至关重要的阵地，而要想控制住这些地方，除非英国保证给予令当地居民中的亲英分子满意的回报。

英国如果能从这些负担中解脱出来，就能迅速集中兵力进攻。英国在欧洲海域的60艘战列舰，一半部署在加的斯的外海，一半部署在布雷斯特外海，国内还有一支预备舰队替换受损的舰船，这样就不会使英国的海军实力受到较大削弱。也许还有人认为这样分散布置的设想是不当的，原因是一旦双方进入争夺直布罗陀和马翁港的关键时刻，布雷斯特外海布置40艘战舰会让海洋对企图与英国海军余部一分高下的西班牙舰队散开。但是在我们对这两支舰队的效率进行研究后，对这种后果也就没有什么要担心的了，直布罗陀绝不是一个负担，无论在战前还是战后，它都是大不列颠势力的重要一环。

结论就是，再一次强调，无论决定相邻大陆国家间争端的因素是什么，当提出对政治软弱的边远地区进行控制时——无论它们是正在衰弱的帝国、无序的共和政体、殖民地、孤立的军事据点，或是小到某种规模的岛屿——最终都必定取决于海军力量，取决于海上有组织的军事力量，它们象征着所有战略中处在突出地位的交通线。直布罗陀的宏大保卫战取决于这种力量；美国独立战争的军事结局由这种力量来决定；西印度群岛的最终命运也由这种力量来决定；印度的归属，同样也是它起决定性的作用。从军事角度考虑，能否控制中美洲地峡，也由这种力量来决定。虽然土耳其在大陆上的位置和周边环境会让欧洲东部问题得到缓和，但是海上力量对这个问题的最终解决，肯定会起到一种重要作用。

如果这种观点正确的话，那么不论出于军事学的理性思考，还是从省时省钱的经济角度考虑，要尽快解决这些问题，都取决于广阔的海洋。要坚信在海洋取得军事优势的国家将获得最后胜利。

第十二章

1778—1781年发生在印度的若干事件
1781年絮弗昂从布雷斯特港起航
1782年和1783年絮弗昂在印度海域进行的光辉战役

絮弗昂在印度海域进行的战役是非常有趣和有借鉴意义的。直到1781年，法国宫廷才发现它在东方的海军力量足够影响战争的结局，但是当时印度半岛的局势还没有发展到能够提供一个不同寻常的可以削弱英国势力的良机。在印度，在英国人对付过的所有敌人当中，海德·阿里是最精明强干，也最勇敢的，他是迈索尔王国（现印度西南部卡纳塔克邦）的统治者，这个王国位于半岛南部，能够威胁卡纳蒂克和马拉巴尔两个地区的海岸。之前，海德·阿里曾一人坚持与外国侵略者进行了最有成效的战争，最后以相互归还占领区为条件缔结和约。

英法战争初期，一个法国人来到浦那。据英国总督沃伦·黑斯廷斯得到的报告说，这些部落联盟已经达成协议，同意把马拉巴尔海岸的一个海港割让给法国人。行事一贯明快的黑斯廷斯立即决定发动战争，派遣一个孟加拉陆军师渡过朱木拿河，进占贝拉尔地区。另一支由4000人组成的英军也从孟买出动，但因指挥失误导致被包围，并在1779年1月被迫投降。形势急转直下使英国敌人的希望复苏，他们的实力增加了。虽然英国物资上的损失在有才能的领导者指挥下，通过一些实质性胜利很快获得弥补,但他们的威望却一直在下降。马埃被占领已经激怒海德·阿里,而马德拉斯总督的无理冒犯更让他怒气冲天。[1]眼看英国已陷入和马拉塔人的战争,而且听说一支法国军队将抵达科罗曼德尔海岸,他就开始暗中备战。1780年夏,在事前没有警告的情况下,他的骑兵从丘陵地区蜂拥而下,出现在马德拉斯城门附近。海德·阿里无力拿下马德拉斯,便转而进攻那些彼此分散的哨所和位于开阔地的殖民地首府。这些地方很快就被他全面控制。

以上就是1781年1月,法国分舰队在科罗曼德尔海岸出现时的局势。这支分舰队由6艘战列舰和3艘快速帆船组成。爱德华·休斯爵士指挥的英国舰队也已经开往孟买。为了攻打古德洛尔,海德·阿里向法国分舰队司令海军准将德·奥维斯伯爵请求支援。因为这个地方已经失去海上支援,而且被无数土著军队包围,所以肯定能被攻陷。但德·奥维斯拒绝了海德·阿里的请求,直接返回了法兰西岛。同一时期,英军的一位非常有能力的军官艾尔·库特爵士指挥军队与海德·阿里展开野战。海德·阿里立即放弃被困哨所。海德·阿里的失利使这片开阔地重归英国人掌握,英国人得以保全卡纳蒂克地区,坚决支持法国人的党羽以后占领本地治里的希望完全破灭。就这样,一个极好的机会被浪费掉了。

就在这一时期,絮弗昂正驶向印度,他的性格与前任德·奥维斯完全不同。1781年3月20日,在德格拉斯从布雷斯特开赴西印

---

[1] 指1778年驻马德拉斯英军没有经过允许,就擅自通过海德·阿里的一个辖区进入今安得拉邦境内的贡土尔。

度群岛时，絮弗昂指挥一支5艘战列舰组成的分遣队也随队同时离港。3月29日，他离开主力舰队，带领几艘运输舰船一同前往当时荷兰的殖民地好望角，因为法国政府得知一支来自英国的远征军企图占领通往印度航道上的这个重要驿站。絮弗昂的第一个任务是保障此地的安全。由约翰斯通海军准将[1]指挥的英国分舰队已于4月11日在葡萄牙殖民地佛得角群岛的普腊亚港锚泊。这支分舰队有2艘战列舰、3艘装备50门舰炮的战舰、若干快速帆船和小船，除35艘运输舰船外，几乎全副武装。这位准将不担心会遭到攻击，因为他认为自己的目标没有人知道，所以他锚泊时根本就没有想过要作战。

巧合的是，法国舰队从布雷斯特港出发时，一艘原计划驶向西印度群岛的舰被调到絮弗昂分舰队。因为这艘舰曾经长时间航行，缺少足够的淡水，加之其他一些原因，絮弗昂决定在普腊亚港停泊。4月16日清晨，即约翰斯通到港后的第5天，絮弗昂抵达该岛，驶向锚地，他派出一艘铜板包底的战舰先行侦察。由于从东面驶近，有一段时间，陆地挡住了视线，法军看不到英国分舰队，8时45分，先遣舰"阿图瓦人"号发信号报告敌舰在海湾内锚泊。海湾出口在南边，从西到东长约1.5海里。

在这种情况下，舰船通常停泊在靠近海岸的港湾东北。这些英舰向西北偏西方向散开，杂乱无章地泊成一线。絮弗昂和约翰斯通都很惊讶，不过后者更加慌乱，现在主动权掌握在法军司令手中。在这种情况下当机立断是极少数海军指挥人员拥有的

---

[1] 约翰斯通海军准将，人们通常都称他为约翰斯通总督。他曾经是1778年诺思勋爵为促进与美国和解而派往美国的三名特使之一。因为他曾一度担任过彭萨科拉总督，所以得到了总督称号。

素质。絮弗昂是一位积极进取、极具军事天赋的奇才。他曾在德·拉克律分舰队服役，从当年博斯科恩对这支分舰队所采取的行动中，学会了不尊重葡萄牙严守中立的权利。絮弗昂料到这支英国分舰队一定是去好望角的。现在他面对的问题就是，要不要利用这个机会抢先一步赶去好望角，或是应该就地打击锚泊的英国舰队，削弱敌人的战斗力，达到阻止其继续前进的目的。他决定采用后一种方案。虽然法国分舰队的舰船因航速不一致而被分散，但他还是决定立即进湾，因为突袭机不可失。他用信号下达做好在锚地作战准备的命令，又乘坐配备74门舰炮的旗舰为先锋，前进到海湾东南角附近转弯变向，笔直朝向英军旗舰驶去。一样配备74门舰炮的"汉尼拔"号紧随其后，与它一同前进的还有一艘配备64门舰炮的先遣舰"阿图瓦人"号。但后卫的两艘舰却远远地落在后面。

英国分舰队司令认出敌人时，就立即着手准备战斗，可是他已来不及调整舰船的队形了。絮弗昂在距英国舰队旗舰"英雄"号右舷500英尺的海面上，在两艘敌舰之间抛锚，随即便开火射击。"汉尼拔"号在分舰队司令的旗舰前方抛锚，因为距离太近，絮弗昂的旗舰不得不提起缆绳变向后退。"汉尼拔"号舰长不知道絮弗昂蓄意无视港口的中立地位，没有执行清理甲板准备战斗的命令，根本没有做好战斗准备——甲板上横七竖八地堆放着准备用于加快供水的水桶，舰炮也没有除去炮衣。幸好舰长决不拖延的行动让他不至于错上加错，他大胆地跟随旗舰，被动接受敌舰炮火的打击，因为在一段时间内，他甚至无法还击。他顺风行驶，从旗舰的上风面通过，熟练地选择阵位，而且情愿以死弥补开始的过错。这两艘舰占据的位置可以使它们同时利用两舷舰炮射击。

烟雾下,"阿图瓦人"号将一艘东印度公司的商船误认为战舰。由于和敌舰同时并列航行,舰长在快抛锚时中弹身亡。因为关键时刻失去指挥,这艘战舰带着东印度商船一起离开了近战区域。其余2艘后卫舰由于来得太晚,没能紧靠上风,都没有投入战斗。絮弗昂发现自己只以2艘战舰承受战斗的主要压力,便砍断缆绳启航。"汉尼拔"号也跟随其行动,但是受到严重损伤,前桅杆和主桅杆都折断倒向一边——幸好这种情况是发生在它离开海湾以后,那时它只剩下一个断桅的船壳。

如果完全搁置国际法问题,纯粹从军事角度来看,絮弗昂发动进攻的智慧和行动都令人瞩目。为了正确评价他们,我们必须考虑他所承担任务的目的,而且还必须考虑妨碍和促使他完成任务的主要因素。他的第一个目的是防备英国远征军,保卫好望角。实现这个目的主要取决于应当率先到达好望角,而妨碍他成功的是英国舰队。为了先于英国舰队到达,他可以采取两种措施——快速前进赢得这场角逐,或打垮敌人迫使他们彻底出局。如果不知道敌人的行踪,除非掌握非常可靠的情报,不然搜索完全是浪费时间。但当他幸运地与敌人遭遇时,天才的絮弗昂就立即得出结论,控制港湾南部水域就能立即解决问题。用他自己强而有力的话来说,就是"消灭英国分舰队就会将英国远征军的全部计划和方案连根拔掉,会让我们在印度长期保持优势,这是一种可能达成光荣议和的优势,而且能阻止英军在我之前到达好望角——一个实际上已经达到的目的,也是我这次任务的主要目的"。关于英军的情报,絮弗昂了解得很少。这支英军的实际规模比想象中要大,但他已使英军处于不利境地,而且遭到突袭。

所以，他断然求战是正确的。虽然他这样做违反了法国海军的传统和政府的既定政策。

絮弗昂的旗舰和"汉尼拔"号占据的位置可以使它们利用两舷的所有舰炮——换言之，可以最大限度地发挥战斗力——这是对阵位选择非常出色的判断。这样一来，他就能充分利用突袭和英军队形混乱提供的有利条件。据英国人记载，混乱队形迫使2艘配备50门舰炮的战舰脱离战斗——这种情况有损约翰斯通的名誉，也证实了絮弗昂进行突袭的判断是正确的。如果絮弗昂得到他期望的支持，不管怎样去推断，他都一定会消灭英国分舰队，事实是他在普腊亚港拯救了好望角。所以，尽管絮弗昂无视法国传统的海战方针并且由于侵犯葡萄牙的中立权惹上外交麻烦，但法国宫廷没有责怪他，而是完全认可他采取的其他法国将领不会进行的这样果断的行动。

据说曾经参加过七年战争的絮弗昂目睹德埃斯坦在美国独立战争中的谨慎行动后，就把法国在海上遭受的挫折部分归因为法军采用的战术，他将这种战术斥为胆怯的遮羞布，而普腊亚港的战斗事先没有经过任何准备，但势在必行的这次战斗的结局，让他相信作战体系和方法能起到一定作用。[1]当然他后来进行的战术配合水平相当高，特别是他在印度海域早期的作战（因为在以后的战斗中，好像因为舰长们的不满和失误，他觉得灰心，放弃了这种战术配合）。他伟大卓越的优点在于他的鲜明个性，他坦率承认英国的几支舰队是英国海上力量的代表，是法国舰队的真正对手，在己方实力足够的时候，它们总是优先进攻的目标。

---

[1]拉塞尔：《法国海军历史和评论文集》。

絮弗昂对法国海军终极目的的重要性并不是置若罔闻，因为法国海军的行动总是遵从这些方针，他只是很清醒地发现，确保实现这些方针的办法不是保护自己的战舰，而是消灭敌人的战舰。在他眼中，唯有进攻才能掌握海权。海权意味着控制陆地的出口，至少在远离欧洲的地方如此。他在一支奉行法国海军传统作战方针的海军服役40年后，大胆采用与其相反的英军的作战方针。在他把这种方法用于实战时，当时的英国海军将领却没人采用这种方针。也许只有罗德尼例外，但絮弗昂的热情高出一头。他采取这种行动方针不纯粹是灵光乍现，而是他过去坚决主张的清醒见解的体现。这不在于天生的热情赋予他多少知识，而在于对知识的一种执着信念。所以，在圣卢西亚一战未能歼灭巴林顿分舰队后，絮弗昂写信给德埃斯坦抗议只为他自己的战舰和其他战舰配备半数人员，而在这种情况下还要抽调人力登陆进攻英国陆军部队。

因为各种不太幸运的因素的作用，对普腊亚港的进攻没能取得决定性战果。约翰斯通海军准将启航并尾随絮弗昂，但他觉得自己的兵力不足以正面进攻果断顽强的法国人，而且他害怕追到法国舰队左舷的下风位，肯定会耽误时间。好在他成功地夺回了被"阿图瓦人"号带出港湾的那艘东印度公司商船。絮弗昂继续沿预定航线行驶，6月21日到达好望角，在西蒙湾角抛锚。以后两个星期，约翰斯通一直在寻找机会与絮弗昂战斗，但从一艘先遣舰得知，法国陆军部队已经登陆，他就放弃进攻这块殖民地的计划，进行了一次成功的贸易破坏战，攻打了萨尔达尼亚湾的5艘荷属东印度公司商船，这次进攻只能为军事行动的失利挽回一点面子罢了。他不断派出战舰加入爱德华·休斯爵士在印度海域的舰队，之后自己返回了英国。

絮弗昂见好望角已经安全，就开往法兰西岛，1781年10月25日抵达目的地。（法军会合后）联合分舰队由资历更深的德·奥维斯指挥。在进行必要的休整后，它们于12月17日开赴印度。1782年1月22日，法军俘获一艘配备50门舰炮的英舰。2月9日，德·奥维斯伯爵辞世，絮弗昂成为舰队总司令，军衔为海军准将。几天后，他就从马德拉斯北方海域看到了印度的陆地，但因为顶风航行，舰队直到2月15日才靠近马德拉斯城。这时，9艘大型战舰在要塞大炮下有序锚泊。这是爱德华·休斯的舰队，它不像约翰斯通所率领的舰队那样杂乱无章。

在这个地方，两位令人敬畏的名将狭路相逢，彼此都代表着本国海军的鲜明特征：一位代表英国人的坚韧和纯熟航海技术，另一位代表法国人长时间被一种不正确的体制控制和误导下的热忱与战术素养。双方兵力的精确统计数字是：法国舰队有3艘配备74门舰炮的战舰，7艘配备64门舰炮的战舰，2艘配备50门舰炮的战舰（其中1艘是新缴获的英军战舰）；休斯爵士拥有2艘配备74门舰炮的战舰，1艘配备70门舰炮的战舰，1艘配备68门舰炮的战舰，4艘配备64门舰炮的战舰，1艘配备50门舰炮的战舰。法英两军的兵力对比是12：9，对英军极其不利，就同级别单舰威力对比而言，也对英军不利。

需要注意的是，絮弗昂在抵达的时候，没能找到友好港口或可用的锚地，也没有补给和维修基地。到1779年，法国在东方的基地已几乎全被英军拿下。他拯救了好望角，但却没能及时阻止英军占领荷属印度的领地。锡兰价值不大的港口亭可马里恰好是絮弗昂在一个月前看着英军拿下的。因此如果絮弗昂想得到他需要的一切，就必须从休斯手中夺过来。

　　首次遭遇，兵力优势和实施进攻的权力都属于絮弗昂，而且他还拥有主动选择的一切便利条件。休斯由于兵力上处于劣势，还有很多易受攻击的据点，也无法确定什么地方会遭到攻击，所以他对英军的防卫非常小心。

　　虽然现在的情况和30年前完全不同，但对印度的控制仍然由制海权来决定。过去的这些年里，英国对印度的控制更加稳固，而法国只能相对地放松控制。因此相比之下，絮弗昂比前任德·阿赫等人更需要歼灭敌人。相反，休斯可以依靠英国领地更为强大的实力，与在他之前到印度来的那些英国海军将领们相比，他承担的责任轻得多。

　　在即将来临的对决中，海洋仍是最重要的因素。因此为了更好地掌握制海权，就必须使敌舰队的战舰完全失去战斗力，还需要有一个稳固的基地。虽然亭可马里有许多缺点，但它是东部海岸最好的港口，能够满足絮弗昂的要求，这座港口被英国人占领的时间还不是很长，还没有得到有力的补充，休斯在战斗之后必须带舰队退往马德拉斯进行维修，并且在他准备再次占领东部海区之前，亭可马里不得不靠其本身的资源维持。另外，絮弗昂发现所有港口都同样缺少海军军需品，而亭可马里毕竟具备有利的自然条件，因此拿下亭可马里就成为絮弗昂最明确的重要目标，而休斯同样明白这一点。除亭可马里外，海德·阿里和英国人正在进行的战争让絮弗昂有可能在大陆得到一个港口，从这个港口能让分舰队运载的3000名陆军登陆，以便配合那里的迈索尔人对付双方共同的敌人，而且至少可以从这里获得粮食补给。于是，在各种因素的共同作用下，休斯主动出港，试图削弱或阻击法国舰队。

休斯的作战方案也许是他自己和对手的技术，以及不确定的天气因素共同决定的。显而易见，如果只按照他自己的条件，换言之，如果没有一些有利条件能够弥补兵力劣势的话，他是不会投入战斗的。因为舰队在公海上不像在陆地上那样能够找到任何有利条件，对劣势方有利的位置就是上风位，因为这样它能够选择时机和某些进攻方法，而进攻的位置也可用于防御。下风位使劣势方没有选择，只能逃跑或者被迫应战。

休斯的任务艰巨而复杂。首先，打击法国舰队，以改变目前双方实力不均衡的状态；其次，阻止絮弗昂拿下亭可马里。[1]对絮弗昂而言，如果他能使休斯在战斗中比自己损失更重，那他就可以自由地前往他选择的任何方向。

2月15日，絮弗昂在马德拉斯发现休斯舰队，就率舰队停泊在距其北面4海里的位置。考虑到英军战列舰得到岸炮支援，实力太强，不能进攻，所以絮弗昂当天16时出发南下。休斯也起锚顺风南行一整夜。白天，休斯发现法国的分舰队已经与护航运输船只分开，战舰在东面约12海里处，而运输船只在他西南9海里处。据说这样分散是法国的几艘快速帆船轻举妄动造成的。这些船只没有和法舰保持接触。休斯立即抓住这个有利时机，追击运输船只，他知道法国战舰一定会在后面追踪。休斯的铜板包底舰赶上去并捕获了6艘敌运输船，其中5艘是法军从英国人手中抢来的战利品，第6艘运载了300人和军需品。休斯已经赢下一分。

---

[1] 在这次战役中，亭可马里的防御依赖英国舰队，充分证明一支海军发现自己在海港防御中成为主要力量时，所处的难堪和尴尬地位。

絮弗昂当然尾随而行，实施全面追击，到16日15时，他最佳的4艘帆船离最后方的英舰，只有2～3海里。休斯的舰船当时散得很开，但这种不利的队形没有继续保持，到19时他已用信号让舰船重新集合。晚上，两支舰队顺风向东南航行。

17日黎明，两支舰队相距6～8海里远，法国舰队处在英国舰队东北偏北方向。因为风力很小而且时常无风，英国舰队左舷戗风组成战列纵队时遇到了麻烦。休斯解释说，他希望通过这种机动驶至敌上风位，以便发动近战，而且能在海风吹起时一直处于上风位。风力仍然微弱，但常有东北偏北方向的阵阵小风暴吹来，法舰抢在小风暴前张帆，很快地靠近英舰。絮弗昂试图攻打会得到休斯支援的英国舰队后卫。休斯发现后卫掉队，于是驶向下风位组成战列横队，为舰船向中央聚拢争取时间。这种战列横队机动一直延续到15时40分，这时，休斯发现他已无法避开敌人按照自身条件发动的攻击，于是他让舰队变向，左舷戗风且等候敌人进攻，他现在处在最糟糕的位置，等待着敌人的优势兵力随意发动进攻。英舰的战列线中的后卫舰"埃克塞特"号没有向中央靠拢，而且不知道是什么原因，它没有右舷戗风组成战列线并充当先导舰，其他舰船不得不停下等它归队。

关于絮弗昂的攻击方式，休斯说，法国海军"组成一组双列的不规则战列横队向我们的战列线后卫驶来"，并继续以这一队形航行，直到交火为止。休斯称："第一列的3艘敌舰正向'埃克塞特'号冲来，而第二列的另外4艘法舰由絮弗昂的旗舰'英雄'号率领，变向沿着第一列的外侧驶向我们的中央主队。16时5分，3艘敌舰开始向'埃克塞特'号开炮，'埃克塞特'号和紧挨着它的英舰进行了还击。我们的后卫和中央主队都进行了全面战斗。敌人的旗舰和第二列的另3艘舰一起向我们的中央主队驶来，但并没有超过我们与之相对的中心舰'壮丽'号，因为战斗开始后风力很小或根本无风，而且正下着大雨。在这种情况下，敌人利用他们8艘最好的舰船进攻我们的5艘舰船，我们战列线的4艘战舰无法戗风转向驶向敌人，所以无法投入战斗。"

絮弗昂在给法国海军大臣的报告中说："我本该在进攻中采取有利部署，而不是用数量优势去消灭这支英国分舰队，我进攻敌后卫舰，且沿着英军战列线航行，最远推进到它的第6艘战舰。因此我迫使敌人的3艘战舰不能接战，这样我们就能以12艘战舰和敌人的6艘战舰对战。15时30分，我开始战斗，旗舰在前方带队，并用信号指示组成最好的战列线。如果没有最好的战列线，我不会投入战斗。16时，我用信号命令我的3艘战舰向敌舰队后卫迂回，而且通知分舰队接近到手枪射程以内。虽然这种信号重复多次，可是没有被执行。为了阻止可能戗风转向迂回我旗舰的3艘敌前锋舰，我自己确实没有给其他舰做出示范。但除了迂回到后卫的'钻石'号外，其他舰都没有像我的旗舰那样逼近，也没有遇到那么多的炮火射击。"

这两种说法的主要分歧是，絮弗昂坚持认为，他的旗舰是沿英军整条战列线航行的，即从后卫到第6艘舰，而休斯却说，法国舰队分成两列，并且靠近航行，一列冲向英军分舰队后卫，另一列冲向它的中央主队。后者是更好的机动，因为如果像絮弗昂坚持的那样，即进攻的先导舰沿敌军整条战列线从后卫驶至第6艘战舰，那么，它会遭到这6艘战舰的持续猛烈炮火打击，法军的战斗力会被严重削弱，其战列线也将被破坏。

絮弗昂对他的几位舰长没有积极参战非常恼火。他向大臣抱怨副司令："由于我在前导位置，根本看不到后卫出现什么情况。我曾指示德·特罗梅林向他附近的战舰发送信号，但他只是重复了我的信号，并没有敦促它们执行。"

2月6日，战斗爆发前10天，他已经给副司令写过一封信："假如我们足够好运，占据上风位的话，当英军的舰船不超过8艘，或最多9艘时，我的意图是包抄敌舰队后卫。譬如你的分队在后卫，你可以在这个位置看到有多少艘我方舰船与敌人的战列线重叠，然后用信号通知后卫分队进行迂回（即在下风面交战）……总而言之，我要求你命令你的分队采取你认为最适合保证作战成功的机动。拿下亭可马里和讷加帕塔姆，或许还能夺取整个锡兰，就会使我们有望进行一次全面作战。"

最后两句话体现了絮弗昂自己对印度海域军事形势的看法，它首先要求使敌舰队失去战斗力，其次是夺取某些战略性港口。这种判断是正确的，它把过去法国通常奉行的准则，即以攻占港口为先、消灭敌舰队为次的次序逆转了。絮弗昂最为迫切的目标是进行一次全面作战，而休斯的首要目标，是避免这种作战。所以休斯企图占领上风位是合乎逻辑的，也是正确的。2月在马德拉斯，海风大约11时从东南方吹来，他为占据上风位，驶向那个方向，虽然结果令他失望，但他采取的这种做法也许是正确的。休斯是怎样利用有利的风向的，只能用他自己说的话来进行推断——他寻求利用风向是为了进行更近距离的交战。

絮弗昂在给德·特罗梅林的指示中已说明了他对副司令职责的见解。在最初的战斗中，絮弗昂亲自引领主攻，把那些无论如何在攻击的第二阶段都会动用的预备队的指挥权留给了他的副手。但很不幸的是，这位副手完全没能够向絮弗昂提供支援。絮弗昂亲自做先锋可能不是出自于某种特定的理论要求，而是基于他的旗舰是舰队中最好的一艘帆船，加上天色已晚，风力很弱，必须迫使敌人速战速决的实际情况。不过絮弗昂这一次犯了个错误。像他这样亲自做先锋，一举一动很自然会让部下认为那就是示范。他自己的旗舰与敌舰保持一定距离没有靠近，在战术上有充分的理由，但是却导致尾随其后的舰长们很自然地为保持同样的距离而不顾信号指示。命令和示范之间是不允许发生矛盾的。在海上尤其如此，因为在那里，烟雾、微风和舰船上的索具让人很难识别信号，但它们几乎是仅有的通信手段。絮弗昂无法宽恕了解计划的副司令，他本应强令后卫舰占领下风位，如果有必要，应当亲自率领后卫舰行动。当时的风力足，实际上已有两位舰长在下风位交战，其中一位并没有接到命令，行动完全出自于个人的战斗意志和勇气。就像纳尔逊所说的："任何让自己的战舰与敌舰并排交战的舰长都不会犯大错。"这位舰长得到了絮弗昂的特别褒扬，这种褒扬本身就是一种荣誉和奖赏。

  2月17日的作战持续了两个小时，18时，作战随着风向变为东南风而宣告结束。风向改变后，英军占据了上风位，他们的前锋舰也能投入战斗。18时30分天黑时，絮弗昂利用右舷戗风改变分舰队航向，驶向东北方，休斯则扬帆向南行驶。根据法国海军上校舍瓦利耶的说法，絮弗昂打算次日再战。如果是那样，他本应采取措施不离英国分舰队太远。显而易见，休斯的策略是条件不利绝对不战——可以这样推测，他想让法军集中兵力攻打"埃克塞特"号战舰，利用牺牲它的办法，从容等待一次进攻。这种意图太明显了。第二天早晨，两支舰队已相互退出对方的视野。

北风继续吹着，休斯有两艘舰船受损严重，迫使他驶向亭可马里，在这个掩蔽港里可以让两艘重伤战舰获得修理。絮弗昂因为担心运输舰船，于是驶往本地治里，在那个港口锚泊。然后他希望进攻讷加帕塔姆，但陆军司令官决定占领古德洛尔。经过与海德·阿里交涉和协调后，陆军在波多诺伏南部登陆，再向古德洛尔推进。4月4日，古德洛尔被拿下。

絮弗昂急于进攻他的主要目标，于3月23日再度出发。他希望阻击预计从英国前来的2艘战列舰。但他的行动晚了一步，3月30日，这2艘配备74门舰炮的战列舰加入了马德拉斯的英国主力舰队。休斯已在亭可马里进行了两周休整，于3月12日再次驶抵马德拉斯。在和援兵会师后不久，休斯率领运载陆军部队和驻军用的军需品的舰船开赴亭可马里。4月8日，他发现絮弗昂分舰队位于东北方向，也在向南航行。休斯在接下来的两天里，靠着微弱的北风继续航行。11日，他驶抵亭可马里以北50海里的锡兰海岸，然后变向驶向亭可马里港。12日早晨，他发现位于东北方的法国分舰队正张满帆急速前进。这一天正是罗德尼和德格拉斯在西印度群岛遭遇的日子。然而形势则完全相反，在这里，是法国人而并非英国人在求战。

这两支分舰队里的舰船航速都不一致，每一方都有几艘铜板包底和非铜板包底的战舰。休斯发现他的慢船无法摆脱敌人航速最快的战舰——通常这种情况会迫使一支撤退舰队冒险一战，除非它能决定放弃后卫舰，否则在这种情况下，为保证分舰队的安全和效率，必定会使全体舰船保持一个规定的最低航速。同一天在另一个战场，由于相同的原因——一艘被分隔的战舰的危险处境，迫使德格拉斯无奈冒险进行机动，酿成了一场大祸。休斯有较充分的理由决定交战，于是9时他组成右舷饧风的战列线，并驶向海岸，分舰队队形比较好，舰与舰的间隔为2链[1]……休斯对这次战斗的叙述与絮弗昂的叙述再次不同。他对法国舰队司令使用的战术提出了完全相反的看法，而对其技术大加赞赏。

首先看一下休斯的叙述。

敌人位于东北方向，距离6海里，风向东北。他们持续机动，12时15分之前不断变换战列线中的各舰位置。为了与我们交战，他们变更航向，前锋的5艘帆船一起张帆，以便同我们的前锋交战，其他7艘帆船直趋我们中央主队的3艘战舰——"壮丽"号和它前后的"蒙茅斯"号及"莫纳卡"号。13时30分，敌我双方的前锋开始交战。3分钟后，我发出战斗信号。法军舰队司令在"英雄"号上，跟随旗舰的是"东方"号（这2艘舰都配备74门舰炮），这两艘舰向"壮丽"号迫近，进入手枪射程以内。"英雄"号继续留在阵位上，猛烈的炮击大约持续了9分钟，然后，带着重伤直取"蒙茅斯"号。当时"蒙茅斯"号正在与另一艘敌舰交战，这为从它背后进攻我军主队的敌舰提供了空间，这里战斗已经到了最惨烈的地步。15时，"蒙茅斯"号的后桅杆已被打掉，几分钟后，又失去主桅杆，它被迫脱离战列线，驶向下风位。15时40分，风意外地继续从遥远的北方吹来，而不是从海上吹来。为避免舰船与陆地碰撞，我发出信号，左舷饧风变向组成战列线，继续与敌人交战。

---

[1] 1链=66英尺=20.1168米

当时这里的兵力其实已经过于密集。在这里，英法两国最坚定的两位斗士之间展开最为激烈的苦斗。在这次战斗中，英国11艘战舰上的人员伤亡是：137人阵亡，430人负伤。中央主队的2艘战舰，即旗舰和前面另一艘战舰有104人阵亡、198人负伤。按照战舰的大小比例来看，这些伤亡比特拉法尔加角海战英军的2艘纵队旗舰的伤亡大得多。[1] 船体和帆樯等物资损伤更为严重。法军集中火力攻打英国分舰队的一小部分，使之完全失去了战斗力。战斗伊始，英国这支分舰队在数量上就处于下风，减少2艘后，劣势就越发明显，这就大大提高了絮弗昂行动的自由程度。

但絮弗昂究竟打算把兵力集中到怎样的程度呢？为弄清这个问题，我们必须看看两位法国作者的记载，[2] 他们的记载都以法国海军部絮弗昂本人的通信记录为依据。法国人得到的实质性利益也必须通过伤亡数字表和各舰受损情况对比进行考察。很明显，如果英法两军损伤总数相当，但英国分舰队的损伤集中在2艘舰上，会让这2艘舰在今后一个多月都无法参战，而法军的损伤分散在12艘舰船上，几天之后就能重新参战，因此战术性和战略性的胜利都属于法军。

至于絮弗昂的目的，没有迹象说明他想发动一次像休斯描述的那种进攻。由于他有12艘战舰，而英军有11艘，他的意图看上去是要使用英军惯用的战法——组成与敌舰队平行的战列线，一同冲上去，进行舰对舰作战。此外，他还多出一艘单舰，它准备

---

〔1〕纳尔逊在特拉法尔加角海战中的旗舰人员损失为，亡57人、伤102人。

〔2〕特鲁德：《1673年法国海上战争》；舍瓦利耶：《法国海军史》。

与在其下风位的英军后卫舰交战,从而让这艘敌舰陷入两面炮火夹击当中。其实,像休斯描述的那样,集中兵力攻打前锋和中央主队,从战术角度考虑,还不如集中同样多的兵力进攻纵队的中央和后卫。这种战术甚至也适合蒸汽舰船使用,虽然蒸汽舰船的动力部分不易受损,但仍需要掉转方向才能从前锋位置到达攻击阵位,这样会失去许多宝贵的时间。这种战术特别适合帆船,尤其适合在标志季风变化时期的飓风季节进行的战斗中运用。纳尔逊在强调他对自己同时代的俄国海军的轻蔑时说,他会毫不犹豫地进攻他们的前锋,并以此让俄军整个战列线陷入混乱,因为俄国人航海技术水平很低。尽管他对西班牙人的评价也好不到哪儿去,但在特拉法尔加角海战中,他还是把进攻主力集中到法西联合舰队的后卫上。在对付航海技术纯熟的休斯舰队的舰长们时,进攻前锋而不进攻后卫是错误的。要让后卫不能投入战斗,除非当时没有一点风。

  这位法军总指挥官意图发动的进攻完全是理论上的,实际上很难做到。要让一支舰队组成战列线保持在同一个方向上顺风航行,需要进行反复的训练,尤其是在舰船的航速差异很大时,就更需要反复训练。英舰"壮丽"号和"蒙茅斯"号受到极其严重的损坏,不可否认是因为兵力集中的结果,不能归于絮弗昂的部署。"'英雄'号在战斗开始时就已经受损,不允许它继续留在'壮丽'号一旁。因为'英雄'号的转帆索已被打断,不能及时让中桅帆转帆慢行,所以它开到前面,停泊在与'蒙茅斯'号的龙骨相垂直的位置上"。[1]这说明了"蒙茅斯"号已经受伤了,

---

[1] 1782年《年鉴》。

而且正在与一个强大的对手交战。"壮丽"号只有与紧挨它的另一艘法舰,即一艘同级的重型舰交战,才能摆脱絮弗昂。当"蒙茅斯"号漂流或驶向下风位时,法军旗舰也在漂流,在很短的间隔时间里,它用尾炮击中了"壮丽"号的舰艉。同一段时间,"壮丽"号的龙骨和舰后部也遭到2艘法舰炮击,这2艘法舰是在看到或者没看到信号的情况下来保护舰队司令的。

损伤情况调查表显示,与英军的损伤相比,法军的损伤更多地被各舰分担了。英军至少3艘战舰没有一人伤亡,而法军只有1艘。如果这些舰船的实际战斗力同舰级匹配,只计算舰炮数量的话,法军是106门,英军是69门。

战斗结束后,落日已经西沉,这两支舰队在水深15英寻[1]的地方抛锚,由于测量出了错,3艘法舰在珊瑚礁上搁浅了。两支分舰队相隔2海里,在这里停泊了一个星期修船。由于"蒙茅斯"号的损伤严重,休斯担心会受到攻击,但19日絮弗昂维修完后便出发了,法军驶至外海停泊了24小时,引起一场他不愿率先动手的战斗。絮弗昂敏锐地发现了敌人的处境,所以觉得有必要向海军大臣说明他行动的正确性,其中一条理由是他的舰长们缺乏效率,而且也不是那样诚心诚意服从他的指挥。

絮弗昂不会因为过于慎重出错。相反,他身为舰队总司令最明显的缺陷是热情过度,这样在遇到敌人时就变成了急躁,往往他还没有组成战斗队形就急于投入战斗。然而尽管絮弗昂在战斗的一些具体环节和执行过程中,以及在战术配合上,往往因为他本身的急躁和部下绝大多数舰长的缺陷经常受挫,可是在舰队总

---

〔1〕1英寻=1.8288米

司令个人实力的主要方面，即对战役的整体指导和战略方面，他的优势显而易见，而且让他取得了赫赫战功。他的热情还体现在工作中能充满活力，不知疲倦，这种工作精神非常有感染力。他那种普罗旺斯人克服困难的豪情壮志，使他能在物资极度匮乏的条件下筹措各种补给品，而且使每艘他指挥的战舰都受到他那种豪气的感染。任何军事课题都比不上絮弗昂在没有一座港口和补给的条件下，迅速而巧妙地持续休整舰队和占领阵地展现的教益和持久价值。与此同时，行动迟缓的休斯的维修工作却非常拖沓缓慢。

这次战斗使英军在6周之内，也就是在"蒙茅斯"号修复之前，已无法再战。絮弗昂的处境也不允许他立即再度发起进攻。他的人手不足，食品短缺，尤其缺乏备用的桅杆和索具。战斗之后，他在一封公函中写道："我没有备用的储备物件替换索具。整个分舰队至少短缺12根备用中桅。"一支补给运输船队预计会抵达加来角，这里和锡兰的其他地方，除了亭可马里外，仍是荷兰的殖民地。因此絮弗昂能够在亭可马里以南的巴塔卡罗锚泊。他的泊地位于休斯和准备出动的英国舰船之间，而且对保护驶往那里与他会合的己方运输船队有利。

6月3日，他前往丹麦领地德伦格巴，在那里停泊了两三个星期，骚扰马德拉斯与停留在亭可马里的英国舰队之间的交通线。离开德伦格巴后，絮弗昂开赴古德洛尔，同法军地面部队司令和海德·阿里联系。他发现海德·阿里对法国陆军将军不能积极合作很不满。絮弗昂博得了海德·阿里的好感，他希望絮弗昂在当时计划进行的远征结束返航时去看望他。这位海军准将坚信自己正确的直觉，决心再度找到英国舰队，而且要在战胜它以后，再去进攻讷加帕塔姆。在他身上不存在任何职业性的狭隘偏见，他一直都注意到必须在政治和战略上维护与海德·阿里的同盟，并保证对沿海和内地的控制权，但是，他清楚地认识到，优先需要做的就是使英国舰队丧失战斗力，获得制海权。尽管存在许多障碍，但他追求这个目标的韧性和活力，以及他对目标的敏锐洞察力，正是他能在众多法国舰队司令之中脱颖而出的突出优点。其他人和他一样勇敢，但他们的思想受到错误传统和错误观念的束缚。

同一时期，休斯给"蒙茅斯"号更换应急桅杆后，前往亭可马里。他的分舰队在那里得以休整，伤病员上岸进行治疗，但是由于英国占领亭可马里港的时间不长，还没来得及把这个地方变成一个军火库或补给港，因此他说："我打算从其他几艘舰船的多余储备中得到桅杆，给'蒙茅斯'号更换。"无论怎么说，他的资源情况都比对手要好得多。絮弗昂在德伦格巴停泊期间，为马德拉斯和亭可马里之间的英军交通线感到不安，休斯却在亭可马里港内安心锚泊。6月23日，絮弗昂来到古德洛尔的次日，休斯起航驶向讷加帕塔姆。于是，法英双方的舰队又相互接近了。絮弗昂一听说敌人已来到他可以与之一战的海域时，赶紧着手备战。休斯则静观其变。

出发前，絮弗昂抽空写了一封家信，信中说："自从我来到锡兰以后，一部分补给靠荷兰的接济，一部分靠我们在海上缴获的战利品，眼前的补给可供这支分舰队活动6个月，我储备的小麦和大米保证够用一年以上。"这种成就确实是值得骄傲和庆祝的。因为没有港口，而且资源匮乏，这位法国舰队司令曾经靠从敌人那里夺取补给度日。敌人的补给舰船和商船曾提供了他需要的物资。这种成就归功于他的才智和受他鼓舞的巡洋舰的行动。可是，他仅有2艘快速帆船，而进行这种掠夺战的海军将军必须主要依靠这一级舰船。3月23日，粮食和物资储备将近耗尽。6000美元资金和护航船队的粮食是絮弗昂当时仅有的物资。然后，他进行了一场激战，消耗了大量的索具、人员和弹药。4月12日一役后，仅剩的弹药只够再进行一次这样的激战。可是3个月后，他却能写出上面那样的一封信，即在没有进一步补给的情况下，他能够继续坚持6个月。这种成就完全归功于他本人的自力更生精神，也可以毫不夸张地称为他的大格局。这是巴黎方面没有预料到的，相反，他们以为这支分舰队会返回法兰西岛休整。完全出乎巴黎方面意料的是，这支分舰队留在一个敌对的沿海海区，距离本国最近的基地十分遥远，还能够保持住战斗力。絮弗昂的看法却不同，根据他正确的军事观察力和独有的专业性直觉，他认为在印度，军事行动的成功完全由制海权决定，而掌握制海权又取决于他的分舰队能够不间断地在海上出现。虽然人们总是认为法国人不可能取得制海权，但他仍不会退缩。

为了对这种打上天才标记的坚定精神进行正确评价，必须将他与他那个时代的背景和使他成熟之前的时代联系在一起考虑。

絮弗昂生于1729年7月17日，他在1739年和1756年的战争中服役（贵族子弟10岁从军的例子在当时并不少见）。1744年2月22日，他在土伦外海与马休斯进行的海战中首次经历炮战。他与德埃斯坦、戴吉尚、德格拉斯是同时代的人，正处于法国大革命之前。大革命时人民的暴动曾教育人们，一些通常认为不可能的事并不是真的不可能，而絮弗昂在拿破仑和纳尔逊之前，已经在嘲讽"不可能"这个词语。他的态度和行动在当时别具一格，他的崇高精神能经受住时间严峻的考验。絮弗昂坚信必须把分舰队留在阵位上，所以他不仅不理会军官们的抱怨，而且还敢无视宫廷的特别指令。当他到达巴塔卡罗时，他得到急报命令他返回法兰西岛。他没有趁机利用这些急报逃避职责，而是拒不执行，且提出了他的理由，并坚持认为，因为他在现场，所以能比在欧洲的大臣更好地判断形势需要采取的行动。这样一位将领应该比他在岸上指挥陆军部队时得到一些更好的部下和同僚。虽然从海上的总体斗争形势来看，他能否推翻英属东印度公司的势力仍然不能肯定，但可以肯定的是，在这三个国家的所有舰队司令中，没有谁能比絮弗昂更适合完成这项任务。我们将看到他会经历更严峻的考验，而他总能通过这些考验。

7月5日下午，絮弗昂的分舰队发现英军舰船在古德洛尔外海锚泊。一小时后，狂风大作，一艘法舰的主桅杆和后桅杆都被刮断。休斯已经起锚出航，两支舰队在夜间进行了机动。第二天，风对英军有利，絮弗昂发现自己处在右舷戗风的战列线上，借助西南风向东南偏南方向行驶。失去战斗力的那艘法舰因为无力活动且不能修复，所以双方投入战斗的战舰数量相同——各有11艘战舰。11时，英舰齐齐逼近，双方进行了舰对舰作战。

13时，激战正酣的时候，风向突然转为东南偏南风，使战舰的左舷舰艏逆风。"伯福特"号、"苏尔坦"号、"伍斯特"号和"鹰"号4艘英舰察觉海风即将来临，转舵向左，冲向法军战列线。其余英舰突然遇到逆风，于是变成逆帆，让舰转舵向右，舰艏转向下风。

在另一边，法军战舰，除了"钻石"号和"严肃"号外，舰艉都转向下风与英舰脱离。风向变化使英法两支分舰队的主力都分开了。但这样就让4艘英舰和2艘法舰处在两条战列线之间。法军的战术队形被破坏。"钻石"号远远落在阵位后面，进入2艘英国后卫舰"伍斯特"号和"鹰"号的炮火打击范围以内。这2艘英舰马上迅速将舰艉转向下风，靠近法舰。絮弗昂看到这种情况亲自上前助战，赶走了这2艘英舰，而这2艘英舰当时也受到另外2艘正在靠近的法舰威胁。这2艘法舰在此之前，就已奉命将舰艉转向下风位，向西行驶。

当上述这部分舰船仍在战斗时，英军的"苏尔坦"号与另一艘处境危险的法舰"严肃"号也在交战。假如法舰舰长德西拉尔上校说得没错的话，还有另外2艘英舰与"严肃"号对决。根据"严肃"号在战列线中的位置看，可能"伯福特"号也对它进行了攻击。无论如何，当时的情形可能是"严肃"号降下了国旗，但当"苏尔坦"号渐渐离开它时，"严肃"号又对这艘英舰恢复炮击。"严肃"号的舰长发出了投降命令，而且按照《国际法》的正式投降规则进行操作，他的部下拒绝投降，所以他们虽然降下了国旗，但还是向敌人开了火。其实法舰的行为意味着使用了可耻的"作战诡计"（ruse de guerre）。这艘战舰的舰长被絮弗昂停职遣返回国，后来被国王撤职。

这是絮弗昂在印度沿海进行的五次海战中，唯一由英国舰队司令发动进攻的一次。在这次战斗中找不到任何具有军事思想和战术协同性的迹象。但另一方面，休斯的才能、思维习惯和敏锐的海军将领的前瞻性，以及不需要证明的勇敢却不断展现出来。18世纪中叶，在英国平均水准的海军军官中，他的确是一位优秀的代表人物。尽管他对最重要的专业部分缺乏一般的了解，但更重要的是，他完全掌握了这个专业的其他细节，而顽强不屈的意志在很大程度上弥补了信号制造的错误。英国的舰长和水兵们也经常挽回舰队司令们的失误造成的损失，这些失误是舰长和水兵们都意识不到的，可能也是难以容忍的。这种顽强的性格在任何地方都没有像在与絮弗昂的几次海战中表现得那么明显。因为在其他地方都没有向他们提过这种要求。在《海军编年史》里，找不出会比"蒙茅斯"号在4月12日、"埃克塞特"号在2月17日的两次战斗中更惊心动魄的战例了。在这两次战斗中，这2艘英舰对数量上占绝对优势的敌人进行了孤注一掷而富有成效的抵抗。"在这次战斗行将终结时，'埃克塞特'号已经被毁得几乎成了一艘废船，舰长来到金海军准将面前，请示他如果2艘敌舰再次向这艘舰冲来的时候，应该如何使用这艘战舰。金简要地回答：

'除了坚持战斗到它沉没时为止，没有其他办法。'"[1]结果这艘战舰得救了。

与之相反的是，絮弗昂对舰长们的不当行为已经忍无可忍。德西拉尔被遣送回国，除此之外，还有2名舰长被解除指挥权，他们都是和权贵有关系的军人，其中一人还是絮弗昂自己的亲戚。不管这样处置多么必要，多么正确，但除絮弗昂外，很少有人会断然采取这种措施。当时他很清楚按军衔而论他只是一位海军上校[2]，哪怕对海军将官来说，也不允许用这种方法处置下

---

〔1〕1782年《年鉴》。

〔2〕直到20世纪，西方军队当中的军衔仍存在正式军衔和职务军衔的分别。在这次印度海域的军事行动当中，絮弗昂出任分舰队司令官，职务军衔为海军准将，但正式军衔仍然是上校。

属。"您也许会生气，阁下，"他写道，"我没能够早些采取严厉措施，但是我请求您记住，军队甚至都不曾给一位将官这种权力，何况我还不是一名将官。"

紧接着7月6日的战斗以后，絮弗昂超常的精力和军事才华开始明显地影响他和休斯之间的对决。在最近一次战斗中，英法两军的人员损失比为1∶3，对英军有利。另一方面，英军在风帆和桅杆——动力部件所受的损失显然更大。傍晚两支分舰队各自落锚，英国分舰队在讷加帕塔姆外海停泊，法国分舰队在古德洛尔外海下风位驻泊。7月18日，絮弗昂再次准备出海，而在同一天，休斯也恰恰打定主意前往马德拉斯，对战舰进行彻底维修。出于政治需要，絮弗昂对海德·阿里进行了一次正式访问，耽搁了一些时间。访问以后，他开赴巴塔卡罗，8月9日到达此地，等待从法国来的援兵和补给。21日，絮弗昂和援军会合，两天后，他出发前往亭可马里，当时他的分舰队共有14艘战舰。25日，法国舰队在亭可马里外海抛锚。次日夜间，法国陆军部队已全部登陆。他们赶紧建造炮台，发动强大的攻势。30日和31日两天，组成当地防御力量的两座英军堡垒投降。于是，这个重要港口被法国人掌握。絮弗昂认为休斯不久就会出现，于是欣然同意将陆战成果全都归功于当地的新任法国总督，而他本人则对拿下这座港口的实质成果十分满意。两天后，9月2日傍晚，几艘放哨的法国快速帆船发现了英国舰队。

这几个星期时间里，絮弗昂积极行动，收获颇丰，而英国舰队司令休斯却继续在锚地上安心锚泊，进行维修。根据对那个时代英国海军将领杰出才能的了解，如果休斯拥有那位强大对手具备的那种不知疲倦的精神，无疑能争取几天时间来避免亭可马里陷落的命运。他应该进行一次海战，来拯救那座港口。其实他本人的报告也证实了这种结论。报告指出，8月12日，他的舰船已将近休整结束，尽管担心亭可马里会受到攻击，但他还是直到20日才出发。亭可马里港陷落，让他不得不放弃印度东部沿海，因为即将到来的东北季风让这里变得不安全。他就此将一个重要的战略便利条件交到絮弗昂手中，这对印度各土邦统治者造成的政治影响就更不用多说了。

为了完整而准确地比较这两位舰队司令，有必要注意一下维修物资给他们造成的影响。7月6日的战斗之后，休斯在马德拉斯得到圆木、绳索、补给品、粮食和原料，但絮弗昂在古德洛尔一无所获。为了让分舰队能够拥有较好的战斗状态，除了低桅杆、帆桁、索具和帆等等，法舰还需要19根新的中桅杆。为了让战舰能够航行，絮弗昂只有把快速帆船和小型船只上的桅杆拆下来安装到战列舰上，再把捕获的英国战利品上的桅杆拆除，安装到这些快速帆船上，另外还派舰船去马六甲海峡采购其他所需要的圆木和木材。为了寻找修理船体的木料，絮弗昂把岸上的房屋拆了。他的锚地是一个一直有大浪侵袭的开阔锚地，而且靠近英国舰队出现的地方，加大了维修要面对的困难。但是，在总司令的监督下，维修工作正在抓紧进行。就像在纽约的豪勋爵一样，絮弗昂经常出现在工作人员当中，去鼓励他们。"尽管絮弗昂胖得吓死人，但他仍表现出年轻人一样的如火热情。哪里有工作，他就会在哪里出现。在他的得力敦促下，法军以难以想象的速度完成了最困难的任务。尽管他的军官们向他指出了舰队状况不好、战列舰需要一个港口这些问题。但他的回答是：'在我们拿下亭可马里以前，科罗曼德尔海岸的开阔锚地就是解决问题的地方。'"[1]正是他在科罗曼德尔海岸上的这种积极行动,才能够让亭可马里之战获得成功。絮弗昂用来作战的武器都是些旧货,但他的坚毅执着和足智多谋获得的功绩成为历史上永恒的榜样之一。

当这两位舰队司令的性格正影响着印度的这场战事时,法英两国政府也提供了一些永久性的教训。他们的政府所做的大量工作,让他们之间的实力恢复了平衡。在得知普腊亚港之战的消息后,英国内阁在1781年11月装备了一支规模庞大、组织严密的远征军——靠6艘战列舰组成的一支有力分舰队护航,由一位勤奋的军官率领——前去增援休斯。法国派出的增援就明显不够了,而且还分成几支小分队,显然法国人是靠隐蔽而不是靠实力来保护援兵的安全的。絮弗昂在与众多困难的事情斗争的同时,又得知前来增援他的分队在离开欧洲海域前所遭遇的各种挫折,有的被俘,有的被赶回法国。确实,直布罗陀海峡北面的小分队几乎没有安全可言。于是,他积极主动赢得的有利条件最终都丧失了。在拿下亭可马里以前,法军在海上占优,但在此后的6个月间,随着理查德·比克顿爵士指挥的英国援军到达,实力天平倾向了英国一边。

根据一向果断的行事风格,法国分舰队司令已准备在拿下亭可马里后,就立即采取行动。港口由一支强大的驻军来保卫,解除了絮弗昂守住港口的后顾之忧。像史上的名人一样,絮弗昂已做的事情和手上的兵力是匹配的。他还精准地发现了海上力量的运用范围和产生的影响。这位伟大的海军将领无意用战舰去负担

---

[1] 居纳:《絮弗昂传》。

保卫一个海港的重任，这只会束缚舰队的行动。他也不会拿他的重要战利品去冒险，如果休斯来攻击，依靠英国舰队的实力，不会只经过一战就夺取这个当时有众多驻军的港口。毫无疑问，进行一次成功的海战消灭或驱逐法国海上力量，英国人将会达到夺回亭可马里港的目的。但是，絮弗昂完全相信，不论在哪一天发生什么不幸的事情，最终他一定能在对手面前完全守住自己的阵地。

海港应当自行防御。舰队的活动范围是公海，与其用它防御，不如用它进攻，它的目标是不管在什么地方都能找到敌人的海上运输船队。絮弗昂当时再次看到了他面前的这支分舰队是英国控制海洋的支柱。他知道英国的强大援兵一定会在下个季节之前赶到，所以他急于一战。休斯因没有及时到达亭可马里非常懊恼，如果他能及时赶来与法军一战，哪怕战斗不分胜败，这个港口也不一定会失守，而事后的一次成功海战却不一定能收复它，所以他无意立即接战。照絮弗昂的话来说，休斯根据正确的判断，以整齐的队形迅速向东南方撤退。休斯按照最慢舰船的速度调整航速，并不停变换方向，导致法国分舰队从拂晓开始追击，却直到14时才赶上。英军的目的是把絮弗昂引到距亭可马里港尽可能远的下风位。这样如果絮弗昂的舰船丧失动力，就无法轻松返回亭可马里。

这次法国舰队用14艘战列舰对付英国舰队12艘战列舰。法军数量占优，加上对印度军事形势的正确估计，使絮弗昂与生俱来的求战热情大增。可是，他的舰船航行能力糟糕，而且由一些操作水平低下、满肚子不满的人员操纵。在这长时间令人大伤脑筋的追踪里，以上情况和发生的一些紧急情况让这位司令官的火爆脾气变本加厉。

两个月来，这些紧急状况已经加快了分舰队的行动。信号接连不断，机动一次又一次，只是让他队形混乱的舰船能够进入阵位。14时，他已经距港口25海里了，这时他的舰船有一部分已经组成了战列线，并且进入了敌人攻击距离之内。他发出信号，要求迎风行船，方便在最后冲锋之前校正队形。在执行这个命令信号时，出现的一系列失误让情况变得更糟。最后这位司令官没耐心了，30分钟后，他发出进攻信号。紧接着他又发出了冲进手枪射程进行近战的信号。因为他的部下在执行这则命令时既缓慢又迟钝，他再次命令一门炮开炮，在海上这样做是强调执行命令。倒霉的是，他自己舰上的舰员误认为战斗已经开始，于是旗舰上的所有舰炮都开始开炮。其他战舰也开始射击，虽然这些战舰已进入火炮射程一半的距离，但因为当时的枪炮性能限制，这些炮击的意义不大。一系列令人发怒的重大纰漏和差劲的海上作业技术，导致战斗一开始就对法军非常不利，尽管他们数量占优。

英军在撤退时一直张着方便操作的低帆，队列秩序井然，悄悄做好了战斗准备。相反，他们的敌人队形杂乱无章。7艘法国战舰在掉头迎风停船时，仍因为惯性继续缓慢前进，并且已在英国舰队前锋前方形成了不规则编队，距离英国舰队还很远，因此这些战舰在那里没有任何用处。法军的中央主队的战舰队形混乱，彼此相互重叠，妨碍开火。在这种情况下，战斗的全部压力都落在絮弗昂的旗舰和另外2艘支援他的战舰头上。同一时期，在后卫的最后方，一艘小型战舰在一艘大型快速帆船支援下，单独与英军后卫交战，由于根本不是其对手，不久便被迫败退。

几乎没有比这次战斗进行得更糟的行动了。参战的法国战舰没有互相支援，队形杂乱，乃至妨碍了自己的射击。法国战舰不但没能集中兵力，反而还让3艘几乎得不到支援的战舰遭到英军战列线集中火力打击。"随着时间的推移，我们的3艘战舰龙骨方向受到英国舰队中央主队攻击，并受到敌军前锋和后卫舰船的纵射炮击，损失惨重。两小时后，'英雄'号的帆已经被打得千疮百孔，所有操纵索具都被打断，再也不能动弹，'杰出'号也失去了后桅和主桅。"在这种混乱当中，出现了一些缺口，给比较积极的对手提供了一个极好的机会。"如果敌人现在戗风变向的话，"法军参谋长在他自己的航海日志里写道，"我们就会被打散，而且很可能被歼灭。"这次战斗中的全部正确部署没能完成而造成的错误，加剧了法军的损失。法军参战舰船有14艘，战斗中有82人阵亡、225人负伤。其中3艘受损最重的战舰有64人阵亡、178人负伤。这3艘战舰中有2艘失去主桅、后桅和前桅，换言之，这2艘战舰已经完全没用了。

  这次战斗，很大程度上重复了4月12日休斯的2艘战舰遭遇的灾难（但这次遭难的是法舰）。当时由于英国舰队处在下风位，而且它们的兵力较弱，所以这位英国舰队司令被迫按对手的条件应战，而在这次战斗中，损失却落到了进攻方身上，进攻方占据了上风位的有利条件，本来就拥有数量优势。在这次战斗中，所有的荣誉必须归于休斯，尽管他不爱冒险，而且没有表现出战术技能或者迅速审视局势的眼光，但他在选择撤退方向和保持编队航行秩序方面，表现出良好的判断力和管理能力。絮弗昂坦率却把责任归咎于他的舰长们。可是许多被这样指责的军官们在絮弗昂和其他将领指挥下，以前都表现良好，而且，追击队形本来就参差不齐，絮弗昂又接连不断地发出信号加剧了混乱，最后还有几位舰长经验不足。无疑,有些不幸事故应当归咎于絮弗昂的暴躁性格和考虑不周的鲁莽行事作风,他那小心而慎重的对手不知不觉地利用了他的这些缺点。

休斯在他的报告里没有任何对舰长的埋怨。在战斗中英军6位舰长倒下了。他对每一位都进行了简洁明了的真诚评价,而对幸存者,他给予了特别奖励和表扬。

这两位指挥官之间的鲜明差异和双方舰长之间的显著差别,使这次海战在海军战役当中具有特殊的指导意义,从中体现出的经验教训,同有史以来的全部军事历史经验完全一致。絮弗昂有天赋,有才能,坚韧不拔,拥有卓越的军事思维,是一位造诣很深的水兵。休斯明显已经掌握水兵需要的全部专业技术,也许他可以像部下任何一位舰长那样,很好地指挥一艘战舰,但在他身上却找不到一位将官应具备的素质。另一方面,我们也无须再强调英军中下级军官拥有的纯熟、精确的技术,很显然,不管归咎于什么缘故,一般来说,法国军舰与对手的单舰相比,操作水平明显相差太多。絮弗昂宣称有四次,实际上是三次,下级军官的素质差别,使英国分舰队免遭灭顶之灾。优质部队往往能为糟糕的指挥官修正某些错误,但更优秀的指挥官会取得最终胜利。这就是1782年和1783年在印度海域令人瞩目的事例。

战争使这场斗争暂告段落,但结局还没有明朗化。9月3日的战斗就像7月6日那样,因为风向变成东南风而结束战斗。东南风来临的时候,英军战列线的舰艏转向下风位,用另一舷戗风再次组成战列线。法军也把舰艏转向下风位,他们的前锋舰因为当时占据上风位,顺风向进入本方失去战斗力的战舰和敌战列线之间。落日西沉时,休斯转向北方航行,放弃了收复亭可马里的希望，他对能给予能干的对手猛烈的还击已心满意足。

在亭可马里外海海战结束后不久，絮弗昂的意志受到严重考验，在返港的时候，一艘配备74门舰炮的"东方"号在岸边搁浅，由于处置不当，法军被迫弃舰。唯一欣慰的是，能把它的圆木省下来装在2艘桅杆受损的战舰上。其他损坏的桅杆像以前一样，用快速帆船上拆卸下的桅杆顶替，战斗蒙受的人员损失也靠这些舰船补充。絮弗昂像以前一样，抓紧修理舰船，而且在港内采取充分的防御措施。9月30日，絮弗昂率分舰队起航开赴科罗曼德尔海岸，那里关系法国人的利益，正迫切需要它们。絮弗昂在4天之内到达古德洛尔。就在那里，另一位无能的海军军官在选择锚地时，使一艘配备64门舰炮的"奇异"号战列舰被毁。接连损失了2艘战舰，絮弗昂在下次与敌人遭遇时，就只能以15艘战舰对敌军的18艘战舰。最终结果就完全依靠个人能力和细致程度了。休斯位于北面90海里的马德拉斯，他在上次战斗结束后就来到这里。他报告他的舰船损伤严重，但受损情况比较均匀地由每一艘战舰来分担，这些损伤很难证明他没有趁机给已经受损的法军舰船造成更大的损害是正确的。

这个季节，已经持续四五个月的西南季风变成了吹向印度半岛东部沿海地区的东北季风，这里没有良港。季风引起的汹涌海浪使舰船难以靠近海岸，也会阻碍舰队去支援陆军。强飓风也往往标志着季风的变化，所以这两位司令官都被迫退出他们所在的海区，舰船留在这里不但起不了什么作用，而且还很危险。如果亭可马里没有失守的话，根据当时分舰队的情况，休斯很可能会在那里等候即将从英国到来的援兵和补给，虽然这个港口不是很发达，但它安全可靠，地理位置也不错。比克顿早就到达孟买，当时正率5艘战列舰开往马德拉斯，鉴于这种情况，休斯认为必须前往孟买躲过这段时间。他之所以在10月17日起航，纯粹是被飓风赶到了海上。经过4天，比克顿错过休斯，来到马德拉斯，他积极地起航，11月28日，再次进入孟买。休斯分舰队的舰船被风暴驱散，而且受到损坏，几天后，才逐渐集合。

絮弗昂留守亭可马里，但做这个决定真不容易。这座港口很安全，他不用担心英国舰队的进攻，但另一方面，即将来临的季风季节会流行疫病，在这里是否能得到保障舰员健康需要的粮食也让人担忧。简单来说，虽然该港的兵力和地理位置具有战略价值，但当地资源贫乏。相对于亭可马里，阿彻姆是另一个备选港口。这座港口位于孟加拉湾另一边，在苏门答腊岛西端。这是一个热闹的海港，能够供应粮食，而且从它的位置和东北季风的关系来看，能让在港内的舰船比在孟买港的舰船更快地再次回到科罗曼德尔海岸，在这里等到东北季风季节慢慢过去，在科罗曼德尔登陆就更加切实可行。但是，这些简单的考虑并不是絮弗昂要面对的实际困难中的唯一因素。这次海战之后这些微不足道的成绩根本不能掩盖这样的事实，即取得满意的结局是有可能的，但那在很大程度上要由他来承担压力。因为法国人的策略是分几小股派出援兵，这样不但损失大，而且被分散的部队在其他地方的活动情况也很难了解。这种不确定性、损失和耽误会对印度的政局产生极大影响。

在絮弗昂第一次来到科罗曼德尔海岸时，英国人不但控制着海德·阿里，而且还笼络了马拉塔人。1782年5月17日，英国人和马拉塔人签订和约，但是双方直到12月才交换批准函。在马拉塔人和海德·阿里的宫廷中都存在利益再分配问题。海德·阿里和马拉塔人两股势力中的法国代理人虽然有所顾忌,但可能还没有得知谈判的准确情况,因此所有的事情都取决于法国人自己和英国的军事实力对比。絮弗昂的到来和他的作战行动是法国必须夸耀的——他拥有名声显赫的才能,他拿下亨可马里,在战斗中获得胜利。被困在古德洛尔的法国陆军依靠海德·阿里提供的金钱、粮食和援兵,甚至连舰队也要求他提供金钱、桅杆、弹药和粮食。另一方面,英国人维持了他们的领地。虽然英国人总体来看被打败了,但他们没有损失舰船,而且据说比克顿的强大分舰队已经来到孟买。最重要的是,在法国人到处筹钱的时候,英国人手头却十分宽裕。

要是没有和当地土邦结盟,法国人就不可能战胜他们的对手,所以他们必须阻止海德·阿里同英国议和。在这方面,法国政府没有提供足够的支援,部署也出现了很多纰漏。法军在印度的指挥权,包括地面和海上,都授予陆军的德·比西将军,他曾与迪普莱克斯全力合作过,但他已经是一个64岁的痛风病人。为了保密,1781年11月,德·比西率2艘战列舰从加的斯出发,开往特内里费岛(在西班牙),在那里,他将与12月离开布雷斯特的一支运输船队会合。但是,该运输船队大部分被英国俘获,只有2艘逃脱与德·比西会合。德·比西继续航行,后来在好望角得知,比克顿的强大部队正在路上,无奈之下,他只能让大部分陆军部队在当地登陆。5月31日,德·比西到达法兰西岛。4月起航驶向印度的另一支18艘运输舰船组成的法国护航运输队也被截击。护航的4艘战列舰,有2艘被俘,还有10艘运输舰船也同时被截击,其余船只只得返回布雷斯特。第三支分队比较幸运,5月到达好望角,但是因为舰船和船员的状态不好,它们在那里滞留了两个多月。

这些令人沮丧的消息促使德·比西决定,在期待的舰船从好望角到来会合之前一直留守法兰西岛。在这种紧要关头,絮弗昂却对那里的情况完全不了解。德·比西将军只是在给絮弗昂的信中写道,由于不能在这糟糕的季节结束前到达科罗曼德尔海岸,他们应该在阿彻姆会师。这些不确定因素让海德·阿里很苦恼,他一直期待德·比西9月能到,但一直没有音讯,得到的反倒是英军比克顿部已经到达,还有他的老盟友马拉塔人背叛的消息。尽管自己都已经没有信心了,但絮弗昂还是不得不强作乐观,因为只有这样,才能用他本人的性格和成就影响海德·阿里,敦促其决心继续这场战争。一切都安排好之后,絮弗昂于10月15日率分舰队驶离科罗曼德尔海岸,在11月2日到达阿彻姆。

3星期后,德·比西派来的一艘船来到阿彻姆,带来部队因疾病猖獗,起程日期无限期推迟的消息。絮弗昂因而决定赶紧率部返回印度沿海,并在12月20日出发。1783年1月8日,他在位于古德洛尔东北500海里的根贾姆外海锚泊,他的进攻目标不但有沿海航行的船只,还包括沿岸的英国工厂。12日,他从捕获的一艘英舰上得到海德·阿里去世的噩耗,事关重大,絮弗昂放弃了所有小规模行动,立即前往古德洛尔。他希望通过他的出现来确保同盟的存续和法国驻军的安全。2月6日,他抵达目的地。

絮弗昂不在的4个月时间里,德·比西的部队迟迟没到,比克顿却先到了,他带领英国分舰队在印度半岛东西海岸夸耀武力,这两件事已经严重打击了法国人的士气。英国和马拉塔人之间的和约已经得到批准,英军摆脱了和马拉塔人的战争,且得到增援，已经在半岛西南部马拉巴尔海岸进攻迈索尔王国的领地。虽然法国人竭力维护东海岸的新首领，但英军对西南海岸的牵制攻势必然会对东海岸产生影响。这时，法兰西岛陆军部队之间流行的疾病，已在11月初停止扩散。如果当时德·比西不推迟出发，他可能早已在卡纳蒂克与絮弗昂会师。如果那样的话，法国人不但有把握控制住海洋，岸上的形势也会对法国人有利。当时，休斯在两个月内根本不可能赶到。

孤立无援的絮弗昂在和迈索尔新统治者蒂普塞波联系后，就赶去亭可马里。3月10日，德·比西终于率3艘战列舰和大批运输舰船到亭可马里与絮弗昂会师。因为急于让部队登陆作战，3月15日，絮弗昂先率航速最快的战舰出动，陆军部队第二天在波多诺伏登陆。4月11日，他又回到亭可马里。在港口航道附近意外同休斯舰队的17艘战列舰遭遇，因为他只带着部分战舰，所以并未求战，英军便继续前往马德拉斯，当时正刮着西南季风。

由于蒂普塞波在半岛的另一侧遭到攻击，德·比西又毫无魄力，而位于海岸附近的休斯兵力占优，法国人在岸上面对的形势日渐恶劣。絮弗昂只有15艘战舰对英军的18艘战舰，他不愿驶向亭可马里的下风位，生怕没等到他返回，亭可马里就已经陷落。由于上述情况，英军从马德拉斯向前推进，经海路绕过古德洛尔附近海区，到达当地南部安营。英国的补给舰船和轻型巡洋舰在靠近陆军的海岸附近停泊。休斯与重型舰船在20海里以南的海域锚泊，那里位于上风处，可以掩护其他部队。

为了证明絮弗昂以后采取的方针是完全正确的，有必要强调一下，虽然德·比西是陆海军总司令，但他并没有冒险命令絮弗昂离开亭可马里去支援他。当德·比西感到非常危急的时候，他告诉絮弗昂不要离港，除非得到陆军在古德洛尔被包围，而且海域被英国分舰队封锁的消息。6月10日，絮弗昂收到了这样的信，于第二天出发，48小时后，他的快速帆船发现了英国舰队。13日，经过一场激战，法国陆军被围困在城墙单薄的城里。一切结局都将由舰队的行动来决定。

絮弗昂一出现，休斯便撤离，退到离城四五海里的海面停泊。碍事的风整整刮了3天，16日，季风恢复，絮弗昂开始逼近。休斯不想在锚地和下风位置迎战，就立即出发，占领上风位比阻止法国陆海军会师更加重要，尽管他数量占优，仍然继续顶着南风或东南偏南风驶向外海。絮弗昂也在同方向迎风航行，当天晚上和第二天又进行了一些机动。17日20时，法国分舰队没有被英军引到外海，而在古德洛尔沿岸抛锚，与德·比西总司令取得了联系。驻军赶紧调集1200人上舰，补充舰炮炮手的大量缺额。

出人意料的连续西风，使休斯失去了他寻找的有利条件，最后他只能在20日决心应战并等待敌人发起进攻。絮弗昂率先抢攻，用15艘战舰进攻英军的18艘战舰，战斗从16时15分一直持续到18时30分。双方损失相差无几，英舰抛弃了他们的陆军，撤出战场，向马德拉斯返航。絮弗昂在古德洛尔港外锚泊。

英国陆军的处境变得十分困难，陆军赖以生存的补给舰船在20日战斗之前就已逃之夭夭，指望这些舰船返航已无可能。蒂普塞波的轻骑兵从陆路骚扰英军的交通线。25日，英军总司令写道："自从舰队离开，我心中的焦虑不安一刻都没停过，考虑到絮弗昂的性格和法军现在的巨大优势，我们只好听天由命了。"缔结和约的消息，让他从忧心忡忡之中解脱，这个消息在29日和休战旗一起从马德拉斯传到了古德洛尔。

如果还对这两位海军指挥官的功绩之比存在疑问的话,在战役最后几天,这些疑问就会全部消失。休斯以病号多和缺水为由放弃了这次对战。絮弗昂在亭可马里的困难绝不比他少。[1]哪怕絮弗昂在亭可马里的兵力占优,那也只能让我们退一步去考虑这种争论,因为絮弗昂拿下亭可马里靠的是卓越的将才和积极主动。他用15艘舰迫使18艘敌舰放弃封锁,从而拯救了被围的陆军,补充了自己的舰员,还打了决定性的一战,这些很简单的事实确实给人们留下了无法磨灭的印象。[2]经过与絮弗昂的多次交手,休斯的自信心可能已严重动摇。

虽然交给德·比西的议和消息是非官方信件送来的,但这些消息的可信度很高,没有理由再继续流血了。两国在印度的当局达成了协议,并于7月8日终止一切敌对行动。两个月后,官方的紧急公报送到本地治里的絮弗昂手中。他对公报的看法值得引用,因为这番话说出了曾使他表现非常出色的信念正被苦闷包围。他说:"感谢上帝恩赐和平,很明显,虽然我们在印度曾有强制执行法律的办法,但这一切都已不复存在。我焦急地等候你的命令,而且由衷祈祷能让我赶快离开。只有战争才能使人忍受

---

〔1〕絮弗昂没有一艘单舰的船员超过编制的3/4。还必须补充的是,所剩不多的船员中,一半是法国陆军士兵和印度士兵。

〔2〕"你已经知道我已晋升分舰队司令并晋级海军少将。现在谨以至诚相告,而且只告诉你一人,自那以来我所做的事情同我以前所做的事情相比更有价值。你知道夺取亭可马里和亭可马里之战,但在战役的最后阶段,即3月至6月下旬期间的行动,比我进入海军以来所做的所有事情都更为重要,结局对国家非常有利,因为这支分舰队正处于危机之中,而陆军已经失利。"(《巴耶·德·絮弗昂航海日志》引用的絮弗昂1783年9月13日的私人信件)

某些令人厌恶的事情。"

　　1783年10月6日，絮弗昂终于离开亭可马里返回法国，在法兰西岛和好望角进行了短暂停留。归国途中，他受到民众持续、自发的热烈欢迎。在他访问的每一座港口，不同地位和不同国家的人，都给予他最殷勤的赞美。尤其让絮弗昂高兴的是英国舰长们向他表达的敬意。在休斯和絮弗昂的几次交战中，除了最后一次之外，每次英舰都不超过12艘。但已有6名英国舰长在对抗他的顽强战斗中献出生命。在絮弗昂抵达好望角时，结束战争归国的休斯的9艘战舰组成的分队也在港口里锚泊。以"埃克塞特"号的勇敢分队司令金准将为首的英军舰长们都渴望会会这位法国舰队司令。"善良的荷兰人已将我视为他们的救星来接待，"絮弗昂写道，"但在这些令我欣慰的赞誉中，没有什么能比这里的英国人对我表达的敬意和体谅使我更高兴了。"一回到本国，他就得到了各种奖赏。当初离开法国时，他的正式军衔还是海军上校，归国时，已成为一名海军少将。在絮弗昂回国后不久，国王就授予他王国的第四个海军中将衔，这是一个特殊的、终身拥有的军衔，到他去世时才失效。这些荣誉是他自己赢得的，是对他在实战中，在克服所有令人忧心的事态中，解决补给匮乏和应对其他不幸事件时，坚守阵位所表现出的坚定不移的意志、不屈不挠的精神，以及才华的奖赏。

　　不管在整体作战指挥中还是在敌军炮火横飞的战场上，这种高贵的精神是絮弗昂的突出优点。他很清楚而且坚信必须觅得和歼灭敌舰队，如果将这一点和他精神上的突出优点联系起来，我们就会看到他在军事方面具有的主要素质。消灭敌舰队的信念是他的指路明灯，而坚韧不拔的精神则是支持他行动的灵魂。作为战术家，从舰船操作者的角度来看，在训练所有舰船在作战和机动时保持一致的秩序方面，他似乎还有些欠缺，而且他自己还可能带着几分轻蔑的态度承认这个弱点。然而，这样蔑视战术，哪怕他天赋过人，也是不安全的。整齐一致和准确的机动对发挥一支舰队的总体力量非常必要，不应该被低估。集中兵力是必要的，絮弗昂也是正确地这样去做的，但他往往不太重视事先部署来确保兵力能够集中。虽然听上去似乎有些矛盾，但确实只有都进行正规活动的舰队才能召之可战。只有让舰长们熟悉训练场上出现的各种转换阶段的特点，才能指望他们毫不犹豫地抓住战场上出现的独立战机。豪勋爵和杰维斯很可能为纳尔逊的成功铺平了道路。絮弗昂对他的舰长们期望太多，他有权期望比他事实上所得到的支持更多的东西，但不是他们对形势的先知先觉和坚定精神，这些东西除了个别有天赋的幸运儿，其他人只能通过实践和经验来获得。

絮弗昂仍是一位非常伟大的人物。去除他的所有不足之处，他不屈不挠的英勇气魄、面临危险的无畏责任心、行动时的当机立断，还有引导他打破常规的准确直觉，为海军坚持能够获益的核心原则，通过进攻消灭敌舰队来确保对海洋的控制权的才华必定会永存。如果他的那些部下们能像纳尔逊的部下那样训练有素，那在英国援军来到之前，休斯兵力处于劣势时，消灭他的分舰队几乎不成问题。因为有英国舰队在，夺取科罗曼德尔沿海地区几乎不可能。这片海岸的陷落会对印度半岛的命运和和约条款造成怎样的影响只能推测。絮弗昂本人的希望是通过在印度取得优势，来促成光荣的议和。

从此以后，絮弗昂再也没有得到在战争中建立功勋的机会。

他一直在岸上，光荣地度过余生。1788年，当法国与英国产生纠纷时，他被任命为在布雷斯特武装起来的大舰队的司令。12月8日，他在离开巴黎前突然去世，享年59岁。他在战场上的昔日对手，爱德华·休斯爵士在1794年去世。

第十三章

约克城陷落后西印度群岛上发生的若干事件
德格拉斯与胡德的遭遇战
1781年和1782年圣基茨海战

康沃利斯投降标志着北美大陆大规模战争行动的终止。事实上，从法国用海上力量支援北美殖民者那天起，这场争斗的结果就已经注定，而一个时期的决定性特征全部集中到一个令人瞩目的事件上，也不是稀罕的巧合。从一开始，军事问题就取决于制海权，以及怎样去利用制海权。这是由美国的自然特点决定的，它有一条漫长的海岸线和一些深入内地的港湾，从而使水路调度比陆路调度更加便利可行。1777年，在英国的威廉·豪爵士将陆军调到切萨皮克，而不是去支援伯戈因将军的前进时，这次决定性的错误为起义军在萨拉托加取得震惊世界的大胜奠定了基础。当时，欧洲人看到英国6000名正规军向一帮北美乡间民兵投降惊诧不已。在后来的4年时间里，直到约克城投降为止，一切都取决于英法两国舰队谁能率先出现，以及它们的实力对比。

海上战争曾一度转到西印度群岛。在西印度群岛海域发生战争之前，絮弗昂在印度作战和直布罗陀海战，都与战争的结局和议和条件关系十分密切，乃至促成了这场战争剧的最后一幕，并且成为过渡到下一次战争的垫脚石。西印度群岛海战取得了虽然不是决定性但很耀眼的战果，以它为一场大海战战史结局真是最合适不过了。

1781年10月19日，约克城英军投降，德格拉斯没有听从拉法耶特和华盛顿对舰队应该协助将战争向大陆南方推移的建议，在11月5日离开切萨皮克湾。26日，他到达马提尼克岛。在他到达前一天，指挥西印度群岛法国陆军部队的德布耶侯爵，通过大胆突袭收复了荷属圣厄斯塔岛。这两位海陆军司令官计划一同远征巴巴多斯，但因为猛烈的信风而没能成行。

远征巴巴多斯未果后，他们便着手攻打圣克里斯托弗岛，即圣基茨岛。1782年1月11日，法国舰队运载6000人的陆军部队，在这个岛的首府巴斯特尔西岸附近抛锚。法军登陆时没有遭到任何抵抗，英军600人的一支小规模驻军撤往西北10英里远的布里姆斯顿山上的防御工事，这是一个孤立的陡峭高地，可以眺望该岛的下风海岸。法军登陆后继续追击，但他们发现这个阵地非常牢固，难以很快攻破，于是开始围困。

法国的舰队仍在巴斯特尔的开敞锚地锚泊。塞缪尔·胡德爵士得知法军进攻的消息（他从北美大陆曾一直跟踪德格拉斯，而且在罗德尼连续缺阵期间担任本地的海军总司令），14日从巴巴多斯出发，21日在安提瓜落锚，还运来了所有能抽调的陆军部队——大约700人。23日下午，舰队起航开赴圣基茨岛，舰船利用风帆调整速度，以便舰队翌日天亮就进入能攻打敌人的地点。

从数量来看，英军仅有22艘战舰对法军29艘战舰。比较两军的舰级，法军兵力也占优势。胡德密切关注着这个岛屿的近海状况。因为尽管他的意图被证明毫无效果，但他在之后3个星期里的作战指挥却成为整场战争中最耀眼的军事成就。圣基茨和尼维斯这两个岛屿之间由一条战列舰都不能通过的狭隘水道相连，形成一个整体。两个岛的共轴线呈西北—东南向，帆船必须借助信风才能绕过尼维斯岛最南端，从那个位置，乘着信风可以一路无阻地到达这两个岛屿下风岸的所有锚地。巴斯特尔距尼维斯最西面的海岬查尔斯堡约12海里，它的开敞锚地位于东、西两岸。法国舰队无序地在那里锚泊，重叠成三四行，法国人没料到会被袭击。如果不逆风换舷行驶，在开敞锚地西端的战舰就不能到达东端停泊的战舰位置，那样会较长时间都暴露在敌军炮火下，非常冒险。最要紧的一点是，所有位于东端的战舰这样锚泊，使敌战舰从南面借风就能够进入法国人的锚地。

因此，我们断定胡德企图让舰队在天亮时出现是为了作战和进行战斗准备，他打算袭击东端的法军战舰，再让他的整支舰队在法舰一边列成纵队推进，这样可以用全部炮火集中射击几艘敌舰，然后离开，避开其他敌舰的打击。他意图先将舰艏转向下风，然后戗风转向，让他的舰队维持较长的队形，在选中准备进攻的那部分敌舰一旁沿弧线迂回经过。这是一个大胆到接近莽撞的计划，但原则上毫无疑问是合理的，随着计划的实施，可以期待取得较好的战果。除非德格拉斯的备战工作比他至今所做的更加充分，否则胡德甚至能够期望获得决定性胜利。

但是，制订得最完善的计划执行起来也可能失败，因为一位值夜班的海军上尉的差劲行为，让胡德的计划变成了泡影。这位上尉在夜间让舰队先头的一艘快速帆船顶风停航，结果被一艘战列舰撞翻。战列舰也因此被损坏，为修复舰船花了几个小时，耽误了行动的时间。另外，法军也得到了敌军正在迫近的警报，虽然德格拉斯对胡德企图发动进攻并没有顾忌，但他害怕胡德会迂回到他的下风位去打乱对布里姆斯顿小山的包围。德格拉斯这样轻率地觉得一支劣势英国舰队会采取这种行动，很难想象他是怎么想到这种行动的，以及为什么会这样忽视自身泊地位置的防御。

24日13时，法军发现英国舰队正在绕尼维斯岛南端行驶。15时，德格拉斯出发并向南驶去。落日西沉时，胡德也顶风换舷向南航行，好像是在撤退，但他正好处在敌人的上风位而且一整夜都保持着这种有利条件。第二天拂晓，两支舰队都处在尼维斯岛的下风位置——英国舰队靠近尼维斯岛，而法国舰队距离这个岛大约9海里。两支舰队都花了一些时间来机动，胡德舰队的目的是将法军舰队司令引到更下风的位置。因为胡德在初次尝试失败后，已经采取了更大胆的想法，要去占领技艺不精的对手已经离开的锚地，还打算在那里为自己建立一个牢不可破的基地。胡德成功了，具体情况今后再说明。为了理解无异于冒险的行动是正确的，就一定要指出，胡德这样就让自己插入围攻布里姆斯顿山的法军和法国舰队之间，如果法国舰队在山附近锚泊，英国舰队将位于法国舰队与它们在马提尼克岛基地之间，随时能阻截从南面逼近的法军的补给船和分遣队。简单来说，胡德希望为自己建立基地的地方正好位于敌军交通线侧翼，这是一个比较有利的阵位，因为仅靠这个岛本身无法长时间支撑突然增加的大批部队。另外，两支舰队都期待援兵到来。罗德尼正在路上，而且可能率先及时到来拯救圣基茨岛。他确实率先到达，但还是没来得及拯救圣基茨岛。自从约克城会战以来，不过4个月时间，英国的状况就开始变差。胡德了解自己和他的军官们，还要补充一点，他也了解他的对手。

中午，英国舰队迅速右舷戗风组成战列线，向北开赴巴斯特尔。这时，法国舰队正排成纵队向南行驶，但很快又逆风换舷再以雁行队形向敌人推进。14时，英国舰队已经驶出相当远的距离，胡德发出信号命令战舰落锚。14时20分，法国舰队前锋突进英军中央主队射程以内，随即开始开火。这些进攻舰船把其主要火力都对准了英军后卫舰船，和绝大多数长纵队一样，英军后卫舰船的队形拉得很开，而后卫第4艘战舰"谨慎"号的迟缓行动又加大了这种分散趋势。配备120门舰炮的法军旗舰"巴黎市民"号悬挂德格拉斯的将旗，企图占领被打开的缺口，但被配备74门舰炮的"加拿大"号挫败，"加拿大"号舰长康沃利斯（英国陆军将军康沃利斯勋爵的胞弟）把所有帆升成逆帆，在"巴黎市民"号这个庞然大物面前停下，以支援后卫舰船，"坚决"号和紧随而上的"贝德福德"号按照它的示范行动起来。英军舰队前锋避过进攻，就在指定位置迅速落锚。英军中央主队的舰队总司令十分信任舰长们的技术和指挥才能，认为他们可以应付变化中的战局，于是发信号给前方的舰船，令它们不要管后卫面临的困难，张满帆去占据阵位。英军后卫舰船遭到法舰紧逼，数量上也被压倒，可它们在敌军炮火的轰隆声中，坚决地继续向同一方向缩帆行驶，并组成战列纵队依次落锚。法国的舰船成纵队开炮，然后再次起航向南航行，把它们的泊位留给了兵力较弱但更加聪明的对手。

胡德极为出色地夺得的锚地和前一天德格拉斯占据的锚地并非完全一样。因为他占据的锚地可以掩护和控制德格拉斯原先的锚地，所以他主张占领这个对方放弃的地方完全正确。之后的夜间和第二天上午，英军都在变换和加强队形。前锋战舰停泊在巴斯特尔东南约4海里处，靠海岸很近，任何舰船也不能从它们的内侧通过，哪怕凭借当时盛行的大风也不可能到那个位置，因为外侧正好有一个小岬和一片浅滩掩护。战列线从这个地点向西北偏西方向延伸，直到第12或第13艘战舰的位置（1.25～1.5海里），逐渐变向，然后迅速向北，最后6艘战舰从南到北列成一线。配备90门舰炮的旗舰"巴弗勒"号位于英军战斗队形凸出部顶端。

只要胡德继续在那里留守，就不会容许法国人占领曾经的锚地和所有其他下风位的锚地。所以，法国人必须把英军逐出，但因为胡德已经慎重地做了上述的战术布置，要做到这点是非常困难的。胡德的左翼由海岸掩护。要采用沿队列另一侧通过的方法，对英军正面实施纵射炮击的任何意图都会受到英军后卫呈T字队形的6艘或8艘战舰所有舷炮的反击。英军正面控制了到巴斯特尔的通道。信风又阻断了从西北方向进攻英军后卫的意图。此外，进攻必然会变成航行舰船和锚泊舰船对战，损失桅杆对锚泊舰船没有直接影响，它们能利用转向锚索[1]。也就是说，英军能够非常方便地大范围让舷炮进行机动。

然而，正确策略和耻辱感推动德格拉斯必须一战。次日，即1月26日，他用29艘战舰组成单列纵队进攻一条精心安排的战列线，这种进攻方式是极端错误的。胡德曾打算这么做，他想在法军原先的锚地上突袭一支队形混乱的敌舰队，极少地在敌舰队集中火力前暴露，到达其东面的舰船位置。但现在的情况不一样。法舰在南面列队，正向胡德的战列线东侧前进。当法军前锋舰逼

---

〔1〕转向锚索是一条从抛锚船的船艉或后部引到一个适当位置的锚上的缆绳，通过这种锚索，可以向所需要的方向转动。

近前文提过的那个小岬时，风却阻碍它前进，因此，它只到达英军编队的第3艘战舰，英军编队的前4艘战舰就利用转向锚索集中炮火打击这艘法国前锋舰。英军以为这艘是"冥王星"号战舰，如果真是它的话，那么，舰长就是德阿尔贝·德·里奥斯，絮弗昂视他为法国海军排名前列的军官。一位当时在现场的英国军官写道："这4艘战舰的舷炮破坏力非常大，人们看到这艘法舰来不及从它那坚决的对手沉着地集中的火力之前逃离，一些整块的厚板在它的后部飞起，那情景很吓人。当它沿英国战列线推进时，遇到每艘英舰的首轮炮火。它确实损伤很重，乃至被迫改变航向，前往圣厄斯塔岛。"法舰就这样逐次通过整条英军战列线，它们连续不断地开火，火力非常凶猛，但也只是让炮火逐次分散在敌军的整条战列线上而已，战果几乎可以忽略。之后，德格拉斯又用同样的队形进行第二次攻击，他不管英军前锋，尽全力进攻英军后卫和中央主队，同样无功而返。

　　直到2月14日为止，胡德一直令舰队留在能看到法国舰队的阵位上。法国舰队继续在南方远处海面巡航。早在2月1日，一艘肯彭费尔特派遣的公文船来到这里，通知胡德，来西印度群岛的法国援军是分散派来的。这个消息让他产生希望，即随着罗德尼的到来，他的大胆尝试将获得成功。但是，事情并未令他满意。12日，布里姆斯顿山投降。13日，德格拉斯把当时共33艘战舰的舰队带到尼维斯岛，在那里锚泊。14日晚上，胡德把全队舰长召到他的旗舰，命令他们校对时间。23时，英军舰船悄然无声地砍断缆绳，依次向北航行，迂回圣基茨岛的南端，没有引起法军注意，或者说至少并没有遭到他们干扰。

　　从战略和战术两方面来看，胡德的设想和布置相当出彩，它们之所以能变成现实，应归于他本人和舰长们的纯熟技术及坚定决心。就一次单独军事行动来说，这十分高明，但从当时英国的总体形势来看的话，对胡德的素质和才能应当给予更高的评价。圣基茨岛本身可能并不值得冒很大风险，但这次战斗给英军海战的作战指挥注入了活力和大胆精神，而且获得了巨大成功，使它的旗帜光辉耀眼。这次战斗没有取得实质性胜利。虽然开战时机会相当好，但后来形势却反转了，但他舰队的每个军人都曾领略到大胆行动取得战功的喜悦，也都感受到完成一桩伟业后树立的信心。如果胡德在一些重大危急时刻能出任总司令，如能在切萨皮克湾海战中出任舰队总司令，而不是副司令，那康沃利斯也许能够获救。这次夺取敌人留下的锚地与那次几乎完全一样，而且可以把这两次情况和絮弗昂救援古德洛尔的情形进行有益的对比。

关于德格拉斯的作战，不仅要考虑当时的具体情况，还要考虑与战争相关的整体事态，进行权衡之后，再对这位将官忽略的其他非常相似的机会进行深入对比，就可以对他的军事才能给出一个公平的评价。但这种对比最好推迟到战役结束时进行。德格拉斯的兵力至少比胡德多50%，但没能在锚地歼灭胡德的舰队，他严格按照法国舰队的行动服从于所谓特定活动的基本原则来进行战斗。没有什么比注意到一个错误的原则是怎样导致惨痛的失败更有益了。胡德的兵力薄弱，但他还是发动了进攻，并夺取了关键的阵位。可是只要德格拉斯保持住上风位置，他就能维持住他与马提尼克岛的交通线，而且他也完全有足够的兵力，必要的时候能强行保持与布里姆斯顿山的陆军部队的交通线。正像事件所说明的那样，虽然有英国舰队在场，像拿下圣基茨岛这样的特定作战行动，法国人也可能取得成功，但是"法国海军一直都认为确保一块占领地比俘获几艘舰船更加辉煌，其实这多半并不符合事实"。

至此，德格拉斯除没能摆脱法国海军的作战传统外，可以说并没有犯什么错误。可是，在圣基茨岛陷落和英国舰队离开前的一些日子里，有2艘战列舰加入他的舰队，它们带来的消息是估计欧洲来的运输船队和援军会分散到达。[1]德格拉斯知道在罗德尼到来之前，他的兵力不可能再加强，而罗德尼的到来会让英军兵力占优。其实德格拉斯手中有33艘战舰，而几海里外的海面上只有22艘英国战舰，他知道这些英国舰船可能在等待他进攻，但是，他让它们逃脱了。他的解释清楚说明，他并没有打算进攻那支锚泊的英国舰队。

> 严密监视胡德并在他从该岛出发就与之作战的最好时机在布里姆斯顿山守军投降后的第二天。但我们的粮食只能再维持36小时。我军的一些补给船已经来到尼维斯岛，你也会认为战斗前人必须先存活下去。尼维斯岛总是处在上风位，从这个岛能看到4.5海里外的敌舰队，我到那里去是为尽快将必需的给养装船。晚上，胡德悄然无声地起锚离开。第二天早晨，我只发现他扔下的严重受损的舰船。[2]

换言之，在胡德有机会成功进行抵抗时，德格拉斯非常大胆而巧妙地坚守阵位，他绝不在十分不利的条件下被动等候敌人来袭。人们对德格拉斯关于粮食供应问题的说法会怎样议论呢？难

---

〔1〕因为肯彭费尔特对戴吉尚护航运输船队的攻击，还有此后1781年12月的大风，从欧洲来的法军运输船队和援兵被迫分散。

〔2〕引自德格拉斯1783年1月8日从巴黎给科格朗的信。

道德格拉斯不知道舰上的补给可以坚持到什么时候吗？德格拉斯分明就知道英军肯定会增强兵力，但在胡德出动前4天，难道就不知道他能利用现有的全部战舰投入到即将来临的战斗中吗？英军的阵位会因为他们良好的判断力、纯熟的专业技术和大胆作风变得牢固吗？难道英国人就没有弱点吗？难道说这些英舰不是处于下风位的吗？哪怕它们确实企图逆风换戗驶向上风位的，难道德格拉斯就不能"阻截"它们吗？如果无法抵达英军前锋的位置，难道他没有足够的实力以2倍或3倍优势进攻攻战列线中的第3艘舰和其后供他任意选择的战舰吗？絮弗昂在一封信中谈到圣卢西亚海战，当时的情况和这次很像。虽然这封信写于圣基茨岛海战发生之前3年，但它看上去就好像是针对这次海战写下的预言一样。

尽管（1778年）12月15日的两次炮击几乎无效，我们依然有成功的希望，但要想成功的唯一办法是猛攻英国分舰队，因为我们兵力占优，英国分舰队不可能一直顽抗下去，尽管它们有地面工事，但如果我们迫近它们或者我们在它们的航标上落锚的话，这些工事就会不起作用。如果我们行动拖拉，就会发生许多种可能拯救它们的情况。它们可以在夜间脱逃。

英军虽然不胜，但他们也让敌军付出了相当沉重的代价，为达到战争的目的肯定要付出代价，而最需要付出的代价从长远角度看是最为合算的。如果稳固地掌握一些简单的原则——敌舰队是真正的目标，当捕捉到这样分散的敌舰队时，必须毫不犹豫地歼灭它，这样德格拉斯就能避免犯一个大错误。但必须要公平地指出，他除非变成法国传统海军中的另类，才会这样去做。

德格拉斯哪怕不承认这个错误，但也应明白其造成的后果马上会到来。因为这个错误，他拿下了一个不足挂齿的小岛，却放跑了一支英国舰队。1月15日，罗德尼带领12艘战舰从欧洲出发。2月19日，他率舰队在巴巴多斯岛落锚。当天，胡德率舰队从圣基茨岛赶到安提瓜。25日，罗德尼分舰队和胡德分舰队在安提瓜的上风位会师，组成一支34艘战舰的联合舰队。翌日，德格拉斯在罗亚尔堡落锚，因此躲过了罗德尼即刻开始的追击。然后，罗德尼返回圣卢西亚，在那里又有3艘从英国来的战舰来会合，让他的兵力增加到37艘。罗德尼得知有一支庞大的运输船队会从法国前来，而且在这支运输船队抵达之前，英军无事可做，于是派出部分舰船到上风位巡航，范围往北远到瓜德罗普岛。指挥法国运输船队的军官料到英军可能会在半路拦截，于是一直在瓜德罗普岛北面很远的海域航行。3月20日，法国运输舰队来到马提尼克岛的罗亚尔堡。这位法国军官带来的战舰让德格拉斯的舰队增加到拥有33艘战斗力较强的风帆战列舰和2艘配备50门舰炮的舰船。

法国和西班牙这一年共同努力的目标是占领牙买加。准备在海地的法兰西角组成一支拥有50艘战舰和20000名陆军的联军。部分陆军部队已经到达指定会合地点，德格拉斯被任命为联合舰队司令，他准备把法属各岛全部可供使用的部队和补给都集中到马提尼克岛，然后将这些人员和物资都护送到会合地点。罗德尼的任务就是负责阻击这次集结。

之后几天里，在这一海区发生了几次重要的军事行动。这片海区南北长150海里，从南到北按顺序排列的岛屿是圣卢西亚、马提尼克、瓜德罗普和多米尼加。圣卢西亚岛被英国人掌握，其他各岛都被法军控制。决定性时刻的对决发生在多米尼加和瓜德罗普之间偏西一些的海区。两个岛屿相距23海里，3个位于瓜德罗普南面10海里，叫作圣茨群岛的小岛（也译作诸圣岛，意思是各位圣徒的岛屿）将这个海峡的宽度收缩到13海里。据说，德格拉斯已打算在这些小岛附近迂回，而不是直接奔赴法兰西角。一旦形势危险，这些友好的或中立的小岛会为运输船队提供避风港。英军在多米尼加近海赶上德格拉斯舰队，近距离追击让德格拉斯放弃了迂回航行，将运输船队送到瓜德罗普南端的巴斯特尔[1]。与此同时，他率船队试图顶风换舷越过这道海峡，并从瓜德罗普以东通过，把英国舰队从运输船队那边引开，摆脱因为运输船队的拖累而形成的战术困难。各种舰船发生的意外使他的意图被挫败，他的这次失败成为法西联合舰队遭受的致命打击。

  双方舰队分别位于马提尼克和圣卢西亚的锚地，相隔30海里。盛行的东风通常可以顺利地从一个岛吹向另一个岛，但从西面来的强海流，还有经常发生的无风或微风天气，经常使离开圣卢西亚驶往北面岛屿的帆船离开航道，漂到下风位。信号通过一连串快速帆船从马提尼克附近的英军哨船传到格罗斯伊洛特湾内的罗德尼旗舰。在这两个阵位上，双方都在积极备战，法军忙于一次重大的军事计划需要的复杂布置，英军忙碌的事务比较少，但他们正处于焦急地期盼和可以立即行动的警戒状态。做到这点需要长时间保持警惕和注意力高度集中。

---

  [1]法语的意思是"低地"，圣基茨和瓜德罗普岛的"巴斯特尔"应该都是由于地势相对较低而得名。

4月5日，罗德尼得知法军士兵正在上船。8日，天亮后，值哨的快速帆船发出敌人正在离港的信号。英国舰队立即开始出击，中午，离港英舰已达到36艘。14时30分，先头快速帆船发现了法国舰队，日落前，英军主队舰船的桅杆顶已经可以看到法国舰队。英国舰队趁夜北进。9日天亮时，英军战列线已经和多米尼加岛相并列，但大部分舰船因为无风而无法前进。法国舰队和运输船队向东北行驶，除了若干小型船只外，法军战列线中共有33艘战舰，运输船队有150艘帆船，由2艘配备50门舰炮的战舰专门负责护航。变幻无常的风向已经让这些难以操作的舰船散开。15艘法国风帆战舰位于多米尼加和圣基茨岛之间的水道里，明显地是在利用强信风逆风换舷驶向上风位。其余战列舰和运输船队大部仍在靠近多米尼加的海面上停止不动。法国舰船逐次地赶上陆地外海的微风，借助微风，法军舰船相继进入海风更稳定的水道，使构成法国舰队主力的战舰的机动能力得到增强。与此同时，东南吹来的微风不知不觉地吹进胡德指挥的英国舰队前锋舰，将它从舰队主力的位置向北吹，直趋2艘孤立的法国舰船的位置。晚上，落到下风位的这2艘法舰也曾遇到使英舰静止不动的无风状态，在原地打转。当这2艘法舰可以乘从西北吹来的微风离开靠近位于水道的友军时，它们几乎已经落入英军舰炮射程以内。

英军前锋推进得越远，风力就越大，直到它们完全通过圣基茨岛海峡赶上信风为止。德格拉斯发信号命令运输船队进入瓜德罗普，14时，法国运输船队已在北边消失。落在下风位的那2艘法舰仍没有摆脱英国舰队前锋的威胁，英军前锋舰队在微风的支配下，和后卫与中央主队分隔得更开，德格拉斯命令前锋舰逼近并且投入战斗。收到命令信号的战舰和3艘其他战舰,执行了这个命令。战斗从9时开始,一直持续到13时15分。

胡德为了不让自己和中央主队分得更开,被迫顶风停船;法舰继续前进,从后卫向前靠拢,还在敌舰炮射程一半的位置接连通过,航行到上风位。每艘战舰在英军分队前方驶过时,逆风戗风转舵向南航行,直到处于进攻顺序位置,这样就在敌人的上风位画了一条连续的不规则椭圆曲线。法军攻击的主要力量落到英军的几艘战舰头上,随着微风的变化,英军逐次从多米尼加下面的无风区赶来,参战战舰逐渐增加,法军战舰同样在增加。战斗正进行时,英军中央主队的部分战舰,包括罗德尼旗舰在内的8艘战舰,密切关注着微风和阵风,因为陆地上感受这种海风的时间比离岸不远的外海更早,所以英军在陆地观测,得知海风马上会来临。11时左右,海风刚起,他们就北进,那时英军前锋和进攻的法军都在上风船的后方。[1]执行进攻的法军见到这种情况就逆风换戗变向,暂且放弃交战,向南行驶,以便和中央主队会合,避免罗德尼的8艘舰船切入它们之间。11时30分,法军战舰又右舷戗风转向组成战列线,当时法军大部分战舰已经避开陆地,而英国舰队后卫还是静止不动。因为法军舰船数量超出英军很多,它们能够从北到南沿英军战列线铺开,而英军战列线的前锋和中央主队之间间隔非常大,所以法军又恢复对胡德的猛攻。已经占据上风位的法军中央主队和后卫保持了适当距离,使罗德尼分队处于法军远程炮火的射程内。13时15分,法军发现英军的整条战列线正乘风赶来,于是停止炮击。14时,罗德尼发出退出

---

〔1〕上风船的艉部在后边,但位置在向风面。

战斗的信号，因为敌人已经撤退。

4月9日的战斗实际上就是一次炮战。法军一艘配备64门炮的战舰"凯通"号受损，被送往瓜德罗普；英军有2艘战舰失去战斗力，但没有离开舰队就修好了。由此可见，英军在物资方面处于优势地位。人们对德格拉斯在这一天的指挥表现仍存在不同评价，但产生分歧的基础和过去一样没有改变，即舰队司令在决定自己的行动时是应该考虑日后的作战，还是应当抓住打败敌舰队的机会呢？当时英国舰队的16艘战舰，包括所有后卫战舰和4艘主队战舰，任何时候都不会开炮，而每一艘法舰都能够投入战斗。开始时，八九艘英舰对阵15艘法舰。结束时，20艘英舰对抗33艘法舰。毫无疑问，在全部4小时的战斗中法军一直都保持着数量优势。虽然在法军面前有一支至少在数量上压倒他们的舰队，但幸运的是，那支舰队被分散了，乃至近半数舰船不能投入战斗。德格拉斯占据上风位置，还有一批优秀的舰长，那么，是什么在阻碍他用15艘战舰去攻击胡德的9艘战舰，而且为何不在6艘敌后卫舰的两翼各布置一艘战舰呢？如果这9艘舰船都受到重创的话，那罗德尼的进一步行动会被挫败。3天后，法军战败，但只损失了5艘战舰。然而，后来法国军事法庭确定了这种原则："坚持只用我舰队部分战舰交战的决定，可以视为舰队司令的一种慎重行动，它可能受到了战役终极作战方案的支配。"关于这一点，一位法国职业作家很自然地评论说，既然要发动一次攻势，就要更谨慎地使用兵力，一旦最后整支舰队不可避免地被吸引去支援因为损失桅杆而无法返回上风位的落单战舰时，这些舰船就不会遭受更大损伤。

命运女神一年之中曾3次把拥有绝对优势兵力进攻英国舰队的

机会放在德格拉斯面前[1]，这时他已不再幸运了。今后3天将会说明一次战役的终极目标因为一次战斗和几艘舰船的损失可能会受到怎样的决定性影响。从9日至12日上午，法国舰队用非正规队形继续在多米尼加和圣基茨岛之间逆风换舷驶向上风位。9日晚上，英军顶风停船对损伤舰船进行维修。次日，英军恢复向上风位追击，但法军已甩开了英军的追击。10日晚上，法国舰队的"伊阿宋"号和"虔诚"号发生碰撞。"伊阿宋"号舰的伤势迫使它到瓜德罗普港维修。11日，法军主力来到圣基茨岛的上风位，但"虔诚"号和另一艘战舰已经远远落在下风位，所以德格拉斯被迫南下去掩护这两艘舰船，因而位置落后了很多。11日晚间，"虔诚"号再次发生相撞事故，这次是和德格拉斯的旗舰相撞，旗舰损失了一些桅杆，"虔诚"号因为损伤太重不能再继续航行，干脆拆掉前桅杆和舰艏斜桅。德格拉斯命令"阿斯特雷"号快速帆船把"虔诚"号拖走。"阿斯特雷"号的舰长拉佩尤鲁斯是一位倒霉的领航者，他用了两小时才拖起"虔诚"号，到次日5时，这2艘舰船才起航向巴斯特尔驶去，而"凯通"号和"伊阿宋"号以及运输船队早就驶抵该港。至此，法国舰队从马提尼克出发以后已经损失了3艘战列舰。

天空中出现了晨曦，宣告4月12日这个海军编年史上具有双重纪念意义的日子即将来临。当初升的朝阳将光芒洒在罗德尼和德格拉斯开战的海面上时，絮弗昂和休斯各自的筋疲力尽的分舰队所在的海域的太阳还没有完全落下。[2]絮弗昂和休斯经过空前

---

[1] 1781年4月29日，马提尼克岛外海，24艘对18艘；1782年1月，30艘对22艘；1782年4月9日，30艘对20艘。

[2] 亭可马里和圣基茨岛的时差为9个半小时。

激战之后，双方的分舰队都在锡兰附近的海面上锚泊。从结果来看，罗德尼和德格拉斯之间的海战是当时进行的最重大的海战，它对时局的发展影响极大。

英国舰队凌晨2时左右起航，黎明时分（大概5时30分），右舷戗风转向，当天刮的是东南风，而英国舰队的位置过于靠南了。它离东北偏北的圣基茨岛大约15海里，距东北的法国舰队10海里。因为夜间发生的碰撞事故，法国舰队已经支离破碎。法国上风位战舰或最东面的战舰和下风位战舰之间距离远到8～10海里，[1]旗舰"巴黎市民"号在下风舰船中间。德格拉斯心中记挂"虔诚"号，于是率领跟随他的舰船保持短帆，左舷戗风向南行驶。英国舰船右舷戗风，循其占据的上风位向东北偏东方向行驶。

天刚亮，英军就发现法军"在侧风前进，德格拉斯的一艘战舰（'虔诚'号）被一艘快速帆船拖运，正对着我们的下风位航行，它的舰艏斜桅和前桅交叉着倒在甲板上"。为诱使法国舰队前往更为下风的海区，罗德尼派出4艘战舰追击"虔诚"号。德格拉斯见状，马上发信号令他的舰队离开，这正合罗德尼心意。同时，德格拉斯下令法舰组成战列线，这样，就把上风战舰排列到他面前。英国舰队也迅速组成战列线，7时又召回4艘追击战舰。德格拉斯认识到，如果他继续保持原方向的话，就会彻底失去上风位置，于是，他再次停船左舷戗风变向。风方向变为东南偏东，后又转为东风，有利于德格拉斯，而使得英军停航。为了利用风向，英法两舰队以相反船舷戗风航行的竞赛几乎不相上

---

[1]德格拉斯称距离9海里，而他的一些舰长们估计为15海里。

下。法国人在航行上领先，让他们能赶到英国人前几天的上风位，如果不是"虔诚"号的窘迫困境，法舰可能早就摆脱了英舰。法军前锋战舰率先到达，而且通过了迅速靠近的双方航线的交会处，与此同时，英军的领头舰"马尔伯勒"号进攻法军战列线的第6～10艘舰船（说法并不一致）。法军战列线中的第9艘战舰"勇敢"号在7时40分向"马尔伯勒"号还击。"马尔伯勒"号按照罗德尼的命令与法舰保持一定距离，紧挨敌军战列线在下风位航行，后面的舰船都依次跟随它前进。

这样，战斗恢复到常见的非决定性阶段，双方舰队以相反的船舷戗风航行，风力很弱，所以双方都可以进行更加激烈的战斗，这些舰船以3～4节的速度"滑行"。因为交战双方的战列线在遭遇地点的南面再次错开，所以德格拉斯打出向西南偏南推进4个罗经点的信号，从而使法军前锋与英军后卫交战，而且阻止后者赶到法军没受损伤的后卫位置。但如果法军继续按自己的航向行驶，将会面临两种威胁。法军向南方或西南偏南航行会使他们进入多米尼加北端周围的无风区，风向的多变性可能让英军因为风变为南风而突破他们的战列线占领上风位，利用上风位就可以让法军不得不进行法国固有政策避免的决战。事实正是德格拉斯在8时30分发出信号，命令各舰同时将舰艏转向下风位，从而和英舰以同舷迎风航行。但是，因为这两支舰队距离太近，不能进行这样的变换。他随后再用信号下令转向迎风航行，接着又下令舰艏转向下风位，但也没能做到。9时5分，意外发生了，风向变成南风，还没离开的法国战舰全部减速，英国舰船趁机紧贴法军，在其下风位航行。在"可惧"号上的罗德尼这时正在追击德格拉斯旗舰后方的第4艘战舰。他让舰艏顺风转向，穿过了法军战列线，紧跟其后的5艘战舰一起穿过法军战列线，他后方的第6艘战舰与他并列率先穿过法军舰船间的缺口，所有英军后卫战舰也随之通过。

法军战列线就这样被敌舰纵队从两处突破，尽管风本身没有阻碍法国战舰的行动，但敌舰队形密集，迫使它们退向一边。这样一来，组成战列线的所有原则，比如说各舰应能够互相支援，各战舰的位置应当不相互干扰，不能影响友舰射击敌舰，等等，全部被法国舰队抛弃，而以纵队队形穿过法军战列线缺口的两支英军分队依然保持了构成战列线的优势。法军除被截成几段之外，还被插入的敌舰船纵队逼到下风位，他们被迫放弃原先排好的战列线，排成一条新战列线，把被截成三段的舰船重新聚拢。实施这种战术在任何情况下都非常困难，更不用说重大事故已经让士气严重受损，面对优势敌军，更是难上加难。英军虽然队列不整齐，但状态更好些，而且他们已经感受到胜利的喜悦。

法军并没有显出任何真正重组战列线的企图。他们试图重新聚拢一群没头苍蝇般的逃命舰船。因为风向变换和英军舰船的运动，中午法国舰队已经七零八落，中央主队位于前锋西北2海里处的下风位置，后卫落在离主队更远的下风位。这时，两支舰队都遇上了无风和微阵风天气。13时30分，东面突然吹来一阵轻风，德格拉斯发信号命令重新左舷戗风组成战列线；15—16时，因为以上行动没能顺利完成，他又发信号命令右舷戗风组成战列线。据德格拉斯发出的两次信号和史料记载的中心内容都说明法军在战列线被突破后，一直没能重新组成战列线，而所有的机动却迫使整支法国舰队驶向下风位置。在这样的运动中，肯定会出现损伤最重的舰船落在后头，被追击的英军接连捕获的情况。

英军追击时没有使用任何正规队形，因为没必要，哪怕不组成正规队形也能保证相互支援。18时刚过，德格拉斯的旗舰"巴黎市民"号降旗向悬挂胡德爵士将旗的"巴夫勒尔"号投降。法国资料记载，那时有9艘敌舰包围"巴黎市民"号，它已经战斗到最后时刻。此外，法军还有4艘其他战列舰被俘获[1]，异常奇怪的是，英军在这部分舰船上找到了用来攻打牙买加的全部火炮辎重。

现在我们回顾一下战争中的某些细节。4月12日这天开始的时候，法国舰队过于分散，毫无队形可言。德格拉斯因为挂念"虔诚"号，在部署各种行动时，鲁莽轻率，使得法国舰队在交战时没能组成合适的战列线。前锋舰船还没有进入阵位，其余舰船也离它们的阵位很远。指挥后卫分队和最后交战的德·沃德勒伊说，他们在敌军的手枪射程距离下组成战列线。相反，英国舰船保持了良好队形，唯一需要调整的是把舰船之间的间隔从2链缩小到1链。英军突破法军战列线的行动不是根据事先计划，而是因为风向变换使一些法舰脱队，法舰的间隔增大，临机决定的。另一方面，在罗德尼的战舰群渗透的缺口北侧，法舰"王冠"号因为顶风航行以另一舷戗风变向而就地打转，从而让缺口变得更大。查尔斯·道格拉斯爵士说在旗舰突破的地方马上出现了这样的情况，在这个缺口的北侧"使4艘敌舰挤成一团，哪怕没有彼此碰撞，但它们靠得太近，而且越挨越近。这群倒霉的法舰拢在一起，形成了一个巨大的单一目标。遭到'公爵'号、'那慕

---

[1] 当发出组成战列线的信号时，最上风的法舰距"巴黎市民"号的距离说法不一，6~9海里的说法都有。

尔'号和'可惧'号（都是装有90门炮的舰船）同时攻击，这些战舰的舷炮几次齐射，弹无虚发，敌舰肯定伤亡极大"。"公爵"号是紧挨旗舰前方的战舰，它曾在法舰下风位跟随着它们的领头舰航行，但当它的舰长看到"可惧"号已经穿过敌编队时，他仿效着做了，从那群混乱的法舰北侧通过，从而使它们处在两面炮火夹击下。

在法军战列线被击穿以后，罗德尼立即降下组成战列线的信号旗，升起进行近战的旗帜。同时命令已经通过敌后卫舰继续北航的前锋返回，重新和英军中央主队会合。因为这些前锋战舰在法军炮火下通过，桅杆和风帆都受损严重，没能快速折返，耽误了不少时间。罗德尼的旗舰和随他共同击穿敌战列线的战舰掉转舰艏返回。英军后卫在胡德指挥下，也不再向北行驶，而去和中央主队会合，它们向上风位行驶了一段时间，后来因为风停，在离舰队其余战舰相当远的地方停了下来。

战后，对罗德尼突破敌军队列的明智行动是谁提出的，荣誉应该归功于谁的问题曾有过多次争论，其实归功于谁并不重要。应当而且必须要承认的是，罗德尼变向的结果，会让法军11艘后卫舰向下风处逃跑，它们只受到部分英舰火力打击，而英军前锋早就几乎承受了整个法国舰队的火力。这些被赶到下风位的法军后卫舰，在一段时间里完全脱离了战斗。法军的13艘先锋舰按照它们看到的最后信号正在紧贴着风航行，和德格拉斯一起的6艘战舰如果没有被胡德分队阻截而被迫转向的话，也将这样做。所以罗德尼行动本身的结果是把法国的舰队截成间隔6海里的两段，而其中一段无望地驶到下风位。已经占领上风位的英国战舰就会处于能容易地"牵制"法军这11艘下风舰船的位置，而且用压倒性的兵力包围法军的19艘上风战舰。法军战列线有两处被突破,而与德格拉斯一起的6艘舰船的舰群正处在法军上风和下风分队之间,距上风分队2海里,距下风分队4海里。对英军来说,好像确实没必要坚持在这种情况下的有利战术条件,甚至可以无视穿过法军航行队列,使敌人的队形混乱。

此外,从英舰穿过法军航行队列时炮火射击的直接作用能推断出一个令人瞩目的教训。在5艘被俘虏战舰中有3艘的舰艉被英军分队打穿。[1]这次英军突击纵队穿过时,邻近的法舰都遭到该纵队所有战舰的连续炮击。当胡德率领的13艘战舰以纵队从法军前锋的最后2艘战舰"恺撒"号和"赫克托"号旁边经过时,集中炮火将它们完全摧毁。同一时间段,罗德尼的6艘战舰以同样的方式从"光荣"号身旁通过,也获得了同样的战果。这种通过敌军纵队两端时进行集中纵列齐射和对敌军战列线侧翼进行集中炮击的效果完全相同,而且如果这种攻击成功,那就还能再实施一次同样威力强大的攻击。如果能迅速把握住有利条件,英军就能在突破缺口时,炮击两侧的法舰,就像"可惧"号做的那样。但他们当时只有右舷炮开火,这代表很可能很多人还根本没有发现他们本可以抓住的机遇。因此,罗德尼采取行动的必然结果就是:以进行攻击的兵力占领上风位;集中炮火打击敌编队的部分舰船;切入被截断的混乱的敌编队中,获取另一个更加有利的战术时机。

有人说如果法国人更敏捷一点的话,本可以更快地会合,但

---

[1] 另2艘被俘的法军战舰是"巴黎市民"号和配备64门舰炮的"热情"号。

这种辩论毫无依据。英军的机会是在法军后卫战舰被拦截后、法国舰队被严重分割时。英军的行动不会因为如果法军能够更快将被分割的两段合拢起来，就变得不明智。如果英军在通过敌军后卫以后，像那些人所说的那样行动，选择戗风转向，追击就变成了追尾，在这个过程中，不分胜负的双方损失可能相近，双方舰队的损伤情况都会很严重。

抛开两支舰队的战术操作情况，我们已经发现，双方在装备上有一定差异，而良好的装备能提供有利的战术条件。法军的舰船看上去更好，同级舰的法舰比英国的火力更猛。查尔斯·道格拉斯爵士是一位勤奋积极、多谋善断的优秀军官，他特别注意枪炮的细节问题，在舰炮威力方面，他估计33艘法舰比36艘英舰，相当于多出4艘配备84门舰炮战舰的火力。在法军失去"虔诚"号、"伊阿宋"号和"凯通"号后，他估计法军保有相当于2艘配备74门舰炮战舰的火力优势。

法国海军的拉格拉维埃将军承认，在那个年代，法国舰炮口径一般都更大。法国的舰船结构也好、吃水较深，对航行和逆风换戗都更有利，这在一定程度说明了德格拉斯能成功取得上风位的原因。从整体上看，很难说明法国舰队速度较快，因为尽管法国舰船设计很好，但用铜板包底在法国还不像在英国那样普遍，所以法军舰船中有几艘没用铜板包底的老式船。可是，英国军官觉得法军舰船的适航性更好。上面提到的法舰驶出很远，这很可能是因为9日的战斗中，罗德尼的舰船与数量明显占优的敌人激战后，一小部舰船损坏较重需停下进行维修。

法军将敌我间距保持在大口径火炮射程一半的距离，目的就是抵消英军的战术优势，英军有很多臼炮和其他轻型大口径火炮，在近战中很有效，但在较远的距离就发挥不了作用。9日，指挥法军攻击的副司令德·沃德勒伊明确指出，如果他进入英军臼炮射程的话，那他舰船上的索具和装备很快就会被炮火毁坏。在9日的战斗中，德·沃德勒伊的战术没有任何问题。他对敌人造成重创，而使自己的战舰尽量避开敌方炮击。但在12日的战斗中，德格拉斯被引进英军臼炮射程以内，就丢掉了这种战术优势。非但这样，他还因为冲动，放弃了所有的既定战略方针。英军臼炮轻巧，便于迅速开炮，发射榴霰弹和大口径炮弹，所以近战杀伤力特别大，对远程目标没有用。在后来的一份公函中，德·沃德勒伊说："这些新武器的用处在滑膛枪射程内最为致命，正是这些新武器在4月12日给我们造成了非常严重的损失。"

此外，英军炮术也出现一些改革，英军通过提高精度、射速和扩大射界，使英军舰炮的威力大为提升。当时英军使用了楔形驻退架，有了这种装备，瞄准员也能直接发射。另外，炮架上安装了防盾，还使用炮刷。以上的这些改进，使舰炮能够前（后）移动，即它们的火力覆盖面比平时更大。在单舰对决的战斗中，因为英舰行动中不用考虑自身运动和舰队之间的相关位置，所以这些改进使英舰一直能占据合适的阵位，在敌人还来不及还击时就能先下手为强。

正确的军事原则贯穿了1782年4月12日英军作战全过程。已经详细叙述的细则包括坚持追击，占领有利阵位，集中本方兵力，分散敌军兵力，改革军事装备。一个不相信4月9日之战会影响4月12日之战的人，根本不会相信必须抓住一次彻底击败敌人的机会。法国舰队战败之后放弃了对牙买加的进攻，清楚地说明，想达到最终目的的正确方法是战胜威胁它们的部队。这对吸取这些事件的所有经验教训来说不可或缺,即怎样利用和扩大战果,以及战果必将会对战争全局产生影响。

英国舰队能在4月12日利用便利条件更大胆追击,我们认为,这是由于英军两名最杰出的军官——副司令塞缪尔·胡德爵士和舰队司令的参谋长,即舰队第一上校[1]查尔斯·道格拉斯爵士。胡德曾称会俘虏20艘舰船,第二天他也是这样对罗德尼说的,而参谋长由于没能获得全面成功,还有舰队司令接受他建议的态度,使他感到非常委屈,乃至他打算辞去他的职务。建议和批评容易,除了肩负所有责任的人,任何人都不清楚责任的分量,但是,如果不去冒险和努力,在战争中就不可能经常取得重大成就。根据法国的记载来推断,这两位英国军官的判断正确无误。罗德尼为自己没有进行追击辩解的理由是:许多舰船受损严重,而一场激战结束后,还有很多其他事情要做。随后,他还提出,如果他要追击的话,"26艘战列舰作为一个整体离去"的法国舰队那天晚上可能会采取什么行动呢?如果考虑法国舰队白天的表现,更确切地说这些可能性完全是他的臆想。至于所谓的"26艘的一个战列舰群"[2],在德格拉斯投降后,德·沃德勒伊发信号召集残余法舰集结在他的旗舰周围,第二天早晨发现只有10艘与他会合,而且在14日以前再也没有战舰加入。之后几天,先后又有5艘战舰与他会合。他与这些舰船一起开赴法兰西角的集结地,

---

[1] 舰队第一上校:英国皇家海军在18世纪和19世纪授予辅佐指挥10艘以上舰船的舰队司令的高级军官军衔,在舰队里的地位仅次于将官,在所有其他官兵之上,往往履行舰队司令参谋长的职责。

[2] 法国舰队残部总共只有25艘。

在那里，他发现了其他战舰，需要维修的舰船总数达到20艘。在那些参加过战斗的舰船中，还有5艘逃到600海里远的库拉索岛，直到5月份才重新归队。因此，"26艘的一个战列舰群"其实并不存在。相反，法国舰队已经七零八落，其中有几艘根本被完全孤立。关于英舰的损伤情况，似乎没有理由能认为英军的损失会比敌人多。

在这次战役后不到5天，胡德分舰队被派到圣多明各，它们在那里的莫纳水道俘获"伊阿宋"号和"凯通"号，这2艘战舰是在这次战役前脱离法军大部队的，正在前往法兰西角的路上。这2艘舰船和与它们一起的2艘小船是英军胜利后的仅有收获。根据英军当时的兵力，这种因为过分慎重而没能扩大战果的失策是罗德尼军事荣誉的一大污点，从而使他不能在那些功成名就的海军名将中占有一席之地。他及时拯救了牙买加，可他并没有歼灭法国舰队，尽管他曾经有过这种机会。他就像德格拉斯一样，也被眼前的军事目标蒙住了眼睛，看不到军事上的整体形势和支配这种形势的要素。

1809年发表的一封匿名信，信中包括吉尔伯特·布兰爵士写的有分量的内部佐证，吉尔伯特·布兰是舰队医生，长期与罗德尼保持密切的关系。信中说道，这位舰队司令"觉得他在1782年4月12日的胜利无关紧要"。他更乐于把他的荣誉寄托在1780年4月17日对戴吉尚的联合作战当中，而且非常重视"用一支劣势舰队击败这样一位他认为是法军最好的军官的这次战斗，他认为要不是他的舰长们没能服从命令，这是一个他能够获得不坠威名的机会"。很少有研究者质疑对罗德尼这两次功勋的评价，但命运注定他的荣誉取决于一次取得光辉战果的战斗，但在这次战斗中，他本人出的力最少，他应当扩大胜利却没有去争取。他的一生当中，既发挥他的才能又取胜的最主要的海战，即在圣文森特角外海消灭西班牙海军德兰加尔舰队之战几乎已被人遗忘了。虽然他被渲染成一位拥有最高级素质的海军将领，但根本不能和主动追击康弗朗斯的霍克相比。

自从罗德尼出任舰队司令以来，时间已经过去两年半，他曾取得过几次大胜，如前所述，他俘虏了法国、西班牙和荷兰舰队司令各一名。"在那时候，他让英国海军增加了12艘战列舰，而且都是从敌人那里缴获的。另外，他还摧毁了5艘敌舰。使他的功绩更异常令人瞩目的是，据说'巴黎市民'号是唯一的任何国家的任何一位司令官都希望俘获和送进本国港口的一级战舰。"尽管他功勋卓著，但随着诺思勋爵内阁垮台，当时英国严重的，乃至渗入陆海军的党派之争让他被免去职务[1]，在捷报送到国内时，他的继任者，一位没有显赫名声的军官已经出发了。当时，英国政坛陷入低谷和灰心丧气之中，捷报使得人民大为喜悦，也平息了对罗德尼从前作战指挥中某些部分的指责。人们不愿听见争议，而宁愿接受那些流传的种种关于战果的夸大说法，没人去思考为什么没能扩大战果的事情。直到1830年，《罗德尼传》一书首次出版时，还在宣称，"4月12日的那场决定性胜仗非常有力地打击和削弱了法国海军，他们再也不能同大英海洋帝国抗衡"。英国在议和谈判中之所以能获得有利条件是因为法国的财政困难，而不是因为法国海军的屈辱性失利。如果说议和派在论

---

〔1〕罗德尼是一个顽固坚定的英国托利党人，而几乎所有其他同时代有名的海军将领如著名的凯佩尔、豪勋爵和巴林顿，都属于辉格党。

证英国保不住牙买加的论点时有些夸张,那么英国确实已经不能通过武力收复根据条约规定归还它的其他岛屿。

对德格拉斯的记忆一直和他对美国的伟大贡献联系在一起。他的名字代表着法国为美国这个年轻的共和国的独立斗争给予的物质援助,就像拉法耶特的回忆那样,他也适当地表现过道义上的同情。

"巴黎市民"号投降后,德格拉斯同英军的战利品一同被英国舰队带到牙买加,罗德尼在那里进行休整,重新装备舰船,就这样,德格拉斯以俘虏身份出现在他曾想要占领的地方。5月19日,他离开牙买加去英国时,仍是一名战俘。他受到英国海军军官和人民友善、热情的款待。胜利者给失败者这种待遇是容易的,而他个人的英勇行为至少也配得上这种待遇。当他不留情面地过火指责部下在4月12日的行动时,激起了法国人对他的义愤。

吉尔伯特·布兰爵士写道:

> 他对自己的不幸显得很安心,他说他自己感觉已经履行了职责。……他没有把其不幸归因于他的兵力不足,而是归咎于其他战舰上的军官们背弃了他。他向这些军官发过信号,让他们重新聚拢起来,甚至发出过紧急信号,让他们等待他靠拢,但他们却抛弃了他。

德格拉斯并不局限于在官方报告里这样主张,在伦敦期间,他还出版了几本持相同看法的小册子,而且在欧洲大量传播。法国政府自然认为一名军官假如没有充分理由,不能这样破坏其所属部队的荣誉,决心彻查,严惩所有的罪人。"朗格多克"号和"王冠"号两艘战舰的舰长一回法国,就遭到关押,而且与本案有关的所有文件和航海日志等都被搜集。这种情况下，当德格拉斯回到法国时，用他本人的话来说，他"发现没有一个人向他伸手援助"。[1]直到1784年初，所有被告和证人才准备好出席军事法庭，但审判结果是，几乎每一个被德格拉斯抨击的人都完全无罪，而他们的缺点被定为一种任性，仅仅略加惩处。

德格拉斯对法庭的判决非常不满，鲁莽地给海军大臣写信，抗议法庭判决不公，要求重审。海军大臣接到抗议信后，以国王的名义进行答复。在对德格拉斯几本广为传播的小册子叙述的内容与法庭证词完全矛盾的地方进行评论后，海军大臣用以下几句很有分量的重话结束了他的复信：

> 作战失败不能归咎于下级军官[2]的错误。军事法庭做出判决，你仍然放纵自己，用毫无根据的罪名损害几位军官的名誉，只是为了在批评战败的舆论中洗白。对此，你也许可以从你的兵力不足、难以捉摸的战争命运和你无法控制的形势中找到借口。陛下愿意相信，你已经尽了所有努力来防止那天的不幸，但他不能同样容忍你对他那些已经被法庭宣判无罪的海军军官们的种种不公正的说法。陛下对你关于战败责任的各种说法都非常不满，不愿意你再次在他面前出现。我遗憾地向你传达他的命令，在这种情况下，我本人建议你最好还是回乡隐退。

德格拉斯1788年1月去世。他的对手罗德尼不但受封为贵族，还得到养老金奖励，一直活到1792年。胡德也受封为贵族，他在

---

[1] 德格拉斯给凯尔盖朗的信。
[2] 即单舰指挥官。

法国大革命战争早期所展现的杰出指挥才能，赢得了曾在他手下服役的纳尔逊的热情赞扬，但他在和海军部的尖锐矛盾中退休，没来得及为他的荣誉添加新的耀眼光辉。胡德于1816年去世，享年92岁。

第十四章

对1778年海战的评述

虽然英国和波旁王朝之间的1778年战争与美国独立战争可以说密不可分，但它仍有独立的一面。1778年战争纯属一次海上战争。两个波旁王国同盟注意避免与大陆战争产生联系，即使英国根据一贯政策，会竭力诱发大陆战争。敌对双方的海上力量几乎不分高下，这是从图尔维尔时代以来没有发生过的。一些因争端而导致战争的地方和战争指向的目标大部分远离欧洲。除直布罗陀外，这些地方都不在欧洲大陆。争夺直布罗陀只牵涉到那些和它有直接利害关系的国家，不会把其他国家也卷进去。

从路易十四登位到拿破仑下台的这一段历史时期，任何一次战争都没有出现过上述这种局面。路易十四统治时，有一段时间法国海军的数量和装备都超过了英国和荷兰。但这位君主的政策和野心总是偏重大陆扩张，因此他根基不稳的海军力量只是暂时领先。在18世纪前75年，法国海军实际上没能压制住英国的海上力量，尽管英国海军对那个时代的纷争影响很大，但因为缺乏可与之较量的对手，英国海军的作战行动在军事上很少能提供什么经验教训。后来在法兰西共和国和法兰西第一帝国后期的几次战争中，法国海军舰船数量和舰炮威力可以与英国海军匹敌只是错觉，因为法国海军军官和水兵们的士气低落。经过若干年大胆而无效的努力后，特拉法尔加角海战的灾难性大败向世界公然宣布法国和西班牙海军的专业素质低下，眼光犀利的纳尔逊和他的一帮兄弟同僚们早已察觉到这一点，它决定了他们对法国人的轻视态度，还在某种程度上影响他们对待法国人的战术基础。然后，法国皇帝"就把自己的目光从这个命运之神并不眷顾的战场上移开了，决定在海洋以外的地方和英国人周旋。他着手重组海军，但海军在这场空前激烈的争斗中无所作为。……直至帝国垮掉，他还是没有给这支已经恢复而且充满热情和信心的海军和敌人一比高下的机会"。[1]而英国却恢复了它昔日那毋庸置疑的海上霸主地位。

因此，研究海战的学者普遍都希望在参加这场重大纷争的各方计划和方法中，找出有价值的问题，包括对战争整体和这场战争各大阶段的整体指导、使他们的作战行动一以贯之的战略目的，以及在被称为海军战役的各个特定阶段起到有利或不利作用的战略行动。这些特定的战斗在战术上具有指导作用，这正是本书之前想要达到的目的之一。但和历史上的所有战术体系一样，它们属于自己的时代，所以对研究者来说，与其说是在提供照葫芦画瓢的样板，不如说是进行精神层面的训练和正确战术思维习惯的构建，这才是真正的意义。另一方面，一些大战之前和为大战进行准备的机动，或是通过熟练和积极的协同机动，在没有实际交火之前，就已经达到重要目的运动，它们都并不取决于那个时代的武器，而是一些相对持久的因素，所以，这些机动提供的

---

[1] 朱朗·德·拉格拉维埃：《海战》。

原则才具有长久的价值。

在为达到某种目的进行的一场战争中，哪怕这个目的就是要占领某个特定领地或阵位，从军事角度来看，直接进攻可能并不是得到它的最好办法。因此，军事行动指向的目标可能不一定就是交战国政府希望达到的目的，这样的目标就有了自己的名字——军事进攻目标（或简称为"进攻目标"）。在对任何战争进行评论性研究时，必须首先向研究者说明每个交战国渴望的目标；然后，必须考虑选择的军事进攻目标，如果进攻成功的话，是否有利于达到交战国政府的目的；最后，必须研究为逼近军事进攻目标采取的各种行动方式，还有每种方式的优劣。进行这种调查的细节研究范围将取决于调查者自己提出的作品范围。但如果在一次比较详细的讨论以前，有一个只提供主要特点而不详述细节的纲要的话，一般能够帮助调查者弄清要调查问题的梗概。当他完全掌握了上述主要纲要后，细节就极易归纳。这里将致力整理出这样的纲要，只有这样的纲要才适合本书的范围。

1778年战争的主要参战国，以英国为一方，以控制法国与西班牙两个大王国的波旁王室为另一方。正在和宗主国进行一场实力极不对等的斗争的北美殖民地人民非常乐意迎来这样一件对他们十分重要的大事。1780年荷兰因为英国的故意压迫参战，结果却一无所获，而且损失很大。美国人的目的十分简单——摆脱英国人的枷锁。他们贫穷而且缺乏海军，只有少量能用来劫掠敌国商船的巡洋船只，因此，他们肯定会把自己的作用限定在陆战方面。陆战确实构成了对盟国有利的牵制作战，而且极大消耗了英国的资源，可是只要英国决心放弃和殖民地的对抗，这些就会立即中止。另一方面，不担心会在陆上被入侵的荷兰，因为得到盟国海军支援，除尽量避免外部损失外，没有过度期望。所以这两个较小的参战国的目的其实是结束战争，而主要参战国则希望继续进行战争来改变某些事态，这样它们就确定了各自的目的。

　　大不列颠的战争目的其实也很简单。它和最有前途的殖民地的争端逐渐升级，直至它感到有失去这片殖民地的危险。当这片殖民地的人民已不再愿意依附英国时，为了维持统治，它就用武力来对付他们，目的是阻止那些海外殖民地同它决裂，在那个时代的人们心中，英国的强大与这些殖民地密不可分。法国和西班牙以殖民地人民起义的积极支持者身份登场，并没有改变英国的目的。失去北美大陆殖民地的危险随着其敌人级别的提升而大为加剧。新的大敌加入战争，不但让丢失这些殖民地的威胁加剧，一定程度上还会让英国人面对将丢失其他有价值的海外殖民地的危险。简单来说，英国根据战争目的，完全处于防御地位，它过分害怕失去，最多也只希望能维持现状。可是，通过逼迫荷兰参战，英国取得一个有利的军事条件。因为在对手实力几乎没有加强的条件下，几个重要但守备薄弱的军事和商业阵地却对它的武装部队敞开了。

　　法国和西班牙的企图和目的较为复杂。多年恩怨的心理刺激和为不久前的往事报复的欲望毫无疑问起到了重要作用，在法国，各界名人普遍同情殖民地居民争取自由的斗争，虽然感情上的声援会有力地影响各国的行动，但只有采用一些实际措施才能让这些国家取得发言权，重新划分各自的势力。法国可能希望收复原来的北美殖民地，代代流传下来的对法国人的强烈不信任已成为独立战争时期美国人的特点，可是因为当时法国对美国独立战争给予的有限同情和支持，让他们怀有强烈的感激之情，很大程度上淡化了这种不信任感，这在当时是可以理解的，而法国人也感到重新得到过去的权力，可能会促使一些强势而明智的英国人通过适度妥协来实现与殖民地之间的和解。所以，法国从来没有公然宣布或确实从来没有怀有这样的目的。反之，它正式放弃了它曾在北美大陆拥有的殖民地和已被英国控制之外的前法属领地的权力主张，但仍声明要拥有占领和保留西印度群岛任何岛屿的行动自由，英国所有其他殖民地当时很容易被法国攻打。所以，法国人的主要目标是英属西印度群岛和对已落到英国人手里的印度。同时，在美国人对英国进行充分有效而符合法国利益的牵制性作战后，法国在适当时机促成美国的独立。当专属贸易政策变成时代的特征，英国繁荣富强所依赖的庞大贸易可能会在未来因为丧失某些重要领地而被削弱，这样会让法国强大。可以这样讲，法国的动机就是要扩大这次战争的规模，把所有的目的概括起来归结为一个最重要的目的：在海上和政治上都压制英国。

压制英国也是威信、魄力全失的西班牙与法国结盟的目的。西班牙所遭受的损害及特意追求的目的非常明确，这在它的盟国较广泛的意图里是不易被察觉的。虽然当时的西班牙人已经遗忘西班牙国旗曾经在梅诺卡岛、直布罗陀和牙买加的上空飘扬的旧事，但时间的流逝并没有让骄傲和顽强的西班牙人甘愿失败。西班牙人恢复对佛罗里达半岛和佛罗里达群岛的统治权也没有遇到美国人的对抗。

以上就是法国和西班牙两国寻求的目的，它们的干涉改变了美国独立战争的所有性质。不用多说，这些目的不一定会在公开宣布的敌对行动的原因或借口中全部暴露。精明的英国舆论界正确地注意到法国宣战书中的下列词句:"为各自蒙受的损失报仇雪恨,结束英国声称要在海洋上维持的专横帝国。"这段话体现出两个波旁王国并肩作战的真实原因。简单来说,为了这些目的,这次战争盟国采取攻势,而英国处于防御状态。

英国依仗本国实际或潜在的强大海上力量,依靠它的贸易和武装运输船队、贸易机构、殖民地和遍布世界各地的海军基地所实现对海洋的控制权,法国针对这一切英国海上行为的指责并非没有道理。英国利用深厚的情感纽带和殖民者依然较强烈的为本国利益服务的欲望,利用殖民地和宗主国密切的贸易关系,通过英国优势海军提供的保护措施,紧密地联系分散的殖民地。但因为北美大陆殖民地的战乱,英国海权所依靠的基础——强大的环形港口带被破坏了。同时,北美大陆殖民地和西印度群岛之间的大量贸易利益受到随后发生的敌对行动损害,也使这些岛屿的居民对英国的态度发生了分歧。这场争端不仅仅是为政治占领和贸易,它涉及一个最为重要的军事问题:英国在利用它空前强大的海权一直坚定地进行侵略扩张,而且几乎没有间断地取得了成功。这是由于它在大西洋彼岸的一系列海军基地让加拿大、哈利法克斯同西印度群岛组成了一圈环形基地,而且得到全体国民的支持。那么英国能否继续控制这些海军基地?

海军基地是英国海军实力重要的防御性组成部分,当这些海军基地陷入困境时,它的海军攻击力量,即它的舰队,受到法国和西班牙不断增强的武装舰队威胁。这两个国家以与英国同级别武器装备乃至更强装备的有组织的军事力量,在英国宣布属于自己的领域与英国对抗。这个海权大国的财富从海上获得,这些财富曾是18世纪欧洲战争的决定性要素。接下来的问题是选择进攻地点——主要军事目标和次要军事目标的甄别,进攻方应该坚决将其主力放在主要军事目标上,同时利用次要军事目标打乱对方的防御和分散敌人兵力。

18世纪法国最贤明的政治家之一杜尔哥认为,这些殖民地不独立符合法国利益。如果这些殖民地因为筋疲力尽而被制服的话,那仍然控制它们的英国等于在控制失去实力的殖民地。如果英国控制要地来实行军事占领,这些殖民地的力量没有消耗殆尽的话,那英国就需要经常不断地镇压,这样就会继续削弱英国的实力。这种意见在法国政府委员会当中并不是主流,法国政府仍希望美国最终能够独立,但这种意见反映了形成有影响力的战争政策的某些真实要素。如果通过他们的有效援助让美国受益是主要目的,那北美大陆就会成为理所当然的战场,而北美大陆的决定性军事要地就会成为军事行动的主要进攻目标。因为法国的优先目的不是让美国获益,而是要打击英国,于是根据这种论调制定军事策略就决定了大陆战争不但不会得到能使其早日结束的支援,而是会愈发激烈。大陆战争就成为受法国支配,使英国筋疲力尽的一种牵制行动。法国的援助只要足够起义者能维持反抗英国的状态就可以了。所以北美的13个殖民地不会成为法国的主要军事目标,更不可能成为西班牙的主要军事目标。

英属西印度群岛的贸易作用让它们成为符合法国利益的目标,法国人早就主动适应那个地区的社会条件,他们在那里已拥有大片殖民地。除小安的列斯群岛的两个最佳岛屿瓜德罗普岛和马提尼克岛外,法国人还占据圣卢西亚和海地西半部。法国有望通过战争进而控制大部分英属安的列斯群岛,组成一个真正的热带属国。为免引起西班牙反对,这个属国不包括牙买加,但为了一个较弱的盟国夺回这个极佳的大岛也是可行的。无论小安的列斯群岛是怎样理想的殖民地，要实现军事占领，就必须完全依靠制海权，这个群岛本身不是合适的军事目标。法国政府因此禁止海军指挥官们占领他们可能占领的这样一些岛屿。他们俘获这里的驻军，摧毁防御工事，然后撤走。一支拥有一定规模的舰队在马提尼克岛上的军事良港罗亚尔堡、法兰西角，都找到了优质、可靠、分布合理的基地。交战双方发现，在西印度群岛海岸，它们能够控制的必要支援地点几乎相当，占领其他据点并不能增强它们的军事实力，这些据点反而依赖于舰队的保护。

为了更安全地扩大占领地，首先要取得海上优势，不仅在局部海域，而且要在整个战场都取得海上优势。否则，这种占领是不可靠的，除非用一支庞大的地面部队强行占领，但需要耗费的代价大大超过目标的价值。因此，决定西印度群岛形势的关键在舰队，舰队成为军事行动的真正目标，在这场战争中尤其是这样，因为这场战争中西印度群岛各港口真正的军事价值是充当欧洲和美洲大陆之间的中转站，在陆军进入冬季营房时，舰队就退到这片海域。除了英国人夺取圣卢西亚，以及1782年西班牙和法国曾准备进攻牙买加外，在西印度群岛海岸上没有进行过合理的、有战略意义的军事行动。在通过海战或一定程度的集中兵力确保海军优势之前，不可能真正攻打像巴巴多斯或罗亚尔堡那样的军港。形势的关键就在舰队。

华盛顿和亨利·克林顿爵士的意见也已指出，一支武装舰队形成的海军力量会对北美大陆战争产生的影响。对被单独当成一个战场的印度的形势，那里的所有事态都取决于一支优势海军的制海权。拿下亨可马里对没有其他基地的法国分舰队来说极其重要，拿下它就像占领圣卢西亚一样，是靠一次突袭，而且只能通过击败敌舰队或恰好利用敌舰队不在的时机来实现。在北美和印度，舰队才是真正的军事目标，殖民地与宗主国之间的交通线也要靠舰队维持。在欧洲只有两个要点，即直布罗陀和梅诺卡岛。很明显，要占领这两个地方都必须掌握制海权。

在海战中，像所有其他战争一样，两种东西非常重要：边境上的一个合适基地，这里的边境即海岸线，作战从这里开始；一支有组织的军事力量，这里指一支舰队，规模和兵力都要适合计划实施的军事行动。如果这场战争延伸到世界的一些边远地区，那么每个边远地区就需要有可靠的供舰船停泊的港口，以便充当局部战争的辅助或应急基地。这些辅助基地与主基地或与作战国本土之间的交通线一定要安全可靠，这取决于交战国对相关海域的军事控制。这种军事控制必须由海军来强制实行，或者清除敌国巡洋舰船，让本国舰船安全航行；或者为支援长途作战必不可少的供给船队提供有效护航。前者需要把国家的海军力量扩散到广阔的海域中去，后者则要把力量集中在运输船队给定的时间内航行的部分海区。这二者都需要在航线上每隔一段对一些良港进行军事控制，如能控制数量不多的如好望角和毛里求斯那样的良港，则会使交通线得到巩固。这种类型的海军基地总是需要的，但此时越发需要，因为燃料补给比粮食和其他军需补给更加频繁。这些国内外基地的串联，还有它们之间的交通线情况可以称为整体军事形势的战略要地，这些战略要地和交战双方舰队的实力对比决定了军事行动的性质。在欧洲、美国和印度这三个次级战场，都已经把始终控制住海洋当作决定性因素，敌舰队则成为真正的军事目标。现在，让我们把考虑过的各种情况在整个战场上进行应用,看看同样的结论对整个战场究竟能适用到什么程度;如果适用,参战每一方的军事行动性质是什么。

在欧洲,英国在英吉利海峡沿岸的本土基地,有普利茅斯和朴次茅斯两个重要军港。盟国在大西洋沿岸的主要军港是布雷斯特、费罗尔和加的斯。在这三个港口后面,地中海沿岸的土伦和卡塔赫纳两地都有船厂,与英国在梅诺卡岛的军事基地马翁港远远相望。但马翁港可以完全忽略不计,战争期间它被限制成一个纯粹的防御据点,因为英国舰队不能抽出任何分舰队进入地中海。反之,直布罗陀所在的地理位置,可以有效地监视通过海峡周围的分遣队或增援部队,于是能充当承担监视任务的舰船基地。但英国欧洲舰队被限制在英吉利海峡活动,即主要用于本土防御,只能偶尔为了让直布罗陀驻军坚守下去,护卫运输船队为他们运送必需的补给品。马翁港和直布罗陀能起的作用不一样。马翁港直到战争后期才引起盟国的关注,经过6个月围攻后,被盟国拿下,而被当作最重要的战略要地的直布罗陀一开始就遭到盟国多次大举进犯,因此,牵制了大量的盟国兵力,对英国有利。荷兰可能经过一条并不安全的交通线为盟国联合舰队提供援助,但这条交通线必须经过英吉利海峡沿岸的英国基地,所以这样的援助其实从来没有提供过。

在北美大陆,战争爆发时的基地是纽约、纳拉甘西特湾和波士顿。前两处当时被英军占领,从它们的位置、防御可靠性和资源来看,它们是英军在北美大陆最重要的军事基地。波士顿已经被美国人掌握,所以能供盟国使用。从对战争的直接作用来看,1779年,因为英军主要的军事行动已转到南部各州,波士顿就在主要战区以外,它也就不再具有军事上的重要性。但如果战争一方控制哈得逊河和尚普兰湖一线来孤立新英格兰，且把军事力量集中到东部，就会看到纽约、纳拉甘西特湾和波士顿这三座港口对战争的结局能起到重要的决定性作用。纽约南面，特拉华港和切萨皮克湾肯定能成为吸引海上进攻的战场。但是，海湾入口的宽度，以及海区附近缺少适合的容易守卫的据点建立海军基地，为占领这里的大片据点，地面部队将被迫分散在范围广阔的地区里，再加上这里曾经瘟疫流行，所以它们没能被列为当地的军事基地。英军盼望从当地人民中得到支援的幻想将他们吸引到美国最南方。但他们忽略了一点，哪怕最南方的大多数人喜欢安定胜过自由，他们所处的地位也会阻止他们起来反对革命政府，虽然英国人认为，他们受到革命政府压迫。英国人把所有的成功希望都寄托在这种错误判断上，并实施了极端错误的冒险行动。1780年5月，离战争最初爆发地很远的查尔斯顿，在第一批英国远征军登陆佐治亚州后18个月，被英军占据。

前文已经介绍了战争中双方在西印度群岛的主要基地。英军基地包括巴巴多斯、圣卢西亚和稍差一些的安提瓜。这些岛屿下风1000海里处是大岛牙买加岛，岛上的金斯敦有一个巨大的天然干船坞。盟国控制的一级港口有马提尼克岛上的罗亚尔堡和古巴的哈瓦那，二级港口有瓜德罗普和法兰西角。当时，支配战略形势的一个重要因素是信风，还有与之相伴的洋流。面对这些障碍，哪怕单舰要航行到上风位也是一种长时间的、难以完成的任务，对较大的舰队来说，更是困难。所以，舰队只能向西边的岛屿航行，或者在确定敌人已经在同航向航行时与之错开。风的情况使向风群岛或东边的岛屿成为欧美之间固有交通线上的要点，同时成为这场海上战争的基地，而且把舰队活动范围限制在此。

因此，在两个战场之间，在北美大陆和小安的列斯群岛之间的广阔海域变得非常重要。在这个海域，除非某一交战国海军能占有压倒性优势，或在某个侧翼已经取得一种决定性的便利条件，否则，就无法安全地进行较大规模军事行动。1762年，当英国以压倒性的海上优势全部占领向风群岛的全部岛屿时，它成功地进攻而且征服了哈瓦那。但在1779—1782年间，法国在美洲的海权和在向风群岛的领地基本上和英国形成了均势，这就使西班牙人能随意执行进攻位于上述重要海域内的彭萨科拉和巴哈马群岛的计划。[1]

因此，对眼下的战争来说，像马提尼克岛和圣卢西亚这样的基地，在战略方面的重要性已经远超过牙买加、哈瓦那或其他下风基地。它们凭借地理位置控制着后者，通过它们向西行驶要比返航快得多，而在大陆对决中起决定性作用的一些要地和这些岛屿间的距离实际上相差不多。小安的列斯群岛中的大部分岛屿都拥有这种便利，其中位于最上风的小岛巴巴多斯拥有特殊的有益条件，进可攻，退可守，敌军的大舰队就算从一个非常靠近的据点如罗亚尔堡出动也很难靠近。巴巴多斯尤其适合充当英国进行战争的地区性补给基地，也能充当通往牙买加、佛罗里达，乃至通往北美航线上的一个避风港。与此同时，用武力控制位于下风

---

[1] 当时称为西佛罗里达的英国领地的关键在彭萨科拉和莫比尔，这两个地方都依靠牙买加支援。这个地区的情况、航海条件和大陆战争的整体形势都不允许英国从大西洋得到援助。英国在牙买加的陆海军兵力仅能够保卫该岛和贸易，没有余力援救佛罗里达。西班牙动用15艘战列舰和7000人的陆军部队，以压倒性优势的兵力，经彭萨科拉，几乎没遇到什么困难就占领了佛罗里达和巴哈马。

100海里的圣卢西亚，充当一个舰队前哨基地，就能严密监视罗亚尔堡的敌人。

印度半岛的政治形势意味着战场的位置肯定在东海岸或科罗曼德尔沿海。相邻的锡兰岛的亭可马里尽管不是一个良港，但却是一个非常好的防御性港口，因而具有十分重要的战略价值，而在印度东海岸的所有其他锚地都不过是些敞开锚地。从这个地区的信风或季风情况来看，亭可马里也具有战略意义。这里从秋分到春分，会规律性地出现东北信风，而且风力经常会很大，使得巨大的拍岸浪冲上海岸，从而让登陆变得非常困难。但在夏季，盛行西南风，海面相对平静，天气晴朗。9月和10月的季风变换期经常会出现强飓风。因此，从9、10月开始到东北季风结束为止，不要说实际的军事行动，哪怕连舰船在岸边停靠都不合适。亭可马里是当地仅有的可退守港口，在天气适宜的季节，该港处于主战场的上风位，因此拥有特殊的战略价值。印度西海岸被英国占据的孟买港距离太远，无法充当地方性基地，但它是通往本国交通线的首站。

以上就是交战双方在国内外的主要支援据点或基地。海外的基地一般都缺乏资源，这是战略价值的一个重要因素。陆海军军需品和装备，还有海上耗用的粮食大部分都需要从本国运送。波士顿可能是一个例外，它的周边地区都很富庶，居民也很友善；哈瓦那也是个例外，它是一个重要的海军兵工厂，当地已经造了很多船只，但波士顿和哈瓦那离主要战区太远。美国人向纽约和纳拉甘西特湾推得太近，导致他们无法充分使用邻近地区的资源，而印度和西印度群岛的边远港口则完全要依赖本国。因此，交通线的战略问题就分外重要。拦截一支大型补给船队是难度仅次于消灭一群战舰的行动，而动用主力进行护航，会对政府和海军指挥官们在许多需要注意的分散目标当中，指挥战舰和分舰队提出更高要求。肯彭费尔特的出色表现和戴吉尚在北大西洋的失误，加上一阵暴风，使德格拉斯在西印度群岛的处境变得异常困难。因为大西洋上的法国小型运输船队被拦截，印度海域的絮弗昂遭到同样的损伤，但絮弗昂利用自己的巡洋舰成功俘获英军的补给船只，使他的损失马上能得到部分补偿，而且干扰了对手的补给。

所以，只有靠海军才能使这些极其重要的运输船得到保护或遭到袭击，同样道理，海军也关系到整个战争的持续。海军将整个战争连成一体，因此，它们被交战双方都看作理所当然的军事目标。

欧洲到美洲的距离还没有遥远到有绝对的必要来建立中间补给港口。返回欧洲或在西印度群岛寻一个友好港口还是可以办到的。这种情况与经过好望角远航印度不同。比克顿率一支运输船队2月离开英国，按计划应当9月顺利到达孟买，而絮弗昂3月出发，用了同样的时间只到达毛里求斯，从毛里求斯到马德拉斯又花了两个多月的时间。进行这样一次长期航行，中途不停下补充淡水和新鲜食品几乎无法办到，而且还需要经常停下进行维修，哪怕舰上的储备物资可以提供必要的器材，但维修也需要一个僻静的港口。

如前所述，一条理想的交通线需要几个这样的港口，它们之间的距离适当、具备足够的防御能力，而且物资供应充足，就像英国在它的主要贸易线上控制的某些港口那样，它们都是英国在过去历次战争中占领的。在1778年战争中，荷兰同意让法国人使用好望角，而且得到絮弗昂的适度加强以前，任何交战国在这条航线上都没有这样的港口。因为好望角和毛里求斯都在这条航线上，亭可马里又在航线的最远一端，盟国的交通线就得到了合理的保护。虽然英国控制了圣赫勒拿岛，但为了让它前往印度的分舰队和大西洋上的运输船队进行补给和维修，需要依靠中立国葡萄牙提供的马德拉岛和佛得角岛，还有巴西的一些港口。就像约翰斯通和絮弗昂在佛得角的遭遇战表明的那样，这种中立提供的保护确实非常不牢靠。但那里的确有几个能够使用的泊地，如果使用其中的某一个，很有可能避开敌人，利用敌人对情况的不了解本身是很好的，只要这位海军指挥官不像约翰斯通在普腊亚港那样，在港口内盲目信任中立国的安全保障，导致疏忽防御。因为情报在各据点之间传递又慢又不保险，对执行进攻的一方来说，要确定敌人的方位确实很不容易。

可用港口的组合和它们之间的交通线状态，构成了形势中的主要战略要点。作为把各部分连成一体的有组织力量——海军——已被视为军事行动的主要目标，而用于达到目标的方法和战争的指导方式仍然是应当考虑的问题。[1]

在这样做以前，必须简要提一个海战特有的而且会影响下列讨论的情况，就是得到情报的困难性。陆军通过的地方或多或少会有固定居民居住，而且会在后面留下行军的痕迹。舰队经过一个飞鸟盘旋的荒岛，而不在那里停留，舰队经过时海面泛起的白浪也很快就会消失，偶尔从甲板上抛下海的漂流物品只能证明

---

〔1〕现在要讨论的就是怎样使用军事力量，用什么方式和在什么地方向移动的军事目标进行打击。

舰船从这里经过，但并不能说明其航向。追击一方可能对被追一方完全不了解，尽管被追击的舰船可能就在几天或几小时前经过这个地点。在1778年，海军们为避免敌人追踪或埋伏，经常必须放弃最便利的航线，而使用众多可用航线中的一条。在这种捉迷藏游戏中，躲藏一方更有利，因此在敌人出海前就监视敌国舰船的出入港口，而不去追击，这种策略的重要性十分明显。如果因为某种原因，不可能监视敌国的港口，可采取的行动就是率先到达敌军目的地守候，而不是去监视可能不会被利用的航线，但这样做的前提是要了解敌人的意图，可敌人的意图不是经常能够知道的。

任何一次海上远征都肯定会有两个定点——出发地和目的地。敌军可能不知道目的地，但在起航前，出发港有一支部队和行将起航的种种迹象是可以推断得知的。对交战双方中的任一方而言，阻截这样的调动都可能非常重要，但对防守一方更加重要，因为在容易被攻击的许多据点当中，防守方不可能知道哪个据点会受到威胁，而进攻方如果能骗过对手，则完全能够直取目的地。任何时候，如果一支远征军被分散在两个或两个以上的港口里，那么封锁它的重要性就变得更为明显。当单个船坞的设施无法在规定时间内装备多艘舰船，盟国部署几支单独分遣队时，可能容易出现上述某种情况。阻止这些分遣队会合，是最紧要的大事，阻止一支或两支准备起航的分遣队会合，在任何地方都不如在港口外海封堵那样有把握。防守方有必要利用敌人兵力分散形成的局部兵力不足的机会。1782年，罗德尼在圣卢西亚，监视着马提尼克岛的法国分遣队，以阻止它与西班牙人在法兰西角会合，是一个正确选择战略位置的例子。

如果防守方兵力较单薄，就不要尝试把敌军分队驻守的港口全部都封锁，因为那样会使在每个港前的兵力都处于劣势，无法达到挫败敌人的目的。这样封锁全部港口会忽视基本的军事原则。如果兵力较弱的防守方决定在一两个主要港口前集中优势兵力，那对它来说，就必须决定应当封锁哪些港口，忽略哪些港口。在充分了解了各地的军事、士气和经济方面的主要情况后，如何决定就是一个涉及战争全局策略的问题了。

　　1778年，英国处于防守方。英国海军应该保持数量上能与波旁王室的联合舰队匹敌的规模。然而，在后来的若干年里，英国并没有遵循这项预防性措施。法国和西班牙已经明摆着要参战，与法西两国相比，英国海军在数量上处于劣势。在已被称为战略要点的本土基地和海外辅助基地方面，从整体看来，英国处于优势，英国基地哪怕本身并不算很稳固，至少地理位置的战略意义更为重要，但这些基地对战争、对有组织军事力量，或对足够发动攻势作战的舰队来说，是次要因素。英国已经处于劣势，所以当时仅有的办法就是使用这样一支劣势兵力靠自己的技术和活力挫败敌人。英国舰队应当抢先到海上，巧妙地占领阵位，通过更加快速的行动制敌，骚扰敌军与其军事目标之间的交通线，运用优势兵力对付敌军的主要分队。

　　除了北美大陆，在其他任何地方要维持这场战争都需依靠欧洲的本土和连接本土与所有其他地方的交通线。如果没有外部力量干扰，英国运用压倒优势的海军实力扼杀美国的商业和工业，不用通过直接的军事行动，而是采用消耗经济资源的方法，是有可能最终打垮美国人的。如果英国能够从盟国海军的压力下脱身，就能动用海军力量去对付美国人；如果它不仅能在物质上，而且能在士气上取得对盟国的决定性优势，也是完全可能的。如果这样的话，结盟的两个波旁王室在这种对决中，肯定会受挫，加上人所共知的财力不足的问题，它们一定会退出这场对决。可是，英国要想得到这种优势，就只有通过战斗。尽管英国海军数量上不占优势，但英国水兵技艺纯熟、物资充足，英国政府只要明智利用这些实力，实际上是能在这场战争的若干具有决定意义的要点取得优势的。如果把它的战列舰分散部署到世界各地，就不会建立这种优势，这些舰船被分散成小分队，企图努力保卫这个分散帝国的所有据点，肯定会被逐个击破。

　　决定战争形势的关键在欧洲，在欧洲的敌国造船厂。如果英国的确不能发动一场和法国之间的大陆战争，那它仅存的希望是寻找敌人的海军，将其歼灭。在任何地方都不如像在敌国母港那样有把握找到它，在任何地方都不如在它刚离开港口时那样容易捕获它。拿破仑战争时期，这成为英国政策的支配原则。当时，它的海军在士气上占优，因此敢用劣势兵力同时对付在海洋上行动的和数量众多、装备精良的在锚地内停泊的敌方舰船。这样既能够严密监视敌人，又能够将敌战舰封锁在港内，使敌军因为安逸的港口生活，逐渐消磨了战斗力，而英军的军官和水兵则通过严格的巡航锻炼，为将来的所有战斗任务都做好了充分准备。1804年法国舰队司令维尔纳夫重复法国皇帝的宣言说道："我们没有任何理由害怕看见英国分舰队。他们配备74门舰炮的战舰人员不足500名；他们因为两年来的巡航已经精疲力竭。"[1]一个月后，他写道："土伦分舰队在港口里看上去很好，舰员衣着整

---

〔1〕1804年12月20日，维尔纳夫司令官给舰队舰长们的命令。

洁而训练有素，但一遇上风暴，一切就都变样了。他们没有在风暴中接受过严格训练。"纳尔逊说："如果法国皇帝得知真实情况的话，他现在会发现他的舰队一晚上受到的损失比我们在一年中的损失还要多……法国绅士们不习惯飓风，而我们冒着这样的飓风巡航了21个月没有损失桅桁。"

但是，必须承认，英国船员的紧张疲劳和舰船的损耗情况非常严重，而且很多英国军官在这种损耗和折腾中找到了反对他们的舰队继续在敌人近海活动的依据。"我们忍受的每次大风，"科林伍德写道，"都会使国家的安全削弱一分。最近这次巡航让5艘大型舰船失去战斗力，现在又要加上另外2艘，还有几艘必须进船厂维修。"他又写道："这两个月来，我已经几乎不知道睡个安稳觉是什么滋味，这样的无休止的巡航对我来说几乎超出人体机能可以承受的极限。考尔德瘦成一把骨头，身体全垮了，而且我听说格雷夫斯也好不到哪里去。"豪勋爵根据高级专业人员的观点也反对这种做法。

除官兵疲劳过度和舰船消耗严重外，还必须承认，任何封锁都不能当作完全有效的阻止一支敌舰队出港的措施。譬如，维尔纳夫溜出土伦港和米塞西顺利逃出罗什福尔都是有力证明。"我在这里监视法军在罗什福尔的分舰队，"科林伍德写道，"但觉得阻止它们出航不切实际。但是，假如它们从我们眼皮底下溜走，我会觉得是奇耻大辱。……唯一可能阻止它们出航的是，它们担心因为不了解我们的准确位置，而可能航行到我们当中。"[1]

然而，英国舰队还是经受住了这种过度疲劳的考验。他们封

---

[1] 科林伍德勋爵的自传和信件。

锁了法国和西班牙海岸，减员得到补充，舰船得到维修。当一名军官在岗位上倒下，或者无法支撑时，另一名军官可以接替他。英国舰队对布雷斯特的严密封锁破坏了法国皇帝将他分散的舰队集合在一处的计划。尽管同时出现了许多罕见的困难，但纳尔逊一直监视和追踪土伦舰队，从它离港时开始，尾随它横穿大西洋，再返回欧洲海岸。在战略上退一步[1]和战术上取得特拉法尔加角海战的完胜之前很长时间，他们就已经开始较量了。这些饱经风雨却训练有素的水兵，利用这些生锈的舰船，运用成熟的操作方法逐渐地封锁住未经考验的对手的每一次行动。他们在敌人的每个军港前都部署了兵力，且通过一些小船将各部兵力串联起来，他们常常制止不了一次突击，但他们却有效阻止了敌分舰队的所有大规模联合行动。

如果有人强调18世纪后期法国海军的情况比霍克和纳尔逊时代都要好，军官们的素质和训练也都比他们的时代更强的话，那么应该承认这个事实。但英国海军部同样不可能长期无视法国军官数量依然不足，乃至严重影响甲板勤务的质量，水兵也严重短缺，必须用陆军士兵补充缺额这个事实。至于西班牙海军的人员情况，真没有理由认为会更好。纳尔逊谈到西班牙把某些舰船送给法国时说："我认为（西班牙人）不操作这些舰船顺理成章，如果让他们操纵，那要再次丢失这些舰船就再容易不过了。"

然而，其实对英国来说，让敌军舰船失去价值把握最大的做

---

[1] 指英军在1805年对加的斯进行长期封锁后，纳尔逊故意放松封锁，把维尔纳夫引到海上找机会歼灭，最终取得特拉法尔加角海战的辉煌胜利。

法是监视它们所在的港口。如果它们出港，就与其交战，这一点非常明显，无须更多的争论。在欧洲，这样做仅存的巨大障碍是法国和西班牙外海的恶劣天气，尤其在漫长的冬夜里。这样的恶劣天气不仅会让英军面对遭受灾难的危险，会损坏坚固的舰船，而且还会造成任何纯熟技术都不能避免的持续紧张情况，所以，需要大量的预备舰船和人员接替那些进厂维修的舰船和替换伤病船员。

如果封锁舰队能在敌人必经的航道侧翼找到一个合适的锚地，上述问题就会大大地简单化，比如纳尔逊在1804年和1805年使用撒丁岛的马达莱纳湾监视土伦舰队。为了在恶劣天气里让靠近海岸的封锁分舰队落锚，詹姆斯·索玛莱兹爵士在1800年甚至使用了位于法国沿海的、距布雷斯特仅5海里的杜瓦尔讷内湾。从这个角度来看，普利茅斯和托贝的位置无法完全让人满意，它们不像马达莱纳湾，位于敌人航线侧翼，倒像圣卢西亚一样，在敌人的背后。但是，霍克证明，勤奋和娴熟的舰船操作技术能克服这种不利条件，正像后来罗德尼在暴风雨不大时所做的那样。

英国海军部使用所辖舰船，将1778年的战争当成一个整体，使英军在美国、印度和西印度群岛的海外分遣队，与敌人保持均势。当然在个别时候，也不完全如此，但通常谈到舰船分配时，这种说法是正确的。在欧洲，则正好相反，与法国和西班牙港口内的舰队比起来，英国舰队经常处于极大劣势。因此，英军只能非常慎重地进行攻击，而且还要依赖好运，逐个迎战敌人，哪怕取得代价昂贵的胜利，也要承担因为参战舰船临时失去战斗力而必然会导致的风险，除非是一场决定性胜利，才需要另作他论。由此可见，英国本土舰队或海峡舰队既要作战，又要战胜恶劣天气因素，还要靠它们串联直布罗陀海峡和地中海交通线，因此它们只好在本土沿海防范或执行对付敌人交通运输线之类的行动。

虽然印度路途遥远，但那里的政策也不能例外。派到那里的舰船是为在那里留守，遇到紧急突发事件，既无法得到支援，也不能被召回。这个战场本身就是孤立的。应该把欧洲、北美和西印度群岛当成一个大型战区，在整个战区内，战事相互关联，战区不同部分的重要程度不一，但它们之间存在密切联系，对这一点必须给予适当关注。

假设守卫交通线的海军是战争中的支配性因素，而海军和那些在交通线上往返穿梭的补给船只能从本国来，而且都集中在国内几个主要的军港，那将会出现以下两种情况：首先，处于防守方的英国的主力应该在那些军港里集中；其次，为这样集中兵力，海外交通线不应当延长，以防原本兵力就严重紧张的海军增派分遣队保护。与上述考虑关系密切的任务是通过设防和其他手段，巩固交通线上最关键的据点，以使这些据点在任何情况下都无须靠舰队保护，只需每隔一段适当时间得到补给和援兵。直布罗陀就完全符合这些条件，这个要塞牢不可破，库存补给可以支持很长时间。

根据以上论述，英国在北美大陆的部署就有很多缺陷。英国人占领加拿大、哈利法克斯、纽约和纳拉甘西特湾，哈得逊河航线也被他们控制，他们有能力孤立一大片起义地区，那些地方也许能起决定性作用。法国舰队无力拿下纽约和纳拉甘西特湾，从而使当地的英国驻军能安全对付从海上来的进攻，而且把海军的任务降到最低程度。另一方面，一旦一支敌军部队在欧洲军港摆脱英国舰队监视，且在北美沿海出现，英国海军能在上述两地找到一个可靠的避风港。事实上英国没有这样做，而是把驻守纽约的陆军两次分兵，先分出一部开赴切萨皮克，后又分出一部到佐治亚，从而让这两个港口的兵力被削弱，不用等纳尔逊或法拉格特那样的名将带领舰队到来就会陷落，而分出去的兵力也没有强到足够完成任务的地步。英国陆军两次分兵后，如果敌军掌握制海权，就必定能插入英国陆军被分散的各部之间；如果陆军没有分兵，敌军也就不必强行通过地面形成的障碍了。因为这两部分陆军之间的交通线完全依靠海军维持，海军的任务会随着交通线的延长而不断增加。海军必须承担双重任务，既要防守海港，还要保护延长的交通线，使得英国必须加强在北美的分遣舰队，因此也就相应地削弱了在欧洲的一些决定性要地的海军兵力。因此，英军南征的直接后果是，1779年，法国的德埃斯坦在北美海岸出现时，英军就仓促放弃纳拉甘西特湾，因为克林顿没有足够兵力能同时保护它和纽约两地。

在西印度群岛，英国政府面对的问题不是去征服叛乱地区，而是要保持对一些富饶小岛的使用权，保持英国对这些岛屿的统治权，保持它们的自由贸易尽量不会受到敌人劫掠。毋庸多说，这就要求海上兵力压倒敌舰队和单艘巡洋舰（当时称之为"贸易破坏舰"）的总数。因为无论怎样警戒都不可能把对方的所有舰船限制在港口里，所以在西印度群岛海域必须有英国的快速帆船和轻型船只巡逻，但如果可能的话，避开法国舰队肯定比用英国舰队去制止它好得多。因为当地英国舰队的兵力仅与法军相等，而且经常还处于劣势，当英国舰队的兵力处于相对劣势时，就只能防守，于是总容易受到损失。实际上，因为遭到突袭，英国的大部分岛屿逐个丢失，而且港口岸上的炮火多次限制了它的舰队行动,而它的敌人发现自己处于劣势时,能够期待援兵,还知道等待援军期间不会出现任何需要担心的事情。[1]

西印度群岛的麻烦还不止这一点。这些岛屿距北美大陆很近,使进攻方总能赶在防御方以前联合两个海区的舰队,尽管这种联合行动在一定程度上受制于气象条件和季节变化的情况。困难对英军来说是普遍存在的,而英帝国的繁荣主要依靠大量贸易,对贸易的关注加重了这种困境,在这种情况下,必须承认英国舰队司令在西印度群岛的任务既不容易,也不简单。

在欧洲,因为缺少西半球那样的一些大规模分遣队,英国本土和直布罗陀的安全都受到严重威胁,梅诺卡岛陷落也可以说是因为这个问题。盟国66艘战列舰船面对英国仅存的35艘舰船,把它们赶回自己的港口,控制英吉利海峡,压制英国的计划已经实现。组成法国分遣队的30艘舰船一直在比斯开湾巡航,等待缓慢行动的西班牙人,英国舰队并未干扰它们。由于被截断了与英国的交通线,直布罗陀数次陷入饥饿边缘,之所以能够解围,不是因为英国政府对海军兵力的正确部署,而是因为英国军官们的纯熟技术和西班牙人的无能。最后一次重要援救,豪勋爵的舰队只能依靠34艘舰船对抗盟国的49艘舰船。

那么,面对这么多难题,英国较好的行动方针又是什么呢?是让敌人自由离港,在每个暴露的阵位上保留一支足够的海军兵力,尽力对付他们;还是在非常困难的局面下,努力监视敌方在本土的军港,而不是徒劳地希望制止每次袭击;或者放弃截击

---

[1] 因为英国舰队司令大胆的行动和纯熟的技术,以及兵力占据巨大优势的法国舰队司令的无能,造成的圣卢西亚岛失守并不影响这种说法。

每支护航运输船队,挫败较大的联合行动,紧紧尾追任何脱逃的大舰队呢?"我特此告知阁下,"纳尔逊写道,"我从没有封锁住土伦港,而是恰恰相反,我给敌人提供了每一次出海机会,因为我们希望到海上去实现我们国家的希望和预定目标。"他又写道:"只要法国舰队一心想出港,那么任何办法都不可能让它们一直留在土伦和布雷斯特。"虽然这么说多少有点夸大,但把它们封锁在港里的意图的确是没希望的。纳尔逊期望能通过在它们的港口附近适当部署足够的哨船,了解它们出航的时间和方向。用他自己的话说,就是想"跟踪它们去地球的另一面"。他曾写道:"我相信,法国舰船组成的费罗尔分舰队会驶向地中海。如果它们和土伦舰队会合,在数量上会大大超过我们,但我决不会放过它们,而且佩洛(费罗尔外海英国分舰队指挥官)会立即追踪它们。"

所以在那次持续时间超长的战争中,经常发生以下情况,即由于恶劣的天气,执行封锁任务的舰队会暂时撤离,或由于指挥官的错误判断,经常让法国海军分队逃掉。但英国海军很快就接到警报,它派出的许多快速帆船总会有几艘发现敌舰队,还会跟踪它们弄清它们的目的地,同时把情报从一处传到另一处,从一支舰队传到另一支舰队,这样很快就会有一支兵力相当的分队跟踪它们。需要的话,"会一直跟踪到地球另一面"。根据法国历届政府对海军的传统用法,因为出去远征不是为和敌舰队作战,而是有着"终极目的",仓促离开或躲避紧追的敌人。哪怕对一支单独的分队来说,也绝不可能不受干扰有条不紊地去执行既定的计划,而较大规模的联合行动则取决于各个不同港口的分队的集中,这种集中行动非常关键。1799年,法国的布里埃斯率领25

艘战列舰离开布雷斯特的大胆巡航[1]，1805年米西赛从罗什福尔悄悄溜走、1806年维洛尔兹和勒塞居斯的分队从布雷斯特逃脱，它们和伟大的特拉法尔加角海战一起，都可以被列出来，按照这里提出的方法成为一种有意义的海军战略。另一方面，1798年战役尽管以尼罗河口之战的辉煌胜利结束，但也可以当作英国政策接连失败的一个实例，因为法国远征军起航时，英国在土伦港外已经没有兵力了，而且分配给纳尔逊的快速帆船数量也不够。1808年冈托姆在地中海的9周巡航也能够说明，哪怕在这样狭窄的海域，因为没有一支强大的兵力监视，要遏制一支已出海的舰队也非常困难。

在战争开始时，英国放弃了在敌港口外海的第一道防线，把舰队分派到帝国分散在世界各地的领地，企图尽力保护那些地方。

我们在试图说明一项政策的不足时，同时要承认另一项政策的困难和危险。另一项政策是承认海军是局势的关键因素，当海洋既把战区分割成各个不同部分，又将它们串联在一起时，政策目的就是把敌海军封锁在港口里，或迫使其交战来缩短战争时间，进而决定战争结局。这就要求有一支数量相当和效力占优的海军，给他们分配一个有限的作战海域，其范围应缩小到能使进入此海域的几个分舰队相互支援。兵力这样分配后，可凭着技术和监视拦截或袭击出海的敌军分队，即通过进攻敌舰队来保护遥远的领地和贸易。因为靠近本国港口，替换需要修理的舰船可以尽量少花费时间，同时也减少了对缺乏物资的海外基地的要求。

---

[1] 在布里埃斯率领下，法西两国联合分舰队返回布雷斯特，时间只比从地中海一直跟踪它们的基思勋爵早24小时。

前一项政策，要想有效的话，要求海军数量上占有优势，因为不同的分队相距太远，不能互相支援。因此，每支分队一定要与任何可能联合对付它的敌军兵力相等。这就是说，每支分队在任何地方对它实际对付的敌人兵力都要占优势，这是因为敌人可能会得到意外的援兵。虽然英国人在每个地方都努力争取让兵力与敌军兵力相等，但他们在海外殖民地和欧洲还是经常处于劣势，这说明在兵力不占优势时，这种防御战略多么不可行和危险。1778年豪勋爵在纽约、1779年拜伦在格林纳达、1781年格雷夫斯在切萨皮克湾近海、1781年胡德在马提尼克岛和1782年在圣基茨岛，英军都处于劣势，在同一时期的欧洲，盟国联合舰队的数量远远超过英国。结果，英国只能保留一些经不起海上风浪的舰船，宁可冒舰船本身损耗日益增加的风险，也不能送它们回国而减少兵力，因为殖民地的船厂能力有限，不横渡大西洋就不能修理战舰。关于这两种战略的代价对比，问题不仅是相同的时间里哪一个代价更大，也是通过其有效的军事行动，哪一种最可能缩短战争时间。

　　盟国的军事政策与英国的军事政策对比后，应该受到更严厉的谴责，因为人所共知的是，盟国是进攻方，其实进攻方要比防守方有利。当盟国克服了最初集合兵力的困难时——而且已经看到英国任何时候都没能严重阻碍它们集合，盟国能自由选择在任何地方、任何时间和如何运用数量优势进攻。然而它们是怎样运用这个公认的极为有利的条件的呢？它们逐步蚕食进攻英帝国的外围领地，再用它们的脑袋去撞直布罗陀这块坚硬的岩石。法国进行了最认真的军事努力，把一支分舰队和一个陆军师派到美国，企图让实际来到目的地的兵力数量倍增。不过一年多而已，英国就发现与殖民地的斗争希望非常渺茫，结果是北美大陆没能继续牵制英军的力量，而这种牵制是盟国的最大优势。在西印度群岛，英属岛屿接连地陷落，一般都是在英国舰队不在的时候，被轻而易举地攻占。这说明了要是能对英国舰队取得决定性胜利，整个问题就能得到最完美的解决。法国虽然曾经得到许多次有利的机会，可从未寻求通过进攻英国决定大局这种简单方法来解决难题。西班牙在佛罗里达按其自己的方式行事，用压倒性优势的兵力取得胜利，但是这样的胜利没有任何军事上的价值。在欧洲，英国政府采取的计划让海军兵力在数量上接连几年都处于毫无希望的劣势，但盟国计划的军事行动似乎没打算消灭英国海军。在德比分舰队的30艘战列舰被盟国舰队的49艘舰船围困在托贝敞开锚地的紧要时刻，军事会议作出了不主动进攻的结论，集中体现了盟国海军军事行动的特点。为进一步阻挠英军在欧洲的作用，西班牙长时间固执地坚持把它的舰队局限在直布罗陀附近海区，但西班牙人从来没有面对这样一个现实——不管在直布罗陀海峡、英吉利海峡，还是公海上，对英国海军进行一次沉重打击是夺取直布罗陀这座要塞最可靠的办法。这座要塞曾不止一次处于饥饿边缘。

在攻势作战的实施上，盟国宫廷之间发生的分歧和猜忌，严重阻挠了绝大部分海军联合行动。看起来，西班牙的行为表现得自私到几乎不讲信义的地步，法国的行为则较忠实，而且从军事上看，也是比较可靠的。为了两国，真诚合作、协调一致地对付共同的主要军事目标，这样才可以实现两国的目的。还必须承认，很多迹象表明，盟国方面，特别是西班牙行政管理和战备效率非常糟糕，人员素质不能与英国比较。然而，虽然行政管理和战备问题具有深远的军事意义，也非常重要，但这些问题和盟国宫廷选择进攻目标，还有为达成战争目的采用的战略计划及作战方案完全不同。

涉及战略问题，可以概述一下体现海军政策主要错误的"终极目的"这个词语。"终极目的"使盟国的希望落空，它们一心向往着这个终极目的，总是想着通过捷径来达到这个目的。只关心自己想要达到的目的，致力于虽然重要但对最终目的只有部分益处的事情，使它们完全忽视了有把握地达到目的的唯一办法。因此，就战争的结果来看，盟国在所有的地方都没有达到目的。再次引用之前的概述，盟国的目的是"为各自蒙受的损失报仇雪恨，结束英国声称要在海洋上维持的专横帝国"。报复对自己根本没好处。它们通过解放美国伤害了英国——那一代人这样看。但它们并没有收复直布罗陀和牙买加这两个地方，英国舰队也没有得到任何会削弱它的教训，北方强国的武装中立无果而终，英帝国在海洋上不久就会比以前更加霸道。

盟国舰队在战备、行政管理和战斗素质等方面都不如英国，只能靠数量上无可置疑的巨大优势。此外还必须注意到作战指导思想这个最重要的因素，即盟国虽处于进攻方，而英国处于防守方，但是盟国舰队面对英国海军时总是进行防御性作战。不管是在较大的战略联合行动中，还是在战场上，盟国海军似乎一直没有真正打算利用数量优势去消灭敌人的舰队，这样能使数量差距不断扩大，并且通过消灭支撑这个海上帝国的有组织力量还可以推翻它。除了絮弗昂个人的光荣战果外，盟国海军不是避战就是被动接战。它们从没有主动向英国海军发起攻击。但只要英国海军能在海洋上完整无缺地巡航，像不断重复的情况那样，法国的终极目的就会落空。总是存在这样的可能性，即由于某次好机会，英国海军通过取得一次重要胜利，就能恢复双方力量均势。英国舰队没有这样做应归因于英国政府的失误。但如果英国因为这样的失误使其欧洲舰队数量不如盟国的舰队，那么盟国没有利用这个错误而获益就应该受到更多责备。较强一方不能把防御方担心许多据点而让兵力过于分散当成自己困惑的借口，因为这种困惑完全没有道理。

这里，作战方针再次体现了法国人的民族偏见。这种偏见看来是当时法国政府和海军军官们的共识，是法国海军作战方针的致命弱点，按照作者的看法，它也是法国海军没能从这次战争中为国家取得更多真正胜利的关键。用一大批造诣很高并颇具骑士风度的法国海军将领，为他们的崇高事业毫无怨言地接受这样次要的任务，来证明人们头脑里的固有传统的害处，是很有教益的。如果这些批评正确的话，那么它们也能成为一种警示，即眼下的意见和看似有道理的影响应该进行全面复盘，因为如果它们错误的话，一定会导致失败，也许还会造成灾难。

那时法国军官持有的一种主要看法，现在在美国传播得更广，那就是有效地破坏贸易战是战争的主要依靠，尤其是在对付英国这样的贸易国家时更是如此。一位著名军官拉莫特-皮克特写道："我认为击败英国人最有效的方法是进攻他们的贸易。"人们都承认，通过严重骚扰一个国家的贸易，会给它带来困扰和灾难。这肯定是海战的一种最重要的辅助性作战手段，在战争停止前，不可能放弃这种破坏贸易战。但将它当成一种足以摧毁敌人的主要和基本手段，可能是一种错觉，而当它披着廉价的迷人外衣被提供给一个民族的代表成员时，可能会变得极其危险。选择英国作为破坏贸易战的对象,特别会令人误入歧途。海上强国的两个必要条件是,分布广泛的繁荣贸易和强大的海军。如果一个国家像西班牙一样,财源和产业收入都集中依靠几艘运宝船,那军费来源可能会因为受到攻击被切断。但当财富都分散在数以千计的往来船只上时,这种体制就像一棵大树,树根扩散到四面八方扎得很深,能承受多次剧烈打击,哪怕失去很多枝干也不会危及生命。只有通过军事行动控制海洋,从而长期控制贸易战略中心,破坏贸易战才可能致命[1];只有与一支强大的海军作战并取胜,才能从它那里取得这种对海洋的控制权。两百年来,英国一直是世界上的贸易大国。它在战时和和平时一样,财富比其他国家更多地依靠海洋。但是在所有国家中,它却最反对贸易豁免权和中立国权利。对英国来说,贸易豁免权并非权利问题,而是政策问题,英国的这种态度已经被历史证明确有道理。因此,如果英国保持足够的海军实力,将来肯定还会重复过去的教训。

1783年1月20日,英国和同盟国在凡尔赛达成结束此次大战的和平预案。约在两个月前,英国和美国国会之间已经达成停战协定。这是此次战争的伟大成果。在欧洲,英国从法国手中收复除多巴哥以外它在西印度群岛曾丢失的全部领地,但放弃了圣卢西亚岛;法国恢复了印度的军事基地,因为亭可马里被敌人占领,所以英国不能反对将它归还给荷兰,但拒绝割让讷加帕塔姆。英国将佛罗里达半岛、佛罗里达群岛和梅诺卡岛归还西班牙,如果西班牙海军有足够实力维持梅诺卡岛的领地,对英国来说将是一个严重损失。可是实际上,在下次战争中,梅诺卡岛又落入英国

---

[1] 英国贸易的主要中心位于大不列颠岛周围海区。

手中。最后，各国对非洲西海岸上的一些贸易基地也进行了一些不重要的分配。

  这些安排本身并不重要，对这些安排只要评述一下就可以了。在未来战争中，这些安排能否持久完全依靠海权，取决于使本次战争没有任何决定性结果的海洋帝国。

  1783年9月3日，交战双方在凡尔赛正式签署和平条约。